"十三五"普通高等教育本科部委级规划教材

轻化工清洁生产技术（第2版）

但卫华　主　编

王坤余　付丽红　副主编

中国纺织出版社

内 容 提 要

本书简明扼要地介绍了清洁生产的基础知识,较为系统地介绍了制革工业、毛皮工业、制浆造纸工业和纺织染整工业的清洁生产技术和最新科技进展,还对制革、毛皮工业的固体废弃物的综合利用作了专门介绍。本书具有知识新颖、内容全面、叙述集中、实用性强等特点,集中反映了当代国内外轻化工清洁生产的最新技术及其最新研究进展。

本书可作为轻化工程专业本科生的教学用书,也可作为从事环境科学与工程、清洁生产技术研究开发的科研人员、工程技术人员的参考书。

图书在版编目(CIP)数据

轻化工清洁生产技术/但卫华主编. —2 版. —北京:中国纺织出版社,2016.11

"十三五"普通高等教育本科部委级规划教材

ISBN 978-7-5180-2781-1

Ⅰ.①轻… Ⅱ.①但… Ⅲ.①化学工业—无污染技术—高等学校—教材 Ⅳ.①X78

中国版本图书馆 CIP 数据核字(2016)第 166222 号

责任编辑:范雨昕 责任校对:王花妮
责任设计:何 建 责任印制:何 建

中国纺织出版社出版发行
地址:北京市朝阳区百子湾东里 A407 号楼 邮政编码:100124
销售电话:010—67004422 传真:010—87155801
http://www.c-textilep.com
E-mail:faxing @c-textilep.com
中国纺织出版社天猫旗舰店
官方微博 http://weibo.com/2119887771
北京市密东印刷有限公司印刷 各地新华书店经销
2008 年 1 月第 1 版 2016 年 11 月第 2 版第 2 次印刷
开本:787×1092 1/16 印张:18.75
字数:389 千字 定价:49.00 元

第 2 版前言

进入 21 世纪以来，清洁生产、绿色制造已经成为工业发展的总趋势，轻化工的清洁生产则更为人们所关注。事实上，解决轻化工行业的环境污染问题、实现轻化工产品的生态制造和智能制造，已经成为轻化工行业不可回避的重大课题。中华人民共和国教育部 1998 年颁布的新专业目录中，轻化工程专业包含原皮革工程、制浆造纸工程和染整工程三个专业方向。为了适应时代发展和新的教学计划的需要，对轻化工程专业的在校大学生进行清洁生产、生态制造的教育，向他们灌输绿色化学的基本思想和清洁生产、生态制造的理念，对于彻底改变我国轻化工行业的落后面貌，加速我国轻化工行业清洁生产和生态制造的进程，振兴我国轻化工行业，具有十分重要的意义。

2005 年 9 月，经轻化工与食品学科教学指导委员会轻化工程专业教学指导分委员会讨论通过，我们组织编写了供轻化工程专业选用的特色教材——《轻化工清洁生产技术》。该教材出版 8 年来，被众多高校的轻化专业所采用，受到高校师生的欢迎和好评。2011 年，该教材被评为四川省优秀教材。

为了满足高校轻化工程专业的教学需要，拓展轻化工程专业学生的知识面，帮助学生更好地了解我国轻化工行业所面临的形势与任务，我们编写组应中国纺织出版社的要求，对《轻化工清洁生产技术》进行了修订。在此次修订过程中，编写组认真调研，广泛征求了有关高校轻化工程专业师生的意见，对教材进行了充实和提高，吸收了近些年来的最新进展与知识，力求教材达到专业性、启发性和前瞻性的高度统一。

本教材共分六章。第一章和第三章由四川大学的但卫华负责编写，第二章由四川大学的但年华负责编写，第四章由四川大学的王坤余负责编写，第五章由齐鲁工业大学的付丽红负责编写，第六章由四川大学的施亦东负责编写。全书由但卫华负责统稿。

为了帮助学生更好地了解和掌握书中的基本内容，在每章的最后附有复习指导和复习思考题，以供学生课后自查自检。

在本书的修订过程中，得到四川大学轻纺与食品学院、四川大学制革清洁技术国家工程实验室及中国纺织出版社的大力支持，在此表示衷心感谢！

由于作者才疏学浅，书中存在疏漏、不妥之处在所难免，望读者批评指正！

编著者
2016 年 7 月 13 日

第 1 版前言

20 世纪末至 21 世纪初,轻化工行业在高速发展的同时,环境保护的问题越来越突出,成为制约我国轻化工发展的关键因素。应该说,当前轻化工行业面临着前所未有的"三大挑战",即:轻化工污染日趋严重、单纯的终端处理难以运行以及西方发达国家设置的种种"绿色壁垒"。因此,解决轻化工行业的环境污染问题,实现轻化工产品的生态制造,已经成为整个行业不可回避的重大课题。对轻化工程专业的在校大学生进行清洁生产教育,给他们灌输绿色化学的基本思想和清洁生产的理念,对于改变我国轻化工行业的落后面貌,加速我国轻化工行业清洁生产的进程,振兴轻化工行业,具有十分重要的意义。

1998 年教育部颁布的新专业目录中,轻化工程专业涵盖了原皮革工程、制浆造纸工程和染整工程专业。为了适应时代发展的需要和新的教学计划的要求,各相关高校的轻化工程专业将相继开设"轻化工清洁生产技术"这门课程。经 2005 年 9 月轻化工与食品学科教学指导委员会轻化工程专业教学指导分委员会会议讨论通过,组织编写一本适合于轻化工程专业选用的特色教材。《轻化工清洁生产技术》就是在这样的背景下组织编写的。

编写这部"十一五"部委级规划教材,涉及专业多、知识面广、信息量大,是一项极其艰巨而又光荣的任务,编写小组的全体成员对此高度重视。为了保证教材质量,我们确定了"知识新颖、内容全面、叙述集中、实用性强"的编写原则,确定教材要充分体现专业性、启发性和前瞻性。编写组成员认真参考和借鉴了现有的高等学校轻化工程专业的教材和有关学术专著,结合编写组成员二十多年的丰富科研、教学和生产实践经验,集中地反映了近十年来国内外轻化工清洁生产技术的状况,使学生通过本教材的学习,能够全面而系统地掌握轻化工清洁生产技术,了解轻化工清洁生产技术的最新研究进展。在教材的编写过程中,我们还十分注意激发学生对多学科交叉的探索热情,以培养学生的创新思维。

全书共分为六章,由四川大学轻纺与食品学院生物质与皮革工程系、四川大学皮革化学与工程教育部重点实验室但卫华教授任主编,四川大学轻纺与食品学院生物质与皮革工程系、四川大学皮革化学与工程教育部重点实验室王坤余教授任副主编,山东轻工业学院的付丽红教授、四川大学轻纺与食品学院的施亦东副教授、湖南科技职业学院的王慧桂副教授任委员。第一章和第三章由但卫华编写,第二章由王慧桂编写,第四章由王坤余编写,第五章由付丽红编写,第六章由施亦东编写,全书由但卫华审校。为了帮助学生更好地了解、掌握书中的基本内容,在每章的最后附有复习指导和复习思考题,并在书后附有复习思考题参考答案。

在本书的编写过程中,得到四川大学轻纺与食品学院生物质与皮革工程系、四川大学皮革化学与工程教育部重点实验室的大力支持,在此表示衷心的感谢!但年华硕士和林海硕士提供了一些资料并参与了部分书稿的打印和校对工作,在此一并表示感谢!

由于作者才疏学浅,书中疏漏、错误之处在所难免,望读者批评指正。

但卫华

2007 年 7 月于四川大学

课程名称 轻化工清洁生产技术

适用专业 轻化工程专业

总学时 48

理论教学课时数 36 　　　**实践教学课时数** 12

课程性质 本课程是轻化工程的专业课。

课程目的

1. 了解轻化工清洁生产的基本概念、基本内容和基本知识,明确轻化工清洁生产的重要意义。

2. 掌握轻化工清洁生产审计的一般程序和方法。

3. 掌握制革工业、毛皮加工工业、制浆造纸工业以及纺织染整工业清洁生产技术。

4. 了解制革工业固体废弃物资源化的方法。

5. 了解轻化工清洁生产技术的最新研究进展以及发展趋势。

课程教学基本要求 教学环节包括课堂教学、实践教学、作业和考试。通过各教学环节,重点培养学生对轻化工清洁生产的理论知识的理解和应用能力。

1. 课堂教学:在讲授基本概念和主要知识点的基础上,采用启发、引导的方式进行教学,搜集轻化工行业的大量清洁生产实例,进行讲解,并介绍轻化工行业清洁生产的最新研究进展和发展趋势。

2. 实践教学:本课程为现场教学,安排学生到轻化工企业参观学习,通过现场讲解轻化工清洁生产的全过程,提高学生理解联系实际的能力。

3. 作业:每章布置一定数量的复习思考题,尽量涉及各章的知识点。

4. 考试:期末安排一次考试,对教学效果进行全面考核。考试形式可以根据情况采用开卷、闭卷笔度方式,主要题型一般包括专业术语解释、填空题、判断题、简答题、改错题及论述题等。

教学学时分配

章　目	讲　授　内　容	学时分配
第一章	轻化工清洁生产概论	6
第二章	毛皮清洁生产技术	6
第三章	制革清洁生产技术	8
第四章	制革副废物的资源化利用	8
第五章	造纸工业清洁生产技术	10
第六章	纺织染整工业清洁生产技术	10
合　计		48

目录

第一章　轻化工清洁生产概论

20世纪是科学技术快速进步、社会生产力高速发展的世纪。我们也应该清醒地看到，在20世纪，人类为了竭力满足迅速增长的人口对物质日益增长的需求，导致严重的环境污染和生态不平衡。全球环境遭受着温室效应、酸雨、森林减少（或称热带雨林减少）、臭氧层空洞、水土流失和沙漠化、生物多样性锐减、人口膨胀以及城市化所造成的一系列问题。现实表明，人类与自然的矛盾日趋尖锐，严重阻碍了人类社会的发展和进步，威胁着人类自身的生存。

1987年，以挪威首相布伦特兰夫人为首的世界环境与发展委员会（WCED）向联合国大会提交了一份题为《我们共同的未来》(Our Common Future)的报告。该报告分为"共同的问题""共同的挑战"和"共同的努力"三大部分。报告认为人类的失败是"发展"的失败和"人类环境管理"的失败。报告提出了"从一个地球到一个世界"的总观点，认为全世界面临着共同的问题，各国必须迎接共同的挑战，承担共同的任务，采取共同的行动，"对未来的希望取决于现在就开始管理环境资源，以保证持续的人类进步和人类生存的决定性的政治行动"。报告向全人类严肃地宣布："现在是保证使今世和后代得以持续生存的决策的时候了。人们没有提出一些行动的详细蓝图，而是指出一条道路，根据这条道路，世界人民可以扩大他们的合作领域。"这条道路就是可持续发展的道路。

在上述背景下，1992年联合国环境与发展大会（UNCED）在巴西里约热内卢召开，共有183个国家和地区的代表团和70个国际组织的代表出席了会议，102位国家元首或政府首脑到会讲话。巴西会议通过了《里约环境与发展宣言》（地球宪章）和《21世纪议程》，并签署了《森林问题原则声明》和《气候变化公约》。巴西会议明确了"可持续发展战略"并被各国普遍接受，指出可持续发展就是"人类应享有以与自然相和谐的方式过健康而富有生产成果的生活的权利"，并"公平地满足今世后代在发展与环境方面的需要"，即可持续发展是既满足当代人的需求又不危及后代人满足其需求的发展。这一概念的两个基本内涵已经为人们普遍接受，一是可持续发展强调发展，二是这种发展必须兼顾自然、社会、生态、经济等各个系统之间的平衡。这次会议标志着人类对环境问题的认识上升到了一个全新的高度，找到了解决环境问题的可行途径，被认为是一次意义极为深远的世界性会议。

1995年，多个国家共同签署了《荒漠化公约》。其后，联合国成立了可持续发展委员会（CSD），于1997年召开环境与发展的特别联大会议。1998年5月，第五次国际清洁生产高级研讨会在韩国召开，此次会议发表了《国际清洁化生产宣言》，该宣言的主要目的是提高决策者对清洁生产战略的理解，增强在所有国家中更大力度和更广泛地采用清洁生产技术的认识。这次会议揭开了清洁生产活动的新篇章，它郑重地对子孙后代承诺：创造一个更加清洁和更加令人愉快的未来环境。清洁生产是一个复杂的系统工程，涉及企业的内部组织结构、生产技术、管理技术、人员素质、产品寿命周期和工艺过程等诸多因素。清洁生产不仅强调环境保护,而且也强调资源与能源的优化利用以及对劳动者良好的劳动保护,从某种意义上说,清洁生产是实现人类可持续发展的唯一途径。

我国是一个发展中国家,发展社会生产力是全社会追求的主要目标,也是每一个社会成员的历史责任。在这种历史条件下,人们所要肩负的是发展经济和保护环境的双重任务。从长远观点来看,环境保护将始终是我国实施可持续发展的重要内容。然而,必须清醒地认识到,虽然经过艰苦努力,在我国,环境污染问题仍然十分严重。

据2014年全国环境统计年报资料,我国工业、农业、城镇生活及其他污染物的排放情况见表1-1~表1-3。

表1-1 2014年全国废水及其主要污染物排放情况

	合计	工业源	农业源	城镇生活源	集中式
废水(亿吨)	716.2	205.3	—	510.3	0.6
化学需氧量(万吨)	2 294.6	311.3	1 102.4	846.4	34.5
氨氮(万吨)	238.5	23.2	75.5	138.1	1.7

表1-2 2014年我国废气排放情况 单位:万吨

分 类	工业废气			生活废气			机动车废气	
	二氧化硫	烟(粉)尘	氮氧化物	二氧化硫	烟(粉)尘	氮氧化物	烟(粉)尘	氮氧化物
排放总量	1 740.4	1 456.1	1 404.8	233.9	227.1	45.1	57.4	627.8

表1-3 2014年我国工业固体废弃物、危险废物的排放情况

种 类	项 目	统计数据(万吨)
工业固体废弃物	产出总量	326 000.00
	综合利用量	204 000.00
	储存量	45 000.00
	处置量	80 000.00
	倾倒丢弃量	59.40
工业危险废物	产出总量	3 633.50
	综合利用量	2 061.80
	储存量	690.60
	处置量	929.00

我国工业污染所存在的问题主要表现为资源开采不合理,资源利用率低且浪费严重,生产工艺落后。就产业而言,其主要问题在于工艺落后、原料转化率低。我国有色金属工业是以品位很低的矿产资源为原料进行生产的,年生产有色金属约400万吨,但以尾矿、废渣为主的固体废弃物为6 000吨。以纺织工业为例,我国纱、布、呢绒、化纤和服装等产品的生产量均居世界

第一位,但主要以中低档产品为主,特别是染整工艺(印花、染色、整理)落后,新鲜用水量在各行业中属前列,而水的回收利用率仅为 7%。染整废水污染严重,COD 高达 1 200～1 600mg/L。目前,染整废水的污染问题,已经成为制约整个行业发展的重要因素。尽管我国已成为名副其实的世界皮革工业中心,成为世界皮革大国,但皮革工业的污染问题严重制约了我国皮革工业的发展。据统计,全行业每年产生固体废弃物 300 万吨(其中制革、毛皮加工工业 140 万吨)。

轻化工业是关乎国计民生的重要行业,在国民经济中占据重要地位。然而,相对来说,轻化工业又是一个对环境污染较为严重的行业,其中,造纸、制革和纺织染整三个行业的污染问题尤为突出。大量事实表明,环境污染问题已经成为制约我国轻化工业发展的重要因素。不解决轻化工业的环境污染问题,轻化工业就无法实现可持续发展,整个轻化工业将无法继续生存下去。而要解决轻化工业的环境污染问题,唯一的出路就是研究开发轻化工清洁生产技术、实现轻化工清洁生产。

本章着重介绍清洁生产的基本概念,论述清洁生产与轻化工可持续发展之间的关系,在此基础上,提出轻化工清洁生产的目标、主要内容以及实现轻化工清洁生产的基本对策。

第一节　清洁生产的基本概念

一、清洁生产的定义

在过去很长一段时期内,人类极力追求工业化社会,促使工业不断发展,而对工业发展给环境带来的影响和危害却缺乏认识或者认识不足。随着人口数量的急剧增加,工业不断发展,造成资源的过度消耗和环境的严重污染,使得资源、人口和环境成为当今人类社会所面临的三大问题。

20 世纪 70 年代初,联合国曾在瑞典首都斯德哥尔摩召开了历史上首次研讨保护人类环境的会议。在这次会议上提出了"人类只有一个地球"的口号,标志着人类对环境问题的觉醒。从那时起,发达国家的一些企业相继尝试运用如"污染预防""废物最小化""减废技术""源削减""零排放技术""零废物生产"和"环境友好技术"等方法和措施,来提高资源利用率、削减污染物,以减轻对环境和人类的危害。这些活动获得了良好的生态效益、环境效益和经济效益,增强了人们通过革新工艺和产品对于减少环境污染、提高资源利用率的信心。

在总结世界各地工业污染防治理论和实践的基础上,联合国环境规划署(UNEP)于 1989 年首次提出了清洁生产的定义,指出:"清洁生产是一种新的创造性思想,该思想将整体预防的环境战略持续应用于生产过程、产品和服务中,以增加生态效率和减少对人类环境的风险。""对生产过程而言,清洁生产包括节约原材料和能源,淘汰有毒原材料并在全部排放物和废弃物离开生产过程之前减少它们的数量和毒性。""对产品而言,要求减少从原材料提炼到产品最终处置的全生命周期的不利影响。""对服务而言,要求将环境因素纳入设计和所提供的服务中"。必须明确的是,清洁生产不包括末端治理技术,如空气污染控制、废水处理、固体废弃物焚烧或填埋,它必须依靠应用专门技术、改进工艺和管理态度来实现。这就告诉人们:末端处理不等于清洁生产。

1993 年,我国制定了《中国 21 世纪议程》,把推行清洁生产列入落实可持续发展战略的重要措施。《中国 21 世纪议程》对清洁生产的定义是:"清洁生产是指既可满足人们的需要又可合理使用自然资源和能源,并能保护环境的实用生产方式和措施,其实质是一种物料和能源消耗最少的人类生产活动的管理和规划,将废物减量化、资源化和无害化,或消灭于生产过程中。同时,对人体和环境无害的绿色产品的生产,也将随着可持续发展进程的深入而日益成为今后产品生产的主导方向。"

2002 年 6 月,我国政府颁布了《中华人民共和国清洁生产促进法》,该法对清洁生产的定义是:清洁生产,是指不断采取改进设计、使用清洁的能源和原料、采用先进的工艺技术和设备、改善管理、综合利用等措施,从源头削减污染,提高资源利用效率,减少或者避免生产、服务和产品使用过程中污染物的产生和排放,以减轻或者消除对人类健康和环境的危害。

由清洁生产的定义可知,清洁生产不仅仅是一个概念,更重要的是,它是一种新的观念和思维。我们知道,工业生产是环境污染的主要因素。目前,世界上许多国家正处于工业化进程中,由于工业企业数量的不断增加,而这些工业企业大多仍然沿用着能源消耗高、资源浪费大、污染严重的传统工业生产方式,导致可利用资源濒临枯竭,工业污染远远超出环境容量,控制难度很大。在这种情况下,工业污染仍然采取"末端治理"这一被动的管理模式,就必然会导致一系列严重问题。清洁生产是一种从"源头"治理工业污染的生产方式,是一种消除或削减产品在生产过程、使用过程以至于废弃过程中造成的环境污染的全新思维。可见,清洁生产是人们观念和思维的转变,是环境保护战略由被动反应向主动行动的转变,也是环境保护措施由治标向治本的转变。

需要指出的是,清洁生产是一个相对的概念,所谓清洁的生产过程和清洁的产品,都是与现有的生产过程和现有的产品相比较而言的。由此可见,推行清洁生产,本身就是一个不断完善、不断提高的过程。因此,随着社会经济的不断发展和科学技术的不断进步,人们将适时地提出更新的清洁生产目标,采用最新的方法和手段,从而使清洁生产达到更新、更高的水平。

二、清洁生产的特征

由清洁生产的定义不难看出,清洁生产具有以下特征。

1. 预防性

"预防优于治理"是清洁生产的重要指导思想之一。清洁生产是从资源节约和环境保护两个方面对工业产品生产从设计到产品的生产、包装、储藏、运输、销售、使用直至产品废弃后的最终处置,都给予全程控制和预防。因此,清洁生产与末端治理有着本质的不同。

2. 全面性

清洁生产不仅要求考虑产品及其生产过程对环境的影响,而且要求考虑服务对环境的影响。不仅如此,清洁生产还要求两个"全过程"控制:其一是对产品的生命周期全过程进行控制,从原材料加工、提炼到产品产出、使用直到报废处置的各个环节采取必要的措施,实现产品在整个生命周期内资源和能源消耗最小化;其二是对生产的全过程进行控制,也就是说,对产品设计开发、规划建设、生产运营的全过程实施控制,防止生态破坏和环境污染。

3. 创新性

清洁生产在观念和思维上的创新,增强了清洁生产的可行性和可操作性。清洁生产改变了传统的不顾费用有效的思想和单一末端控制的方法,对污染物实行费用有效的源削减。清洁生产认可原料和能源的有效利用,但更加强调节约、洁净利用。只有所有的原料和能源都能够被节约、洁净、有效地利用,才能实现生态效益、环境效益、社会效益和经济效益的高度统一。

4. 效益性

清洁生产是一种从源头治理污染的方法,追求把工业污染消除或削减在工艺生产过程中,把经济效益与生态效益、环境效益统一起来。与末端治理相比,清洁生产不仅可以治理污染,而且可以提高经济效益,因而受到企业的青睐。清洁生产要求人们树立新的效益观,正确处理发展经济与环境保护的关系,正确处理利润、质量与环境保护的关系当发展经济与环境保护,利润、质量与环境保护发生矛盾的时候,应该毫不犹豫地服从环境保护。可见,必须实施环境保护"一票否决制"。

5. 全球性

清洁生产绝不是一厂、一地、一国的事情,而是全人类的共同事业,因此,需要全球人类的共同参与。清洁生产着眼于全球环境的彻底保护,为人类建设一个清洁的地球。清洁生产的全球性特征提示人们:只有一个地球,污染是没有国界的! 只有人类与自然和睦、和谐相处,人类社会才得以持久发展。

三、实施清洁生产的重大意义

工业经济的发展,造成了严重的环境污染问题,这种以牺牲环境为代价来发展经济的模式是不可取的。如果我国仍以传统的高消耗、低产出、高污染的工业生产方式来维持经济的高速增长,就必将使我国的环境状况进一步恶化,也会加速有限资源的耗竭。因此,我们所承受的是环境和资源的双重压力,在这种压力下,我们必须作出选择,那就是转变经济增长方式,努力实现经济与环境的协调发展,而清洁生产就是适应这种转变的最好方式。清洁生产是一种兼顾经济效益和生态效益、环境效益的最优生产方式,它可以最大限度地减少原材料和能源的消耗,可以降低生产成本,增加经济效益;可以使有毒、有害的原料或产品变得无毒、无害,将对环境和人类的危害减到最小;对生产工艺进行科学的改进和创新,使生产过程中排放的污染物的量降到最低。

实施清洁生产是实现可持续发展的要求。清洁生产很好地体现了可持续发展的基本思想。通过实施清洁生产,不仅可以减少甚至消除污染物的排放,而且能够节约大量的能源和原材料,降低废物处理和处置的费用,从而在经济上有助于提高生产效率和产品质量,降低生产成本,使产品在市场上更具竞争力。

清洁生产通过对企业管理人员和操作工人的培训,提高了他们的管理意识和环境保护意识,从而调动了广大管理人员和操作工人的积极性,使他们认识到,在工作中只要采取一些简单易行、不花钱或少花钱的措施,就可以大大地降低原材料和能源的消耗,提高资源利用率,减少污染物的排放,最终达到降低生产成本、提高经济效益的目的。另一方面,清洁生产还通过一整套严格的审计程序核对有关单元操作、原材料、水、能源、废弃物以及产品的来源、数量和类型等,判定引起物料流失的关键问题,判定企业工作效率低下和管理不善的成因,从而有针对性地提出一套节约原料和能源、降低成本、提高效率、减少污染、提高产品质量的措施。可见,清洁生产能够与企业管理结合起来,能与企业利益紧密联系起来,通过特有的一套全面、系统的思路来促进企业节约资源、节约能源、削减废弃物的排放量,提高企业的投入产出比,从而丰富现代企业的管理思想。

综上所述,实施清洁生产,对于保护生态环境,提高人类的生活质量;对于降低生产成本,提高经济效益;对于建设绿色生态城镇,实现新型工业化;对于缓解目前业已存在的国内外经济增长与资源短缺之间的矛盾;对于有效地建设生态农业、控制农业对环境的污染破坏等,都具有重大的现实意义和深远的历史意义。

第二节　清洁生产与轻化工的可持续发展

一、可持续发展的基本概念

可持续发展(sustainable development)亦称"持续发展"。可持续发展理论的形成经历了相当长的历史过程。大约在 20 世纪 50 年代,人们在经济迅速增长、城市化进程不断加速、工业生产不断发展、人口数量不断增加以及资源逐渐枯竭等方面所形成的环境压力下,逐渐对原有的"增长＝发展"的模式产生了怀疑,并开始寻求新的发展模式。1962 年,美国女生物学家莱切尔·卡逊(Rachel Carson)发表了一部有关环境的科普著作《寂静的春天》,引起轰动。在书中,作者描绘了一幅由于农药污染而造成的可怕景象,惊呼人们将会失去"春光明媚的春天",在世界范围内引发了人类关于发展观念的争论。10 年后,两位著名美国学者巴巴拉·沃德(Barbara Warel)和雷内·杜博斯(Rene Dubos)的合著《只有一个地球》问世,该书把人类生存与环境的认识提高到一个新的境界,即可持续发展。同年,一个非正式国际著名学术团体在罗马俱乐部发表了著名的研究报告《增长的极限》,报告明确提出"持续增长"和合理的、持久的、均衡发展的概念。

1987 年,挪威首相布伦特兰夫人在她任主席的联合国世界环境与发展委员会的报告《我们共同的未来》中,把可持续发展定义为"既满足当代人的需要,又不对后代人满足其需要的能力构成危害的发展"。这一定义被广泛接受。后来,我国学者对这一定义又做了如下补充,认为可持续发展是不断提高人民群众生活质量和环境承载能力的、满足一个地区或一个国家的需求又不损害别的地区和国家的人群满足其需求能力的发展。也有的专家从"三维结构复合系统"上来定义可持续发展,他们认为,可持续发展既不是单指经济发展或者社会发展,也不是单指生态持续,而是指以人为中心的自然经济复合系统的可持续。因此,他们将"持续发展"定义为:可持续发展是指能动地调控自然、经济及社会的复合系统,使人类在超越资源与环境承载能力的条件下,促进经济发展,保持资源的永续利用和生活质量的持续提高,发展就是人类对这一复合系统的调控过程。可持续发展没有绝对的标准,因为人类社会的进步和发展是永远没有止境的。这一定义告诉我们:建立必要的调控机制,有利于促进经济发展;发展不能超越资源与环境的承载能力,发展的结果应该是提高人类的生活质量,创造人类美好社会。

二、轻化工清洁生产与可持续发展

1. 末端治理的局限性

轻化工行业是一个包罗工业门类较多的行业。其中,污染较为严重的主要有造纸、制革、毛皮加工和纺织染整等行业。

就轻化工的污染物排放来说,经历了自由排放阶段并正在经历着末端治理(也叫终端治理)阶段。末端治理是作为防治污染而采取的一种补救措施,的确在环境保护中起到了重大作用。近些年来,许多造纸、纺织染整和制革企业,纷纷兴建庞大的综合废水处理场,较好地解决了工业废水的污染问题。但是,必须清醒地认识到,随着经济的飞速发展和人口数量的不断增长,全球性的污染、生态环境破坏和资源浪费有增无减,且新的环境问题不断出现,如温室效应、珍稀物种灭绝等。如果人们还是满足于末端治理,就不可能解决现存的环境污染和资源浪费问题。可见,末端治理存在严重的局限性,主要表现在以下几个方面。

(1)末端治理治标不治本。轻化工业污染物产生于生产过程中,而末端治理却偏重于污染物产生后的处理上,忽视了对污染物的全过程控制,治标而不治本,因此,在很多企业中出现了生产和环保扯皮的现象。

(2)末端治理侧重于控制污染物排放浓度,忽视了对污染物的总量控制。现在,轻化工企业最关心的是能否达标排放,却很少关心排放污染物的总量多少以及这些污染物对环境和人类是否会产生危害以及危害程度如何等问题。这就说明,末端治理在一定程度上起到了鼓励达标排放的作用。

(3)治理投资和运行费用高,企业负担重以至于难以承受,致使企业缺乏应有的积极性。往往有这种情形:庞大的综合废水处理设施竣工后,随之而来的高额运行费用,使一些企业难以承受而减产、转产甚至停产。例如,某制革厂日投产猪皮 4 000 张,日产生制革废水 1 500m³,耗资 500 万元兴建综合废水设施,结果运行费用高达 4.5 元/m³,致使企业无法承受。

(4)资源、能源未能得到充分、有效的利用。在轻化工业污染物中,有许多可以回收利用的原材料及其副产物。但实施末端处理后,这些有用物质都被当作"三废"处理掉,造成了资源和能源的极大浪费。

(5)单纯地依赖于末端治理,往往仅起到污染物朝不同介质转移的作用。特别是某些有毒、有害物质在处理时,甚至有可能转化为新的污染物,形成"治不胜治"的恶性循环。

由上可见,我们必须彻底转变观念,实现由片面依赖末端治理轻化工废水向轻化工清洁生产方面转变,把轻化工的污染物消灭在工艺生产过程中。

2. 轻化工可持续发展

如今我国的轻化工在国际上具有一定的影响力。例如,我国纺织与皮革工业的发展,使我国已经成为世界纺织与皮革工业大国。然而,无论是皮革工业,还是造纸、纺织工业,都是大而不强。要把轻化工做大、做强,就必须坚定不移地实施可持续发展战略,坚定不移地推行清洁生产。

从我国轻化工行业的发展现状看,其面临的困难和问题主要有以下几种。

(1)环境污染严重。造纸、制革、毛皮加工和纺织染整是轻化工行业中的环境污染"大户",是我国污染治理的重点和难点。

①造纸工业。造纸工业的污染堪称轻化工的"老大",其废水污染的严重性人所共知,已引起全社会的广泛关注。造纸工业的污染以排放高浓度的有机废水和有毒氯化有机物为其主要特征,高浓度的有机废水来源于制浆的蒸煮废液,而有毒氯化有机物则主要来源于漂白废水。蒸煮废液中的污染物主要是木素和碳水化合物的降解产物,它们是造成废液中化学需氧量(COD)高与生物需氧量(BOD)较高的主要物质。硫酸盐法制浆所产生的蒸煮废液若不能回收处理而直接排放,就会造成严重的水污染。漂白过程中产生的有毒物质主要是氯化有机物,主要有氯代酚、二噁英和氯仿。这些物质对水生物、动物和人类均有严重危害,有的甚至具有致癌作用。上述几种物质中以二噁英类物质的毒性最大,而二噁英类物质是二噁英化学武器的主要成分,具有致癌性、致突变性、致畸胎性和多发性脑神经病变等。

②制革工业。就环境污染而言,制革工业仅次于造纸工业。制革工业的污染主要是水污染,而制革废水主要来源于湿加工单元。硫化物、氯化物、三价铬、石灰以及存在于废水中的有机物是制革工业的主要污染源。制革工业废水的特点是碱性大、色度高、耗氧量大、悬浮物多,处理难度很大。资料表明,2014 年我国制革行业废水产生量约为 1.42 亿立方米,COD_{Cr} 产生量约为 42.71 万吨,氨氮产生量约为 2.85 万吨。2014 年我国制革行业含铬废水单独处理后,排放总铬约为 43 吨。原料皮转化成皮革的比率仅为 30%～60%,因而,每年会产生大量的固体废弃物,据统计约有 140 万吨,如果将制鞋业的裁断所产生的皮革边角料计算在内,固体废弃物达到 300 万吨。

③纺织染整工业。纺织染整工业的主要污染也是废水污染。通常,每印染加工 1 吨纺织品,耗水 100～200 吨,其中有 60%～80% 的水以废水排出。染整废水成分复杂,有机物含量高,难生物降解物质多,有的还处在物质转化的过渡阶段,性质极不稳定,易形成二次毒害物质。如氯离子与污水中有机物易形成毒性更大的有机氯化合物。由于加工品种、产量不同,所用的染料、助剂不同,其废水水质有较大的差异,水温水量也有较大变化,使印染废水的末端处理不仅难度大,成本也高。纺织染整废水中的污染物主要有染料、各种染整助剂以及其他杂质等,此外,还有大气污染。空气污染物主要是一些碳氢化合物,如油、蜡和有机溶剂等。

(2)资源利用率低、浪费严重。有关资料表明,造纸、制革工业普遍存在资源短缺和资源利用率低的问题。

①造纸工业。造纸工业主要以木材为主要原料。目前,世界森林面积正以 $7.66 \times 10^9 \, m^2/$年(1 150 万亩/年)的速度递减,而人工造林面积只是年减少量的 1/10。森林的大面积消失,带来了一系列问题,如生物物种灭绝加速,温室效应加剧。为了遏制森林大面积消失的势头,各国纷纷限制对森林的采伐,这无疑会对造纸工业未来的发展产生重大影响。而我国造纸工业的资源利用率较低,浪费严重,大量的资源在工艺生产过程中流失。

②制革工业。统计表明,我国制革工业每年有猪皮约 2 000 万张,牛皮 1 000 万张的缺口,特别是近些年受"疯牛病"和金融危机的影响,黄牛皮原料皮空前紧张,价格不断攀升。随着经济的不断发展,人们回归自然的消费观念不断增强,真皮的需求量将会大幅度上升,届时,生皮资源将更加紧缺。然而,制革工业的资源利用率一直很低,而且没有引起人们的高度重视。仅以猪皮制革为例,投产 1 吨生猪皮(水分 65% 左右),仅可得到成革 0.223 吨(水分 18% 左右),生猪皮利用率仅 52.25%。

(3)耗水量大。水是生命之源,是人类和一切生物赖以生存和发展的物质基础。随着经济的发展,人口的增加以及人民生活水平的提高,水的供需矛盾日渐突出。据统计,20 世纪 90 年代末期,我国水资源已经出现了严重赤字,城市缺水 60 亿立方米,农业缺水 300 亿立方米,农村还有 6 500 万人、6 000 万头牲畜用水紧张。在这种情况下,我国江河湖泊的水环境又遭到污染,使得供水形势更加严峻。值得注意的是,我国水资源浪费巨大,特别是农业目前灌溉水的利用率很低,工业工艺水平低,水的重复利用率低,造成水资源的浪费惊人。例如,制革工业耗水量很高,投产 1 吨生猪皮,需耗水 90~102 吨。虽然目前不少制革企业的耗水量已有大幅度降低,但仍在 60 吨/吨原料皮以上。

3. 实现轻化工可持续发展的基本对策

(1)消除污染源,实施清洁生产。清洁生产是实现轻化工可持续发展的必由之路,而要推行清洁生产,轻化工各行业应结合本行业实际,依靠科技进步和科技创新,革新工艺,有计划、有步骤地研究开发、推广应用清洁生产技术。

①造纸工业。应逐步推广应用蒸煮新技术和漂白新技术,如溶剂制浆、氧碱制浆、碱—过氧化氢制浆、生物制浆、氧碱漂白(或称氧脱木素)、过氧化氢漂白、臭氧漂白以及生物漂白等。

②制革工业。把着眼点放在治理制革工业的主要污染源上,进一步研究开发制革高效专用酶制剂,逐步推广应用基于酶制剂的制革生物技术、废液循环利用技术、无盐浸酸技术以及无铬/少铬鞣革技术等,把制革工业的主要污染源消灭在工艺生产过程中。

③纺织染整工业。纺织染整工业主要应从三个方面解决环境污染问题:第一,研究开发绿色纺织染整专用染料和助剂;第二,从工艺改革入手,尽量少用或不用有毒有害的染料、助剂,在印染过程中,采取必要的技术措施,增加染料的吸收、提高染料上染率,注意充分发挥助剂的作用;第三,研究开发和应用电化学染整技术、超声波染整技术、低温等离子体染整技术、微胶囊技术、超临界二氧化碳染色技术以及生物酶染整加工技术等,发挥这些新技术所具有的方便、安全、迅速、有效以及节约染料、减轻环境污染和便于实现电子计算机控制的特点,推动我国纺织染整行业的科技进步。

(2)推广应用资源节约型工艺技术,不断提高资源利用率。在轻化工行业特别是造纸、制革和纺织染整等行业,要大力推广应用资源节约型工艺技术。首先,要推广应用节水技术,实施节水工程。例如,工业废水净化回用技术、循环利用技术、废水资源化技术以及中水回用技术等节水技术。其次,要通过工艺改革,提高原材料的利用率,增加经济效益。例如,皮革工业一方面可以通过提高剖层精度,增加得革率;另一方面可利用制革、制鞋工业的边角余料生产工业明胶、功能纤维及壁纸等。造纸工业则在因地制宜地解决好造纸资源、提高资源转化率的同时,还应更多地关注非木材制浆造纸技术的研究与开发。

第三节　清洁生产的目标及其主要内容

一、清洁生产的目标

1. 降低物料(原辅材料)和能量(水、电、气)的消耗

轻化工行业应在生产过程中,通过采取资源的综合利用,短缺资源的代用,二次能源的利用以及节能、节水、省料等一系列措施,达到提高资源利用率、减少消耗、维护生态平衡的目的。特别需要强调的是,必须使用清洁的能源,诸如常规能源的清洁使用,可再生能源的利用,新能源的开发以及各种节能技术等。

2. 提高产品收(得)率,降低生产成本

通过技术创新,吸收、引进新技术对传统工艺技术进行改革,既能保证生产过程的清洁化,又能提高产品收(得)率,提高资源利用率,降低生产成本,提高企业的经济效益,最终达到环境效益、经济效益和社会效益的完美统一。

3. 减少废物和污染物的产生量

在生产过程中,尽量使用无毒、无害的原辅材料,少用或不用有毒、有害的原辅材料,减少生产过程中的危险因素。通过工业废液的循环利用,节约原辅材料,减少污染物的排放。

清洁生产的目标主要包括上述内容,它是清洁生产审计审核的目标。在设置清洁生产目标时,一定要逐项具体量化,以便考核。

清洁生产还有一些长期的目标,但需要长期的努力才能达到,这些目标包括以下内容。

(1)必须在投资和贸易团体中更有效地推动清洁生产,提倡把清洁生产作为一种投资战略和一种竞争因素。

(2)更清洁和更安全的生产方式与旨在减少原料和能耗的可持续消费相结合。

二、清洁生产的主要内容

清洁生产的主要内容可以归纳为"三清一控制",即清洁的原料和能源、清洁的生产过程、清洁的产品以及清洁生产中的全过程控制。

1. 清洁的原料和能源

正确选择清洁的原料和能源,是实施产品清洁生产的前提条件。针对造成工业污染的主要原因,为了提高原料转化成产品的比率、减少废物的产生和排放,尽量杜绝在生产过程中引入有毒、有害的材料,就必须对生产过程中所使用的原料和能源进行筛选。一般来说,清洁的原料和能源应符合以下条件。

(1)在生产中能够被充分利用。应该明确,在生产过程的物质转换中,只有那些可利用率高的原材料才能被称为清洁原料。在轻化工生产中所使用的大量原材料中,通常只有部分物质是生产需要的,其余部分在生产过程中都变成了"无用物质"。这种"无用物质"就是应该最大限度

地减少的物质。能源的利用,有利用率大小、能效转换比率高低和废物排放量大小的问题。在生产中,如果我们选用较纯净的原材料和较洁净的能源,则有用物质多、转换率高、废物排放少,资源利用率也就高。

在清洁原料和能源利用方面,至少需要考虑三个方面的问题。

①能源利用的最合理化。在生产、产品和服务中,要最大限度地做到以下几点。

a. 常规能源的清洁利用。

b. 节约能源,通过推广应用各种节能技术以提高能源的利用率。

c. 利用可再生能源。

d. 研究开发新能源。

②自然资源的利用,应力求节约、洁净和有效。在生产、产品和服务中,要最大限度地做到以下几点。

a. 节约原材料。

b. 利用无毒、无害的原材料。

c. 减少使用稀有原材料。

d. 现场循环利用有关物料。

③经济效益最大化。在生产和服务中,要最大限度地做到以下几点。

a. 大力推广应用高效生产技术和工艺,减少原材料和能源的使用,减少副产品。

b. 降低物料和能源损耗。

c. 合理安排生产进度。

d. 完善管理制度。

e. 培养高素质人才。

(2)不含或不产生有毒、有害的物质。通过调查发现,轻化工各行业的污染,有很大一部分是外源性的。这就是说,轻化工行业对环境的污染,有相当大的部分是由于使用了有毒、有害的化学物质造成的。例如,制革工业的污染有 60%~70% 是由于使用了有毒、有害的皮革化学品所造成的。

许多原材料内含有一些有毒、有害的物质,或者能源在使用中、使用后会产生某些有毒、有害的气体,它们在生产和产品使用过程中常产生毒害和污染,对人类和环境造成危害。实施清洁生产就是要对生产过程中所使用的原材料和能源进行技术分析,淘汰有毒、有害的原材料和能源,使用无毒、无害或低毒、少害的原材料和能源。其根本目的就是要实现对人类和环境的危害最小化。因此,企业在生产、产品和服务中要最大限度地做到以下几点。

①采用少废和无废生产技术,把污染物消灭在工艺生产过程中。

②减少无毒、有害物料的使用和生产过程中的危险因素。

③现场循环利用副产物或废物,或将副产物、废物资源化。

④尽量使用可回收利用的包装材料或可生物降解的新型包装材料,合理包装产品。

⑤采用可生物降解和易处理的原材料,合理利用产品功能,延长产品寿命。

2. 清洁的生产过程

(1)清洁的生产过程的概念。所谓清洁的生产过程,是指在生产过程中采用各种高新技术,实现废物的减量化、资源化和无害化,从源头治理污染,直至最终消灭废物。

①废物减量化。废物减量化是指通过革新生产工艺、采用先进设备,提高原材料的利用率,使原材料尽可能多地转化为产品,从而使废物的排放量达到最小值。

②废物资源化。废物资源化是将生产环节中的废物综合利用,转化为进一步生产的资源,达到变废为宝的目的。

③废物无害化。废物无害化就是减少或消除将要离开生产过程的废物的毒性,使其不对人类和环境产生危害。

(2)要实现清洁的生产过程,应采取以下几项措施。

①尽量少用或不用有毒、有害的原料。

②选择无毒、无害的中间产品。

③减少生产过程的各种危险性因素。

④采用少废、无废的工艺和高效的设备。

⑤实现物料的再循环。

⑥使用可回收利用的商品包装,有条件的话,尽量使用生态包装。

⑦建立和健全生产环境管理制度,推行生产环境管理制度。

3. 清洁的产品

清洁产品,又叫生态产品、绿色产品、环境友好产品、可持续产品等。清洁的产品,是指有助于资源的有效利用,在生产、使用和废弃后处置的全过程中不会对环境和人类产生危害的产品。

(1)清洁的产品要有利于资源的有效利用。这就要求清洁产品设计工艺应使产品的功能性强,既能满足人们的需要,又省料、耐用。要达到这个要求,必须在产品设计中坚持以下三个原则。

①精简零件,易于拆卸。

②稍经整修,可重复使用。

③经过改进,能够实现创新。

(2)清洁的产品应对环境和人类不产生危害。在设计清洁产品时,应遵循以下三个原则。

①产品生产周期的环境影响最小,争取能够实现零排放或"近零排放""超低量排放"。

②产品对生产人员和消费者无毒、无害。

③最终废弃物易于分解,且分解产物对人类和环境没有危害。

4. 清洁生产中的全过程控制

清洁生产中的全过程控制包括两个方面的内容,即原料或物料转化为产品的全过程控制和生产组织的全过程控制。前者是指从原材料的提炼、加工到产品的产出、使用直至废弃后处置的各个环节中所采取的必要的污染预防控制措施。后者则是指工业生产运行的全过程控制,包括从产品设计开发、规划、建设到工厂的运营管理所采取的防止污染发生的措施。

第四节 清洁生产的基本对策

　　清洁生产是一种全新的工业生产模式,是一种新的观念和思维,也是工业生产发展的必然趋势。要想实现轻化工的可持续发展,就必须实现清洁生产;要想实现人类社会的可持续发展,就必须实现清洁生产。

　　由于各个行业、企业具有不同的特点,所处环境也有很大差异,因此,在实施清洁生产的过程中,不能强求一致,搞"一刀切"。各行业和各个工业企业,应该根据自身特点,对产品设计、原材料选择、工艺技术路线、工艺参数、生产设备、操作规程以及企业内部管理模式等方面进行全面分析,寻求适合本行业、本企业清洁生产的基本途径。轻化工行业,特别是造纸、制革、毛皮加工和纺织染整行业既有共同的特点,又各有特色。鉴于此,本节结合造纸、制革、毛皮加工和纺织染整行业的实际情况,简要介绍清洁生产的基本对策,供读者参考。

一、明确目标,锁定"无害化"和"生态化"

　　随着科学技术的高度发达和人类社会的不断进步,工业生产包括轻化工生产,将必然走向无害化和生态化。可以说,轻化工清洁生产的未来就是轻化工生产的无害化和生态化。

　　要实现轻化工生产的无害化和生态化,在未来 10 年乃至更长一段时间内,清洁生产要达到以下四个目标。

1. 研究开发出资源节约型的工艺技术

　　在工艺开发方面,主要应该从三个方面考虑:第一,缩短生产周期,制革、毛皮加工、造纸工业的生产周期普遍比较长,例如,制革生产周期一般在 15～30 天,缩短生产周期,可以节约大量的能源和资源,可以减少企业资金的占用,从而提高企业的经济效益;第二,节约资源,原料皮的利用率要通过采取措施,争取由现在的 30%～60%提高到 80%以上;第三,应用新设备、新材料对工艺进行革新。

2. 实现清洁的轻化工生产过程

　　轻化工各行业要结合自身实际,尽快建立造纸、制革、毛皮加工和纺织染整的清洁生产基本模式,这种模式应是一系列成熟度高、可靠性好的清洁生产技术的技术集成和创新。目前已有的技术也许还不能构建出比较理想的轻化工清洁生产模式,但可以将自主研究开发与技术集成创新结合起来,逐步推进。

3. 生产出符合生态要求的轻化工产品

　　未来的轻化工清洁生产的产品和服务必须是生态轻化工产品和服务。例如,现在皮革行业提出了"生态皮革"的概念,在现阶段,生态皮革就是符合欧美规定的生态指标要求的皮革。今后应该在此基础上,研究开发出真正意义上的生态皮革。生态皮革是一种采用制革清洁生产技术生产的、在整个生命周期内都不会对环境造成任何污染或对人体产生任何危害的皮革产品。生态皮革应该符合以下条件。

(1)在生态皮革的生产过程中对环境和人体不产生任何危害。

(2)用生态皮革加工成的制品对环境和人体不产生任何危害。

(3)皮革制品完成其寿命周期后废弃,其废弃物对环境和人体不产生任何危害,并且,废弃物可生物降解,降解产物对环境和人体也不产生任何危害。

同样的,造纸工业的产品是生态纸张,纺织染整工业是生态染整等。

4.全面建设轻化工循环型经济产业

循环经济(Recycling Economy)是指遵循自然生态系统的物质循环和能量流动规律,重构经济系统,使其和谐地纳入自然生态系统的物质能量循环利用过程,以产品清洁生产、资源循环利用和废物高效回收为特征的生态经济发展形态。根据循环经济的基本要求,工业经济活动应该按照自然生态系统的循环模式,高效、有效地组织成一个"资源利用—绿色工业—资源再生"的封闭型物质能量循环的反馈式流程。遵循这一流程可以保持工业生产的低消耗、高质量和低废弃,从而彻底摒弃传统的工业生产模式。另一方面,遵循这一流程可以将工业生产活动对自然环境的影响破坏程度降到最低。由此可见,循环经济是在实现人类社会可持续发展过程中解决资源环境制约问题的最佳途径,是实施可持续发展战略的必然选择和重要保证。由循环经济的基本概念和内涵,可以归纳出所谓的"3R"原则:减量化(Reduce)原则、再利用(Reuse)原则以及循环化(Recycle)原则。杜邦(Dupont)化学公司建立企业内部的循环经济模式,创造性地把循环经济的"3R"原则发展成为与化学工业相结合的"3R制造法",以达到少排放甚至零排放的环境保护目标。该公司通过放弃使用某些环境有害性的化学物质,减少一些化学物质的使用量以及发明回收公司产品的新工艺,同20世纪80年代末相比,至1994年该公司因生产造成的废弃塑料减少了25%,空气污染物的排放量减少了70%。杜邦化学公司这一经验值得借鉴。

循环经济和清洁生产是两个不同的概念,但它们都是实现可持续发展战略的重要途径。循环经济与清洁生产之间有着不可分割的联系,它们都有着鲜明的目的性、系统完整性、经济效益性、科学合理性和突出预防性等特点,且在多方面具有一致性。循环经济与清洁生产都主张从源头预防和治理污染,强调工业生产过程中将废物最小化、资源化和无害化。循环经济的核心思想是资源—产品—再生资源的物质反复循环流动。它要求把经济建立在自然生态规律的基础上,促使大量生产、大量消费和大量废弃物的传统工业经济体系向自然资源的节约、洁净和有效利用、循环利用的循环经济体系转变。

循环经济是把清洁生产和废弃物的综合利用融为一体的物质闭环流动性经济,本质上是一种生态经济。它以物质、能量梯次和闭路循环使用为特征,在环境方面表现为污染低排放,甚至零排放。循环经济把生态工业、资源综合利用、生态设计和可持续消费等融为一体,运用生态学规律指导人类社会的经济活动。它要求把经济活动组织成一个"资源—产品—再生资源"的反馈式流程,其特征是低开采、高利用和低排放,其结果是经济发展与环境保护的"双赢"。

传统的皮革产业包括制革、毛皮加工、制鞋、皮革化工、皮革机械、皮革五金等行业。在皮革行业中实现循环经济,除了上述这些行业之外,还要把生皮以及制革固体废弃物的深度开发和综合利用所涉及的产业也融入其中。这就是说,作为广义农业的副产物的生皮,可以被整体利用来制革,然后制成皮革制品。制革和皮革制品的边角余料又可以资源化,经过深度开发,制成其他各种各样的适合各种用途的产品。这样一来,不仅延伸了产业链,而且又产生了新的经济增长点。这就是广义的皮革产业的概念。应该说,广义的皮革产业的概念是循环经济的产物。

二、更新观念,重点实现"三个转变"

要实现轻化工清洁生产的四个目标,就必须更新观念,实现"三个转变"。清洁生产不仅涉及自然科学知识和社会科学知识的具体运用,而且更为重要的是涉及人们的思想观念的更新。只有观念更新了,才有可能实现以下"三个转变"。

1. 变环境的局部改良为包括生态设计在内的全面绿色管理

过去的轻化工行业的污染治理,在很大程度上只是环境的局部改良,许多清洁生产技术没有系统化,各企业往往根据自己的需要,采用了某些清洁生产单元技术,局部地、不同程度地改善了轻化工行业的污染状况,但远远没有达到清洁生产的要求。

今后,轻化工行业应引入生态设计的方法,在企业内部建立和健全环境管理制度,推行全面绿色管理(TGM)。

生态设计是一种从产品的研究开发过程就开始考虑环境影响,从而有效地避免或减少后续环节可能产生的环境影响的方法。简而言之,生态设计是指"环境"因素决定设计决策的方向。换句话说,环境是产品开发中必须考虑的一个重要因素,与一般的传统因素(如利润、功能、美观、环境条件与效率、企业形象和整体质量等)具有同样的地位。在某些情况下,"环境"因素甚至比传统的价值因素更为重要。现代企业逐渐认识到,"末端治理"是治标的方法,而"清洁生产""生态制造"才是治本的方法。我们知道,产品设计是生产和制造的重要依据和支撑,因此,不少企业已经开始从"末端治理""清洁生产"转向注重产品的生态设计。

清洁生产是一个庞大的系统工程,涉及面大、技术含量高、工作难度大,尤其是,清洁生产是经济效益最大化的清洁生产。清洁生产绝不能以牺牲产品质量为代价。因此,必须建立一整套环境管理制度并认真地付诸实施。

环境管理制度应该包括原材料管理、原材料制备、工艺技术参数的控制、设备仪表维修、开停车和事故的管理、生产现场管理、样品采集、设备定期检修等。环境管理制度中应始终贯彻全面绿色管理的思想。

全面绿色管理是近年来新兴起来的一种新型的管理思想和模式,它可以理解为:在组织内部,全体员工(上至管理层成员,下至炊事员)都应具有环保意识、资源意识和效益意识。产品的整个生产过程、生产工艺技术和方法、生产的组织以及生产的环境等,都要考虑环境保护,考虑资源的节约、洁净和有效利用。由此可见,全面绿色管理融合了全面质量管理的精华,将生态环境管理与生产经营管理有机地结合起来,形成了一个极具生命力的现代管理模式。

全面绿色管理中的"全面"一词,代表"全面的绿色概念""全员参与管理""全过程管理"和"采用全面的技术与方法"。全面绿色管理适用于全世界各级各类组织,当然,也适用于轻化工企业。全面质量管理的基本原则是环境效益、生态效益、经济效益和社会效益相统一。

推行全面绿色管理,首先要解决人的问题,即要培训员工,增强全体员工的绿色意识,培育企业的"绿色文化"。通过培训,培养出一批具有绿色管理素质的人才;其次,在生产中推行清洁生产,推广绿色技术(清洁技术);第三,开展绿色认证,争取绿色标志;第四,要积极开展绿色营销;第五,对废旧物品,包括生产过程中的副产物和废物,要实行绿色处理。

推行全面绿色管理与实施清洁生产是完全一致的。推行全面绿色管理是实施清洁生产的根本保证,实施清洁生产是推行全面绿色管理的主要目标之一。推行全面绿色管理,可以将清洁生产提高到一个新的、更高的层次。这对于企业乃至行业的可持续发展都具有十分重要的意义。

2. 变轻化工污染的末端控制为生产的全过程控制

要实现这个转变,就应该从三个方面更新观念。首先,把污染的末端控制观念更新为生产的全过程控制观念,牢固树立末端治理不等于清洁生产观念。其次,把传统的生产模式观念更新为清洁生产的生产模式观念。按照传统的生产模式,人类一方面从环境中获取可用资源,另一方面又向环境排放废物,从而导致当今世界所面临的环境污染和生态破坏。而清洁生产则要把物料消耗降到最低限度,使废物减到最少,甚至为零。再次,把粗放型生产的观念更新为集约型生产的观念。清洁生产要求强化企业管理、提高职工素质、合理定位产品、优化生产工艺和技术参数,采用高新技术革新工艺、节约资源和能源,最大限度地削减废物,在企业内外形成优势互补和社会化运行网络,创造良好的环境效益、社会效益和经济效益。

3. 变资源的有效利用为节约、洁净、有效利用

过去,轻化工所使用的原材料、化学品,主要侧重于其是否有效,而对其是否节约、是否洁净(无污染)不太关心。清洁生产要求在生产过程中所使用的原料、能源不但要洁净,而且对环境和人类没有危害,因此,要实现清洁生产就必须将资源的有效利用转变为节约、洁净和有效的利用。

三、研究开发和积极推广应用清洁生产技术

近年来,轻化工清洁生产技术的研究与开发取得了很大成绩,各种新技术、新工艺和新材料如雨后春笋般层出不穷。然而,由于种种原因,先进的轻化工清洁生产技术无法通畅地进入企业管道,无法转化;有的清洁生产技术虽然实现了成功转化,但却不能长期坚持;即或是已经应用了清洁生产技术的企业,也可能因为其技术的覆盖面不广,而无法产生最佳的生态效益、环境效益、社会效益和经济效益。由此可见,轻化工清洁生产技术的研究开发和推广应用,是一个庞大的系统工程,必须下大力气才能取得成功。已有的清洁生产技术成果比较零散,缺乏工业性实验,需要进行二次开发或集成创新,才能形成系统而完整的清洁生产技术体系。首先,通过行业的管理部门,将所有的轻化工清洁生产成果集中起来,组织评估,从中选择最佳的轻化工清洁生产技术。然后,组织一支科研实力较强的科研团队,将这些最佳轻化工清洁生产技术进行总体集成,并对集成技术进行二次研究开发和创新,形成造纸、制革和纺织染整工业的清洁生产技术体系。最后,在全国范围内通过招标方式,选择各行业(如造纸、制革和纺织染整行业)中的一家或数家有代表性的大型企业,或者重组大型企业完成工程化实验,从而形成定型的工艺技术,在全国范围内推广应用。当然,具体操作起来将会遇到诸多问题,但是只要下决心去做,争取政府和企业的支持,就一定可以成功实施。

四、限制有毒、有害化学品的生产和使用

据初步计算,造纸和制革工业的污染物有 60%～70% 是外源性的,其中,绝大部分化学品

是由于在制浆造纸和制革过程中无限制地使用有毒、有害化学物质造成的。为了限制有毒、有害化学品的生产和使用,有关部门可以将用于轻化工行业的所有化学品实行"市场准入制",即只有符合绿色化学品标准的化学品才准许其生产和进入市场。但是从目前情况看,真正符合绿色化学品标准的化学品属于凤毛麟角。因此,需要制定出可操作性强的法律、法规,逐步地限制有毒、有害的化学品进入轻化工行业的生产过程中。此外,还必须加快研究开发无毒、无害的绿色化学品的进程。

五、实施节水工程

据资料介绍,由于世界性水资源紧张,各国对保护水资源、节约用水和废水回用等技术予以高度重视,尤其是在欧美、日本等发达国家,工业废水的回用率高达 80%～90%,而我国工业废水的回用率不足 10%。制浆、造纸工业,制革工业和纺织染整工业都是"用水大户",其工业废水排放量均很大。制浆、造纸工业,每生产 1 吨纸要产生 30～400 吨废液;制革工业,每投产 1 吨生皮要产生 80～100 吨废液;纺织染整工业,每染整加工 1 吨纺织品要产生 130～170 吨废液。轻化工行业用水量大,有很多弊端。其一是浪费了宝贵的水资源;其二是加大了轻化工处理综合废水的负荷,使轻化工废水的处理费用大大增加;其三则是使从生皮中进入制革废水中的有用物质回收困难。因此,实施节水工程势在必行。轻化工行业的节水工程,应当从三个方面入手:一是进一步优化和完善已有的节水技术,实现减量化;二是实施中水回用;三是开拓创新,研究开发无水/少水生产技术和配套设备。

六、废水的资源化

在造纸、制革、毛皮加工和纺织染整工业废水中,存在着大量的、各种各样的有用物质,按照传统的工艺,这些有用物质都会被当作废物排放到水体、空气中,因而造成了极大的浪费和严重的环境污染。采用先进的物理、化学方法和高新技术,通过分离、纯化、浓缩等方式,回收利用造纸、制革和纺织染整工业废水中的有用物质,变废为宝,化害为利。

七、固体废物的资源化

在造纸、制革、毛皮加工和纺织染整工业的生产过程中,一般都要产生大量的固体废物。据不完全统计,现在我国每年加工各种原料皮约 1.7 亿张,每年约产生 140 多万吨制革边角余料等固体废物。在这些制革边角余料中,含有大量的胶原蛋白。研究表明,胶原蛋白及其降解产物在医药、食品、化妆品、营养保健以及生物材料等方面的应用十分广泛。

以造纸、制革和纺织染整工业中的固体废物为原料,运用高新技术将其资源化,可以延伸产业链,增加新的经济增长点,符合循环经济模式的要求。

八、开展企业清洁生产审计

企业清洁生产审计是企业推行清洁生产的关键和核心。通过企业清洁生产审计,可对企业生产全过程中的每个环节、每道工序可能产生的污染物进行定量检测,并在此基础上,发现问题，找出原因，提出有针对性的对策和措施，彻底消除高物耗、高能耗和高污染的源头，从根本上防止和减少污染的产生。

轻化工行业应结合自身实际，理清清洁生产审计的基本思路，制订出切实可行的实施办法，坚持不懈地做好企业清洁生产审计，不断提高企业的清洁生产水平。

复习指导

1. 了解可持续发展的基本概念及其提出的历史背景和意义。
2. 掌握清洁生产的基本概念和特征。
3. 明确轻化工清洁生产的目标和主要内容。
4. 熟悉轻化工行业清洁生产所存在的问题及解决办法。

复习思考题

1. 名词解释：

    清洁生产　　可持续发展　　全面绿色管理　　循环经济
2. 清洁生产的特征是什么？
3. 清洁生产的目标是什么？
4. 清洁生产的主要内容是什么？
5. 轻化工行业目前在环境污染方面存在的主要问题是什么？你认为应如何解决？

第二章　毛皮清洁生产技术

第一节　概述

　　毛皮工业包括制裘、毛皮制品加工、毛皮机械和化工等,是皮革工业的重要组成部分。毛皮产品具有雍容华贵、端庄大方、保健御寒的特点,价格高、换汇率高,是我国重要大宗出口商品之一,素有"软黄金"之称,在外贸出口中占有重要地位。我国毛皮工业历史悠久,西周即设有皮官。中华人民共和国成立后,特别是改革开放以来,我国毛皮工业已得到蓬勃发展。中国皮革协会 2011 年统计资料显示,我国年销售收入 2000 万元以上规模的毛皮及制品企业 399 家,2011 年工业总产值 579 亿元。2015 年,我国水貂取皮张数量为 4450 万张,狐取皮数量为 1450 万张,貉取皮数量为 1610 万张。目前,中国已经成为世界公认的毛皮养殖和加工大国,毛皮总加工量占世界生产量的 2/3。已形成尚村、留史、大营、崇福、辛集、北京大红门、雅宝路七大市场。

　　我国毛皮行业目前存在以下问题:

　　(1)产品质量档次不高。我国原皮以绵羊皮数量最多,属低档产品,而高档水貂、蓝狐等相对较少。国外原皮毛密度大、绒毛长、皮纤维编织紧密,品质明显优于国内。毛皮制品款式设计,缺乏创新,档次不高。

　　(2)数量和品种有待完善。高档次的水貂、蓝狐国内产量较少,中低档较多,品种有待完善。

　　(3)污染较为严重。毛皮工业耗水量大,铬、甲醛、NaCl、氨氮等污染较为严重。

　　(4)人才缺乏,技术力量薄弱。由于制革长期占主导地位,毛皮工业相对规模较小,人才流失严重,专门从事毛皮研究的机构和专家较少,技术力量薄弱,毛皮人才相对较缺乏。

　　毛皮清洁生产是毛皮生产方式的转型和升级,不仅能减少毛皮工业对环境的污染,减少能源消耗,降低成本,还能提高产品质量和档次,增加经济效益,提升行业的整体水平,从而满足毛皮行业可持续发展的需要。

第二节　毛皮工艺及实例

　　毛皮是指带毛的动物皮经过一系列物理和化学,特别是经过鞣制和整理,并保留毛被的具有使用价值的产品。毛皮也称为裘皮、皮草。它是相对革皮而言的,两者同是以动物皮为原料加工而成的产品,但毛皮带有毛被,革皮不带毛被。

一、毛皮工艺

传统的毛皮工艺主要分为：鞣制、整饰、裁制及吊制。参照制革工艺，将毛皮工艺分为鞣前准备、鞣制、湿态染整及干态整饰四个工段。

1. 鞣前准备工段

鞣前准备是指从毛皮浸水至鞣制前的整个工艺操作，主要包括制裘原料皮的预处理、浸水、脱脂、酶软化及浸酸工序。与制革不同，毛皮加工工艺要保护毛被，因而尽量在酸性或弱碱性条件下进行操作，没有脱毛、浸灰和复灰工序。预处理包括分路组批、抓毛和修边；毛皮浸水不加纯碱；脱脂不采用碱法脱脂，而采用物理压榨法、溶剂法、表面活性剂法和酶法；软化则常用酸性酶软化。为了获得较高的柔软度，采用长时间浸酸、浸酸堆置或轻微酸膨胀来分散胶原纤维，如表2-1所示。

表2-1 毛皮鞣前准备工段主要化工原料、主要作用及副废物

项目 工序	化工原料	主要作用	副废物
预处理	食盐	抓毛回潮、修边	污物、食盐、毛、边角
浸水	表面活性剂、防腐剂、酶制剂	除去污垢，使生皮恢复到鲜皮状态	污物、可溶性蛋白、盐、防腐剂、表面活性剂等
脱脂	溶剂、表面活性剂、酶制剂	除去毛皮中的油脂	溶剂、表面活性剂、油脂、可溶解性蛋白及盐等
软化	食盐、酸、酶制剂	进一步分散胶原纤维，酶解弹性纤维和网状纤维，清除皮垢	盐、酸、酶制剂、蛋白质
浸酸	食盐、无机酸、有机酸	终止酶的作用，降低pH	食盐、无机酸、有机酸、蛋白质等

2. 鞣制工段

鞣制是采用鞣剂使生皮变成革的过程，也是毛皮生产中最核心的过程。鞣剂一般会在胶原纤维之间形成交联键，即在胶原结构中形成两个或两个以上的新的化学键，从而使胶原的稳定性提高。新生成的化学键越强，数量越多，这种交联结构就越稳定，鞣制作就越强，耐湿热稳定性（收缩温度）也越高。能够产生鞣制作用的物质很多，根据鞣剂结构的不同，可以分为无机鞣剂、有机鞣剂和无机—有机配合鞣剂。采用某种鞣剂进行鞣制的方法，相应就称为该鞣剂的鞣法。毛皮常用鞣制方法有：无机鞣法、有机鞣法及结合鞣法。鞣制既要使皮革具有足够的湿热稳定性，还要尽量使皮革拥有其他的使用性能，如力学性能、透水透气性、柔软性、丰满性等。不同的鞣剂鞣制得到的成革，理化性能各有特色。因此，评价一种鞣制方法的优劣，不能只看收缩温度的高低，还要综合考察其他性能。随着人们环保意识的提高，鞣剂的绿色化越来越受到重视，甚至成为决定优劣的关键一票。以往认为铬鞣的综合性能最佳，铬鞣剂是一种很好的鞣剂，但现在发现铬属于重金属，六价铬还具有很大的毒性，铬鞣剂的使用也越来越受限制。以往认为植物鞣剂鞣性较差，用量很大，综合性能不如铬鞣剂，但植物鞣剂属于可再生的天然产物，生物降解性好，对环境污染小，是很好的绿色鞣剂。随着时代的发展，对鞣剂和鞣制方法提出了新

的要求,有必要运用新的方法和思路来重新审视毛皮的鞣制工段,以探索新的途径,实现鞣制的清洁化。

3. 湿态染整工段

湿态染整主要包括复鞣、染色、加脂工序。复鞣被称为"点金术",它可以补充鞣制的不足,同时赋予毛皮以新的性能,提高产品质量。复鞣使毛皮皮板更加丰满、柔软,减少部位差,减少松面,绒头更细,毛被更牢固,并能赋予毛皮防水、抗静电、阻燃等功能。从复鞣的目的可以看出,复鞣剂并不需要具有很强的鞣性,甚至可以没有化学结合性(仅是物理填充)。复鞣剂结合性相对较弱,容易经过水洗而进入废液,造成污染。

毛皮染色符合人类审美需求,可以大幅度提升毛皮的价值。毛皮的染色是将染料固定到皮板和毛被上的加工过程。毛、板染色可以分别进行:在高温、高 pH 下染毛被;在低温、低 pH 下染皮板。既可毛板同色,也可以毛板异色。按染色操作方法可以分为吊染、扎染、浸染、刷染、喷染、印染、拨染等。

加脂是使天然油脂、氯代烷、矿物油等渗入胶原纤维之间,润滑纤维,减小纤维之间摩擦力,从而获得柔软、舒适的手感。加脂还可以提高毛被的力学性能。常规加脂均在水中进行,因此,加脂剂需要乳化后加入。天然油脂可以通过硫酸化、亚硫酸化、磷酸化等化学处理,引入亲水性基团,从而赋予其水溶性;氯代烷和矿物油往往需要外加表面活性剂进行乳化。少部分加脂剂具有化学结合性,能与胶原纤维或已与胶原纤维牢固结合的金属盐等产生化学键,从而牢固结合到胶原纤维中。大部分加脂材料,需要在加脂后期加入酸、阳离子(有机阳离子、金属盐)来破坏乳液稳定性,使加脂剂沉积到皮革纤维之间。

毛皮鞣制与湿态染整工段主要化工原料、主要作用及副废物见表 2-2。

表 2-2　毛皮鞣制与湿态染整工段主要化工原料、主要作用及副废物

工序 \ 项目	化工原料	主要作用	副废物
鞣制	铬	主鞣或复鞣,收缩温度高	铬、酸、盐
	非铬金属鞣剂	主鞣或复鞣,收缩温度较高,可避免铬污染	非铬金属、酸、盐
	甲醛	主鞣,收缩温度高,色白	甲醛
	其他醛类	主鞣或复鞣,提高耐汗性	其他醛类
	合成鞣剂	复鞣,提高收缩温度,促进分散,填充	芳香族化合物、铬(含铬合成鞣剂)
	脲醛树脂	复鞣,提高收缩温度,填充	脲衍生物、甲醛
	氨基树脂	复鞣,(选择)填充性好	双氰胺衍生物、三聚氰胺衍生物、甲醛
干鞣	溶剂+鞣剂	主鞣	三氯乙烯、四氯乙烯、鞣剂
中和	碱、合成鞣剂	调节电荷、pH	盐、芳香族化合物
染色	媒染剂	提高上染率、均匀度和坚牢度,丰富染色效果	铬、铁、铜等
	染料	使皮板或毛被着色	金属、偶氮染料、氧化染料、酸性染料、碱性染料、荧光剂等

续表

工序＼项目	化工原料	主要作用	副废物
漂白退色	氧化剂、还原剂	提高白色毛皮的白度或将深色毛被变成浅色	氧化剂、还原剂
加脂	加脂剂	合成加脂剂、天然油脂加脂剂、矿物加脂剂、特殊加脂剂	盐、氯化烃、矿物油、天然油脂、溶剂、硅、氟等

4. 干态整饰

毛皮的干态整饰包括干燥、回潮、滚软、磨里、皮板起油、漂洗、打毛、梳毛、剪毛、除尘、整修、量尺、验收等。经过整理使皮板达到轻、薄、软，毛被松散、灵活、光亮、无勾毛、无溜针、无脱毛、无灰、无异味、无油腻感。

毛革一体，又称毛革两用，简称毛革，它是在毛皮加工的基础上，对其皮板进行类似制革工艺的处理而制成的产品。毛革将其毛被向外即可作裘皮，而皮板朝外又要作皮革。它集制革、毛皮于一体，具有很高的经济价值。毛革除进行正常的毛皮加工外，还要在皮板的网状层上进行加工，经染色、涂饰、压光等工序。在生产过程中，需要兼顾皮板和毛被，因而比单独制革和制裘困难。

毛皮干态整饰工段主要化工原料、主要作用及副废物见表2-3。

表2-3 毛皮干态整饰工段主要化工原料、主要作用及副废物

工序＼项目	化工原料	主要作用	副废物
回潮	加脂剂	使毛革含适量水分，以利于机械滚软，防止纤维断裂	加脂剂
磨里	—	起绒	磨革灰
打毛、梳毛、烫毛、剪毛	酒精、甲酸、甲醛、氨水	直毛、固毛、使毛被长度符合需要	甲醛、酒精、甲酸、氨水，以及大量毛
涂饰	树脂	使肉面形成一层高分子薄膜	丙烯酸、聚氨酯等树脂
	颜料、染料	着色剂，使涂层呈现颜色	钛白粉、炭黑、铬黄等，以及各种染料
	溶剂	溶剂涂饰时溶解染料或树脂	醋酸丁酯、DMF等

毛革的加工特点是由毛革的性质、特征所决定的。由于毛革的双重性质与特征，因此，其加工难度明显增大，从而表现出自身所独有的加工特点：

(1)皮板处理难度大。因为毛革必须在保毛、护毛的前提下对皮板进行处理，而制革过程所采用的如浸灰、脱毛、复灰等可以分离和松散胶原纤维的工艺操作，都不能用于毛革的加工，且在整个加工过程中，要尽量避免使用碱，所以，加工毛革对皮板处理的难度很大。

(2)加工设备不配套。加工毛革产品，一方面，不能全部沿用制革设备，另一方面，单纯使用毛皮加工设备进行处理，又无法保证达到毛革产品对皮板手感的要求。

(3)生产周期长。毛被和粒面层是毛革产品的组成部分，在毛革的加工过程中，它们的存在阻碍了化学品向皮板内的渗透,为了达到预期的加工效果,就需要增加时间,从而导致生产周期长。

(4)工艺设计及实施必须注意"统筹兼顾,全面平衡"。在毛革产品的加工过程中,必须同时对毛被和皮板进行处理,而这种处理存在相互影响、相互制约的问题。因此,我们不能简单地用毛皮和制革工艺来分别处理毛被和皮板,而应该将两者综合考虑,制订出合理的毛革工艺。

毛革制造的关键在于皮板的处理,要求皮板丰满、柔软而不松面,厚薄均匀,色调一致。主要分为不涂饰的绒面毛革和涂饰的光面毛革。绒面毛革要求绒毛均匀细致,有一定的丝光感和抗水、耐洗性能。由于肉面纤维较粗壮,想获得理想的绒头,需要在鞣前处理、鞣制、干燥、磨革过程中精心处理。光面毛革要在肉面上进行涂饰,可以采用贴膜、移膜和喷涂的方法,制造一个"假面"。光面毛革要求涂层均匀,光泽自然,具有较好的耐干/湿擦坚牢度、优良的耐候性以及舒适的手感。由于肉面纤维粗、纤维间隙大,封底处理至关重要。制革涂饰中的许多效应(如仿古、珠光、龟裂等)都可以应用,使毛革产品熠熠生辉,深受消费者青睐。

二、毛皮工艺实例

下面列举一些典型毛皮产品的工艺流程,以便对毛皮加工过程做进一步说明。

1. 轻薄软铬鞣梳剪烫绵羊毛皮工艺流程

(1)鞣前准备工段。组批→预浸水→头道浸水→湿刮草刺→甩水→湿剪毛→修剪毛边→生皮洗毛→二次浸水→分类→去肉(磨肉)→修边→生皮脱脂→三次浸水→软化浸酸→静置。

(2)鞣制工段。浸酸→铬鞣→静置。

(3)湿态染整工段。压油→验收→喷水→湿磨→验收→洗毛→漂洗→甩水→验收→淋加脂→静置。

(4)干态整饰工段。挂晾干燥→回潮→伸展→量尺→钉板(绷板)→量尺→刮软→修边→头道剪毛→头道分类验收→刷水烫毛→剪毛→梳毛→剪毛→刷酸烫毛→剪毛→二次刷酸烫毛→干拉→剪毛→整理→检验→量尺打捆入库。

2. 铝-油鞣水貂毛皮工艺流程

(1)鞣前准备工段。浸水→甩水→翻皮板朝外→踢皮→二次浸水→甩水→滚锯末→转笼→去肉。

(2)鞣制工段。浸酸→软化→甩水→鞣制。

(3)染整工段。甩水→翻毛被朝外→滚锯末→转笼→翻皮板朝外→摔开→转笼→加油→踢皮→转锯末→转笼→削匀→二次转油→踢皮→滚锯末→转笼→撑宽拉软→翻毛被朝外→滚锯末→转笼→刷毛→翻皮板朝外→转玉米粉→踢皮→撑宽→削匀→翻毛朝外→转锯末→转笼→转锯末→转笼→翻毛上→挂晾干燥→翻毛朝外→滚锯末→转笼→整理上光→翻皮板朝外→撑宽拉长→翻毛朝外→刷毛→除尘。

3. 獭兔绒面毛革工艺流程

(1)鞣前准备工段。组批→预浸水→割头脚→主浸水→揭里→浸硝→脱脂。

(2)鞣制工段。浸酸→铬鞣→静置。

(3)湿态染整工段。湿磨→刷油→滚木糠→甩笼→机械铲软→挑选分级→磨绒→回水→复鞣→染毛→中和→染板加脂。

(4)干态整饰工段。挂晾干燥→摔软→起绒→挑选→分级。

4. 绵羊毛革一体生产工艺流程

(1)鞣前准备工段。分类组批→清割→称重→预浸水→主浸水→水洗→刮毛→甩水→湿剪毛→去肉→割边→脱脂→水洗→二次脱脂。

(2)鞣制工段。酶软化、浸酸→出鼓搭马→静置→铬鞣→酸洗出皮→搭马静置。

(3)湿态染整工段。挂晾干燥→摘皮静置→喷油回潮→拉软→溶剂脱脂→喷油回潮→拉软→梳毛→粗剪毛→烫毛→精剪毛→磨里→除尘→分组→回软→复鞣→出皮搭马→静置→染毛→水洗→染板→水洗加油→水洗→搭马→甩水→磨里。

(4)干态整饰。挂晾干燥→喷油回潮→拉软→梳毛→剪毛→摔软→绷板干燥→烫毛→粗剪毛→修边→封底→喷面浆→熨皮→喷面浆→喷顶层浆→熨皮→轻摔软→检验分级→量尺→包装→入库。

第三节　毛皮清洁生产技术

一、原料皮保藏的清洁生产技术

与制革原料皮相同,毛皮原料皮往往也需要防腐,以便于保存和运输。常见的防腐方法包括干燥法、食盐法、杀菌剂法、冷冻低温法、辐照法、浸酸法、硅酸盐法(表2-4)。

表2-4　原料皮保藏方法比较

防腐方法	材料	原理	特点	污染物
干燥法	光(热)	改变细菌赖以生存的水环境	简便、易于运输。但易过热变性,易断裂,回软困难,成革质量差	油脂
食盐法	食盐	高渗透压,细菌难以存活,抑制皮内酶的活性	回软容易,防腐效果好,价格便宜	食盐
杀菌剂法	杀菌剂	降低细菌细胞膜的通透性,或氧化作用,或改变细菌生存环境	杀灭微生物,可防虫害,效果好。但大部分对人畜有害	氟化钠、五氯苯酚等
冷冻低温法	冷库或冻柜	低温下细菌的生长和繁殖受到抑制	保存质量好,但设备费用高,能耗大	可能产生泄漏的制冷剂
辐照法	射线	高剂量射线直接杀死细菌	安全高效,设备昂贵,成本高。过高剂量对皮革质量有不利影响	基本无污染
硅酸盐法	硅酸盐	高渗透压,原料皮大量脱水,细菌难以繁殖和生存	效果与食盐法相仿,价格略高。原料皮含水量更低、更轻,降低废水、运输费用	硅酸盐

　　传统的盐腌法食盐用量大，污染严重。硅酸盐法防腐效果优良，粉末法相对方便易行，用量较食盐少，脱水量高，防腐后的皮革轻，可降低运输成本；废物污染治理成本比食盐低，节省的费用完全可以弥补硅酸盐价格上的劣势。冷冻低温法除设备费用高和能耗大外，几乎无污染；辐照法已广泛用于食品和医疗用品灭菌，生皮属于蛋白质，高剂量的射线照射会对胶原纤维会产生一定的破坏作用；常用剂量为 25kGY，可能会对皮革成品质量产生不利影响。对于附加值较低的大张幅的毛皮原料皮，可以采用硅酸盐法替代食盐法；而附加值较高的毛皮原料皮，完全可以考虑采用冷冻低温的办法进行贮存和运输，保证产品质量。

二、浸水清洁生产技术

　　制裘原料皮经过干燥或防腐保存，往往会不同程度地失水，导致胶原纤维相互黏结，皮板僵硬，直接操作易导致纤维断裂、化学试剂渗透困难。浸水的目的就是使干燥或防腐处理过的原料皮重新充水，并尽可能恢复到鲜皮状态。浸水过程中还可以除去毛被及皮板上的污物和防腐剂，初步溶解生皮中的可溶性蛋白质。现代毛皮对浸水过程的要求是不影响毛被质量、快速、均匀、节水、清洁化。原料皮在浸水的过程中，原本受到抑制的微生物重新开始繁殖，若浸水控制不当，轻则溜针、掉毛，重则烂皮。

　　为了控制微生物的生长，常在浸水过程中加入防腐剂与杀菌剂。早期常采用漂白粉进行防腐，其主要成分是次氯酸钙$[Ca(ClO)_2]$，要求有效氯浓度不低于 0.1g/L，但它对毛的鳞片层有特别强的破坏作用，因而已较少使用。氟硅酸钠比漂白粉防腐效果好，浓度 0.5～1.0g/L 时即有效。它的半数致死量（大鼠，经口）为 125mg/kg，中等毒性，有刺激性。甲醛是以前应用最广的防腐剂，目前已限制使用。五氯苯酚(PCP)是一种重要的防腐剂，它能阻止真菌的生长、抑制细菌的腐蚀作用，长期以来被用作皮革品的防霉剂。它对鱼类等水生物动物敏感，水中含量达 0.1～0.5mg/kg 即致死。可通过皮肤吸收，对肝、肾有损害。误食会中毒，严重时导致死亡。欧盟委员会指令 2002/234/EC 规定和我国生态皮革要求，五氯苯酚含量应不大于 5.0mg/kg。三博生化科技（上海）公司的百杀得 48L 和百杀得 49L，可应用于浸水工序。短时间的浸水(4～8h)百杀得 49L 用 0.1%～0.2%，主浸水或浸水过夜则百杀得 49L 用 0.1%～0.3%。

　　在浸水过程中，为了加速原料皮充水，缩短浸水时间，减少皮质的损失，常添加一些浸水助剂。常用的浸水助剂有酸、碱、盐、表面活性剂和酶制剂等。酸和碱能改变水的 pH，促进可溶性蛋白质的去除，同时增加生皮的充水度。但各种碱都会使毛的光泽和强度降低，故毛皮尽量不使用碱性物质。毛松弛或不易浸软的原料皮，常采用酸性助剂浸水。酸性助剂（如甲酸、乳酸、酸性硫酸盐等）可分解皮蛋白质，增加充水度，抑制细菌生长，不损伤毛被，用量 1g/L 左右。食盐能够促进可溶性蛋白溶解，浓度较高时可抑制细菌繁殖。防腐中的食盐在浸水时会溶解到水中，促进浸水。低浓度的氯化钠并不能抑制细胞生长，而高浓度的氯化钠却会造成环境污染。废液中含氯化钠浓度较低，蒸发回收能耗大，成本高，蒸发过程中易结垢，传热系数低，且溶液对设备有极强的腐蚀性，需要用特殊材料，增加了回收成本。采用反渗透等技术，去除盐的效果好，但需要配套设备，渗透膜需要定期更换，能耗较大，成本较高。在原料皮防腐时不使用食盐，在浸水时不使用食盐，就可以防止浸水时食盐的污染。

表面活性剂可以降低水的表面张力,从而使水迅速渗入皮内,乳化皮内的脂肪,促进可溶性蛋白质的溶解,从而加速生皮回水。它性质温和,不会导致生皮膨胀,不损伤皮质和毛被,是常用的浸水助剂。阴离子型表面活性剂有:脂肪醇硫酸酯钠、硫酸化烯烃、丁二酸酯磺酸钠等;非离子型表面活性剂有:聚氧乙烷基苯醚、聚氧乙烯烷基醚等;阳离子表面活性剂:十六烷基三甲基溴化铵、十八烷基二甲基苄基氯化铵等。

酶浸水可以打断生皮在干燥过程中形成的交联键,破坏生皮中的蛋白多糖,溶解和除去纤维间质,从而促进生皮的浸水。常见的制革浸水酶常为碱性酶,不适合毛皮的浸水。酸性酶 A 是法国 ATC 公司生产的一种弱酸性水解类蛋白酶,最适 pH 3.5 左右,最适温度 35~40℃。李敏等将酸性酶 A 应用于家兔皮的浸水中,在主浸水中用量为 0.5g/L,降低了中性盐的用量,对胶原纤维具有一定的松散作用,有利于揭里,成品力学性能良好,毛被有光泽,皮板柔软度略有提高。北京泛博科技责任有限公司的威斯浸水酶 NM,活力 300U/g,为低浓度的酶浸泡剂,在中性或弱酸性介质中使用,用量 1~1.5g/L,可以快速溶解干血,并能够溶解部分纤维蛋白,可大大提高皮板充水速度,易于去肉。

制革中常采取碱性体系浸水,而毛皮中为了保护毛被,宜采用酸性体系或中性体系浸水。用酸调节 pH 至弱酸性,可以提高毛皮充水度,保证酸性酶的 pH;加入酸性酶,松散胶原纤维,清洁毛皮;辅以可降解的非离子或阳离子表面活性剂,加强材料渗透。若选用阳离子表面活性剂,还兼具杀菌的功效。该体系使用时注意保证材料不相互干扰,可以避免大量使用食盐和碱性物质,还能起到预软化的功效,有望达到理想的浸水效果。

多功能性的浸水助剂兼具酸、盐、表面活性剂、防腐剂中两种或多种材料的功效,可用于毛皮的浸水。如北京泛博科技有限责任公司的威勒润湿 Q-39,它是一种非离子润湿及浸水助剂,含有特选的杀菌防霉剂。可快速使皮板充水回鲜。除去毛被和皮板上的油脂、干血和污物,可使浸水在较高温度下进行,防止细菌和各种微生物引起的掉毛和烂板,可完全替代五氯苯酚和甲醛。旱獭皮浸水:液比 20,温度 25~30℃,威勒®润湿剂 Q-39 0.5mL/L,纯碱 1g/L,pH 8~9,时间 4~5h。

三、脱脂清洁生产技术

制裘原料皮的真皮和毛被中都含有大量脂肪,如绵羊皮的真皮中含脂量达真皮重的 30%,毛被中则含有毛重 10% 的羊毛脂和 30% 的脂肪酸。在毛皮生产中,它们会影响后续试剂的渗透与结合。脱脂有利于扫清这些障碍,溶解可溶性蛋白质,适当地分享和松散胶原纤维,清洁皮张和补充浸水,部分油脂可以回收利用。脱脂的方法分为物理机械法、皂化法、乳化法、生物酶法和溶剂萃取法。

1. 物理脱脂法

(1)吸附法。在皮板的多脂部位涂上糊状的酸性白土、砂等,低温晒干,再用木棍敲打,除去黏附了油脂的白土和泥沙,反复多次,除去油脂。

(2)压榨法。用于多脂皮制裘工艺中。将皮张叠整齐后用压榨机压榨。在机械压力下(约 30MPa),皮内的脂肪细胞破裂,部分油脂会被压出而除去。为进一步化学脱脂创造良好条件。

(3)机械去肉。通过去肉机或圆盘削匀机机械作用除去皮下组织层的油脂以及皮内的部分油脂。由于毛皮毛被可能会不平整,容易产生机械伤。

(4)手工刮油。普通去肉机毛皮去肉时,操作不当易引起皮张破损,且不利于油脂回收。羊皮的油脂较厚,油膜不易去尽,采用手工刮油不会损伤皮张,可以选择性刮尽浮油。

物理法由于不使用化学试剂,因而基本不产生污染。吸附法比较原始,已基本淘汰。压榨法和机械去肉适用于批量生产,效率较高,简单易行。手工刮油生产率低,但可回收有经济价值油脂。物理法难以除去皮内的油脂,因此往往需要其他脱脂方法进行补充脱脂才能达到要求。

2. 皂化法

皂化法是用碱水解油脂分子,使其分解为溶于水的羧酸盐和甘油而除去。皂化法要用到碱,对毛皮毛被有害,只适于低档毛皮的生产。

3. 乳化法

乳化法是利用表面活性剂的"双亲结构",改变油脂与水之间的表面张力,产生乳化、分散作用,使皮内的油脂转变为亲水的乳胶粒,在机械作用下,从皮内分散到水中而除去。表面活性剂分为阴离子型、阳离子型、两性离子型和非离子型四种。脱脂中常用阴离子型和非离子型。

表面活性剂是精细化工的重要产品,具有润湿、乳化、分散、增容、起泡消泡、渗透洗涤、抗静电、润滑和杀菌等一系列优越性能,并享有"工业味精"的美称。表面活性剂在造福人类的同时,也带来了系列的环境污染问题。如在水体中产生大量的泡沫,造成感官指标下降;对有害物形成增容、乳化、分散作用;富集有机污染物,抑制微生物对有机物的降解,增强有机物对环境的危害等问题。我国环境标准中已将表面活性剂列为第二类污染物。

表面活性剂的生物降解是指表面活性剂分子在好氧或厌氧条件及微生物(主要是细菌)的作用下,分解转化为微生物的代谢物或细胞物质,并产生 CO_2 和 H_2O。完整的生物降解包括三个过程:一是,初级生物降解,包括吸附和裂解两个过程,在此阶段,表面活性基本丧失;二是,达到环境可接受程度的生物降解,降解产物不再导致污染;三是,完全生物降解,最终产物为 CO_2 和 H_2O 等无机物和其他代谢物。

表面活性剂结构与降解性关系的一般规律如下:

(1)直链的烷基苯磺酸盐、仲烷酸磺酸盐、烯烃磺酸盐、甲酯磺酸盐、聚氧乙烯非离子表面活性剂、烷基糖苷、甜菜碱、氧化胺以及季铵盐能完全降解,但高支化度的支链烷基苯磺酸盐以及支链的 $C_{14} \sim C_{15}$ PAG 不能被完全降解。

(2)表面活性剂降解速度:烷基季铵盐阳离子表面活性剂>脂肪醇聚氧乙烯醚非离子表面活性剂、甜菜碱与咪唑啉两性离子表面活性剂>烷基磺酸盐阴离子表面活性剂、烷基苄基季铵盐阳离子表面活性剂>烷基酚聚氧乙烯醚非离子表面活性剂>烷基苯磺酸盐阴离子表面活性剂。

(3)表面活性剂的疏水基团决定其生物降解性,并随着疏水基线性度增加而增加,末端季碳原子显著降低降解度;当亲水基团中含有易水解的基团时,其降解速度较快。增加磺酸基和疏水基末端之间的距离,烷基苯磺酸盐的初级生物降解度增加(距离原则)。一般认为阴离子表面活性剂易于生物降解,其降解性高低大致为:线型脂肪皂类>高级脂肪醇硫酸酯盐>线型醇醚类硫酸酯＞线型烷基或烯基磺酸盐＞线型烷基苯磺酸钠＞支链高级醇硫酸酯及皂类＞支链醚类硫酸酯＞支链烷基磺酸盐。普通阳离子表面活性剂在好氧条件下可以被生物降解，加之具有抗菌性，降解能力较弱，甚至还会抑制其他有机物的降解，但与其他表面活性剂复配，有望提高降解能力。非离子表面活性剂总体上具有较好的生物降解性：聚氧乙烯链越长，分解越慢，生物降解性越差；烷基链的线性度越高，生物降解性越强。含酚基的化合物比含烷基的化合物难降解。聚氧乙烯链的分解速度比碳链分解速度慢。两性表面活性剂易于生物降解，符合生物降解率大于80％甚至90％的要求。

以往皮革中广泛使用的烷基酚聚氧乙烯醚类化合物简称APEO，属于含酚基表面活性剂，降解性差，特别是带支链的，生物降解性很差。APEO对生态影响可以概括成以下三个方面：一是，毒性。APEO对哺乳动物和水生生物的有毒性及致癌性；二是，生物降解率为0～9％；三是，有类似雌性激素作用，含危害人体正常的激素分泌的化学物质，即所说的"雌性效应"和畸变。

欧盟于2005年1月17日正式全面禁用含有乙氧基烷基酚的产品。目前绿色表面活性剂得到较好的发展，主要有烷基糖苷(APG)及葡萄糖酰胺(AGA)、醇醚羧酸盐(AEC)及酰胺醚羟酸盐(AAEC)、单烷基磷酸酯(MAP)及单烷基醚磷酸酯(MAEP)。它们生物降解快，对人体温和，性能优良，与其他表面活性剂协同性好。烷基多苷是一种由脂肪醇和葡萄糖等再生性植物为原料合成的非离子表面活性剂，常是单苷、二苷和三苷的混合物，简称APG。刘科等将烷基多苷应用于猪皮脱脂中，当用量为2％时达到最佳脱脂效果，优于传统的脱脂方法，在清洗后的皮中残留量低于10^{-6}g/mL。双子表面活性剂是通过连接基团将两个两亲体在头基处或紧靠头基处连接起来的化合物。它具有以下物性：CMC值较低，对有机物的增溶作用强；C_{20}值较低，表面活性大，能降低水的表面张力；Krafft点很低，水溶性好；浓度较低时，具有很高的黏度；降低水溶液表面张力的倾向大，而聚集生成胶团的倾向较小；将双子表面活性剂与传统表面活性剂复配，产生的协同效应大。

此外，生物表面活性剂、多肽等都具有较好的生物降解性。将强的表面活性与良好生物降解性相结合，就可研制出新一代功能性表面活性剂。在毛皮的生产过程中，对表面活性剂的选择，应根据实际使用的要求，优先使用具有良好生物可降解性且表面活性强的产品。如避免使用APEO、用直链LAS代替支链的ABS、阳离子与非离子型配伍使用、使用天然原料进行表面活剂的合成与开发、优选性价比高的绿色表面活性剂等。

4. 生物酶法

脂肪酶(EC3.1.1.3)，又称三酰基甘油水解酶，是一类能催化长链脂肪酸甘油酯水解的酶，可催化甘油三酯分解成甘油二酯、甘油单酯、甘油和脂肪酸。广泛存在于动物组织、植物种子和微生物中。由于微生物脂肪酶具有种类多、作用温度范围和pH范围广泛、稳定性和活性较高、对底物纯度要求不严、便于工业生产和获取，是工业脂肪酶的主要来源。脂肪酶能够催化水解油脂分子，使其变成溶解于水的甘油和脂肪酸，从生皮中去除。脂肪酶的催化特性主要包括最适温度与最适pH、热稳定性、区域选择性等几个方面。微生物脂肪酶一般易溶于水，不溶于乙醇，通常在pH为4.0～11.0水解能力较强，部分脂肪酶在pH为3.0时仍有稳定的活性，最适温度在 30~60℃。脂肪酶催化反应具有立体选择性、底物专一性、副反应少、反应条件温和、不需辅酶及可用于有机溶剂等特点。1958 年 Sarda 和 Desnnelv 发现,脂肪酶催化在油/水界面上其催化活力最大。尽管理论上酸性脂肪酶对油脂也有水解作用,但由于在中性和碱性条件下,更有利于油脂溶解、乳化,因而,制革和毛皮中较多使用中性脂肪酶和碱性脂肪酶。脂肪酶脱脂的效果,不仅取决于脂肪酶对脂肪的酶解专一性和水解能力,同时必须考虑水解产物能否从皮中除去和怎样除去的问题。杨雨滋等的研究表明,尽管中性脂肪酶 A. S. 21203 对脂肪有一定的水解能力,但由于水解后的脂肪酸难以除去,因而只能起到表面脱脂的作用,脱脂效果较差。而碱性脂肪酶(UN-503)脱脂过程中,酶水解产物在碱性条件下皂化,加速脂肪的除去,同时碱对脂肪也有一定的水解作用。碱性脂肪酶脱脂,实际上是碱和酶的协同作用,因而能够达到深层脱脂的效果。黄建忠等采用扩展青霉 PF868 产生的中温碱性脂肪酶在动物皮革及毛皮脱脂工艺上应用,表明碱性脂肪酶 20~30U/mL 的浓度在 pH 为 9.0 和温度 30~35℃的条件下,对兔皮、旱獭、狐狸和水貂毛具有良好深层脱脂效果,脱脂率在 80% 以上,高于传统碱法和表面活性剂法,显著改善成品皮板的柔软度和毛被的光亮度,极大提高成品的等级率。从保证毛皮毛被质量的角度考虑,采用中性脂肪酶与表面活性剂联合处理,可以克服中性酶脱脂不深和效果不佳的问题;而采用碱性脂肪酶处理,则应慎重,注意 pH、温度和处理时间,以免对毛被产生不利影响。尽管目前由于脂肪酶专一性不足、质量稳定性差、贮存不便、价格昂贵等原因,并未能在毛皮上广泛应用,但随着科技发展,脂肪酶有望在毛皮生产中发挥更大作用。

5. 溶剂法

溶剂法是利用有机溶剂溶解生皮中的脂类而除去油脂的方法。溶剂法在密闭的"干洗机"中进行,溶剂可以回收,反复使用。脱脂时将毛皮投入干洗机容器内,压入溶剂,采取皮动液不动方式浸提脱脂,达到要求后离心甩干,用热空气烘干毛皮,脱脂废液由蒸馏装置回收溶剂。溶剂法设备投入较大,且溶剂总会被皮板和毛被吸附,并难以除去。吸附在毛皮上的溶剂,可能对人体产生危害,需要静置脱附,操作过程中注意通风。溶剂的选择至关重要,必须考虑:脂溶能力、挥发性、燃烧和爆炸性、毒性、经济性、除去的难易、回收难易。以往使用的溶剂有煤油、石油、三氯乙烯、汽油等。三氯乙烯、四氯化碳等由于毒性高,已被淘汰。四氯乙烯在室温下是一种非易燃性的液体,易蒸发至空气中,带着刺激的、甜甜的气味。暴露到高浓度的四氯乙烯中会导致晕眩、头痛、有睡意、意识混乱、恶心、说话及行走困难、失去意识和死亡。相对而言,四氟乙烯毒性小,被认为是较理想的干洗溶剂,已使用至今。采用第五代碳吸附封闭式干洗机,具有活性炭过滤、二次回收和蒸馏箱自动清洗装置,可将工作环境周围浓度控制到小于 35mg/kg,基本无毒副作用。溶剂法脱脂效果好,效率高,缩短生产周期,提高产品质量,既能回收溶剂,又能回收所脱下的油脂,脱脂烘干一次完成,经济可行,是目前许多公司采用的方法。

四、软化清洁生产技术

与制革相比,毛皮未经脱毛、碱膨胀、浸灰和复灰处理,纤维比较紧密,成品容易板硬。软化是用生物酶处理毛皮,对皮内的色素、脂肪及真皮表层的纤维间质进行水解,对皮内的弹性纤维、网状纤维和肌肉组织进行水解,从而提高毛皮的丰满度和柔软度。经酶软化后的毛皮,延伸率提高,出裁率高,毛被整齐灵活,无臭味,皮板变软变轻,丰满度提高,皮板不吸潮,透气性透水性好。

酶法软化毛皮的关键是在保毛的基础上使皮板软化,既要防止溜毛和掉毛的现象,又要使皮板纤维分散好。传统方法采用面粉或糠等进行发酵后处理毛皮,称为发酵软化。发酵软化产品质量较高,能减小皮板的厚度,出皮率高。但耗时长(需 3~6 天),用料消耗大(4000kg/1000张),控制和检验困难,不符合规模化生产需要,已逐渐被淘汰。目前常用的毛皮软化酶制剂有中性蛋白酶(如 1398,3942)和酸性蛋白酶(如 537、3350)。各种酶软化效果差异较大,以掉毛严重程度排列:7658>1398>298>2709>3942>1203>537>3350。以对皮板软化效果和作用缓和程度排列:3350>537>3942>1398>1203>298>2709>7658。中性酶软化时,pH 为 7~8,温度为 35~40℃,对毛囊作用较强,加之细菌易生长和繁殖,控制不当,容易产生掉毛现象。酸性蛋白酶大多为真菌酶,适宜的 pH 为 3.0~5.0,作用温和。软化时常有一定浓度的食盐,对细菌有较强的抑制作用,不易产生掉毛现象。酸性条件对毛被损伤小,作用温和,安全可靠。酸性蛋白酶软化实际上是蛋白酶和酸的协同作用,在酸的作用下,皮纤维产生部分变性,更易促进蛋白酶的水解作用。酶软化前宜分类组批,尽量使原料皮板质相近。酶软化过程中勤观察,避免软化过度。绵羊皮检查用拇指轻推后肷部位,毛绒有脱落现象即认为达到要求;兔皮以皮板感到松软,纵横伸长的性能增加,用拇指轻推后肷部,毛有轻微脱落,即达到要求。中性酶软化时,将溶液的 pH 降到 3.5~4.0 即可终止酶的作用;而酸性酶的终止,需要将 pH 控制在 2.0 以下,因此,酸性酶软化后,应尽快转入浸酸鞣制工序,结束酶的作用,保证软化的安全。酸性酶软化与浸酸可同浴进行,因而可以节省材料和时间,已广泛应用于毛皮的软化。如亭江新材料股份有限公司的 TJFUR 4Z88 酸性软化酶、Stahl 的 Distan Bate A Liquid 等酶制剂的主要成分是蛋白质,能够代替部分化工材料,避免使用化学试剂造成的污染,在毛皮工业中具有广阔的应用前景。在毛皮生产中,酸性酶具有明显的应用优势,首先应加强新型具有较高专一性的微生物法酸性酶的研发,其次应加强酸性酶的基础研究和应用研究,此外还需要进一步降低生物酶的制造成本,更好地为清洁化毛皮生产服务。

五、浸酸清洁生产技术

浸酸是指用酸溶液来处理毛皮的操作。浸酸可以降低生皮的 pH,封闭胶原侧链上的羧基,进一步除去非纤维蛋白质,打开通道,为鞣制创造有利条件;进一步分离和松散皮胶原纤维,增加皮胶原的反应活性基,从而增加鞣剂分子与皮胶原的结合点;终止酶的作用;此外,浸酸也是原皮保存的一种方法。

由于生皮在普通的酸溶液中会发生膨胀,因而浸酸时常需要加入食盐来防止"酸肿"的发生。常见的浸酸体系包括 H_2SO_4—NaCl、H_2SO_4—HCOOH—NaCl、HCl—NaCl 和无盐浸酸体系。硫酸对毛鳞片层"侵蚀"剧烈;盐酸膨胀剧烈,挥发性强,易造成酸雾,成革身骨扁薄;甲酸则较为温和;故常采用混合浸酸,高档毛皮可适当采取有机酸浸酸。研究表明,当浸酸液中 NaCl 的浓度达到 1mol/L 或溶液含 6%的食盐时,生皮在任何酸量的情况下都不会发生膨胀。毛皮浸酸过程中,约加入 60g/L 的中性盐,加之毛皮生产液比偏大,造成了严重的中性盐污染。

1. 浸酸废液的循环利用

大部分企业毛皮浸酸液已实现循环使用。浸酸液中可能溶解大量蛋白质、油脂、降解产物、污物，随着循环次数的增加，这些杂质不断累积，pH调整困难，影响产品质量。细杂皮（如水貂、狐狸等）和低档次产品的浸酸操作液可长期重复使用；而多脂皮（绵羊皮）往往只能循环4～5次，就累积了大量蛋白质、油脂和化工材料，操作液变成乳黄色的悬浊液，必须排放更换，否则严重影响生产。毛皮对甲酸吸收量一般不超过20%，每次回用补加新液用量的60%；对氯化钠的吸收量不超过5%，循环过程中，每次补加新液使用量约27%的氯化钠时，可满足工艺要求。随着循环次数增加，操作液的COD_{cr}呈现上升趋势，如不加处理浸酸液最多可用四次。采用PAC和VN730H以160.0+2.5mg/L配合使用，在pH为3.5的条件下处理浸酸废液，对浊度去除率可达到90%左右，对COD_{cr}的去除率可达到60%，处理后水体清透，可以满足毛皮生产的工艺要求。该方法既可以增加循环使用次数，节约水和化工原料，减少污水排放，又可以减少后续综合废水的处理成本。

2. 无盐浸酸

无盐浸酸是指在浸酸时不使用中性盐（食盐），通过加入助剂，而不引起生皮膨胀的过程。在酸性条件下，胶原的羧基被封闭，胶原呈阳电荷NH_3^+—Col—COOH，阳电荷间相互排斥，从而引起膨胀。常规浸酸主要是在溶液中引入大量可扩散离子（NaCl），从而在生皮内外形成一个可扩散离子的浓度差，产生渗透压，使水分子难以从皮外向皮内渗透，以达到抑制膨胀的目的。无盐浸酸不膨胀的理论基础是静电排斥理论：如果加入能够封闭胶原氨基的材料，大大减少氨基的数量，就可以避免胶原上的氨基与氢离子形成正电荷，防止由于静电排斥造成的生皮膨胀，这就是无盐浸酸的基本原理。实现无盐浸酸的基本条件如下：

(1)保证在无盐浸酸的条件下裸皮不会发生膨胀。

(2)用无盐浸酸材料处理后能达到常规浸酸的目的。

(3)无盐浸酸的工艺应尽量与常规浸酸工艺相同。

(4)无盐浸酸铬鞣成革与常规浸酸铬鞣成革性能相当。

(5)无盐浸酸材料不会造成新的污染。单志华等采用萘、苯酚、脲等经缩聚反应得到相对分子质量和分子结构不同的聚合物作为无盐浸酸助剂，使用2.5%～2.7%的浸酸助剂，不仅可以免去食盐的使用，而且可以较好地分散纤维；同时增加铬的吸收，减少中性盐及铬的排放，蓝湿革的性能良好。王鸿儒等采用4%的醛酸鞣剂预鞣软化后裸皮，可使收缩温度提高15～20℃，铬鞣后废液中Cr_2O_3含量降低至0.120g/L。李书李书卿等将Ⅰ型噁唑烷作为无盐浸酸预鞣剂，当用量达到2%时，可以完全抑制后续浸酸工序中的膨胀，增加皮对铬的吸收。由无盐浸酸的原理可知，浸酸助剂无论是与氨基的单点结合，还是多点结合；无论是可逆的暂时封闭，还是牢固的共价结合，只要能够降低氨基的含量，就可能成为无盐浸酸的助剂。实际上，有机鞣中的大部分鞣剂，都具有这种性质，换句话说，有机鞣剂都有望成为无盐浸酸的助剂。在时间节点上，有机鞣剂应在软化之后，浸酸之前加入。即采用有机鞣剂进行预鞣，就完全可能达到目的。有机鞣剂主要与胶原的氨基结合，一般在碱性条件下结合性能较好，生皮经软化后，pH还不低，此时加入有机鞣剂，可以达到预鞣的目的，预鞣结束后，再进行浸酸，即可能实现无盐浸酸。

常用的铝鞣剂预鞣,就兼具食盐和预鞣的双重功效,可节省食盐用量,已广泛应用于制革和毛皮生产。在实际应用时,还需要无盐浸酸考虑对后续鞣制的影响(如促进铬鞣的吸收、对成革综合性能的影响等)。目前无盐浸酸在制革方面研究和应用较多,而在毛皮方面有待加强,还要不断地优化工艺,使经济效益、社会效益达到最佳。

3. 不浸酸鞣制

传统的浸酸工序,是为了满足金属离子鞣制技术的需要,有利于金属鞣剂的渗透,防止表面过鞣。就毛皮而言,部分毛皮产品并不需要很高的收缩温度,完全可以不采用金属鞣(特别是铬鞣),而采用醛鞣、油鞣及其他有机鞣法。这些有机鞣剂主要与皮胶原上的氨基结合,往往在碱性条件下的鞣性更佳,因而完全可以不用浸酸。可以选择和研发出一些在弱酸和弱碱性条件下,就能与皮胶原牢固结合的鞣剂,在该 pH 下,生皮尚未发生膨胀,不需要加入中性盐,从而直接鞣制。这就可以避免需要过度的浸酸或浸碱来调节 pH,以及强酸或强碱下配套引入的抑制膨胀的中性盐,从而实现不浸酸的鞣制。随着环保意识的增强,消费者将会逐渐接受这些收缩温度虽然不高,但使用性能不受影响的绿色毛皮产品。

六、鞣制清洁生产技术

1. 铬鞣清洁生产技术

由于铬鞣的收缩温度高,综合性能好,因而在鞣制中占主导地位。铬在地壳中的储量仅为 0.018%,属于储量较为不丰富的金属元素,我国铬矿资源更是匮乏,属于短缺资源。铬鞣剂用量大,利用率低:常规铬鞣工艺中有 30%~40% 的铬鞣剂未被充分利用。铬鞣剂在制造过程中会产生铬污染,铬鞣革的后期处理中,都可能产生六价铬,而六价铬的毒性比三价铬的毒性要大 100 倍,是世界卫生组织首批确认的致癌物质之一。目前,铬鞣的清洁化主要包括:

(1)少铬鞣。通过在铬鞣体系中引入其他材料与铬鞣剂产生协同效应,从而降低铬的用量。

(2)促进铬的吸收。该方法包括:通过预鞣增加羧基、高浓度无浴鞣法、高 pH 鞣法、超临界流体铬鞣、超声波辅助、加入帮助铬鞣剂吸收的助剂等。

(3)铬鞣液循环,废铬回收利用。铬污染包括:进入废水中的铬,铬鞣革剖层、削匀、修边、磨革等工序产生的固废;含铬污泥;铬鞣成品废弃后的污染。但以上的技术都无法从根本上消除铬污染。由于毛皮产品对收缩温度的要求一般都不高:狐狸毛皮 QB/T 2923—2007 收缩温度要求≥55℃、羊毛皮 QB/T 1280—2007 收缩温要求≥75℃、羊剪绒毛皮 QB/T 1286—2007 收缩温要求≥75℃、兔毛皮 QB/T 1284—2007 收缩温要求≥70℃、毛革 QB/T 2536—2007 收缩温度要求≥80℃、毛革 QB/T 2536—2007 收缩温要求≥80℃。因此完全可以采取非铬鞣达到以上要求,从而在毛皮生产中摒弃铬鞣,彻底消除毛皮行业的铬污染。

2. 无铬金属鞣

非铬金属鞣剂单独鞣革性能虽逊于铬鞣剂,但可以避免铬污染。铝鞣是古老的鞣法之一,比铬鞣的历史长得多。铝盐价格低廉,容易获得,鞣皮操作简单。铝鞣毛皮颜色纯白、柔软、伸长率高。但铝盐与胶原纤维的结合不牢,稳定性能差,抗湿热性差,鞣革皮板不耐水洗(水洗后会脱鞣,干后皮板变硬)。市面上的商品铝鞣剂有硫酸铝、硫酸铝钾、蒙囿或非蒙囿的碱式氯化铝以及三甲酸铝等。Vasil Kovac Dr. H. Francke 对比了三甲酸铝和明矾鞣制毛皮的优缺点，三甲酸铝鞣制毛皮在面积得革率、单位面积重量、紧实性以及耐老化性等方面，均优于明矾鞣制，但收缩温度不高。兄弟科技公司生产 ALB 铝鞣剂，是阳离子高碱度铝盐，能够与胶原纤维产生良好结合而具有鞣性，可用于制造铝鞣柔软毛皮。为了克服铝鞣的缺点，铝鞣剂往往与其他鞣剂一起进行结合鞣。田龙宾等采用醛—铝—锆结合鞣鞣制银星竹鼠皮，成品毛被松散、灵活、有光泽，不掉毛，皮板柔软丰满，延伸性好，无异味，无油腻感，成革收缩温度 80℃以上。此外，植—铝结合鞣成革收缩温度可达到 95~120℃，已成功应用于制革，值得毛皮借鉴。

3. 醛鞣

醛基化学反应活性很高，能与胶原上的氨基、肽链反应，具有鞣制效应。甲醛、乙醛、戊二醛、丙烯醛、2-丁烯醛、乙二醛、丙酮醛、一醇双醛、二甘醇双醛等，都可以用于鞣革。目前认为：甲醛、丙烯醛及含有 2~5 个碳原子的二醛具有良好的鞣性；戊二醛与丙烯醛鞣制性能最优，其次为甲醛、乙二醛、丁二醛，而丙二醛、己二醛鞣性较差。丙烯醛易挥发、刺激性强、性质不稳定、毒性大、实用性差。甲醛、戊二醛及其衍生物等作为预鞣或复鞣剂应用较广。而近年来发展起来的氧化多（寡）糖鞣剂，也展现出良好的应用前景。

（1）甲醛鞣。甲醛鞣革法是最古老的鞣法之一。甲醛鞣性最强，有凝固蛋白质的作用，常用作杀菌剂和防腐剂，也是良好的消毒剂和固定剂。但甲醛常温下是气体，气味难闻，甲醛溶液也具有强烈的刺激性气味。甲醛鞣制毛皮可保持毛被天然颜色，耐光性好，与胶原的共价键结合使其鞣革具有耐水洗、耐汗、耐碱、耐溶剂、耐氧化剂和还原剂的性能，收缩温度高，成革质量轻，毛的强度增加。但甲醛鞣革皮板会降低染料的结合牢度，革身扁薄，不耐陈化，容易变脆。甲醛是具有较高毒性的物质，在我国有毒化学品优先控制名单上甲醛高居第二位，已经被世界卫生组织确定为致癌和致畸形物质，是公认的变态反应源，也是潜在的强致突变物之一。国家毛皮相关标准要求：婴幼儿用品游离甲醛含量≤20mg/kg，直接接触皮肤的产品≤75mg/kg，非直接接触皮肤的产品≤30mg/kg。甲醛鞣毛皮游离甲醛含量可高达 100~600mg/kg，远超国家标准。甲醛在皮革中的存在方式包括：游离的、毛细管吸附的、可逆和不可逆键合的甲醛分子。由于皮革的多孔性和甲醛与胶原氨基间结合可逆性，会导致甲醛鞣革在使用过程中连续缓慢释放，危害身体健康。

甲醛捕捉剂又称为甲醛消除剂、甲醛消纳剂或甲醛结合剂，它是一种能在一定条件下与甲醛发生化学反应的有机或无机化合物。常见的如酰胺类、酚肼类、有机胺类、无机铵盐类等。这些物质能与甲醛以化学键的形式结合，生成另一种稳定的化合物，从而减少甲醛释放量。目前皮革用甲醛捕捉剂主要有：

①能氧化甲醛使之分子结构破坏的物质。如具有强氧化性的无机物二氧化锰可选择性地催化氧化皮革中的游离甲醛，将其氧化成甲酸。此外，亚硫酸氢钠、过氧化氢、过硼酸钠、次氯酸钠等也具有类似的功能。

②氨或含氨基的物质。尿素可与甲醛生成羟甲基脲，是主要的有机捕捉剂之一，但过量的尿素会导致成革理化性能下降。含有氨类的物质如三聚氰胺、乙二胺、二甲基乙酰胺等亦可用作捕捉剂。而小分子的氨基化合物易迁移，且可能有毒，不利于适应长期缓慢释放的甲醛的捕

捉。因此,结构上含有大量氨基的聚合物捕捉剂成为研究的热点。周永香等将丙烯酰胺与苯乙烯进行无皂乳液聚合得到了丙烯酰胺—苯乙烯二元共聚物,再将酰胺经 Hoffman 降解为伯氨基,得到了含有多个氨基的线型共聚物,该共聚物对毛皮中游离甲醛的捕捉率为 30%,同时兼具复鞣填充和助染性能。超支化聚合物具有近球型结构、低黏度、良好的溶解性、多官能度等优良性能,被应用于皮革甲醛捕捉剂的合成。强西怀等用二乙胺和丙烯酸甲酯以发散法合成了外围为 4 个和 8 个氨基的两代聚酰胺胺型树枝状化合物,该捕获剂用量为 2% 时,可将革样中的游离甲醛含量减少 50% 以上,而且在后续染色加油处理中,可改善坯革对染料和加脂剂的吸收性能。王亚平等用二乙烯三胺和丁二酸酐在四氢呋喃为溶剂和低温下合成了结构中含一个羧基、两个氨基的 AB_2 型单体,再以逐步滴加 AB_2 型单体的方式熔融聚合得到端氨基超支化聚合物,当捕获剂加入量为皮质量的 4.0% 时,配合水洗,最终可将皮革中的甲醛含量由约 560mg/kg 降低至 280mg/kg,且对皮革具有良好的助染效果。

③硫化物、酚类、醇类捕捉剂。硫化物(如硫酸铵)、酚类物质(如苯酚、间二苯酚、壬基酚)、醇类(如聚乙烯醇)也可作用捕捉剂,但硫化物、酚类本身对环境有污染,限制了其使用。

④天然甲醛捕捉剂。天然产物(如单宁、芦荟、淀粉、酪素等)经加工处理后对甲醛也有较高的去除能力。缩合类(如落叶松、坚木、杨梅等)和水解类栲胶(如栗木),由于本身可用于皮革的鞣制与填充,因而是较好的天然甲醛捕捉剂。壳聚糖分子结构中含有大量的氨基和酰氨基,同时兼具良好的生物相容性和可降解性,也是较高档的甲醛捕捉剂。

甲醛捕捉剂使用方法为:

①在水场中将捕捉剂加入到处理液中,借助机械作用,使捕捉剂能够深透均匀地分布在皮革中,操作方便,捕捉效果好。

②在皮革涂饰时将捕捉剂添加到涂层中,形成甲醛捕捉涂层。但只能在单面形成捕捉层,效果一般,适合于甲醛含量低的干燥坯革,属于预防性捕捉。

③将捕捉剂溶解在水溶液中,采用喷洒的方法施加于皮革正面与背面。但捕捉剂难以完全渗透到皮革中,效果一般,适合于甲醛含量较低,已干燥的坯革或成品革。

④熏蒸。将甲醛超标的皮革放入密闭的空间内,用挥发性的捕捉剂(如氨水)进行熏蒸,以降低甲醛含量,适合于甲醛含量很高且已涂饰的毛皮产品。由于氨水碱性较强,对皮革的性能可能产生不良影响。

在皮革加工过程中,由于使用环境的影响,许多有机皮化材料都可能释放出甲醛,因而,甲醛捕捉剂的研究和应用具有十分重要的意义。将甲醛捕捉功能与皮革加工中需要的功能(如复鞣、填充、加脂、染色等)相结合,从而制备出多功能的捕捉剂,将成为甲醛捕捉剂的主要研究方向。捕捉剂的添加,适合于在水场中进行,在完成相应加工工序的同时,将捕捉剂施加到处理液中,从而赋予皮革以均匀、稳定和长久的甲醛捕捉功能,更好地保护消费者的身体健康。尽管部分人认为,短期内甲醛鞣不可能完全被替代。但随着科技的发展,已有许多材料可以代替甲醛,甲醛鞣终将退出历史舞台。

(2)戊二醛与改性戊二醛鞣。戊二醛是有五个碳链长的双端基醛,符合鞣剂必备的两个基本条件:一定的链长和两个或两个以上活性基团。戊二醛与胶原交联性能好,结合量多,结合较牢固,且能保持蛋白原有的构型,长期被应用于皮革的主鞣和复鞣中。戊二醛鞣革,成革耐汗、耐水洗、耐碱,鞣性优于甲醛,鞣液不会自聚,不会造成粒面树脂化而发硬发脆,收缩温度较高(80～85℃),在保证柔软的前提下,增加了成革的丰满性、染色均匀性。戊二醛的最大缺点是它鞣制的毛皮,皮板和毛被都发黄,推测可能是由不饱和的醛及聚合物引起的。对于需要保留毛被天然颜色(如纯白色)的动物皮加工来说,这是致命的缺陷。为了克服戊二醛鞣革容易变黄的缺点,人们制备出了改性戊二醛。常见的有甲醛改性戊二醛、氨基树脂改性戊二醛和丙烯酸树脂改性戊二醛。改性戊二醛鞣革具有以下特点:成革色泽洁白,制品不发黄,适合于浅色、白色革和毛皮;水溶性好,性质稳定,不聚合,不易氧化,耐贮存;挥发性小,无明显刺激性气味;继承了戊二醛的所有优点,应用工艺条件和成革质量与戊二醛相同。其鞣制的一般工艺为:在弱酸性 pH 条件下进行,温度 30～38℃,浓度 4～6g/L。范浩军用含 α 氢的有机酸和甲醛等作改性剂,对戊二醛进行改性得到了醛酸鞣剂,该鞣剂用于革坯的复鞣,使成革既保留了原戊二醛鞣革轻、软、飘的特点,又使成革更加紧实丰满,具有更高的机械强度。新型醛酸鞣剂具有明显的固定栲胶,增进铬的吸收和交联作用,成革身骨柔软、粒面较细腻,并有良好的耐洗、耐汗性。谢昌志等利用甲醛与戊二醛的 α 活性氢原子进行羟醛缩合反应,得到羟甲基衍生物再与甲醛进行交叉——卡尼罗反应,最终得到以多羟甲基化合物为主的有机戊二醛改性鞣剂。该产品具有易溶于水、稳定、刺激性小、挥发性极小的特点,使用的 pH 范围宽,鞣制效果好,增厚明显,能有效地减小部位差,并赋予成革粒面平细、柔软、丰满、耐汗、耐水洗的特点。用于毛皮鞣制,可使毛皮皮板洁白、柔软,毛色纯正、松散,具有耐汗、耐热、耐皂洗的优良性能,并能大大地降低成裘中所含的甲醛量。贾长春等以甲醛、改性剂与戊二醛反应,制备出无刺激改性戊二醛 CT。其鞣制方法为:取浸酸羊皮 100 份与浸酸液 200 份,投入转鼓中转动 5min,加入 CT 鞣剂 25 份,转动 2h,然后用碳酸氢钠调节 pH 至 7.5～8.0。发现 CT 的鞣制性能优异,成革洁白,身骨丰满柔软,毛皮的毛被蓬松滑爽,色泽美观。在改性戊二醛的制备过程中,部分产品会用到甲醛,需要尽量使其反应完全,基本消除甲醛的残留。总之改性戊二醛作为戊二醛的升级产品,克服了戊二醛鞣革发黄的缺点,价格便宜,因而在毛皮中具有明显优势,是较好的甲醛替代品,克服了甲醛的污染和危害。

(3)氧化多(寡)糖。糖是一类多元醇的醛衍生物或酮衍生物,或者称为多羟醛或多羟酮的聚合物。它是自然界最丰富的有机物质,地球上一半以上的有机碳都贮在淀粉和纤维素中,此外,在动物、植物和微生物中还存在结构更为复杂的少量其他糖类。糖经过氧化,会产生醛基、羧基等化学活性基团,可以用于皮革的鞣制。其中高碘酸钠可氧化同碳二醇、邻多元醇、α-羟基酸、α-氨基酮、1-氨基-2-羟基化合物,使碳碳键断裂,生成相应的羰基化合物醛酮。该反应可定量进行,每断裂一个碳碳键,消耗 1 分子过碘酸。因此,该氧化被称为具有"选择性"的氧化,将其应用于糖的氧化,可用于制备出含有多个醛基的氧化多糖。

①氧化淀粉。淀粉在自然界中分布很广,全世界年产量达到 5000 亿吨左右,它是绿色植物进行光合作用的最终产物。它具有价廉易得、可再生、可生物降解、污染小等特点。双醛淀粉是经高碘酸钠氧后的产物,脱水葡萄糖单位的 C_2—C_3 断裂,两个羟基被氧化成醛基生成双醛淀粉。该醛基很少以游离醛的形式存在,主要是与 C_6 伯醇羟基化合物形成半缩醛结构,与水分子

结合成环形结构以及水化结构。这种半醛醇和半缩醛键很不稳定,易于断裂使醛基游离出来,游离出的醛基具有很高的化学活性,能够与胶原上的氨基、亚氨基等发生反应,形成交联。用双醛淀粉鞣制,可大大缩短鞣制时间,使皮革具有革色浅淡、柔软和耐水洗等优点。E. M. Filachone 等研究了双醛淀粉的鞣性,认为氧化度为 96% 的双醛淀粉在 pH 为 10 时鞣制,加油后可得到较为满意的皮革。Nayudamma 等认为,双醛淀粉的鞣制机理是双醛淀粉与碱性基团(主要是氨基)和酰氨基作用产生交联。魏世林采用双醛淀粉制作白湿皮,液比 1.0,温度 25℃,pH 8,双醛淀粉用量 3%,鞣制时间 3h,制成的白湿皮丰满,增厚明显,收缩温度达到 78℃。易杰等通过氧化淀粉与金属盐结合作用胶原纤维,产物的 DSC 曲线主峰值在 80℃以上,能够提高胶原纤维的热稳定性。淀粉是一种性能良好的填充剂,但容易发霉,经过适当改性,提高其稳定性后,可用于皮革的填充,所得成革柔软,丰满。

②氧化纤维素。纤维素是构成植物细胞壁和支撑组织的重要成分,是地球上最古老、含量最丰富的天然有机物,也是自然界中用之不竭的可再生资源。双醛纤维素(DAC)是一种氧化纤维素衍生物,因其在力学性能、生物相容性及生物可降解性方面的优越性,且其对环境友好和无毒等,已在许多领域得到广泛的应用。双醛纤维素与双醛淀粉很相似,由 1,4-键形成的双醛的数量,依聚合度的不同,介于 1000~2000 之间。有研究表明,采用双醛纤维素鞣制,在 pH 为 10 或 8 时,鞣制 6h,收缩温度可达到最大值。而 pH 为 5.5 时,则需要 7 天。氧化度由 98% 降至 45%,不影响成革质量,其聚合度对皮革的制品质量无意义,其鞣制过程与乙二醛十分类似。石磊等采用高压蒸汽水解双醛纤维素并得到低分子齐聚物片段,交联胶原纤维,可使其湿热稳定性升高 20℃,提高胶原的变性温度(TD)以及相变活化能(E_a)和焓变(ΔH),说明胶原分子间产生了共价交联作用,交联后的胶原抗水解性可到达 93%。用醛基含量分别为 40%、80%、90%、120% 的 DAC 鞣革结果发现皮革增厚,粒面紧实,手感丰满。DAC 的醛基含量越高,鞣制作用越强。但是 DAC 溶解、分散性不好,不利于渗透和结合,鞣制后废液中 DAC 残留较多。胡良豪等采用改性纤维素鞣制绵羊酸皮,最佳鞣制条件为:DAC 用量 25%,温度 30℃,鞣制初始 pH 4.5,终点 pH 7,鞣制总时间 10h。成革 Ts 提高 20.8℃,坯革色浅淡,粒面平细,具有较好的柔软度和丰满度。

③其他氧化糖。同样的原理已应用于天然多糖和寡糖的氧化,并制备出相应的氧化糖,用于鞣制。胡杨等分别采用 20% 用量,氧化度为 25%、45% 和 65% 的氧化海藻酸钠(ADA),在 pH 为 7.4 的 PBS 中交联脱细胞猪真皮基质,室温(21±1)℃下反应 48h,其交联指数分别为 63.4%、91.5% 和 93.2%,交联材料的耐酶解性能十分接近戊二醛交联的材料。陈一宁等采用氧化低聚异麦芽糖(IMODA)交联脱细胞猪真皮基质(pADM),交联材料的收缩温度随 IMODA 的用量、反应温度、反应时间的增加而先增大后趋于稳定,随 pH 的增加而先增大后减小。交联最优条件为,反应温度 37℃、用量 16%、反应时间 18h,pH 为 9.4,收缩温度达到 81℃。随用量增大,交联材料改性指数增大,力学性能提高。陈一宁等采用氧化壳寡糖(OCOS)交联脱细胞猪真皮基质,最值交联条件为:温度 37℃,pH 为 8.4,用量 4%,收缩温度可以达到 78℃。其他氧化糖如氧化透明质酸、氧化肝素等鞣性与之接近。这些氧化糖鞣制得到的材料收缩温度较高,生物相容性非常好,浸细胞毒性为 0~1 级,对人体没有危害。采用其他价廉易得的多糖进

行类似的氧化,有望制备出适合工业生产的新型绿色鞣剂。

糖类来自于天然产物,价廉易得,可生物降解,经氧化后赋予其优良化学交联性,可以用于制革和毛皮的鞣制。天然多糖类属于天然高分子,相对分子质量很大,水溶解性较差,直接鞣制,往往不易分散,渗透困难,容易产生表面结合,鞣制效果不佳。通过酶、氧化、碱、热或联合作用对其进行降解,可制得相对分子质量适合鞣制的降解产物。寡糖是分子中含有 2~20 个糖单元的聚糖,水溶性好,相对分子质量较低,渗透性好,适合用作鞣剂(如氧化壳寡糖表现出良好的水溶性和鞣制性能)。高碘酸钠法氧化选择性高,但价格昂贵。普通氧化降解法(如双氧水法),虽然选择性差,但价格便宜,既可以降低相对分子质量,又可以起到氧化的作用,得到的醛基或羧基混合物,具有鞣制与复鞣的功效。控制合适的条件,有望得到理想的鞣制或复鞣剂。氧化糖主要与醛基与氨基反应,生成的产物,会带上淡黄色,对于天然毛皮鞣制较为不利,需要进一步优化鞣剂结构和氧化度,制得适合于毛皮鞣制的产品。

4. 油鞣

油鞣是一种古老的鞣法。传统油鞣采用高度不饱和(碘值 140~160)脂肪酸(如鱼油),在湿热和催化剂存在的条件下进行氧化,产生具有化学反应活性的油脂,活性油脂与胶原作用,产生鞣制效应。油鞣革非常柔软丰满,皮板孔隙率大、密度小、可塑性、透气性和延伸性均相当好,能够耐水洗和皂洗,干后不变性,适合于珍贵毛皮的鞣制。油鞣的缺点是耗油量大,投入较大,鞣制周期长,收缩温度不高,毛被清洗困难,木屑耗量大,油脂氧化还会使毛被染上橙色,因此适用于毛被硬度低并准备鞣后染色的各类毛皮。传统油鞣法的核心是油脂的氧化,在鱼油渗入皮内后,将皮挂晾于一定温度和湿度的室内,从低温到高温逐渐升温氧化。为了提高氧化效率,在氧化时加入 Cu^{2+}、Fe^{3+}、Mn^{7+}、Co^{2+}、Ni^{2+} 等金离子的亚油酸盐、松香酸盐或环烷酸盐作为催化剂,缩短氧化时间。挂晾方式均匀性差,厂房占用面积大,劳动力消耗大,周期长(需要 10~12 天)。采用热风转鼓法,从轴孔鼓入 40℃的热空气,连续转动,总鞣制时间缩短至 12~16h。与挂晾法相比,减少了鱼油的用量,鞣制时间大幅度缩短,降低了劳动强度,有利于连续化生产。室内转笼法的涂油和氧化过程都是在氧化室内的鼠笼式转鼓中完成的,通过室内鼓上方的喷油装置将鱼油喷到笼中的皮上,靠鼠笼的转动实现皮对油的均匀吸收,其温度通过换热器来调,相对湿度通过向空气中喷入水蒸气来调节。其鞣制效果均匀,成革强度提高 60%~80%,氧化时间缩短到 9h,成革颜色鲜艳,手感柔软、丰满。采用强氧化剂氧化可以克服空气氧化速度慢的缺点,常用的氧化剂有高锰酸钾、重铬酸盐和臭氧。相对而言,臭氧法比较安全有效。通过连接臭氧发生器,以 10L/min 的速度向转鼓中连续鼓入臭氧 1h,用量为皮重量的 0.8%~1.0%。该法鞣革质量稳定,吸水性良好。对毛皮而言,强氧化剂可能会对毛被质量产生不利影响。通过改进油脂来进行油鞣,是比较安全有效的方法,最常用的是烷基磺酰氯,其分子结构中具有化学活性的酰氯基,可以与胶原上的氨基结合,对皮产生油鞣作用。磺酰氯鞣制出的革,性质与油鞣革相似,成革丰满、柔软、色白、易染色、耐水洗、吸水性极强。但由于它与胶原往往是单点结合,因而收缩温度不高(51℃)。现在的油鞣方法将鞣制与赋予柔软性分开,趋于结合鞣:先采用其他鞣法交联,赋予湿热稳定性,提高皮革的收缩温度;然后采用油鞣法赋予柔软性(生油加脂),由于生皮已鞣制成革,因而可以直接在较高的温度下进行油脂的氧化,从而大大缩短油鞣时间,节省油脂用量。醛—油结合鞣是比较成熟的油鞣方法,它采用戊二醛、甲醛、乙二醛等进行主鞣,鱼油油鞣。工艺为:液比 0.5~1.0,温度 20~30℃,pH 8.0~8.5,甲醛 1.0%~2.0%,鞣制 5~6h。挤水后再用鱼油 20%~30%,环烷酸钴 0.1%,JFC 0.5%,水 0.5%进行油鞣。成革收缩温度高、抗张强度高、耐水洗、丰满柔软。采用无机鞣剂代替醛作预鞣剂,即为无机鞣剂—油鞣结合鞣。预鞣后的皮也可以直接在高温下油鞣,加之铝、铁等金属离子对油脂的氧化可以起到催化的作用,可以加速氧化过程。成革收缩温度高,抗张强度和撕裂强度高,革身洁白,手感丰满。曹强等采用铝—油鞣、甲醛—油鞣、改性戊二醛—油鞣方法对兔皮进行油鞣,认为先醛鞣后踢皮油鞣制工艺路线更合理,油鞣时控制皮坯水含量 40%左右,改性戊二醛预鞣用量 5g/L,鞣制结束 pH 控制在 5.5~6.0,鞣制的毛皮颜色不发黄,收缩温度高。此外,有机膦、噁唑烷、栲胶等也应用于与油鞣的结合鞣。

油鞣的发展可以从以下几个方面来加强:

(1)采用具有鞣制活性的油脂来完成。通过化学方法合成具有多个反应活性基团的油脂,在非水介质中能够直接与皮胶原发生交联作用,从而在加脂的同时,提高成革的稳定性,达到传统油鞣的效果。

(2)两步法结合鞣时,选择鞣性强(避免使用甲醛)、柔软性好(降低油鞣的负担)的材料;同时从设备、工艺条件等方面,提高油鞣的效率,缩短油鞣时间。

(3)采用"金属鞣剂—配位型油脂"进行结合鞣。在预鞣时采用具有配位作用的多金属来完成;将具有良好润滑作用的油脂改造成能与金属具有较强配位作用的(无水)结合型油脂,预鞣后加入油脂与多金属进行配位,借助已结合的多金属来与皮革结合,从而达到(结合性)加脂的目的。

5. 植鞣

植物鞣质是含于植物体内的、能使生皮变成革的多元酚化合物。植物水浸提液经进一步处理而得到的固体块状物或粉状物,称为植物鞣剂或栲胶。植物鞣革已有数千年的历史,是铬鞣发明前主要的皮革鞣剂。植物法具有独特的优点:成革组织紧密,坚实饱满,延伸性小,成形性好;透气性好、透水气性好,吸汗、吸水性强,卫生性能好;栲胶复鞣皮板,具有很好的填充性,成形性好。植物鞣剂资源丰富,是产量仅次于纤维素、木质素的林副产品,植物鞣剂对人体无害,是一种价廉易得、无污染、对环境友好的"绿色鞣剂"。鞣制得到的产品可生物降解,对环境没有危害,属于生态毛皮产品。

目前,毛皮采用栲胶主鞣工艺比较少。程凤侠介绍了植鞣绵羊毛皮工艺:浸酸绵羊皮,pH 为 3.0。液比 20,温度 30℃,食盐 20g/L,加脂剂 GLH4.0g/L,加脂剂 TIS1.5g/L,加脂剂 GLS 2.0g/L,划动 30min;合成鞣剂 VML 5.0g/L,划动 180min;碳酸氢钠 0.5g/L,划动 90min。过夜,次日晨划动 15min;荆树皮栲胶 30.0g/L,合成鞣剂 VML 5.0g/L,划动 180min。过夜,次日晨划动 20min,出皮静置 1~2 天,用 25℃水划洗 20min 排液。李瑶等研究了塔拉栲胶在兔皮复鞣过程中的应用,经塔拉栲胶复鞣后,可以很好地改善皮板性能,特别是磨绒性能。许多毛皮产品需要用栲胶鞣制或复鞣、填充,特别是毛革两用鞋面革和靴用毛革一体。随着环保意识的提高,植物栲胶将会在毛皮生产中起到越来越重要的作用。

6.其他有机鞣

(1)脲醛树脂、氨基树脂与合成鞣剂。将预制好的羟甲基化合物单体水溶液加入皮内,然后加酸使之聚合,甚至直接加入尿素和甲醛,使其在皮内产生加成和聚合。聚合时,酸性越强,聚合越快,聚合度越大,所鞣成的皮板越硬;反之,反应速度越慢,皮板可塑性大。一般将毛皮的pH调至3.5以下,使二羟甲基脲在皮内聚合产生鞣制作用。温度越高,聚合越缓慢,温度越低,则聚合越快。脲醛树脂鞣制毛皮颜色洁白,经久不变色,耐光耐洗涤,质量轻,皮板丰满柔软,抗张强度大,撕裂力强,出裁率大可用酸性或直接染料;但吸湿性大。脲醛树脂鞣革过程中,会加入甲醛,这些甲醛难以完全反应,成品中容易存在游离甲醛;同时羟甲基在缩合的过程中,也会产生甲醛。因此,脲醛鞣毛皮在陈放过程中,将会产生甲醛,一方面危害身体健康,另一方面使皮纤维干枯,影响成革质量。

将双氰胺、三聚氰胺分别与甲醛缩合,可得双氰胺树脂和三聚氰胺树脂。双氰胺鞣毛皮具有皮板轻软,毛白,耐洗,抗温好,出裁高等特点,具有较好的选择填充性能,特别适宜于鞣制瘦板毛皮。三聚氰胺树脂鞣制的毛皮色白,皮板丰满,耐光。但缩合过程中会释放甲醛,产生危害。

狭义的合成鞣剂是指有机合成方法制得的芳香族鞣剂。辅助型合成鞣剂由于鞣性低,无法用作主鞣;代替性合成鞣剂上的酚羟基能与胶原之间产生氢键和共价键结合,磺酸基能与胶原间形成盐键,故表现出一定的鞣性。李晓红采用酚醛类缩合物(OME)鞣制白兔皮,成品皮板抗张强度大,丰满、柔软,粒面细致紧密,收缩温度70~75℃。毛被光亮、松散、灵活,具有增白效果。砜桥型、磺酰亚胺桥键可以和胶原上的氨基、羟基、肽基形成氢键,使酚式结构不易向醌式结构转变而具有较好的耐光性,能够用于白色革或浅色革的鞣制。冯国涛等采用萘磺酸、4,4′-二羟基二苯砜与甲醛缩合,制得砜型合成鞣剂,该鞣剂主鞣后成革的 Ts 可达82℃,成品中甲醛的含量最低达到18.30mg/kg,成革具有较好的丰满性和弹性。李晓鹏等采用四种商品砜合成鞣剂进行鞣革试验,发现砜型合成鞣剂仍然会黄变,收缩温度也不高。王学川等研究了芳香族合成鞣剂DT-R7299的生物降解性,认为当污泥质量浓度为3000mg/L,pH为8,盐度为0.5%时,750mg/L基质的生物降解性最好。可见,合成鞣剂具有可生物降解性。总体而言,合成鞣剂制造时常以酚和甲醛为原料,产品中可能会产生甲醛和苯酚,对环境产生不利影响。加之收缩温度不高,只能用作辅助鞣剂。

(2)噁唑烷。噁唑烷又称为四氢噁唑,是醛与 β-氨基醇类的缩合物,氮和氧处于五元环的间位,是一系列产品的通称,有单环和双环两种。

单环主要产品有 4,4-二甲基噁唑烷(OX-1)、3-羟乙基噁唑烷(OX-2)和3-羟乙基噁唑烷丙烯酸酯(DOX)。一般认为,单环噁唑烷的鞣制机理是首先可逆性水解开环,C—O 键断裂,生成相应的阳离子 Schiff 碱中间体,然后该中间体水解生成 β-氨基醇和含羰基的芳醛化合物;水解开环后,N 与胶原的羟基形成离子键结合,OH 与氨基形成共价键结合,此外还可与胶原的咪唑基形成共价结合,与胶原中的酪氨酸的酚环发生缩合反应。杨宗邃研究了 OX-1、OX-2对浸酸山羊皮的鞣制,认为两者与生皮结合速度快,达到平衡需要的时间短,在 pH 为10 左右鞣性较好,均能与胶原牢固结合,作用不可逆,能使生皮的收缩温度提高到 85℃。成革厚度增大,成革丰满柔软,耐皂液洗涤,撕裂强度高于铬鞣革。王加强采用 DOX 鞣制山羊皮,单一使用时皮革收缩温度可达 85℃以上,预鞣后的坯革丰满度好,增厚性强,毛孔清爽,粒面平细,手感舒适,具有良好的柔软性。周凤文研究了 DOX 型改性噁唑烷的鞣革性能,认为 DOX 鞣剂能与皮纤维之间通过交联而形成网络,通过填充与网络形成物理吸附,起到良好的鞣制效果。李书卿采用 OX-1 单独鞣制浸酸绵羊皮时,在鞣制初始低 pH 2.5～3.5 和高 pH 6.0～8.0 之间,都有较好的鞣性;在鞣制初始 pH 7.0～8.0,终点 pH 达到 7.0,用量 5%时,鞣革的收缩温度可达 87℃,可作为预鞣剂实现无盐浸酸;OX-1(4%)与荆树皮栲胶(10%)结合鞣革时,成革收缩温度最高可达 94.8℃。

双环产品主要有 1-氮杂-3,7-二噁二环-5-乙基(3,3,0)辛烷(噁唑烷 E)、5-羟甲基-1-氮杂-3,7-二噁二环-5-乙基(3,3,0)辛烷(噁唑烷 T)、7-羟基全氢化噁唑并噁嗪(OX-Z)及它们的改性产品。双噁唑烷鞣制机理尚不明确。部分人研究认为噁唑烷 E 水解断开杂环,产生多个羟甲基,然后与胶原之间形成交联。Santanu Deb Choudhury 研究认为,噁唑烷与胶原赖氨酸形成了 Schiff 碱并且再继续与酪氨酸发生了不可逆结合,形成牢固交联。使用噁唑烷 E 交联绵羊皮,其反应速度较慢,只有在 pH 为 7.5～8.0 时,收缩温度才能达到 83℃。噁唑烷 E 鞣革颜色较噁唑烷 A 浅淡,粒面更细致。荆树皮栲胶和噁唑烷结合鞣,先植物鞣剂(8%～10%)后噁唑烷(1.5%～2.0%)鞣革,成革收缩温度可达 100℃左右。其鞣制方法为:在 pH 为 4.0～4.5 时,加入 10%的荆树皮栲胶,鞣制 4h。然后采用噁唑烷 A 和噁唑烷 E 分别复鞣,温度 50℃,pH 为 6.5～7.0,用量 2%,鞣制 4h。

噁唑烷鞣革,革身色白,不泛黄,鞣制毛皮毛被不易沾色,收缩性小。成革耐汗性、耐水性好,柔软,丰满。在较宽的 pH 范围内具有鞣性,收缩温度通常可达 87℃。杨敏研究了 33 种噁唑烷的鞣性,发现其鞣性与结构关系密切。在液比 2.0、pH 为 6.0,用量 5%条件下鞣制 8h,最高收缩温度可达 91℃,最低收缩温度 55℃。相当一部分噁唑烷不稳定,易分解、转化和聚合,在酸、碱和水中不稳定,极易开环分解。用有鞣性的醛类合成的噁唑烷才有鞣性,在弱酸性、中性和碱性介质中收缩温度较高,在酸性介质中收缩温度较低。代表产品国内 OX-2 和 DOX,国外有英国 Hodgson 化学公司的 Neosyn TX,美国 Angus 化工公司的 Zoldine ZE,德国 Trupler 公司的 Truptan OX。

噁唑烷单独鞣革性状近似醛鞣革,革身柔软但缺乏填充,丰满性较差,收缩温度难突破 90℃,综合性不如改性戊二醛,故很少用于单独主鞣,常与其他金属鞣剂、植物鞣剂结合使用。石碧采用各种植物栲胶(荆树皮、坚木、槟榔、栗木等)主鞣,噁唑烷进行预鞣和复鞣,发现水解类栲胶鞣制后的收缩温度一般在 90℃以下,而缩合类收缩温度一般在 100℃以上。其中荆树皮栲胶的作用突出,成革收缩温度可达 114℃。无论使用何种栲胶,噁唑烷用量 4%时,收缩温度达到最大值。并推荐 15%荆树皮栲胶主鞣+6%噁唑烷复鞣,成革可耐沸水,适合于鞋面革的生产;而 5%荆树皮栲胶主鞣+少量噁唑烷复鞣,收缩温度可达到 95℃以上,符合服装革的需要。其主要工艺为:预鞣。20℃,水 100%,NaCl 6%,转 20min;噁唑烷 3%,转 20min;甲酸钠 2%,转 15min;碳酸氢钠 2%,转 30min,pH 6.6,搭马过液。脱脂。植鞣。20℃,水 30%,栲胶 10%,转 90min;栲胶 10%,转 120min。固定,水洗,漂洗,水洗,漂洗,搭马,过夜,挤水,称重。

复鞣。20℃,水 200%,噁唑烷 x%(x=2、4、6、8、10、12),转 60min,升温至 60℃,转 4h。陈慧等采用摩尔比 1:1(0.01mol/L)的噁唑烷与植物多酚(儿茶素、对苯二酚、间苯二酚和邻苯三酚)在 60℃处理 8h,预先形成鞣性模块,然后用于浸酸羊皮的鞣制,发现多酚与噁唑烷鞣性模块可以较大程度地提高成革收缩温度,其中间苯二酚—噁唑烷鞣性模块粒径均匀,成革收缩温度可达 120.7℃,成革物性良好。

传统的噁唑烷制备常使用甲醛,可能在合成阶段带来甲醛的污染,产品中可能含甲醛残留,使用过程中水解也可能会产生甲醛。故应在合成时,使用脂肪醛来代替甲醛。噁唑烷含有四个侧链基团,合成时可以再引入能与胶原结合的活性基团,增强与胶原结合能力。改进鞣剂分子结构,使其成革具有更好的耐光性和耐热性;可以引入一些基团改善噁唑烷鞣性适应范围,使其在酸性条件下具有更好的鞣性;也可增加其他功能性的基团,增强鞣革的综合性能。噁唑烷毒性虽小,但对眼睛非常刺激,气味很重,影响嗅觉;目前成本偏高,有待进一步降低。在与植鞣的结合鞣方面,噁唑烷与植物鞣剂结合鞣收缩温度高,可在一定程度上改善植鞣革的性质,增加其柔软性,取得了可喜的成绩,但成革性能很像植鞣革,有待进一步完善。与铬鞣革结合鞣方面,可以代替部分铬鞣剂(30%),有促进铬鞣剂吸收和结合的功能。但在与无铬金属结合鞣方面,需要加强研究和改进。无铬金属与铬鞣的机理相似,常与胶原羧基作用,而噁唑烷则主要与胶原的氨基作用,两者之间会产生较好的协同作用,获得良好的综合性,同时有利于改善皮革染色性能。噁唑烷专用于毛皮鞣制的报道研究偏少,有待进一步加强,但以往的相关研究成果仍具有十分有益的借鉴作用。

(3)有机膦。常见的有机膦鞣剂为四羟甲基季膦盐,简称 THP。有机膦不含金属,甲醛含量非常低,可生物降解,对环境无污染,属于环保性鞣剂。它是一种阻燃剂,能够赋予鞣制的革以较好的内阻燃性。具有良好的杀菌防腐性能,成革具有良好的防腐性能。它具有很好的渗透性,成革具有优异耐光性和耐湿热稳定性,收缩温度可达 80～85℃。鞣革外观白色,适合于浅色革、白色革与毛皮,染色鲜艳度优于铬鞣革。鞣革有良好的力学性能,其撕裂强度优于铬鞣革。

其鞣制机理众说纷纭:Sommer 等认为起交联作用的是三羟甲基氧化膦(THPO),但由于其活性较低,故先用活性较高的 THP 浸渍皮革,然后将 pH 升至 5 甚至 10 以上,THP 生成 THPO 从而与胶原上的氨基产生交联。Collins 等认为 THPO 不是有效的交联剂,起交联作用的是 THP 或 THP 缩合物。有人认为 THP 和 THPO 都无鞣性,THP 必须与其他合成鞣剂或植物鞣剂(特别是间醛二酚)结合才有鞣性。毛李蓉研究了 THPS 对生皮的鞣制作用,在 THPS 改性试验中发现,THPS 在水中先转变成其母体 THP,然后再与胺发生交联。在此过程中,THPS 还会转变为三羟甲基氧化膦(THPO)。反应产物为几种物质的混合物。氨基酸分析发现,THPS 可以与胶原中的赖氨酸、组氨酸、精氨酸和酪氨酸发生不可逆结合,氨基是 THPS 鞣制的主要作用基团,胍基次之,羧基与 THPS 几乎不发生共价结合,可能仅以部分氢键或离子键结合。氧化还原的影响结构发现,鞣制过程中 THP 可以与碱性基发生反应,也可以与酪氨酸和酚羟基反应,而 THPO 主要和氨基反应。

史楷岐等考察 THPC 的鞣性,在 pH 为 10.0 时,皮粉对 THPC 的吸附结合量达到皮粉质量的 50%,变性温度达到 77.8℃,认为 THPC 作为单一的主鞣剂,难以满足皮革的鞣制要求。随后陈慧等采用 THPC 单独鞣制浸酸黄牛皮,成革 Ts 可达到 90℃,而相同条件下戊二醛鞣革 Ts 为 89.0,噁唑烷为 85.0。强西怀等用含活泼氢的小分子化合物对 THPS 进行改性,然后对浸酸绵羊皮进行鞣制,成革颜色洁白、革身丰满柔软、有弹性,坯革收缩温度可达≥82℃,坯革中的游离甲醛含量小于 1.5mg/kg。成革耐酸液、盐水、脲、丙酮等洗涤,认为该鞣剂主要与皮胶原以共价键形式交联。毛李蓉通过单因素分析试验,发现 THPS 单独鞣制时,最佳用量为 2.0%,提碱 pH 控制在 6.0~6.5 为宜,并且坯革内游离甲醛含量与 THPS 的用量呈正相关。李瑶等采用北京泛博科技的 FG、科莱恩公司的 FCC、北京金博瑞克科技的 PCC 和 PDD、德美亭江的 DT-T8020 等几种有机膦产品对兔毛皮进行鞣制:液比 20,食盐 40g/L,HAC 润湿剂 0.5g/L,转 15min。加入有机膦 6mg/L。间歇转动 4~6h。用小苏打提碱到 pH 为 6.0~6.5,静置过夜。次日待收缩温度大于 85℃后进行氧化。添加双氧水 1~2ml/L,转动 30min/30min×2 次。水洗,出皮,甩干。鞣制时 pH 越高,收缩温度越高,但对毛被产生不利影响,宜控制在 6.0~6.5 为宜。有机膦用量为 6mL/L,成革收缩温度均在 84~89℃,证明有机膦可以直接用于主鞣。制得的毛皮皮板洁白,可用作白色及各种彩色毛皮。

由于有机膦中心体磷原子的价态为 3,呈现阳电性,因此,对后续工序的阴离子材料有较强的吸附和固定作用,有利于加脂、染色等工序的进行。有机膦鞣剂鞣制的白湿革,固定结束必须进行氧化处理,以除去残留的有机膦,否则,残留的有机膦鞣会影响白湿革的撕裂强度。有机膦鞣剂属功能型鞣剂,具有较多优点,但有机膦使用过程中可能产生甲醛,且分子中含有磷元素,大量使用可能产生含磷废液,引起水质的富营养化,限制了其推广和应用。

(4)环氧化合物。环氧化合物是指分子中含有单个、双个或多个环氧基(—C—O—C—三元环醚)的一类化合物。由于环氧基中电荷的极化和环氧环张力的存在,使得环氧基具有极高的反应活性,易与含有活泼氢原子的基团,如氨基、酚羟基、羧基、巯基、羟基、酰胺基等发生反应。R.J. Heath 等以水和丙酮为介质研究了一系列环氧化合物交联皮粉的性能,表现出良好的鞣革性能。其中山梨醇缩水甘油在水中鞣制皮粉的变性温度达到 85℃,双酚 A 缩水甘油醚在丙酮中鞣制皮粉的变性温度达到 90℃。R. Zeeman 等研究了 1,4-丁二醇缩水甘油醚(BDDGE)对绵羊真皮的交联,Ts 达到约 67℃。聚丙三醇缩水甘油醚(PPE)与季戊四醇缩水甘油醚(PPE)具有更多的环氧基和更好的水溶性,与胶原反应的能力更强,能形成网状交联,鞣革 ΔTs 分别为 15.3℃和 16.1℃。但年华等采用丙三醇缩水甘油醚(GPE)交联脱细胞猪真皮基质,优化出最佳的交联条件:温度 37℃、pH 10.5、反应时间 72h、GPE 用量 20%,催化剂为三乙醇胺,收缩温度达到 80.4。在交联过程中,随着交联程度的增加,自由氨基含量降低,认为环氧化合物主要是胶原的氨基反应。苏联曾采用水溶解性脂肪族环氧树脂鞣制家兔毛皮,该鞣剂是双甘醇和氯甲代氧丙环缩合的双官能团产物,在 pH 为 6 以下不与胶原作用。鞣制时,用碳酸氢钠中和至 pH 为 7.3,在 43℃下鞣制,环氧树脂用量为 5g/L,反应 2h。得到的毛皮皮板洁白,十分柔软,毛被光亮而有弹性,皮板有满意的伸张性,毛皮染色均匀。此外,将环氧化合物与其他鞣剂进行结合鞣,有望获得更好的鞣制效果。

环氧化合物由于结构不同,最终鞣革性能有差异,收缩温度一般在 90℃以下。含有较多环氧基（3～4个）和结构刚性较强（含有苯环）的化合物，鞣革收缩温度较高。尽管环氧基因为三元环张力而有较强的化学反应活性，但用作鞣剂显得活性不足。环氧基在酸性条件下易开环水解，因而常在碱性条件下鞣制。在碱性条件下，胶原的氨基暴露，为与环氧基的结合创造了条件，但 pH 需要达到 8.5～10.5，才能产生较好的鞣性，这对毛被有不利影响。环氧化合物的鞣制作用缓慢，需要至少 16h 才显示出较好的鞣性。此外，大部分环氧化合物的水溶性较差，很多属于油溶性化合物，环氧基越多，往往水溶性越差，不便使用。油溶性的特点，也可以用于油鞣之中，与油鞣剂一起进行鞣制。由于环氧化合物完全不含醛类，鞣制后也不会产生醛类，交联后的材料具有良好的生物相容，良好的生物可降解性，因而备受医学领域的青睐。通过合理的分子设计，仍然有可能制备出水溶性较好，鞣性高的环氧化合物。通过加入催化剂、优化交联条件，有可能缩短鞣制时间。环氧化合物合成过程中和使用过程中都无甲醛，鞣制后也不会产生甲醛，鞣制的皮革，颜色洁白，收缩温度 75～85℃，具有良好的力学性能。环氧化合物除鞣制时间较长外，较之普通的有机鞣剂，仍具有较多优点，是值得深入挖掘的清洁毛皮鞣剂。

7. 新型鞣剂

李双丽等采用氨基甲酰基磺酸盐（有机鞣剂 FAT）鞣制兔皮，该鞣剂与胶原上的侧链氨基形成交联，仅释放出亚硫酸盐和二氧化碳，不产生游离甲醛。其鞣制工艺为：温度 35℃，FAT 用量 8g/L，pH 8.0，反应 4h，然后提碱。鞣制兔皮的物理机械性能较强，毛被洁白、柔顺，收缩温度达到 74℃。吕斌等研发出乙烯基类聚合物/蒙脱土纳米复合鞣剂，该鞣剂主要以电价键、共价键及酯键方式与皮相结合，其中以电价键结合最多。该鞣剂最适鞣制 pH 在 3.95 左右，最适用量为 30%，单独鞣制绵羊皮，收缩温度可达 85℃以上。范浩军等采用易于在水中分散的聚合物或改性油脂（引入亲水基团），作为纳米粒子前驱体的分散载体，借助聚合物或改性油脂的分散、渗透、扩散作用，将纳米粒子前驱体引入革纤维间隙中，然后在特定 pH 条件下使前驱体水解，原位产生无机纳米粒子，高表面活性的纳米粒子可以和胶原纤维上的精氨酸、组氨酸、色氨酸侧基上的—C≡N 基团发生键合，生成亲的化学键 Si—C，同时前驱体产生的 Si—OH 和蛋白质侧链上的—OH 也可以发生缩合反应，从而实现了对生皮的鞣制。该工艺路线简单、易行，纳米粒子的引入显著提高了成革的湿热稳定性。引入 2% 的纳米 SiO_2，可使收缩温度从 68℃升高至 86.9℃，引入 3% 的纳米 SiO_2 可使其收缩温度达到 95.4℃。强涛涛等利用端羧基超支化聚合物（HPAE－C）的末端羧基与 Al^{3+} 络合，制备一种新型的无铬鞣剂（HPC－Al），将产品应用于皮革鞣制中，其单独鞣革时，用量 8%，收缩温度为 76.6℃。碳化二亚胺是指含分子中含有—N≡C≡N—结构的一类化合物。由于碳化二亚胺分子中两个氮以双键与同一个碳相连，碳带有较强的正电荷，具有很强的化学反应活性，能够与多种含活泼氢的化合物（如羧酸、氨、酚等）发生加成反应、环化反应及缩合反应。1-（3-二甲氨基丙基）-3-乙基碳二亚胺（EDC）由于水溶性好，应用较为广泛。在 EDC 中添加 NHS 不仅能提高交联的速度和效果，还可以提高胶原的收缩温度。在皮革工业上，碳化二亚胺常用作涂饰的交联剂，尚无专门用于鞣革的报道。Olde Damink LHH 等将 1g（含 1.2mmol 羧酸基）未交联羊皮胶原置于 50mL 含 1.15g EDC 和 0.28g NHS 的 pH 为 5.5 的水中交联 2h，实验结果表明：未经过任何处理的胶原的变性温度为 56.3℃，氨基含量为 34‰。经过 EDC/NHS 混合交联而未经过杀菌处理的胶原的变性温度和氨基含量分别为 85.8℃和 16‰，经 EDC/NHS 混合交联和环氧乙烷杀菌处理的胶原的变性温度和氨基含量分别为 82.4℃和 9.5‰。此外戊二醛交联可将变性温度提高至 78℃但低于EDC/NHS 组。说明 EDC/NHS 交联胶原能够大幅度提高胶原的耐湿热稳定性。但年华等使用 EDC 交联脱细胞猪真皮基质使其收缩温度从 59℃上升至 79℃，表明羧基与氨基的反应加强了胶原间的交联，使其结构更加稳固，并提出由于受到基质上氨基数量的限制，交联后材料的收缩温度有一个极限值。碳化二亚胺交联后的材料，细胞毒性低，生物相容性好，可降解，是一种较为理想的优良交联剂。交联时生皮上氨基数量的限制，可以在碳化二亚胺活化羧基后，通过加入含有两个或多个氨基的试剂来突破。更为特别的是，与普通有机鞣剂不同，碳化二亚胺可以在酸性条件下使胶原产生"自交联"，这种保护毛被下的交联，对毛皮鞣制来说，具有极大的诱惑力。尽管常用的碳化二亚胺价格比较昂贵，但用作鞣剂的碳化二亚胺不需要很高的纯度，因而可以大大降低制造成本，采用该原理有望开发出新一代"零污染"的毛皮鞣剂，用于珍贵毛皮的鞣制。

鞣制是毛皮工艺的核心。从某种意义上讲，鞣剂与鞣法的清洁化，是制革与毛皮清洁化的关键。毛皮鞣剂的主要发展方向为：

（1）摒弃铬和甲醛，实现无铬无甲醛鞣制。

（2）大力发展无铬金属鞣剂，特别是无机—无机、无机—有机鞣剂。

（3）深入挖掘新型醛鞣剂，包括新一代氧化多（寡）糖鞣剂，克服鞣制成革发黄的缺点。

（4）进一步发展完善噁唑烷鞣、有机磷鞣和油鞣，配合甲醛捕捉剂，确保成革甲醛含量达标。

（5）研究开发适合产业化的环氧化合物、碳化二亚胺鞣新型鞣剂，特别是非碱性条件下具有鞣性的鞣剂，并将纳米、超支化等新技术应用到新一代鞣剂的研发中。

（6）继续升级结合鞣法，利用鞣剂的协同效应，全面满足毛皮收缩温度、理化性能的需求。

七、漂白、增白及退色的清洁生产技术

1. 漂白

漂白是使白色毛被中的轻微色素消退以提高毛被白度的过程，主要用于改良天然白色毛被。动物毛色是由黑色素细胞产生的粒状黑色素（棕黑色素和真黑色素）决定的，两种色素的相对数量和分布造成了毛被从白至黑多种颜色的差异。毛被的漂白主要是通过氧化或还原的作用，将黄色素（醌型吲哚结构）中的共轭双键破环形成单键。

（1）还原法。还原法是利用还原剂产生的活性氢与毛被中发色物质的不饱和发色基团等作用，使发色基团失去共轭效应，从而降低了物质对可见光谱的吸收而消色。还原法是最早使用的漂白方法，可以采用硫黄、亚硫酸氢钠、连二亚硫酸盐、保险粉、二氧化硫脲、漂毛粉等进行漂白。专用漂白剂中通常复配稳定剂、缓冲剂和螯合剂，以利于漂白作用更均匀、性能更稳定。还原法最大的缺点是还原产物因被空气氧化会使漂白的毛皮重新返黄。该方法只能提高有限的白度，不能使深色毛被退色，加之产生硫化物等污染，效果不理想。

（2）氧化法。氧化法漂白是利用氧化剂分解产生的活性氧破坏色素而消色。常见的氧化剂有双氧水、过氧乙酸、高锰酸钾、过硫酸盐、过硼酸盐及重铬酸盐。双氧水漂白能力强，效果好，

无有害气体产生,是较清洁的漂白方法。其工艺为:温度 45℃,双氧水浓度 30g/L,pH 7~9,时间小于 5h。碱性物质是双氧水的激活剂,但 pH 过高,毛角蛋白会损伤严重。氧化漂白后,毛皮上残留的双氧水会导致皮板和毛角蛋白的再次裂解,影响皮板和毛被质量,常需还原除去。氧化过程中仅消耗 10%~40% 的双氧水,废液中仍余有 60%~90%,以往常采用氧化废液循环使用的方法加以利用。现在则加入硫脲,它在双氧水作用下生成具有高效安全还原性的二氧化硫脲,既消耗了双氧水,又达到了还原的目的,而实现氧化—还原同浴进行。该方法浴液的 pH 维持在酸性、中性范围,能够保护毛被免受碱的侵害。利用该原理,程凤侠等开发出在酸性、中性浴中实现氧化—还原同浴漂白的新工艺:液比 20~25,温度 25~51℃,NPS-1 1g/L,焦磷酸钠 6g/L,双氧水(30%)20~40g/L,用醋酸调节 pH 至 4.5~6.5,转动 5~12h;硫脲 5~10g/L,转动 5~10min;用氨水调节 pH 至 7~8,转动 15~45min。新工艺毛被白度高,碱溶度低,松散灵活。浴液在酸性、中性范围内,浴温低,对毛被和皮板损伤程度降至最低,提高了设备的利用率,降低了材料的消耗,减少了废水的污染。

2. 增白

(1)光谱漂白。光谱漂白是利用蓝光互补黄光而产生消色的原理发展起来的一种毛皮漂白技术。由于其无毒,无污染,操作方便,漂白效果好而被广泛应用。该方法既可以使用酸性染料、中性染料和直接性染料对毛被进行单独染色;也可以在鞣制、脱脂或其他工序时进行。但用蓝紫色染料处理毛皮后,毛被上可见光从黄到蓝紫都有吸收,毛被泛青。这是由于染料都非单色光,导致在互补黄光时,毛被色调加深。若染料和量过多,还会带上染料所带的色调,限制了其应用。

(2)荧光增白。荧光增白是利用荧光增白剂提高毛皮的白度和光泽的方法。荧光增白剂是一类含有共轭双键,且具有良好平面型结构的有机化合物。由于荧光增白剂本身无色,故不增加底物的色调。市场上的毛皮专用荧光增白剂,北京泛博科技有限公司有 W-HC、W-MC、WZS 等,河北永泰化工有限公司有科佰尼 C、科佰尼 C、科佰尼 E 等。兔皮染草上霜工艺:液比 20,温度:65~70℃,毛皮匀染剂 H-GL 0.5mL/L,甲酸 0.5mL/L(pH 为 4.5~5),增白剂 W-HC-II 0.5~1.0g/L,30min 后染料染色。

20 世纪 80 年代前,人们从急性毒性、反复接触毒性、刺激性、过敏性、诱变性、致癌性、水中的毒性和生物降解性等七个方面来研究荧光增白剂的毒理学与生态毒理学性质。研究结果认为,荧光增白剂对大鼠的口服 LD_{50} 都在 5000mg/kg 以上,对人体和动物未显示出刺激性、过敏性、亚急性毒性等方面的有害影响,也未发现有致突变性、致畸性以及生物学的显著有害影响。1960 年前后,人们发现荧光增白剂的主要原料 DSD 酸钠盐具有与 4-氨基二苯乙烯类似的致癌作用,并确认其对动物具有致癌性。此后,发现一些荧光增白剂或其原料具有毒性。研究还发现,某些荧光增白剂对鱼类有毒性,并会引起细菌变异。大多数荧光增白剂不容易生物降解,会长时间地残留在废水中,影响水质和动物与植物的生存。国外市场上有些客户对纺织品提出了不含荧光物质的要求,实质上是要求不含荧光增白剂。鉴于荧光增白剂的毒理学以及潜在的安全性问题的结论还没有完全统一,研究还在继续,出于对人类健康谨慎认真的态度,毛皮中添加荧光增白剂应谨慎。

3. 退色

退色是通过化学作用将天然深色毛被变成浅色或白色毛被的过程。退色方法主要有碱性氧化退色法和催化接触退色法。传统的碱性氧化退色法由于过氧化氢和碱都会对毛角蛋白产生强烈的破坏作用,且效率不高,作用不均匀,一般在退色程度要求不高的情况下采用。催化退色法是把经过 $FeSO_4$ 媒染后的毛被氧化脱色,其优点是退色均匀、效率高、作用持久、皮板和毛被损伤较小,需要完全退色的产品一般选用此法。黑色素大分子中含有较多能与 Fe^{2+} 配位的原子(O、N、S 等),且其中的 2 个或 2 个以上的配位原子能同时与 Fe^{2+} 结合,形成稳定的黑色环状螯合物。而角朊纤维中不具备与 Fe^{2+} 形成螯合的结构,因此 Fe^{2+} 与角朊的结合力相对 Fe^{2+} 与黑色素的结合力弱得多。利用这种结合能力的差别,可以使黑色素从牛毛中分离出来。闫俊等先将牦牛牛毛浸泡在溶解了 20%硫酸亚铁和 20%硝酸钠的酸性离子液体(2 - 吡咯烷酮硫酸氢盐[Hnhp]HSO_4)中,在温度 60℃下处理 60min。然后在 70℃下用热水清洗 30min,再用助剂清洗后,干燥。最后将处理好牛毛置于压力 18~30MPa、温度 80~120℃的超临界 CO_2 中处理80~120min,萃取除去黑色素。尽管该方法未直接应用于毛皮的漂白,萃取时的温度亦过高,但该方法清洁高效,通过改进,有望应用于毛皮的漂白。

八、染色清洁生产技术

染色可以改善毛皮的外观,增加花色品种,满足消费者的审美需求,提高产品附加值。毛皮的染料包括染毛被的染料和染皮板的染料。用于毛皮染色的染料有氧化染料、酸性染料、酸性媒介染料、茜素染料、络合金属染料、直接染料、活性染料和其他染料。国内目前有北京泛博科技有限公司和石家庄永泰染料化工公司染料种类比较齐全。吕生华提出皮革绿色染料需要满足以下要求:不含致癌物质;不使人体产生过敏作用;不含有荷尔蒙;对重金属的含量有严格的限制;不含对环境有污染的化学物质;对甲醛的含量有严格的限制。

1. 有害的染料及助剂

偶氮染料是指分子结构中含有偶氮基(—N═N—)的染料,其中偶氮基常与一个或多个芳香系统相连构成一个共轭体系而作为染料的发色体。在合成染料中,偶氮染料是品种和数量最多的一种,多达 600~700 种,约占一半以上。偶氮染料具有很广的色谱范围,色种齐全,色光良好,并有一定的牢度,广泛应用于纺织品、皮革制品等染色及印花。德国 1994 年法令规定,"禁止使用含有或可能产生芳香胺中间体的偶氮染料"。在产品使用过程中,偶氮染料会逐渐渗透入人体内,通过人体新陈代谢中产生的还原性物质的作用,偶氮双键会被还原断裂,变成氨基而产生芳香胺。一些相对分子质量和体积较小(特别 1~4 个芳香环结构)的芳香胺进入人体后,会穿透起保护作用的细胞膜,到达居于细胞核中的 DNA。芳香胺易产生活泼的亲电子"阳氮离子",攻击 DNA 上的亲核位置,相互以共价键结合,从而破坏 DNA,引起癌变。此外,芳香胺分子的扁平部分,还会"插入"正常细胞 DNA 的螺旋线结构的相邻基本对之间,从而破坏 DAN 引起癌变。2002 年欧盟颁布了指令 2002/61/EC,禁止使用有害偶氮染料及销售含有这些物质的产品。欧盟委员会指令 2002/61/EC 和我国生态皮革要求,毛皮中可分解有害芳香胺染料含量≤30mg/kg。目前有 24 种(并非所有)芳香胺产品被禁止使用,相关检测标准有 GB 19601—

2013《染料产品中 23 种有害芳香胺的限量及测定》和 GB/T 23344—2009《纺织品　4-氨基偶氮苯的测定》。

目前市场上有 11 种致癌染料,其结构分属偶氮型、三芳甲烷型和蒽醌型等,而以偶氮型结构居多,具体品种是:C. I. 分散黄 3、C. I. 直接红 28、C. I. 直接蓝 6、C. I. 直接黑 38、C. I. 碱性红 9、C. I. 酸性红 26、C. I. 酸性紫 49、C. I. 溶剂黄 1、C. I. 溶剂黄 2、C. I. 碱性黄 2、C. I. 溶剂黄 34。目前国际市场上严格规定用于人体等的织物上的过敏性染料的含量必须控制在 0.006% 以下,被禁止的染料有 27 种。氧化染料是毛皮专用染料,它不能使毛被直接着色,必须经过氧化而显色。氧化染料具有分子小、渗透性好、染色温度低、色泽柔和等优点,但氧化染料工艺复杂,染色坚牢度不高,有毒,要注意尽量避免使用。

通过染料或染色助剂可能引入对人体有害的重金属,这些染料包括金属络合染料、媒染染料、酞菁结构的染料、固色剂等。染料中可能含有 170 多种对环境有危害的物质,要在研发、生产时尽量避免。染料合成过程复杂,容易含有变异性化学物质和持久性有机污染物,如二氯代苯、三氯代苯等,具有结构简单、高亲油性、高积聚性、易在生态环境和人体中积聚、可遗传性毒性及难生物降解性等特点。染料添加剂也不能含有对环境有污染的物质,如含氯的脂肪烃溶剂、整理剂、苯环、含氯的硝基苯、含氯的苯胺以及相应的染色助剂等。

2. 植物染料

植物染料色泽柔和、自然,具有良好的环境相容性和自然无污染的特点,属于可再生资源。皮革工业中常用的栲胶,在能够交联生皮的同时,往往使皮革染上不同的颜色,是兼具鞣性和染色性能的天然材料。栲胶与胶原之间的既有物理吸附也有化学结合,具有较好的稳定性。制革用天然染料还有高粱、红米、姜黄、板栗刺壳以及核桃青皮等。天然染料对金属鞣革进行染色,可以形成牢固的天然染料—金属—皮胶原络合结构,获得更好的染色效果。王应红研究了稀土媒染后在表面活性剂存在下天然染料姜黄素对蓝湿皮的染色动力学,发现经稀土媒染后的蓝湿皮吸收姜黄素效果显著,且在较高温度下吸附更快,效果更好。丁克毅等研究了京尼平、栀子苷苷元、橄榄苷苷元 A、橄榄苷苷元 B、马钱素苷元、橄榄苦苷苷元及 E-6-O-香豆酰鸡屎藤次苷甲酯对皮粉的染色和鞣制性能,发现天然环烯醚菇类化合物以单体形式与蛋白质发生交联反应并显色,其染色机理与传统的天然染料或活性染料有本质的区别。植物染料是从植物体中提取的,与环境的相容性好,可以生物降解,而且无毒无害,对皮肤无过敏性和致癌性。除有染色功能外,还具有鞣性、抗菌、药物、香料等多种功能。植物染料部分为中药,在染色过程中,其药物和香味成分与色素一起被所染物吸收,使染后的织物对人体有特殊的药物保健功能。在当今人们崇尚绿色消费品的浪潮冲击下,系统开发植物染料,不断完善其色谱和染色工艺,逐渐替代合成染料,具有十分重要的意义。

3. 清洁高效的染色方法

完善染色设备和工艺,提高染料的上染率和吸收率,加强染料的染色牢度。采用通过式染色机,将干燥后的坯革经传送带通过染浴进行染色,染料利用率高,染液可循环使用,基本不排放废液,连续化生产,生产效率高,适用性强,已成为最有效的清洁染色方法之一。采用超临界 CO_2 代替水作介质进行染色,可大大节省用水。此外,超声波技术、纳米技术、微胶囊技术、低温等离子体技术、电化学技术、微波技术、稀土助染、固色技术都可用来促进染色的清洁高效。

八、加脂清洁生产技术

加脂是仅次于鞣制的重要工序,通过加脂,可以赋予皮革以良好的柔软性、丰满性、耐折性、耐磨性以及疏水性等功能,改善皮革的力学性能。

1. 可生物降解性

加脂的废液以及皮革成品废弃后,加脂剂最终都将进入环境中,对环境产生一定影响。因此,加脂剂的生物降解性显得十分重要。生物降解是指由于生物的作用,把污染物大分子转化为小分子,实现污染物的分解或降解。加脂剂的主要成分有中性油脂、乳化成分和添加剂。油脂多为天然油脂或结构类似的合成油脂,大部分都具有良好的生物降解性,部分矿物油和石蜡成分降解性较差。加脂剂的生物降解,主要研究其中乳化剂成分的降解性能。生物降解研究中,材料的 BOD_5/COD 值通常被用作评价其可生化性好坏的依据。如果 $BOD_5/COD > 0.35$,认为样品易于生产降解,比值越高其可生化性就越好;而 $BOD_5/COD < 0.2$ 时,则认为样品难以生化处理。马佳等采用该方法研究了硫酸化牛蹄油、硫酸化蓖麻油、硫酸化鱼油、卵磷脂、氯化石蜡和烷基碘酰氯的生物可降解性。并进一步从材料生物降解率、生物降解模型及动力学特性、COD 除去率方面,进一步研究了其环境友好性。研究发现,硫酸化牛蹄油、硫酸化蓖麻油、硫酸化鱼油和卵磷脂易于生化处理,能够被活性污泥高效降解;然而活性污泥不能降解氯化石蜡和烷基磺酰氯,特别是烷基磺酰氯还会抑制污泥的生物降解活性,其结果与 BOD_5/COD 法基本一致。郑力文等采用类似的方法,对硫酸酯盐型、亚硫酸盐型、磷脂盐型、非离子型和弱阳离型加脂剂的生物降解进行了研究。并对加脂剂的生物降解率、COD 变化速率和细菌抑制作用进行了考察,发现硫酸盐硫酸酯盐型和磷酸酯盐型加脂剂表现出良好的生物降解性能,亚硫酸盐型加脂剂的降解性能居中,而非离子型和弱阳离子型加脂剂难以生物降解,特别是弱阳离子型加脂剂还表现出对微生物生长的抑制作用。罗朝阳等研究了改性方法对加脂剂生物降解性的影响,认为可降解性顺序为:磷酸化>磺化>氧化亚硫酸化>硫酸化>共聚合,此外,降解性的不同与双键和羟基等活性基团含量相关,消耗活性基团的改性方法会降低生物降解性。

2. 绿色加脂剂

加脂剂可降解性的研究,对开发出易生物降解的新型加脂剂具有指导意义。可生物降解性指标,将会成为今后加脂剂产品的基本指标写进说明书中,作为皮革工程师使用时的重要参考。实际上,今后所有的皮化产品都可能会注明生物可降解性,这将全面提高皮化材料的环保程度,全面促进皮革工业的清洁生产。早期的加脂剂主要是天然油脂及其改性物,资源可再生,清洁环保。磷酸化加脂剂加脂具有较高的强度,耐光性好,革身色泽浅淡,丰满性显著提高,皮革的边腹部等松软部分填充性好。但磷酸加脂剂的大量使用,有可能会对水体造成富营养化。随着石油工业的发展,合成材料不断进入加脂剂的合成中。要避免外乳化法引入环境不友好的表面活性剂。外乳化法制备的阳离子型加脂剂,是乳化氯化石蜡而得到的。短链氯化石蜡具有持久性、生物毒性、生物富集性和长距离迁移性等特性,欧盟委员会指令 2002/237/EC 规定皮革产品中不得含有 C_{12}、C_{13} 氯代烷烃,因此要避免使用短链氯化石蜡作为加脂剂。高档家具革(特别是汽车、飞机等的内饰革)要求低的雾化性,而皮革中对雾化值影响较大的是加脂剂和天然油脂。因此,在加脂剂中不能含有溶剂或易挥发性的物质。此外,大部分天然油脂拥有天然的香味,经过化学反应后易发生改变,要防止加脂剂产生不良的气味。

3. 加脂过程清洁化

毛皮的加脂主要是针对皮板。对皮板加脂时,不能沾污毛被,不能引起毛被发黏、不松散。传统毛皮加脂方法,包括涂刷加脂和浸泡加脂。涂刷法可以避免毛被的污染,油脂利用率较高,便于局部处理,适于较大张幅的毛皮加脂,加脂时,乳液温度宜控制在 $15\sim55℃$,冬天注意保温。但刷加脂属手工操作,费工费时。乳液加脂方法简便,效率高。但若操作不当,可能导致表面油腻,吸收不好,会导致加脂剂的浪费和污染。铬、铝鞣毛皮用阴离子加脂剂直接加脂时,由于表面正电荷较强,容易造成表面结合,油脂分布不均匀。加脂前需要先中和至等电点或略高于等电点,从而降低表面正电荷,有利于阴离子型加脂剂的渗透。后期通过加入甲酸将 pH 降至 4.0 左右,使皮纤维带正电荷,促使毛皮对加脂剂的吸收和加脂剂的破乳。在毛皮生产过程中,采取分步多次加脂也有利于油脂的均匀吸收。超声波法有利于乳液的分散,促进加脂剂的渗透和吸收。采用超声加脂,可以降低加脂剂中乳化剂的用量,提高油脂含量,增强加脂效果。

十、烫毛固定与拨色清洁化

直毛是使自然弯曲的毛伸直并固定的加工过程。在酸、湿、热和有其他材料(如酒精)的存在下,借助烫毛机的机械拉力将弯曲的毛拉直。拉直的毛在湿态下不稳定,会再恢复到天然弯曲状态。为了消除毛自发收缩和弯曲能力,需要采用固定剂交联毛被,使其定型。常用的固定剂是甲醛,但甲醛残留在毛被上,容易导致甲醛超标。刘志刚采用钙离子、三乙醇胺、氯乙酸和六次甲基四胺制备了一种直毛固定剂,其固定效果与甲醛法基本相同,空气中甲醛含量达到了国家规定的环保卫生标准。付崇禄采用黏度为 $3.7\sim5.0\mathrm{mPa\cdot s}$ 的壳聚糖降解产物进行烫毛固定,发现它具有抗静电作用,经其固定的毛被防灰性好,耐脏,毛被松散平直,没有窝毛现象;壳聚糖在毛被上形成透明的保护膜,毛被弹性好,染色均匀,具有增色鲜艳作用,可促进染料的吸收,降低染料使用量。郑超斌成功研制出了在酸性介质下用亚硫酸氢钠和低亚硫酸钠浸渍、过氧化氢直毛固定的工艺:过氧化氢(30%)15mL/L,甲酸 50mg/L,氯化钙 2g/L,配成固定液,均匀地刷于毛被上,静置 15min,在烫毛机上(150~160℃)熨烫。剪毛梳毛,复烫一次。固定后的羊剪绒毛被松散光亮有弹性,毛被基本不回弯。德国波美公司开发的科托辉 RL 是一种不含醛的熨毛剂,使用时完全无异味,能加强毛面光泽,具有良好的可伸展性,在无甲醛的条件下,定型效果良好。

毛皮拨色是在已经染色的毛被上,借拨色剂(通常是还原剂或氧化剂)的作用,将已着色染料的色基部分破坏而达到全部或部分脱色的作用,使毛皮呈现白色或浅色,如毛皮产品"草上霜"。以往毛皮拨色通常先用重金属盐(如铅盐锑盐等)沉淀使毛被着色,然后采用过氧化氢将重金属沉淀物氧化成无色的金属氧化物,而使毛被"拨白"。该法拨色范围小,色泽单调,特别是重金属盐的毒性大,污染严重。采用氯化亚锡、二氧化硫脲、羟甲基亚磺酸钠、连二亚硫酸钠和亚硫酸盐或重亚硫酸盐等,在酸性条件下,可以进行还原拨色。LCN 拨色剂是劳恩斯坦生产的一种拨色剂,配套专用染料 ASSISREL 染料进行拨色:LCN 拨色剂 80～120 质量份,甲酸(85%)400～450 质量份,水 500～450 质量份。配好拨色液后,按拨色要求,将拨色浆擦刷或喷到已染底色的被拨物上,毛对毛静置于 35～45℃ 的温湿环境中,待达到拨色要求后,即可将毛晾干整理。

十一、毛皮污水回用与处理

毛皮加工废水与制革废水有相似之处,但也自身特点。毛皮加工废水主要来源于两个方面:一是,毛皮加工过程中使用的大量化工材料,包括酸、碱、盐、表面活性剂、鞣剂、染料、树脂以及一些特殊材料等;二是,原料皮上大量的可溶性蛋白质和油脂等。

1.毛皮废水的特点

毛皮生产废水有如下特点:

(1)废水量大。为了防止毛被锈毛、结毛甚至擀毡,毛皮加工液比大,约为干皮重的 20 倍,耗水量巨大,单位耗水量远高于制革的液比[1:(1～2)]。毛皮加工过程,只有 10%～15% 的水进入皮内,转化为成品,而 85%～90% 的变成污水被排放。各种不同毛皮的耗水量和废水排放量也不尽相同(表 2-5、表 2-6)。

表 2-5 不同种类的毛皮鞣制加工耗水量和废水排放量

毛皮种类	羊剪绒 (盐湿皮)	水貂皮 (干板)	狐狸皮 (干板)	小湖羊皮 (盐湿皮)	獭兔皮 (盐湿皮)
耗水量(m³/t 吨生毛皮)	120～150	60～80	120～150	100～120	100～120
排水量(m³/t 吨生毛皮)	110～130	50～70	110～130	90～110	90～110

表 2-6 不同种类的毛皮染整加工耗水量和废水排放量

毛皮种类	羊剪绒 (盐湿皮)	水貂皮 (干板)	狐狸皮 (干板)	小湖羊皮 (盐湿皮)	獭兔皮 (盐湿皮)
耗水量(m³/t 吨生毛皮)	60～80	20～30	60～80	50～70	50～70
排水量(m³/t 吨生毛皮)	50～70	15～25	50～70	40～60	40～60

(2)水质波动大。毛皮品种多,来源不一,加工工艺有差异,故加工不同种类的毛皮,其废水水质有很大差别。如貉子皮油脂含量高,脱脂废水 COD 高达 7500mg/L,废水中油脂含量高,难以处理。水质还随季节波动,淡季(7～10月)鞣制皮量少,染整加工量大,用水较多,废水量较大,但污染物含量较低,色度大,较易处理;而旺季(10月～次年 7月)鞣制皮量较大,废水量多,污染物含量高,极难处理。毛皮生产还受市场价格影响,其废水特点与毛皮生产的品种有密切关系。

(3)污染物成分复杂、浓度高、色度大,处理困难。

①pH:绝大部分工段在偏酸性条件下进行,不同工段废液的 pH 不同。如浸酸、软化、铬鞣废液的 pH 分别在 2、3、4 左右。综合废水均偏酸性,pH 为 4～6。

②悬浮物：毛皮废水悬浮物含量在 $1000\sim2500mg/L$，主要有浮毛、皮渣、污血、泥沙、油脂、蛋白质以及氢氧化铬沉淀，通过化学絮凝沉淀可以去除。

③COD、BOD：综合废水中，COD 一般在 $1000\sim3000mg/L$，BOD 在 $1200\sim2000mg/L$，主要是从毛皮上降解下来的有机物和残留的化工材料。综合废水可生化性较好，但由于氯化物含量过高，远超微生物的适应程度，故较难应用生化法处理。

④氨氮：毛皮工艺中没有制革工艺中的脱灰和软化工序，不会用到硫酸铵和氯化铵。但是毛皮的主要成分是蛋白质，在酸、碱、酶的作用下，大量的蛋白质降解产物进入废水中，随着废水中蛋白质的氨化，氨氮量迅速升高，使得废水中的氨氮浓度达到 $60\sim120mg/L$。

⑤铬离子：毛皮加工中，染色皮大部分仍采用铬鞣，铬鞣工段废液含铬量可达 $800\sim3000mg/L$，远高于行业排放标准。也有相当一部分采用其他鞣法，含铬量少，为 $10\sim20mg/L$。

⑥氯化物：综合废水中氯化物的浓度高达 $12000mg/L$，远超本地环境容量。氯化物主要是食盐，来源于防腐保存、浸水、软化、浸酸、鞣制、中和、退色、漂白等工序。目前尚无切实可行的办法除去废液中的氯化钠，而高含量的氯化物使得微生物无法正常生长，生物法处理困难。

⑦硫化物：毛皮加工中不需要脱毛，除个别产品在染整工段进行印花脱毛使用硫化物外，较少使用硫化物。废水中硫化物浓度很低。

⑧色度：废水的色度较大，$600\sim4000mg/L$，主要由铬鞣、染色等工段废液产生。

2. 毛皮废水污染对策

(1)采用清洁生产工艺。清洁生产是解决我国毛皮加工污染的根本途径。对毛皮工艺进行系统升级，从源头减少废物和污水量，从而降低末端治理难度和费用。在毛皮生产中，使用可生物降解的环保皮化材料，并尽量用生物酶代替化工材料。应大力推广无铬鞣、无甲醛工艺，杜绝铬和甲醛污染。开发可生物降解的绿色高效多功能皮化材料，将化料用量降至最低。降低食盐污染：原皮防腐不采用食盐，多采用鲜皮直接加工、冷冻冷藏贮运和硅酸盐防腐。采用不浸酸或无盐浸酸工艺。合理安排工艺和设备，避免 pH 波动产生的大量中性盐。采用先进工艺，促进化工材料吸收，降低废液污染物含量。采用紧密型工艺，将部分工段合理归并。对必然产生的废物，尽量使其集中浓缩(如干洗脱脂，回收油脂)，使其不进入废水中。

(2)废液循环回用回收。对浸水、脱脂的废水，经过简单处理后，可再直接回用或交叉回用。如利用浸水废水中含盐量高的特点，絮凝沉淀后，补加适量盐和酸，用于浸酸工序。脱脂废液采用酸化或气浮法进行油水分离，回收油脂后，用于去肉机用水。对浸酸、软化、鞣制、染色等重污染工段，经过必要的物理和化学处理(如沉淀、过滤等)，再进行分析检测，补加必须的化工材料，从而实现循环利用。对加脂废液，亦可实现内部循环使用。邬春明等采用石灰＋絮凝剂 H9052＋脱色剂 WS 组合，用于染色废水循环使用，脱色率达 $80\%\sim90\%$，处理后的废水水质清澈，符合染色要求。

(3)研发新型设备节水降耗。毛皮生产中，常采用划池、划槽或普通转鼓在大液比下进行操作，废液常一次性使用后排放，造成耗水量巨大。倾斜转鼓与划槽相比，可节水 $30\%\sim40\%$，同样用量的化料，浓度相对高，有利于化料的渗透，提高化料利用率，降低成本，减少污染。星形分格转鼓装载量大，节能增效，可节水 $40\%\sim50\%$，节省化料 20%，化料吸收快，可缩短 50%。虽然一次性投入相对较高,但从长远来看,具有很好的经济效益和社会效益。超声波技术也有利于在较小液比下增进物质交换,有利于渗透和结合。

(4)污水处理。在以上工作的基础上,污水处理负荷大大降低。对于难处理的废水,采用分流的方法,先进行单独收集处理,然后混入综合污水进行二次处理。

第四节 毛皮清洁生产技术的最新进展

一、益生菌产品在毛皮中的应用

益生菌是一类对宿主有益的活性微生物,是定植于人体肠道、生殖系统内,能产生确切健康功效从而改善宿主微生态平衡、发挥有益作用的活性有益微生物的总称。近期 Stahl 公司推出皮革益生菌化料,与传统化学方法合成产品不同,该类产品是使用益生菌和天然原材料进行专门的发酵作用及配方技术而获得的代谢产物(不是酶)。该类产品百分之百天然、可降解、无毒、无腐蚀性、非危险品。产品有以下特性:

(1)基于生物化学组合体,低浓度时即可产生良好的效果。

(2)可以代替表面活性剂和酶,不受硬水影响,避免了使用酶时对工艺条件的严格要求。

(3)具有表面活性,可代替溶剂和表面活性剂,用于分散和脱脂。

(4)相对分子质量小,可渗透和分散到皮纤维中。

(5)可代替杀菌剂,能消除难闻的气味。

(6)可与毛皮加工过程中所有化料结合使用,生产过程中无须改变使用条件。用该类产品能够使成品批次之间、不同部位之间更加均匀,可以提高脱脂效果,获得更深、更艳、更均匀的色彩。该类产品能够大大降低污染:能够促进化学品的固定和吸收,减少化料用量,低的碳足迹,减少温室气体的排放,降低耗水量,降低废水负荷(降低 COD、总氮和氨氮、毒性),无 VOC,无危险物质。使用该类产品经济效益也很明显:能够增加得革率,提高产品成品率,降低处理时间,降低生产成本。

益生菌产品系列主要有三个品种:

一是,浸水剂 Prosoak。可用于毛皮预浸水和主浸水工序;二是,脱脂剂 Prodegrease。可用于毛皮加工各工序的脱脂;三是,分散剂 Prospread。用于各工序,可以分散纤维,复鞣染色工序可用作分散剂。绵羊毛革浸水:预浸水。温度 25℃,液比 20,Remolgan WS 0.2g/L,转动 5min,静置 120min;Remolgan ECW 0.5g/L,Remolgan WS 0.5g/L,Distance FH 0.3g/L,Prosoak 1g/L,转 15min/60min,共 4h,排水。主浸水。温度 25℃,液比 20,Remolgan ECW 0.8g/L,Remolgan WS 0.5g/L,Distance FH 0.3g/L,Prosoak 1g/L,转 15min/60min,共 10h。

二、新型无铬鞣剂在毛皮中的应用

四川大学但卫华教授领导的科研团队,历经十余年的努力,研发出锆—铝—钛配合鞣剂、铁—锆—铝配合鞣剂、锆—铝配合鞣剂等系列无铬多金属配合鞣剂,并获得 4 项国家发明专利。

2015年,绵竹市金坤化工有限公司引进四川大学国家发明专利技术,生产出无铬多金属配合鞣剂系列产品,产品的主要成分为无铬多金属的异核配合物,具有良好的稳定性和优良的鞣革性能。使用该产品进行鞣制,无须增加设备,不改变传统鞣制工艺。经其鞣制的毛皮,收缩温度可达85℃以上。鞣制后的毛皮对复鞣剂、加脂剂、染料等具有优良的结合性,促进化工材料的吸收,染色鲜艳,色牢度高,并具有良好的阻燃性能,已成功应用于毛皮的主鞣和复鞣。研究证明,该系列鞣剂还可用于制革。斯塔尔公司的Granofin Easy F-90可用于毛皮的鞣制,成革收缩温度72~78℃。鞣制工序短,节水省盐,节省能源。成革紧实,撕裂强度较高。它不含三聚氰胺,但是其活性成分会衍生出含有丰富氮的三嗪环,分解时消耗大量氧气而起到阻燃效果,因而成革具有良好的阻燃性。绵羊毛革服装的鞣制:温度30℃,液比20,醋酸0.3g/L,Distan FH liqui(脂肪醛)2g/L,pH 5.5,转180min;Pelfour B paste(加脂剂)2g/L,F90 10g/L,180min,过夜,次日升温到45℃,转240min。收缩温度可达82℃。

三、可用于毛皮脱脂的绿色溶剂

溶剂法脱脂的核心是溶剂的选择。绿色溶剂是指针对环境无污染,对人体无伤害的安全的溶剂。目前主要有液体二氧化碳、甲基硅氧烷、RYNEX和超临界CO_2流体。

1. 液体二氧化碳

近年来开发出液体二氧化碳干洗剂,将二氧化碳加高压(40~50大气压)液化后作为干洗溶剂。利用CO_2气体和液体的两相转化,再添加必要的助剂,可以有效地除去包括油溶性污垢、水溶性污垢在内的各种污垢。液体二氧化碳干洗机能有效地清洁物品,而不会有任何环境污染及危害人体健康的风险,受到普遍的关注。自1999年第一台液态二氧化碳干洗机在美国问世以来,由于成本和技术问题的限制,目前应用较少。

2. 甲基硅氧烷

十甲基环五硅氧烷(简称D5)是一种透明的、无味硅氧烷液体。作为新一代干洗溶剂,甲基硅油号称为绿色地球(Green Earth)。硅油干洗方法具有非危险、无害、无毒、不刺激皮肤、非有机挥发物(VOC)等优点,可以在石油干洗机上使用,很可能成为四氯乙烯或石油溶剂的有效替代品。

3. 丙二醇醚与某种化合物的恒沸混合物(简称RYNEX)

它闪点为95℃,比水轻。RYNEX自身含水分,故洗涤时无需添加干洗助剂,洗涤中可除去油溶性污垢外,还能除去许多水溶性污垢,洗涤后纤维手感好。它可以生物降解,阳光也可以分解它,用这种溶解不存在残渣处理问题,目前也不存在环保问题。

4. 超临界CO_2

虽然同为CO_2气体,但超临界状态与液态有本质不同。CO_2的临界温度和压力低;超临界CO_2对有机物溶解能力强,选择性好;CO_2价廉易得,无毒、不可燃、无爆炸性,安全可靠;CO_2常温常压下为气体,易于分离与回收。隋智慧研究了超临界CO_2萃取去除绵羊皮中油脂的新技术,研究了皮样水分、CO_2浓度、CO_2流速和萃取时间等因素对脱脂率的影响。结果表明,绵羊皮脱脂率随着CO_2浓度、流速和萃取时间的增大而提高,随着水分的增加而降低,最佳脱脂率可达94%以上。前三种新溶剂在干洗衣物时效果较好,可以借鉴到毛皮脱脂中,脱脂效果还有待进一步验证。超临界CO_2法,在制革中已经通过试验验证,尽管一次性设备投入较大,但由于可应用于整个皮革水场,代替水作介质进行制革和制裘,绿色环保,因而具有巨大的发展潜力。

复习指导

1. 了解毛皮生产原理与生产过程、主要污染源及污染物。
2. 掌握毛皮生产各工序的清洁生产技术要点。
3. 明确毛皮清洁生产研究的主要方向。

复习思考题

1. 与制革工艺相比,毛皮工艺工艺流程有何特点?
2. 毛皮原料皮防腐保藏的清洁技术有哪些?
3. 如何实现浸水的清洁生产?
4. 脱脂的方法有哪些? 各有何优缺点?
5. 毛皮的酶软化与浸酸同浴进行有何好处? 无盐浸酸的基本原理和方法?
6. 为什么毛皮要尽量避免使用铬鞣和甲醛鞣? 什么叫甲醛捕捉剂,有哪些使用方法?
7. 新型的毛皮鞣剂有哪些,你认为理想的毛皮鞣剂需要具备哪些特点?
8. 谈谈毛皮清洁生产中结合鞣的意义。
9. 禁用染料有哪些? 植物染料有哪些优缺点?
10. 如何选用加脂剂?
11. 什么叫生物降解? 评价生物降解性能的方法有哪些?
12. 毛皮生产用水量为什么较制革大? 如何减少污水排放量?

第三章　制革清洁生产技术

第一节　概述

我国皮革及其制品的制作历史可以追溯到商周时代。经历了两千多年的发展,现代皮革工业包括制革、毛皮、皮革制品、皮革化工、皮革机械以及皮革五金六大行业。其中制革行业居于主导地位。

近些年来,但凡提到皮革,人们的第一反应就是污染。皮革工业存在污染是无法否认的事实。然而,除了污染之外,有必要重新审视和认识一下这个古老而又充满了青春活力的行业。

首先,皮革工业是现代大农业的下游产业。我国是世界上最大的农业国,经过三十多年的改革开放,我国农业已经逐步由传统农业向现代农业、现代农业向现代大农业转变。皮革工业的原料来自农村养殖业,是现代大农业的副产物。因此,皮革工业是现代大农业的下游产业,其中,制革工业是现代大农业和大皮革产业中的关键环节。

其次,皮革工业是再生资源产业。众所周知,皮革工业的原料——动物皮,是动物生物质,是一种取之不尽、用之不竭的生物质资源,同时也是一种可再生的绿色资源。所以说,皮革工业又是再生资源产业。我国是生皮资源大国:年产猪皮 9 000 万张、牛皮 6 000 万张(其中黄牛皮4 000 万张、水牛皮 1 500 万张、牦牛皮 500 万张)、羊皮 17 000 万张(其中山羊皮 9 000 万张、绵羊皮 8 000 万张)。显然,我国的皮革工业属于优势特色资源产业。

第三,皮革工业是外向型经济产业,出口依存度大。连续十年,我国皮革工业的出口创汇居轻工业第一位。海关总署的统计资料表明,我国皮革工业出口创汇不断增长:1990 年为 19 亿美元,1991 年为 23.4 亿美元,1992 年为 47 亿美元,到 2004 年达到 273 亿美元,2009 年为402 亿美元,2012 年突破 700 亿美元大关,2014 年更是高达 887 亿美元,2015 年达 861.3 亿美元。创我国皮革工业出口创汇的最高纪录。由于皮革工业的出口依存度大,因此,世界经济状况直接影响整个皮革工业的生存和发展。另外,这种对出口的较大依存度也反映了我国皮革及其制品的内销市场尚有很大的开拓空间。

第四,皮革工业是劳动密集型产业。从某种意义上说,发展皮革工业,符合我国国情。因为,我国是人口大国。人口多,就业压力大,适当发展劳动密集型产业,对解决就业问题大有好处。此外,皮革工业与人们的日常消费密切相关,人口多,消费量大,又为皮革工业提供了一个很大的消费市场。发展皮革工业,可以促进内需,有利于地方经济的发展。

第五,皮革工业是污染行业。在皮革工业中,制革行业的污染尤为严重。经初步调查表明,制革行业 60%～70%的污染物来自外源性化学物质。如果将这些能造成环境污染的外源性化学物质用绿色皮革化学品替代,并在生产过程中推行清洁生产技术,那么,在不远的将来,制革行业就可以成为少污染甚至是无污染行业。大量事实证明,制革污染可防可治,绝不是"洪水猛兽"。

由上可见,皮革工业是以动物生物质为原料的再生资源产业,是现代大农业的下游产业,是基础产业链的延伸,因此,它具有无限的生命力。同时,皮革工业又是一个污染行业,其污染主要来自于生产过程中所使用的化工材料。发展皮革工业意义重大,所以要发展皮革工业,首先必须解决制革污染问题,必须实现制革清洁生产。

传统的制革生产不考虑或者较少考虑制革的污染问题,更多考虑的是生产成本与产品质量问题。因而,在很大程度上,传统制革生产的一些基本观念、理论和方法与现代制革清洁技术是格格不入的。如图 3-1 所示为传统制革生产模式下 1 000kg 生皮的投入产出的基本情况。

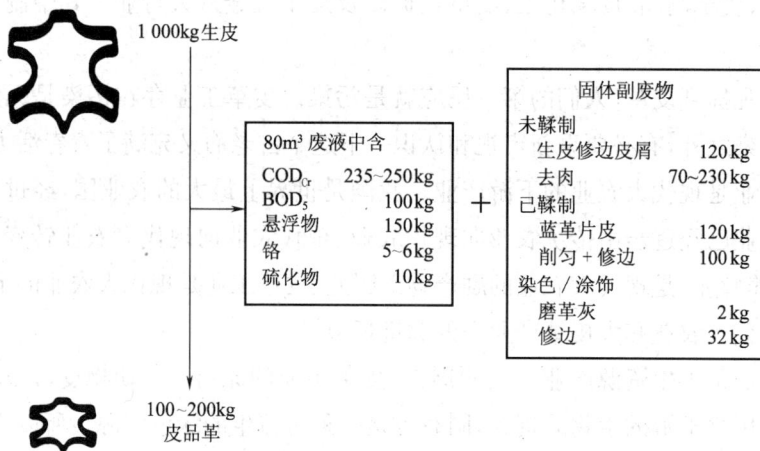

图 3-1　传统制革生产模式下 1 000kg 生皮的投入产出的基本情况

由图 3-1 可见,传统的制革生产模式的弊端可以归纳为以下四点。

1. 生皮资源的高消耗、低产出

在传统的制革生产过程中,投入生皮 1 000kg,耗水量为 80~110m³,仅能得到 100~200kg 头层革和 120kg 左右的二层革,生皮转变为成革的比率仅为 30%~50%。

2. 环境污染严重

在传统的制革生产过程中,投入生皮 1 000kg,将会产生 80~110m³ 废水,其中,含有 COD_{Cr} 235~250kg、BOD_5 100kg、悬浮物 150kg、铬 5~6kg 以及硫化物 10kg。这些有害物质的排放,对环境产生严重污染。

3. 生产周期长

传统的制革生产模式,生产工序繁多,生产周期较长(一般为 20~40 天不等),而且,整个生产过程中的影响因素也十分复杂。因此,成革质量难以控制,易出现波动情况。

4. 劳动强度大

传统制革生产模式是建立在以手工劳动为主的基础上的,成革质量的好坏优劣,全凭手上的"功夫",即所谓的"手艺"。因此,制革生产的劳动强度大。正是因为传统制革生产模式所存在的上述弊端,使得制革行业被打上"落后"的印记。

近年来,随着科学技术的不断进步,我国制革技术的整体水平有了很大的提高,传统制革生产模式得到了不同程度的改进,制革生产条件也得到了很大的改善。尤为引人注目的是,不少制革企业已经在制革机械化、自动化和智能化方面迈出了雄健的步伐。总之,皮革工业得到了前所未有的发展。毋庸讳言,我国皮革工业在经历了三十多年的迅猛发展而成为创汇大户的同时,也成了"污染大户",面临着前所未有的"三大挑战",即制革污染的问题没有得到根本解决、单纯的终端处理难以运行以及西方发达国家设置"生态皮革"的"绿色壁垒"。有挑战,就有机遇。我们相信,皮革清洁生产是我国皮革工业的根本出路。谁能率先实现皮革清洁生产,谁就拥有未来市场竞争的"先机"。

目前,国内外有关制革清洁技术的报道很多,可谓汗牛充栋。本章将简明扼要地介绍已经工业化生产的和具有重大应用价值的制革清洁技术,同时,介绍制革清洁技术的最新研究进展。

第二节　制革工艺及实例

制革是将动物生物质加工成适合各种用途的皮革产品的过程,从本质上讲,制革过程是一个对皮胶原进行本体改性并加以利用的物理和化学过程。用现在的观点来看,它属于传统生物技术的范畴,是资源再生利用行业。

一、制革工艺

在过去,习惯上把制革的工艺过程分为三大工段,即准备工段、鞣制工段和整饰工段。现在,一般倾向于将制革工艺过程分为四大工段,即鞣前准备工段、鞣制工段、湿态染整工段和干态整饰工段。由于鞣前准备工段、鞣制工段和湿态染整工段的工艺操作都是在水溶液中进行的,干态整饰工段的工艺操作则都是在干态条件下进行的,所以,常常将在水溶液中进行的操作划分为湿态加工单元(或称为湿场、水场),而把在干燥状态下进行的操作划分为干态加工单元(或称为干场)。目前,上述三种工段的划分方法都不同程度地为制革工作者所接受。虽然使用较为普遍的仍然是三大工段划分法。但是,比较而言,四大工段的划分法要更为科学一些,故本章按照四大工段划分法对制革工艺进行叙述。

1. 鞣前准备工段

鞣前准备工段是指从生皮浸水至鞣制前的整个工艺操作过程。轻革制作的准备工段,一般包括组批、浸水、脱脂(去肉)、脱毛、(剖层)、复灰、脱灰、软化、浸酸等工序。重革制作的准备工段,一般包括组批、浸水、去肉、脱毛、碱膨胀、二次去肉、分割(剖层)、脱灰、预处理等工序。用于制革的原料皮,从组织学方面来说,是利用真皮层部分;从化学组成来说,是利用其皮胶原部分。因此,其他组织或成分如毛、表皮、脂腺、汗腺、皮下组织等以及可溶性蛋白质(如白蛋白、球蛋白、黏蛋白和类黏蛋白)等无用物在鞣前准备中都要被除去。需要在鞣前准备工段中除去的还有制革所不需要的部位如头、蹄、耳、尾等以及制革原料皮上所带有的泥沙、血污、粪便和防腐剂等。经过鞣前准备工段的一系列工序的操作,就得到了适合鞣制的裸皮。总之,通过准备工段中的一系列工序操作,除去了制革无用物,使皮胶原纤维得到充分而适度的分离和松散,为皮胶原能与鞣质充分、有效地结合并发生质变创造了有利条件。由于鞣前准备工段中产生了许多污染物,这些污染物对环境和人体都会造成危害。鞣前准备工段一些工序所使用的主要化工材料、主要作用及废水组分见表3-1。

表3-1 鞣前准备工段一些工序所使用的主要化工材料、主要作用及废水组分

项目 / 工序	主要化工材料	主要作用	废水组分
浸水	表面活性剂、防腐剂、酶制剂	除去污垢,使生皮恢复鲜皮状态	污物、血、可溶性蛋白质、盐、防腐剂、表面活性剂等
脱脂	脱脂剂、表面活性剂、酶制剂	除去生皮上的油脂,辅助浸水	表面活性剂、油脂、可溶性蛋白质以及盐等
脱毛	石灰、硫化钠、酶制剂、其他助剂等	去掉表皮及毛,分离和松散胶原纤维	硫化钠、石灰、酶制剂、蛋白质(包括角蛋白、糖蛋白以及水解胶原蛋白等)、毛、油脂等
复灰	石灰、其他助剂等	去掉皮垢,洁净皮面,进一步分离和松散胶原纤维	石灰、硫化钠、蛋白质(包括角蛋白、糖蛋白以及水解胶原蛋白等)
脱灰	铵盐、无机酸等	除去裸皮内外的灰碱,使裸皮消除膨胀状态,降低裸皮的pH	铵盐、钙盐和蛋白质
软化	酶制剂及其他助剂	进一步分离和松散胶原纤维,消解弹性纤维和网状纤维,清除皮垢和毛根	酶制剂和蛋白质
浸酸	食盐、无机酸、有机酸等	终止酶的作用,降低裸皮的pH,使其符合鞣制的要求	食盐、无机酸、有机酸、蛋白质等

鞣前准备工段一些工序水质状况和吨皮耗水量的工序分布见表3-2。

表3-2 鞣前准备工段一些工序水质状况和吨皮耗水量的工序分布

工序 / 项目	浸水、脱脂	浸灰脱毛	脱灰、软化	浸酸
pH	6~10	12.5~13	6~11	3.0~3.5
温度(℃)	10~30	10~25	20~35	常温
沉淀物(mg/L)	100~250	300~700	50~150	6~12
TSS[①](mg/L)	2 300~6 700	6 700~25 000	2 500~10 000	150~520
BOD$_5$(mg/L)	2 000~5 000	5 000~20 000	1 000~4 000	50~100
COD(mg/L)	5 000~11 800	20 000~40 000	2 500~7 000	100~300

续表

工序 项目	浸水、脱脂	浸灰脱毛	脱灰、软化	浸　酸
硫化物(mg/L)	0～700	2 000～3 300	25～250	—
氯化物(mg/L)	17 000～50 000	3 300～25 000	2 500～15 000	2 000～8 950
油脂(mg/L)	1 700～8 400	1 700～8 300	0～5	—
含氯有机溶剂(mg/L)	—	—	0～2 500	—
表面活性剂(mg/L)	0～400	0～300	0～500	—
吨皮耗水量 (m³/吨原料皮)	12.5	10.8	5.5	1.2

①表示总悬浮物。

由表 3-1 和表 3-2 可以看出,制革鞣前处理工段属于重度污染工段。因此,鞣前准备工段已经成为现代制革清洁生产的主要研究对象。

2. 鞣制工段

在鞣前准备工段中,皮胶原经过酸、碱、酶等的化学作用后,维系皮胶原四级结构的一些化学键被破坏,皮胶原纤维间的许多侧链盐键 $R_2—NH_3^+\ ^-OOC—R_1$、氢键 $R_2—OH\cdots O=C(OH)—R_1$、酰胺键 $R—CO—NH_2$ 被打断;部分主链间的肽键 $R_2—NH—CO—R_1$ 被打断(水解),形成 $R_1—COOH$、$R_2—NH_2$;等等,因而使许多活性基团暴露出来,这些活性基团的出现,使胶原的反应活性得以提高。此外,原来存在于脯氨酸、组氨酸、羟脯氨酸、半胱氨酸和色氨酸等氨基酸残基上的活性基团,以及天门冬氨酸、谷氨酸等酸性氨基酸和精氨酸、赖氨酸等碱性氨基酸残基上的活性基团也是皮胶原的反应点。可见,通过鞣前准备操作得到了具有较强反应性的皮胶原。研究表明,有的物质能与皮胶原结合,并在皮胶原的多肽链之间形成交联键,赋予皮胶原良好的物理、化学性能(简称理化性能),例如,革比生皮更耐湿热作用、更耐微生物作用、更耐化学药剂的作用以及革具有良好的卫生性能(透气性和透水汽性)等。通常,把这种能够与皮胶原发生化学结合并使之成为革的纯的化学物质叫做鞣质。含有鞣质的工业制品称为鞣剂。常见的鞣剂有铬鞣剂、铝鞣剂、植物鞣剂、醛鞣剂、合成鞣剂、树脂鞣剂以及油鞣剂等。值得注意的是,制造植物鞣剂的原料如树皮、叶、根、茎及果壳等,习惯上被称为植物鞣料。

所谓鞣制,就是用鞣质处理生皮并使之成为革的过程。不同种类的鞣质,具有不同的分子结构,决定了其具有不同的鞣革性能(简称鞣性)。因此,鞣制所得的革的性质也不一样。采用某种鞣剂鞣革的方法,即称为该鞣剂的鞣法,鞣制所得的革,称为该鞣法的革。例如,采用铬鞣剂鞣革的方法叫作铬鞣法,鞣制所得的革,叫作铬鞣革;采用植物鞣剂鞣革的方法叫作植物鞣法(简称植鞣法),鞣制所得的革,叫作植鞣革;采用油鞣剂鞣革的方法叫作油鞣法,鞣制所得的革,叫作油鞣革等。

生皮经过鞣制工段的加工,得到的半成品被称为坯革。与生皮相比,坯革的性能发生了质的变化,主要表现在以下几个方面。

(1)坯革的结构稳定性提高,耐湿热稳定性增强。

(2)坯革比生皮更耐化学药剂、微生物和酶的作用。

(3)坯革力学性能得到很大改善:耐弯折、耐撕裂、抗张强度高。

(4)坯革的纤维定型性好,具有良好的多孔性,为赋予成革良好的卫生性能奠定了基础。

鞣制过程归根结底是一个物理、化学过程的总效应,其中,化学过程起着决定性的作用。实质上,所谓鞣制原理就是从分子水平上用制革的专业语言描述鞣剂与胶原的相互结合和作用的机理。关于鞣制的基本原理,鞣剂不同,其鞣制原理也不同。尽管如此,还是可以将鞣制原理笼统地描述为:经过鞣前准备工段的一系列物理加工和化学处理,一方面,皮胶原的立体网状结构因受到某种作用而得到一定程度的松弛,使得皮胶原多肽链上的许多活性基团被暴露出来,从而提高了皮胶原的反应性能;另一方面,皮胶原纤维束变得相对松散,胶原纤维之间的孔隙增大、孔率增加,形成一定的多孔结构。在鞣制过程中,鞣质分子向皮内渗透,并与胶原侧链上的活性基团结合,在胶原纤维间产生新的交联键,或者在胶原纤维间形成氢键,从而增强了胶原纤维的结构稳定性,提高了皮胶原的耐湿热稳定性,增加了皮胶原纤维间的多孔性,削弱了皮胶原纤维、纤维束之间的黏合作用,克服了生皮在水中的膨胀性,降低了湿皮的挤压变形等,使皮胶原更耐化学试剂、微生物及酶制剂的作用,从而使生皮变成了熟革。鞣制工段一般包括预处理、鞣制和静置等工序。表 3-3 列出了传统鞣制工序的水质情况。

表 3-3　传统鞣制工序的水质状况

项目	pH	温度 (℃)	沉淀物 (mg/L)	TSS (mg/L)	BOD_5 (mg/L)	COD (mg/L)	Cr^{3+} (mg/L)	氯化物 (mg/L)
铬鞣	3.6~4.2	35~45	30~45	600~1 400	150~250	1 300	4 000	2 000~3 500
植鞣	4.0	30~35	50~80	150~200	100~200	8 000	—	1 500~2 500

3. 湿态染整工段

制革行业将鞣制过的裸皮或鞣制后只经过加脂、干燥、染色(或不染色)而尚未涂饰的在制品称为坯革。裸皮经鞣制后,胶原侧链上的活性基团被封闭,坯革的反应性降低,此时的坯革具有以下特征:多孔性,可塑性,较强的吸水能力,表面电荷发生变化。根据鞣法的不同,坯革的特征表现有所不同。例如,软化裸皮经铬鞣后得到的蓝湿革,由于铬配合物的交联作用,使得皮胶原纤维定型,孔径增大,孔率增加,吸水能力增强。经过铬鞣,坯革的等电点发生变化:铬鞣前裸皮的等电点一般为 5.2~5.6,铬鞣后的等电点升高至 6.7~7.0。尽管蓝湿革的性能与生皮已经发生了质的变化,但还不具有成品革的全部性能特征,因此,还需要进行湿态染整工段和干态整饰工段的加工。

湿态染整工段的加工,对于轻革而言,主要包括挑选分类、组批、挤水、剖层、削匀、回软、复鞣、中和、染色加脂、填充等工序。经过湿态染整工段的加工后,坯革的性能有了进一步的提高:力学性能进一步改善,耐湿热稳定性进一步提高,多孔性提高,卫生性能进一步改善,外观也更加美观。在制革生产过程中,湿态染整工段也是重度污染工序,其一些工序所使用的主要化工材料、主要作用及废水组分见表 3-4。

表3－4　湿态染整工段一些工序所使用的主要化工材料、主要作用及废水组分

项目\工序	主要化工材料	主要作用	废水组分
复鞣	鞣剂、各种助剂等	补充鞣制的不足,进一步改善坯革的性能	鞣剂、助剂、含铬革屑、革灰等及其他有机物等
中和	甲酸钠、乙酸钠、碳酸氢钠及其他中和剂等	调节坯革的pH,减弱坯革表面的阳电性	中性盐、化学助剂及其他有机物等
染色加脂	染料、有机酸、加脂剂及其他助剂等	赋予坯革各种色彩、美感以及良好的手感等	染料、加脂剂、有机酸以及各种助剂等

湿态染整工段水质状况和吨皮耗水量见表3－5。

表3－5　湿态染整工段水质状况和吨皮耗水量

项　　目	复鞣、中和、染色、加脂
pH	4～5(实测各工序废液)
温度(℃)	25～60(实测各工序废液)
沉淀物(mg/L)	100～500
TSS(mg/L)	10 000～50 000
BOD_5(mg/L)	6 000～15 000
COD(mg/L)	15 000～75 000
Cr^{3+}(mg/L)	0～3 000
氯化物(mg/L)	5 000～10 000
油脂(mg/L)	20 000～50 000
含氯有机溶剂(mg/L)	500～2 000
表面活性剂(mg/L)	500～2 000
吨皮耗水量(m³/吨坯革)	18.7(以高档猪革生产为例)

4. 干态整饰工段

坯革经过湿态染整之后,已经基本具备了应有的理化性能和感观特征。干态整饰工段的主要任务就是在保持坯革的这些基本性能的基础上,通过适当的加工完善并赋予成革应有的综合性能。

干态整饰工段包括制革过程中的干燥、整理、涂饰三个阶段。干燥阶段是完成坯革湿态加工向干态加工转换的重要操作,也是胶原纤维进一步定型的重要过程。整理阶段是一系列功能不同、特性各异的物理操作,通过一定的规则组合起来的工艺过程,其组合方式和过程控制对成革质量有着重要影响。涂饰阶段是整个制革加工过程的最后环节,是改善成革的外观质量、提高成革使用性能和商业价值的重要手段。

实际上,干燥、整理和涂饰这三个阶段是一个有机整体,在工序安排上,它们相互交叉、契

合;在具体操作上,相互影响和制约。应该说,整个干态整饰工程就是一个系统工程,需要统筹兼顾、协调安排、前后平衡。有人说,干燥是第二次鞣制,整饰是技术与艺术的完美结合。其实,这种说法恰到好处地表明了这一工段的重要性。干态整饰工段也存在一定的污染,特别是涂饰阶段。表 3-6 列出了干态整饰工段对环境和人体的危害状况。

表 3-6　干态整饰工段对环境和人体的危害状况

项目 工序	物料、能源的投入	产生的废物和污染	对环境和人体的危害
拉软	能源	粉尘、噪声	人体伤害、听觉障碍
磨革	能源	粉尘、噪声	呼吸道疾病、皮肤过敏、听觉障碍
涂饰	水、树脂、溶剂、颜料、甲醛、能源等	喷涂微粒、挥发溶剂以及噪声等	呼吸道疾病、皮肤过敏、听觉障碍

二、制革工艺实例

下面列举一些典型皮革产品的制革工艺流程来对制革的生产过程作进一步说明。

1. 铬鞣猪正面服装革工艺流程

(1)鞣前准备工段。组批→机器去肉→称重→水洗→浸水→水洗→预脱脂→水洗→二次脱脂→水洗→臀部涂酶→水洗→浸灰脱毛→水洗→碱皮剖臀部→复灰→水洗→脱灰→水洗→软化→水洗→浸酸

(2)鞣制工段。油预鞣→铬鞣→静置

(3)湿态染整工段。挑选分类→挤水→肉面补伤→剖层→滚锯末→削匀→修边→称重→回软→水洗→复鞣→水洗→中和→水洗→染色加脂→水洗→出鼓搭马

(4)干态整饰工段。挂晾干燥→臀部铲软→转鼓摔软→出鼓搭马→绷板干燥→修边→补伤→揩浆→喷面浆→喷顶层→转鼓摔软→手工拉抻→喷手感剂→手工拉抻→修边→成品

2. 铬鞣绵羊正面服装革工艺流程

(1)鞣前准备工段。分类组批→水洗→预浸水→去肉(或称刮油)→割边→二次浸水→沥水→涂灰碱→手工推毛→点数称重→浸灰→灰皮去肉→理毛→滚米糠(或锯末粉)→削颈部及脊背部→称重→复灰→水洗→脱灰→水洗→软化→脱脂→水洗→浸酸

(2)鞣制工段。油预鞣→铬鞣→出鼓→静置

(3)湿态染整工段。挑选分类→挤水→摔皮→削匀→修边→称重→脱脂回软→水洗→复鞣→水洗→二次复鞣→水洗→中和→水洗→染色加脂→水洗→出鼓搭马→挑选分类→静置

(4)干态整饰工段。真空干燥→挂晾干燥→静置→回潮→铲软→摔软→绷板干燥→干削匀→修边→刷尘(扫灰)→挑选分类→封面→抛光→通烫→喷底浆→平展→喷顶层浆→振荡拉软→固色→通烫→喷手感剂→手工拉伸→检验分级→量尺→包装→入库

3. 铬鞣黄牛鞋面革工艺流程

(1)鞣前准备工段。分类组批→清割→点数称重→预浸水→水洗→主浸水→水洗→机器去肉→割边→点数称重→浸灰脱毛→水洗→灰皮去肉→粗剖(俗称打底)→点数称重→复灰→水

洗→脱灰→水洗→软化→水洗→浸酸

（2）鞣制工段。铬鞣→出鼓搭马→静置

（3）湿态染整工段。挑选分类→挤水平展→剖层→削匀→修边→称重→漂洗→水洗→复鞣→水洗→中和→水洗→染色加脂→水洗→填充→水洗→出鼓搭马→静置过夜

（4）干态整饰工段。贴板干燥→静置过夜→挤水伸展→真空干燥→挂晾干燥→回潮→静置→振荡拉软→绷板干燥→剪边→挑选分类→净面→封里→封面→检查→刷浆→检查→通烫→摔软→出鼓搭马→喷面浆→喷固定→摔软→出鼓搭马→冷绷→通烫→喷手感剂→成品

通过以上几种典型皮革产品的制革工艺流程可以看出，制革过程的特点如下。

（1）工艺过程复杂。首先是加工对象的复杂性，制革加工的对象——原料皮，是一个非均一体系：皮张有大有小、有厚有薄、有老有嫩等。其次，在制革工艺过程中，不仅有化学处理，而且有机械加工；不仅存在成批加工，而且存在单张加工。最后，工艺方案、材料以及机械设备的不确定性，往往导致质量的不确定性。所谓"一师一艺、百厂百法"，对于制革企业来说，已经不足为怪。

（2）工序多。制革工序一般有40~60道不等，有的甚至多达上百道。

（3）生产周期长。从原料皮投产到成品革一般需要16~30天，甚至更长时间。

（4）影响因素繁多，过程控制难度大。工序与工序之间、工段与工段之间，既是相对独立的，又是相互联系、相互制约和相互影响的。

第三节　制革清洁生产技术

一、原料皮保藏的清洁生产技术

刚从动物体上剥下来的鲜皮带有很多微生物，有20多种。1g鲜皮上有2亿~200亿个各种各样的微生物，其中有相当一部分是分解蛋白质的细菌和霉菌，它们的大量生长、繁殖会使生皮因腐败而降低其使用价值甚至遭到破坏。按照现在的条件，原料皮从动物体上剥下后，尚不能立即投产，必须经过一段时间的保藏和运输，在这个过程中，必须对原料皮进行防腐处理。

在已有的制革原料皮的防腐方法中，应用最多的是盐腌法。盐腌法具有操作简便易行、成本低廉、适用范围广、保存时间长、防腐效果好等优点，因而被广泛采用。目前，原料皮采用盐腌法保藏的几乎达到90%以上。然而，盐腌法的致命缺点是需要使用大量的食盐，一般为鲜皮重的25%~50%，因此带来了严重的盐污染。据统计，制革厂70%的盐污染均来自盐腌法。其他防腐方法，如干燥法和冷冻法，虽然可以不使用盐来进行原料皮的保藏，但往往由于各种因素的制约而使其应用受到限制。例如，干燥法防腐保藏的原料皮（猪皮不适合用此法），纤维粘结牢固，浸水回软十分困难，严重影响皮革质量，因此干燥法已被淘汰。冷冻法防腐无污染，但成本高，且解冻原料皮易受细菌侵蚀，影响成革质量。

近年来，随着人们环保意识的增强和环保法律法规的日益完善，含盐废水的排放受到严格控制。显然，用传统的盐腌法对原料皮进行防腐保藏越来越受到人们的质疑。

国内外皮革科技工作者,在制革原料皮保藏的清洁生产技术的研究开发方面进行了不懈的探索,做了大量的研究工作,并取得了可喜的进展。这里着重介绍制革原料皮保藏的清洁生产技术。

1. 杀菌剂防腐保藏法

杀菌剂防腐保藏法的要点是:将刚从动物体上剥下来的鲜皮水洗、降温、清除脏物,再喷洒杀菌剂,或将原料皮浸泡于杀菌剂中,或将皮与杀菌剂一起在转鼓中转动,然后再将皮堆置以保存。此法所使用的杀菌剂一般都是具有某种特殊结构的化合物,可对细菌细胞膜的通透性产生影响,或可改变细菌的生长环境,或对细菌具有氧化作用等,总之,能够造成一种不适合细菌生长、繁殖的条件和环境。这类杀菌剂主要有硼酸、碳酸钠、氟硅酸钠、亚硫酸盐、亚氯酸盐、次氯酸盐、酚类、噻唑衍生物以及氯化苄烷胺等。

在进行原料皮防腐保藏时,选择杀菌剂的原则应从三个方面考虑:一是防腐杀菌效果好;二是毒性小,对环境不造成污染或污染易于消除;三是不会对皮质造成损害。一般认为,氯化苄烷胺、噻唑衍生物的防腐杀菌性能较好。次氯酸盐、硼酸、氟硅酸钠也基本符合清洁生产的要求。但是,应切忌使用酚类杀菌防腐,五氯苯酚、三氯苯酚等毒性较大,应禁止使用。目前,国外已经研究开发出一些可用于原料皮杀菌防腐的杀菌防腐剂,例如 ABM 公司生产的 Gloquat C 和 Glokill 77;巴克曼(Buckman)公司生产的 Busan 30 等。经杀菌剂防腐保存处理过的原料皮一般在常温下可保存 6～10 天,可见,保存时间稍短,实为权宜之计。若要长期保存,还需干燥法防腐或盐腌法防腐。

2. KCl 防腐法

加拿大化学家 Joe Gosselin 曾提出用 KCl 替代 NaCl 来进行原料皮的防腐保藏,其操作与盐腌法基本相同,但要求 KCl 溶液的浓度至少控制在 4mol/L 以上,且需要采用适当的机械操作来确保生皮内 KCl 的浓度也达到一定的量值。使用 KCl 处理,生皮的保存期可达 40 天以上而不会出现任何异常,这一点已经能够满足制革的要求。但目前尚未见到此法在工业化应用上的报道。

3. 少盐防腐保藏法

按照常规盐腌法,食盐的用量一般为 25%～50%(按鲜皮重量计)。为了减少盐的用量,人们将食盐和其他试剂(如杀菌剂、防腐剂或助剂)结合使用,收到了较好的效果。可供选择的杀菌剂、防霉剂及助剂主要有硫酸氢钠、硼酸、碳酸氢钠、焦亚硫酸钠;Aracit K、Aracit DA、Aracit KL(TFL 公司),Uberol 800(德国 Carpetex 公司),Truposept BW(德国 Trumpler 公司)以及 Cismollan BHO 2 等。

为了进一步提高食盐的利用率,人们发展了盐水浸泡—循环法来进行原料皮的防腐保藏。该方法的要点是将鲜皮去肉、水洗后,置于浓度为 25% 的食盐溶液中浸泡 16～24h,或于转鼓中用饱和食盐水处理 8h,然后,撒盐、堆垛。用过的废盐水经适当处理后重复使用。

印度中央皮革研究所 Kanagaraj 等提出使用硅胶和少量食盐(按生皮重的 5% 计)及 0.1% 的杀菌剂对氯间甲酚(PCMC)对原料皮进行短期防腐保藏。据报道,南非 Russell 等发明了一种名为 Liricure 工艺的原料皮防腐保藏技术,该技术的要点是将杀菌剂粉末涂在原料皮的肉面,然后折叠堆置。杀菌剂粉末的组成为:25%的乙二胺四乙酸(EDTA)钠盐、40%的 NaCl 和35%的中粗锯末屑。此法的生产成本较传统的盐腌法略高,但可以减少盐用量的20%。

4. 冷冻法

冷冻法是指在低温下使皮内水分结冰以达到防腐的目的来保存生皮的方法。在我国南方的炎热季节,可用冷冻法保藏鲜皮。由于冷冻法的设备费用较高,所以一般只作为一种暂时性的保存方法。冷冻的过程应分为预冷和冷冻两个阶段,否则会由于骤冷而导致生皮的外层冷冻而内层未冷冻(在堆垛的情况下尤其如此),在未冷冻的内层,细菌仍有活动性。在我国北方的寒冷季节,常用自然冷冻法来保存生皮,即将鲜皮逐张肉面朝上地平铺在室外地上(有时在肉面上还要喷一点水),待完全冷冻后以小堆垛起来。在冷冻过程中,生皮变得板硬,不便折叠运输。而且,纤维间水分因结冰而体积增大致使生皮的胶原纤维部分受到损伤,导致成革松弛。当温度升高到0℃以上时,冷冻皮开始解冻,此时最易腐烂,宜迅速投产或用其他方法处理。

5. 低温保存法

低温保存法又可称之为冷藏保存法。一般工厂采用的低温保存方法是降低原料皮仓库内的温度,即建筑专门的冷库。通常是在 0～15℃的环境下来保存盐湿皮,这样细菌生长受到抑制,可以减少腌皮的用盐量,原料皮不冰冻,因而质量不受损害。此法适用于长期保存盐湿皮。

迄今为止,尚未研究开发出可应用于工业化生产的无盐防腐保藏原料皮的技术。已有的少盐防腐保藏技术,多数也只适用于原料皮的短期保藏。可见,在制革原料皮防腐保藏的清洁生产技术的研究开发方面,还有大量工作要做。

6. 鲜皮直接投产

从工艺角度看,鲜皮直接投产的途径有二:其一,鲜皮直接投产后,直接生产出成革,当然,就不存在原料皮防腐保藏的问题;其二,鲜皮直接投产后可根据需要将其加工成浸酸裸皮或蓝湿革进行保藏。无论是哪条途径,均可消除或减少盐污染。

鲜猪皮的直接投产,首先采用"二次四刀法"刮油,然后进行化学脱脂。化学脱脂分两次进行,即先进行预脱脂,再进行主脱脂。由于猪皮是多脂皮,故鲜猪皮直接投产的成功与否,关键就在于脱脂。在生产实践中,笔者曾总结出"前工序为主,后工序为辅,物理脱脂和化学脱脂并举"的"分步脱脂法",这一方法对于鲜皮直接投产非常适用。

鲜猪皮直接投产的工艺流程:组批→去肉(二次四刀法)→割边→称重→水洗→预脱脂→水洗→二次脱脂→水洗→浸水→水洗→调温→控水→臀部涂酶→称重→浸灰碱→水洗→剖臀部→称重→复灰→水洗→脱灰→软化→水洗→浸酸→铬鞣

在工艺的具体实施中,可以根据情况,在浸灰、复灰、脱灰、软化等工序加入脱脂剂进行脱脂。鲜牛皮、鲜羊皮的投产,工艺大同小异,其技术关键在于应注意加强浸水操作。人们往往会有这样的错觉:鲜皮浸水可以马虎一点。其实,鲜皮直接投产,若不注意加强浸水,胶原纤维间质难以清除,对后续工序的影响很大。

关于鲜皮直接投产,国外也有不少相关报道。美国、新西兰、澳大利亚、阿根廷以及德国等国家,鲜皮直接投产的比例已占50%以上。大规模实施鲜皮直接投产工艺,需要具备以下条件。

(1)要有固定的原料皮供应点,以保证鲜皮的供应,且供应点离制革厂不能相距太远。

(2)有能够保持恒温在 4℃左右的冷藏库,使鲜皮能在 2～4h 之内被冷却,以便通过降低环境温度来抑制细菌的繁殖。

(3)备有冷藏运输车。

二、浸水清洁技术

1. 酶浸水

浸水一般在转鼓或划槽中进行,其过程可分为预浸水和主浸水两个阶段。传统的浸水工艺一般依赖于浸水助剂,其中主要是使用表面活性剂来加速浸水。但生产实践证明,单独靠表面活性剂来进行生皮的回湿是困难的,尤其是对原料皮较干的部位如臀背部、边缘部位。盐干皮和淡干皮,单用表面活性剂长时间浸水处理,往往会造成大量的皮质损失。

采用酶浸水工艺,情况则不同,不仅可以克服传统浸水工艺的上述缺点,而且还有一个突出的优点,即酶浸水所使用的酶蛋白,能打断生皮在干燥过程中形成的交联键,溶解和除去纤维间质,从而促进生皮的回湿,使其迅速恢复到鲜皮状态。

在酶浸水中所使用的酶主要有细菌和霉菌蛋白酶、胰酶和糖酶,也有配合使用脂肪酶或者单独使用脂肪酶的。浸水酶制剂国内尚无商品面市,据悉已有单位正在研制。国外有丹麦诺和诺德公司生产的 Novocor S、德瑞(TFL 公司)生产的 Erhazym C、印度 Unipell 公司生产的 Unipell M4 酶浸水剂、希伦赛勒赫公司的 Aglntan PR 以及庄普勒公司的 Trupozym MS 等。这些浸水酶的主要成分都是碱性蛋白酶,对非胶原蛋白有很好的去除效果,最佳作用 pH 一般在 8～10。为了降低成本,也可选用糖酶和水解类蛋白酶。

在实际生产中,浸水酶的使用往往是与脱脂并行的。浸水酶的介入,可以破坏原来包裹脂肪细胞的蛋白膜,从而使得大量的游离脂肪分子被脱脂剂乳化而除去。应当注意的是,在这种情况下,应尽量避免使用对浸水酶具有抑制作用的脱脂剂。

2. 推广转鼓浸水或划槽浸水工艺

传统的浸水工艺,一般是采取水池浸水,其原因是牛皮(黄牛皮、水牛皮和牦牛皮)大多是淡干皮,无法直接进行转鼓浸水。如今的牛皮多为盐湿皮或盐干皮,已经有条件实施转鼓快速浸水了。

研究表明,采用转鼓浸水(或划槽浸水或转鼓—划槽结合浸水),可以缩短生产周期 3～4 天,节水 60％以上。不仅如此,生皮的浸水质量也大大提高,主要表现在:整张皮均匀恢复至鲜皮状态,无溜毛、针孔等缺陷,操作方法简便,劳动强度降低。

3. 浸水废液净化回用工艺

制革的浸水过程,用水量大且浸水废液中存在大量的氯化物、表面活性剂、水溶性蛋白质以及其他污物等,对环境有较大危害。为节约用水,可对浸水废液进行净化,而后回用,其要点是制革浸水一般为二次浸水。第一次浸水废液可直接排放,第二次浸水废液排入净化池经净化后,泵入第一次浸水转鼓(也可以是水池或划槽)中,进行浸水操作。若水量不够,可以用部分经净化的水洗水、冲洗地面水补充。

三、脱脂清洁技术

在制革过程中,对于多脂皮如绵羊皮和猪皮,都需要设置专门的脱脂工序。脱脂后,大量油脂溶于水中,会对环境造成污染。另一方面,如果采用溶剂法进行脱脂,溶剂挥发到空气中,会对空气造成污染,并会对操作人员的呼吸道造成伤害。因此,必须推行脱脂清洁技术。已有的脱脂清洁技术主要有酶脱脂、可降解表面活性剂脱脂和脱脂废液的治理及其净化回用。

1. 酶脱脂

酶脱脂是利用脂肪酶对油脂分子的水解作用,达到除去生皮内油脂的目的。脂肪酶应当满足以下要求。

(1)脂肪酶在 pH 为 8~10 的范围内有较高的活性和稳定性。

(2)具有较高的耐热性。

(3)能与表面活性剂相容。

(4)能与其他蛋白酶相容。

脂肪酶主要来源于动物、霉菌和某些植物。国内的脂肪酶产品仅有无锡酶制剂厂生产的 AS2.1203 脂肪酶,它是由假丝酵母 AS2.1203 菌株制得的,在制革工业中有过应用的报道。国外有丹麦诺和诺德公司生产的碱性脂肪酶 Greasex 50L、酸性脂肪酶 Novocor AD、德瑞(TFL公司)生产的碱性脂肪酶 Erhazym LF 和德国 Carpetex 公司生产的碱性脂肪酶 Uberol VPP 4581 等。上述酶制剂可广泛应用于浸水、浸灰及软化等工序的脱脂或辅助脱脂。

陈萍等利用碱性脂肪酶 Greasex 50L 进行猪皮脱脂,结果证实碱性脂肪酶 Greasex 50L 具有脱脂作用,在脱灰时加入碱性脂肪酶 Greasex 50L,温度 32℃,时间 1h,在脱脂过程中,浴液的 pH 由 13 以上降至 8.0,油脂除去率可达 60%,颈部、腹肷部位的油脂除去率高于臀背部位的油脂除去率。但当 pH 低于 7.5、温度低于 15℃时,碱性脂肪酶 Greasex 50L 的脱脂作用不明显。

陈武勇等的进一步研究表明,在浸灰脱毛过程中,加入适量的 NUE0.6MPX 可使碱性脂肪酶 Greasex 50L 的脱脂率增大,同时可改善皮革的起绒状况和革身柔软性;一定量的表面活性剂与碱性脂肪酶 Greasex 50L 配合使用,有利于脂肪的除去;有利于后续工序如软化、浸酸、鞣制等工艺操作的进行,从而使成革粒面更平细、革身更柔软,起绒性得到改善(特别是臀部),并且具有良好的匀染性能。

同皂化法、乳化法和溶剂法等相比,酶脱脂的主要优点表现在以下几方面。

(1)脱脂均匀,脱脂废液中的油脂更易分离回收。

(2)在浸水、浸灰等工序中使用脂肪酶,裸皮表面更洁净、平整。

(3)可减少表面活性剂的用量,甚至不使用表面活性剂。

(4)能提高成革质量,尤其是可以改善绒面革的质量,有利于制造防水革的低雾化值的汽车坐垫革。

(5)对于多脂皮的脱脂,可以避免使用溶剂脱脂,从而可以降低生产成本。

脂肪酶脱脂目前在制革工业中尚未普遍采用,究其原因,主要是成本较高、难以控制。当然,也不排除观念上的原因。已有的工艺示例是将脂肪酶用于猪皮酶脱毛之前的脱脂工序,也可以用于猪皮铬革软化工艺中结合解脂假丝酵母脂肪酶处理,可以除去胶原纤维间的脂肪。需要指出的是,脂肪酶本身尚需要进一步地优化,所以应该设法筛选合适的菌种,并运用基因工程对其进行改造,以获得较为理想的脂肪酶菌种。

2. 可降解表面活性剂脱脂

对于诸如猪皮、绵羊皮等多脂皮,比较难以解决的是深层脱脂问题。要实现深层脱脂,就必须依赖于表面活性剂。在脱脂中使用大量的表面活性剂,对环境会造成污染。因此,应尽可能采用可降解的表面活性剂进行脱脂。

3. 脱脂废液的治理及其净化回用

据报道,脱脂废液中油脂含量高达 6 500mg/L,BOD_5 10 000~20 000mg/L,COD_{Cr} 20 000~40 000mg/L,TSS 10 000~15 000mg/L。将脱脂废液排入综合处理系统,不仅会增加废水综合处理的负荷,而且还会造成大量的油脂资源的浪费,因此,应对脱脂废液进行分隔治理。

将脱脂废液通过专用排水沟,定向流入脱脂废液储存池。从脱脂废液中回收油脂并制取硬脂酸和油酸的工艺流程:

猪皮脱脂废液集中→脱脂废液储存池→调节 pH 为 4~5→静置分层,取上层→添加氢氧化钠液进行皂化,加热,使 pH 达到 10 以上→添加硫酸使 pH 达 4~5,加热,得混合脂肪酸→水洗→真空加热脱水→真空蒸馏,净化脂肪酸→添加水、十二醇硫酸钠、硫酸镁,冷却至 14~15℃,搅拌,使油酸和硬脂酸分离→离心分离,上层得油酸→下层以蒸汽加热,油水分离后得到硬脂酸

采用这一技术,不仅可以回收有经济价值的油脂,而且解决了脱脂废液净化回用的问题。据计算,一个日投产 5 000 张猪皮的制革厂,每天从脱脂废液中回收油脂约可加工成硬脂酸400kg,油酸 500kg。可见,从脱脂废液中回收油脂是大有可为的。

四、脱毛清洁技术

制革中的脱毛向来是以灰碱法脱毛为主,而灰碱法脱毛存在硫化钠的环境污染问题。为了解决这一问题,制革科技工作者研究开发出了一些脱毛清洁技术,主要有氧化脱毛法、有机酸介质脱毛法、生物酶脱毛法以及改进型灰碱脱毛法等。

1. 氧化脱毛法

氧化脱毛法,是用氧化剂破坏毛的角蛋白的双硫键使毛溶解的一种方法。迄今为止,氧化脱毛所使用的氧化剂主要有亚氯酸钠和过氧化氢。

亚氯酸钠脱毛法的基本原理是:在酸性条件下,亚氯酸钠分解产生二氧化氯,作用于毛和表皮的角蛋白,使双硫键氧化成半角蛋白磺酸而使毛溶解,从而达到脱毛的目的,其反应如下。

$$5NaClO_2 + 4HCl \longrightarrow 4ClO_2 + 5NaCl + 2H_2O$$

$$4R-S-S-R + 10ClO_2 + 4H_2O \longrightarrow 8R-SO_3H + 5Cl_2 \uparrow$$

亚氯酸钠脱毛法还兼具脱脂、分离和松散胶原纤维的作用等,因此,采用亚氯酸钠脱毛法脱毛后的裸皮可以直接进行鞣制。实践证明,采用亚氯酸钠脱毛法脱毛,所得成革粒面洁白,革身紧实,皮胶原纤维能够得到较好的分离和松散。

亚氯酸钠脱毛法工艺示例。

(1)原料皮。鲁西南盐湿黄牛皮。

(2)工艺流程。浸酸→氧化脱毛→还原→出鼓、剖层

（3）工艺操作规程。

①浸酸。

a. 技术规定。浴比 0.5～0.7，内温 20～25℃，转鼓转速 10～12r/min。氯化钠 5%，甲酸钙 1%，硫酸 1.2%～1.4%。

b. 操作方法。按规定调好浴比、内温，加入氯化钠、甲酸钙，转动中从转鼓轴孔缓慢加入事先溶解好的硫酸溶液，转动 30～40min，浸酸终点在 pH=2.0 左右。

②氧化脱毛。

a. 技术规定。在浸酸废液中进行，保温 31～33℃。第一次亚氯酸钠（按 100% 的纯度计算）3.0%～3.3%，第二次亚氯酸钠（按 100% 的纯度计算）1.50%～1.67%。

b. 操作方法。浸酸结束后，在浸酸废液中进行氧化脱毛，分两次加入亚氯酸钠，加入第一次亚氯酸钠后转动 60min，测 pH=2.9～3.2，再转动 90min。加入第二次亚氯酸钠，转 60min，测 pH=3.5～3.7，如 pH 偏高则需调整。待 pH 符合要求后继续转动 9.5～10.5h，再停鼓过夜。次日转 60～120min，检查毛完全脱净后即可还原。

③还原。在氧化脱毛废液中进行，内温 28～30℃，硫代硫酸钠 2.5%～3.0%，转动 40min。

亚氯酸钠脱毛法的缺点在于：氧化操作需格外小心，若氧化作用太快，氯气和二氧化硫气体大量产生后，可能会引起转鼓爆炸。即使控制得当，产生的气体对大气污染严重，并且对人体危害极大，对转鼓的腐蚀也很大。采用亚氯酸钠脱毛法所得成革延伸性很小，不适合做服装手套革。

由于亚氯酸钠脱毛法存在着明显的不足，近些年来，国内外较多地研究过氧化氢脱毛法。石碧、卢行芳等曾对过氧化氢脱毛法的可行性进行了验证，他们以我国陕西秦川黄牛皮为原料，研究了各操作因素对脱毛效果的影响规律，优化得到黄牛皮过氧化氢脱毛的最佳工艺条件为：浴比 1.0，温度 25℃，Bayer AN 0.05%，$FeSO_4 \cdot 7H_2O$ 0.04%，三乙醇胺 1%，用 3.5%～4.5% NaOH 调 pH 至 13，过氧化氢 8%～9.5%。研究表明，采用过氧化氢脱毛是完全可行的，对成革质量无不利影响。更为重要的是，在解决脱毛废液污染问题方面有着非常显著的效果，因此，过氧化氢脱毛法具有推广应用价值。

卢行芳等将过氧化氢脱毛法与传统的硫化钠脱毛法进行了比较，认为采用过氧化氢脱毛法，不仅使脱毛废液中的硫离子得到控制，而且脱毛废液中的有机物含量、总固体含量以及氨氮含量均低于硫化物脱毛废液中相应组分的含量。研究结果还表明，与硫化钠脱毛相比，过氧化氢脱毛法可使蓝湿革中的 Cr_2O_3 含量有一定程度的提高，从而使其湿热稳定性得到提高。

William N. Marmier 和 R. L. Dudley 用碱性具有氧化性的化学试剂来替代硫化物脱毛。他们采用三种不同的氧化脱毛方法：

方法一：浴比 1.5，KOCN 2.5%，NaOH 7.5%，H_2O_2 1%，反应时间 4h；

方法二：浴比 2.0，尿素 5%，NaOH 5.0%，H_2O_2 1%，反应时间 4h；

方法三：浴比 1.5，过硼酸钠 5%，NaOH 5.0%，反应时间 4h。

结果表明，碱性 H_2O_2 与尿素脱毛效果好，但对皮的伤害很大。碱性过硼酸钠的脱毛效果较好，且对牛皮的粒面毫无损伤。用无硫方法制得的牛革的物理性能与用硫化物脱毛所制得的成革的物理性能是相同的。另外,用氧化脱毛法制得的坯革对染料的吸收要优于硫化钠脱毛法生产的坯革。

V. John Sundar 和 N. Vedaraman 研究了基于臭氧的脱毛体系,结果表明,基于臭氧的脱毛体系具有良好的脱毛性能,且可应用于脱毛工序。臭氧脱毛体系的脱毛操作要点是:在高压交流电的两电极之间通入纯净、干燥的氧气可制得臭氧气体。通过实验证实了脱毛液的 pH 在 10.5～11.5 范围时,臭氧更容易脱毛。在向转鼓中开始通入臭氧前,先将浸水后山羊皮放入转鼓中,在浴比为 1 的条件下,在转鼓中用 10％的石灰处理 15min。然后向转鼓中通入氧气,要求臭氧的浓度为 2.25mg/L,通气时间在 30～120min 之间。山羊皮出鼓后,在圆形横木上刮去松动的毛,接着进行复灰操作。复灰在上述脱毛废液中进行,加水至浴比为 2,作用时间为 36h。

Gehring,A. G,R. L. Dudley 等研究了用过氧化锰和过氧硫化钾的快速氧化脱毛方法。据报道,这种方法脱毛速度较快,但常会在皮板上留下毛茬。然而,这些毛茬在接着进行的毁毛脱毛的作用下就能很快地被去除干净,这说明残留的毛茬并没有由于氧化剂的处理而产生护毛作用。研究得出在 5％ MgO,15％ NaOH,浴比 2,温度 45℃,转动 7min 的条件下,再用毁毛法脱毛,能快速地除去牛皮上 80％的毛。结果还表明,用氧化脱毛法制得的半张革所用的铬鞣剂的量会减少,但成革粒面要比传统毁毛脱毛法的粗糙些。

2. 有机酸介质脱毛法

Povarti 及其合作者曾研究,原皮利用乙(醋)酸、甲酸和柠檬酸处理后,接着在 37℃的条件下进行保温培养,其脱毛效果符合要求。另据报道,新近的研究表明,仅用乳酸、不用培养基,就有脱毛作用。但问题是脱毛尚不完全。因此,需要用低含量的硫化物复浸灰,以便除掉剩余的毛。另外,还有用乳酸杆菌菌种脱毛的报道。

3. 生物酶脱毛法

(1)酶脱毛概述。早在 1910 年,O. Rohm 就成功地进行了第一个酶脱毛试验,O. Grimm 也曾研究过许多种酶脱毛法。印度人于 1953 年利用植物蛋白"马塔尔"乳液(取自一种巨大的牛角瓜)及淀粉酶"拉特然"乳液(取自一种蟋蟀草属植物)进行生皮脱毛并获得专利。1955 年比利时人用既能分解酪蛋白和角蛋白,又能具有脱毛能力的链菌酶(属于放线菌)的酶制剂,进行脱毛试验获得专利。20 世纪 80 年代,国外还有 Barbara、W. Jonczk 等对酶法脱毛进行过较多的研究。

1958 年,我国开始酶法脱毛的研究,1968 年上海率先试验成功猪鞋面革酶法脱毛新工艺并迅速在全国范围内推广应用,20 世纪 70 年代达到高潮。酶脱毛的优点是基本上消除硫化物的污染,回收高质量的毛。但是酶脱毛存在着成本高、难控制以及成革质量不稳定等缺点,致使酶脱毛工艺未能在制革工业中一直坚持应用。近年来,由于国家环保政策的完善和国民环保意识的增强,酶脱毛的研究又再度成为研究热点。

针对过去酶法脱毛存在的易松面、带小毛以及过程难以控制、生产成本高等问题,研究者们根据不同的原料皮及成革的性能要求,优化设计了适当的酶法脱毛工艺。笔者在以往研究的基础上,结合臀部涂酶技术,运用层次分析法、正交试验法等科学方法对酶法脱毛工艺板块进行了较为系统的研究,找到了多种酶制剂的合理配伍。进一步通过实验研究找到了获得满意的臀部涂酶综合效果的最佳方案、臀部涂酶最佳工艺和臀部涂酶—滚酶堆置酶脱毛最佳工艺。在上述研究的基础上,提出了酶碱结合脱毛法,其工艺流程是:……→碱膨胀→脱碱→拔毛→预热→滚酶→臀部涂酶→理毛→水洗→浸灰膨胀(采用变型沙浴灰碱脱毛法——浸灰废液循环利用技术联用工艺)→……。汪建根等采用少量硫化物对秦川黄牛皮进行预处理,在适当助剂的作用下,以 AS1.398 中性蛋白酶进行脱毛,结果表明,经该法处理后脱毛干净,粒面清晰无明显损伤,革身丰满、柔软、弹性较好。李志强研究开发了以铬交联胶原为活性载体的亲和层析技术,并利用该项技术实现了两种制革酶制剂(166 中性蛋白酶和 AS1.398 中性蛋白酶)分离纯化和组分确定,研究开发出不含胶原酶的脱毛酶——安全脱毛酶。

国外有人进行过猪皮酶脱毛的研究,并进行过大量生产应用。波兰 W.Jonczyk 等建立了酶脱毛过程的数学模型,通过数学模型找出了高活力胰蛋白酶的最佳工艺条件。这种高活力胰蛋白酶可以在制革厂用特殊的方法制得。工业应用证明,采用这种酶法脱毛工艺所得成革的质量优良,且适合服装革、鞋面革、纳巴手套革及绒面革的生产,符合波兰有关标准的要求。

关于酶脱毛的机理,过去已有许多研究。组织学研究表明,毛根鞘与毛袋之间和毛球与毛乳头之间的联系受到破坏,毛才能被脱掉。首先,酶必须进入皮内。研究表明,表皮的存在会影响酶从粒面进入真皮,对 166 中性蛋白酶、209 碱性蛋白酶、AS1.398 中性蛋白酶和 3942 中性蛋白酶等四种脱毛蛋白酶而言,脱毛开始前,由于经过脱脂、拔毛、碱处理等操作后表皮基本脱落。因而,酶既能从肉面也能从粒面进入皮中,而且从两面进入皮内的酶所起到的作用基本相近。显然,酶脱毛过程中表皮的存在与否,会直接影响酶对真皮上层的作用程度。其次,通过酶的作用,破坏毛与皮的联系。巴巴金娜认为,毛与皮的联系被破坏是由于生皮的黏蛋白被酶催化水解的结果。国内有研究也支持这一观点,通过对堆置酶脱毛的研究发现,表皮的脱落最初发生在生发层与真皮层粒面的交界处。毛从毛囊中脱落也是发生在毛鞘与毛袋的交界处和毛球与毛乳头的连接处。从组织化学染色看出此处类黏蛋白、黏蛋白在酶脱毛过程中逐渐减少,这说明酶脱毛是类黏蛋白、黏蛋白破坏的结果。有人则认为,能脱毛的酶对类黏蛋白有作用,但并不能证明破坏类黏蛋白是完成酶脱毛的唯一机理。有的研究则认为,类黏蛋白的消解有助于酶的渗透而有利于脱毛,但与酶脱毛并无直接联系。酶处理浴液温度高低与类黏蛋白消解程度有直接联系。消解盐溶性球蛋白有利于酶的渗透,因而可加速酶脱毛的进程。在脱毛之前,完整的表皮可对酶作用胶原纤维细致而虚弱的粒面浅层起保护作用。李志强对酶脱毛机理进行了系统的研究,认为酶脱毛时,非胶原水解酶起主导作用,其脱毛能力取决于水解专一性的广泛程度。基膜及其周围组织的蛋白提取物,被广泛水解且其水解与脱毛有关。胶原蛋白水解酶不是酶脱毛的必需酶组分,但可以加速脱毛过程,并对酶脱毛过程中胶原组织的隐性破坏及由此导致的皮革质量问题负主要责任。这一理论回答了脱毛决定酶的问题,也找到了酶法脱毛曾经普遍存在的诸如成革松面、强度差、毛孔扩大等质量问题的根源所在。

(2)生物酶脱毛的工艺方法。生物酶脱毛的方法很多,最常见的主要有三种:有液酶脱毛、无液酶脱毛和滚酶堆置酶脱毛。

①有液酶脱毛。我国采用此法较多。猪皮先经水洗、脱脂、拔毛、碱膨胀、剖层、脱灰后在转鼓中进行操作。如果用碱性蛋白酶则可以不用脱碱操作或只需轻微脱碱。

猪正鞋面革酶脱毛工艺示例。

a. 原料皮。四川盐湿猪皮。

b. 工艺流程。组批→水洗→预脱脂→水洗→二次脱脂→水洗→酶脱毛→……

c. 工艺操作规程。

• 技术规定:浴比1.0,温度39～41℃,pH8.0～8.2,166中性蛋白酶150U/mL。

• 操作方法:按规定调好浴比、内温,加入166中性蛋白酶,转动30min,停20min,转5min,停15min,再转5min。然后水洗30～35min后进行鞣制。

这种方法是先使生皮经过碱膨胀,除去碱溶性的纤维间质,分散胶原纤维,同时,角蛋白和脂类物质也遭受碱的水解,从而为蛋白酶渗入皮的内部创造有利条件。因此,可以用少量的蛋白酶在短时间内达到脱毛的目的。这种方法又可以称为碱酶法,是我国首先实验成功并应用于工业化生产的一种酶脱毛方法。

②无液酶脱毛。常温无液酶脱脂脱毛法的特点是,省去了脱脂、拔毛工序,减轻了劳动强度,脱脂脱毛不需加温,节约了能源。

无液酶脱脂脱毛工艺示例。

a. 工艺流程。组批→削肉→水洗→脱脂脱毛

b. 工艺操作规程。

• 技术规定:浴比为无液,温度为常温,AS1.398蛋白酶(30 000U/g)1.2%,AS2.1203脂肪酶(1 200U/g),硫酸铵0.2%。

• 操作方法:水洗后的猪皮在转鼓中控干水,加入酶和激活剂(硫酸铵),转动60～90min(以毛根松动为度),以后间歇转动,转动5min/60min,共6～8次,停鼓过夜,次日水洗出鼓,回收毛。然后进行水洗、碱膨胀及剖层等工艺操作。

此法的缺点是:在无液条件下,干转易产生摩擦伤面、毛穿孔及毛结球等缺陷,酶的用量大,成本过高。

③滚酶堆置酶脱毛。一般在脱脂后进行。生皮脱脂后,可以采用温水闷流结合水洗,然后控去废液,也可将皮先出鼓再逐张翻皮进鼓,其关键是内温应符合滚酶堆置的工艺要求。

a. 工艺流程。组批→去肉→水洗→脱脂→滚酶堆置脱毛

b. 工艺操作规程。

• 技术规定:浴比2.5～3.0,pH7.3～7.7,AS1.398中性蛋白酶(50 000U/g)0.4%～0.5%,亚硫酸钠1.0%～1.5%,防腐杀菌剂0.2%。

• 操作方法:脱脂后的皮先用温水(40～42℃)闷洗15min,然后将水控干,加入上述材料转动60～80min即可取皮堆置。堆置时,要按品种和毛色分开堆置,堆置完毕后,用塑料薄膜盖好,以免风干。脱毛时间与堆置温度有较大关系,在5～20℃时,需6～14天才能脱毛,而在25～35℃时则只需3天左右就能脱毛。有的制革厂建有专供堆置用的温室,冬天可将室内温度控制在25～28℃。

(3)影响生物酶脱毛的因素。

①生皮状态。生皮的状态主要取决于酶脱毛前的处理状况。浸水、脱脂以及碱膨胀等工序

的作用,对生皮状态有直接影响。浸水适度,胶原纤维间的可溶性蛋白质溶解较多,则胶原纤维间的空隙增大、孔率提高,有利于酶分子的渗透和作用。对于多脂皮(例如猪皮)来说,脱脂效果的好坏,严重影响酶分子能否进入皮内,从而很大程度上影响酶脱毛效果。研究表明,酶脱毛前采用碱膨胀处理,有利于酶脱毛,可以生产出优质皮革。

②酶制剂种类及用量。

a. 酶制剂种类。酶具有高度专一性,一般认为,只有蛋白酶破坏类黏蛋白中的蛋白质组分,才能起到脱毛作用。脱毛使用的酶制剂,应该含有肽链内切酶(简称内肽酶),同时也要含有肽链端解酶(端肽酶),这样的酶制剂才可能具有较强的脱毛作用。值得注意的是,目前生产上使用的蛋白酶制剂都是未经分离提纯的粗制品,其中,除了含有蛋白酶之外,还含有胶原酶、弹性蛋白酶、脂肪酶和淀粉酶等,所以,利用生物酶脱毛的同时,也有对生皮进行水解软化的作用。如果处理不当,生物酶的水解软化作用过强,皮蛋白质损失过多,轻则造成损伤粒面、成革松面、强度降低等缺陷;重则导致烂皮,强度降低,失去使用价值。此外,酶制剂的种类不同,其最适pH、最适温度也不一样,因此,要求的工艺条件不同。

b. 酶制剂用量。一般来说,底物的量一定时,酶的用量越大,则酶的生物催化能力越强,越有利于酶脱毛过程的进行。但是,当酶的用量增大到一定程度时,使浴液中酶的浓度达到一定限度,其生物催化作用反而没有增强。所以,酶的最佳用量,最好综合考虑脱毛效果、生产成本以及成革质量。一般的,应该在保证脱毛效果的前提下,酶的用量尽可能小。酶的用量小了,在酶脱毛过程中,蛋白酶对于生皮的水解作用才能得以很好的控制。

③工艺条件。

a. 温度。生物酶对温度普遍比较"敏感"。研究表明,温度对酶的生物催化作用具有明显影响。温度升高,反应速度加快。但是,由于酶是蛋白质,因此,随着温度的升高,蛋白酶因为受热变性而失去活力,最终不能产生催化作用。另外,生皮也是蛋白质,温度升高到一定程度,也可能导致生皮的变性胶化。

不同的酶制剂具有不同的最适温度,因此,在使用某种酶制剂时,只有在一定的温度条件下才能获得最佳效果。当然,在实际生产中,具体操作温度的确定还应该与反应时间综合考虑,例如,反应时间长,温度可以控制偏低;反应时间短,则温度可以控制偏高。

需要指出的是,在最适温度下,酶的活性最大,但酶的耐湿热稳定性却往往较最适温度低。这一因素在确定控制温度时必须予以考虑。

b. pH。由于酶的作用都是在亲水系统中发生,所以在各种离子中,氢离子对酶活力的影响最大,也就是说,浴液 pH 对酶的活力有较大影响。pH 对酶活力的影响可以从两个方面考虑:一方面是从酶自身来考虑,酶作为一种蛋白质也是具有离解基团的两性电解质。这些离解基团的状态,对酶的活力有较大影响。尤其是活性基的状态是主要因素。有些酶在等电状态下显活性,有些仅在活性中心的酸性基团解离时才显活性,还有些则在碱性基团解离时显活性。另一方面,从酶所作用的底物来考虑,特别是对于蛋白酶和肽酶,因为它们的底物也是蛋白质或多肽。当酶的活性中心与底物的作用点作用时,显然底物作用点的离解状态对反应也起同样重要的作用。这两方面都受环境的氢离子浓度的影响。

一般来说,不同的酶制剂作用的最适 pH 不同,在最适 pH 条件下,酶的活力最大。由于酶脱毛所作用的底物是生皮蛋白质,所以,酶脱毛的 pH 控制主要应该兼顾所选用的酶制剂的种类。

④机械作用。加强机械作用,有利于加速脱毛过程,但过强的机械作用容易造成粒面损伤和皮胶原的过度损失,引起成革松面和物理机械强度降低等缺陷。所以,在确定机械作用强度时,应该综合考虑各方面的因素而灵活掌握。

4. 改进型灰碱脱毛法

目前,大规模制革工业生产所使用的脱毛方法仍然是灰碱脱毛法,因而存在着硫化物的污染问题。国内外制革科技工作者们一直都在千方百计地寻求解决硫化物污染的新技术、新工艺和新材料。酶法脱毛、氧化脱毛均可作为脱毛清洁技术。不过,完全工业化尚存在一些亟待解决的问题。在过去的一段时间里,很多研究者在灰碱脱毛法的改进方面做了不少工作,开发出一些行之有效的清洁生产技术。

(1)变型少浴灰碱脱毛法。灰碱脱毛法是一种传统的脱毛方法,其脱毛机理如下。

$$Na_2S + HOH \longrightarrow NaSH + NaOH$$

Na_2S 水解生成的 NaSH 具有还原作用,可打断角蛋白的双硫键,并阻止它生成新的交联键。因此,它的脱毛能力很强,其反应式为如下。

$$R-S-S-R + 2NaSH \longrightarrow 2RSH + Na_2S_2$$

显然,使用 Na_2S 脱毛具有脱毛迅速、膨胀快、大大缩短浸灰时间的优点,但是由于 Na_2S 具有很强的膨胀作用,胶原纤维难以充分而均匀地分离和松散。单独使用 Na_2S 时所得成革偏硬,仍要用石灰复灰,通常与石灰同时使用。它的最大缺点是,硫离子对环境污染很严重,中性时产生硫化氢(H_2S)气体。

灰碱脱毛必须解决两个问题:一是适度膨胀并彻底脱毛,二是减轻或消除硫化物的污染。在灰碱脱毛过程中,要达到生皮适度膨胀和彻底脱毛的目的,应满足以下条件:Na_2S 的用量尽可能小,适当的 pH,必须使用石灰。其中,Na_2S 的用量很关键,Na_2S 用量大,则脱毛迅速、膨胀剧烈,但容易导致成革松面;Na_2S 用量小,则脱毛困难,膨胀程度小,容易导致成革手感僵硬,且浴液的 pH 低对脱毛也十分不利。

通过正交设计法对灰碱脱毛法进行的一系列研究,较好地解决了脱毛和膨胀的矛盾,并优化总结出"变型少浴灰碱脱毛法"。该法用于高档猪革生产的定型工艺如下。

技术规定:浴比 0.3~0.5,内温 22~24℃,片状硫化钠(60%)2.0%~2.2%,石灰精粉 4%,渗透剂 JFC 0.2%,液碱(30%)0.6%~0.8%。

操作方法:按规定调好浴比、内温后,加入片状硫化钠和渗透剂 JFC,转动 60min,检查脱毛情况,毛完全脱净后,补常温水,扩大浴比至 2.0~2.5,加入石灰精粉和液碱,转动 60~90min 以后间歇转动,转动 3min/60min,反复 4~6 次。次日转动 15min 后水洗。

变型少浴灰碱脱毛法的机理为:初期,在无浴或少浴的条件下,相对浓度较高的硫化钠溶液快速将毛完全水解并迅速渗透至生皮内层,在生皮内外形成较大的渗透压,在生皮胶原纤维间形成较多的"通道"。后期,补水扩大浴比时,渗透压进一步增大,水分子迅速、顺畅地进入生皮内层,进入胶原纤维间,使生皮的厚度、重量和体积增加,发生充水膨胀现象。该项技术的特点如下。

①在生皮膨胀过程中,碱的渗透与充水膨胀是分步进行的。

②生皮的膨胀程度可以通过补水的次数和补水的水量来控制,其膨胀属于"抑制性膨胀",在此条件下,生皮可以达到充分、均匀和适度膨胀的目的。

③硫化钠的用量减少,膨胀时间缩短,可节约硫化钠35%~40%,从而大大地减轻硫化物对环境的污染。

④成革手感好,基本不松面,成革的利用率大大提高。

经大量生产验证,按此优化工艺生产的猪正面服装革,松面率小,可节约硫化钠35%~40%,减轻了硫化物对环境的污染,常规灰碱脱毛法工艺与变型少浴灰碱脱毛法工艺的对比见表3-7。

表3-7 常规灰碱脱毛法工艺与变型少浴灰碱脱毛法工艺的对比

工艺方法	试验数量(张)	成革松面情况		成革手感鉴定情况			
		松面数量(张)	松面率(%)	好(张)	较好(张)	一般(张)	差(张)
常规工艺	50	8	16.0	10	6	17	17
优化工艺	50	1	2.0	30	9	5	6

(2)浸灰—复灰废液循环利用技术。张铭让、潘君等开展了浸灰—复灰废液循环利用的研究,他们通过对工艺过程及材料等的优化,建立了一套稳定的适合于工业化生产的封闭式浸灰废液循环体系。结果表明,应用该体系不仅制得的成革质量优良,而且还大大地减轻了石灰、硫化物的污染。关于浸灰—复灰废液的循环利用的次数问题,文献资料报道一般为两周左右。但据实践证实,单纯的浸灰—复灰废液的循环次数以1周为佳。

(3)浸灰—复灰废液的循环利用与"变型少浴灰碱脱毛法"的联用技术。为了实现浸灰—复灰废液的多次循环利用,最大限度地减少石灰和硫化钠的用量,将"变型少浴灰碱脱毛法"与浸灰—复灰废液循环利用联用,建立了联用体系,变型少浴灰碱脱毛法与浸灰—复灰废液循环利用联用示意图,如图3-2所示。

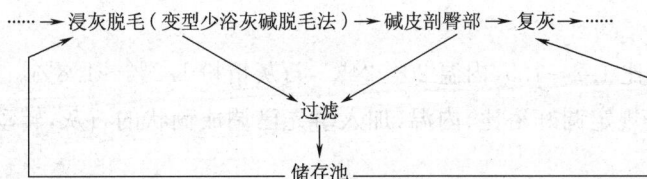

……→ 浸灰脱毛(变型少浴灰碱脱毛法)→ 碱皮剖臀部 → 复灰→……

过滤

储存池

图3-2 变型少浴灰碱脱毛法与浸灰—复灰废液循环利用联用示意图

改进后的联用体系吸收了浸灰—复灰废液循环利用技术的长处,同时,也在相当程度上体现了传统工艺的作用,秉承了"好皮出在灰缸"的古训。更为重要的是,这种结合与联用,实现了浸灰—复灰废液的循环利用,根除了石灰、硫化钠对环境的污染。按照这一体系运行,带毛生皮首先进入浸灰浴(新灰),经变型少浴灰碱法脱毛后,再进入复灰浴(老灰),不同的是,复灰的作用有所加强。这样,可使皮胶原纤维真正得到充分、适度地分离和松散。无论是浸灰浴还是复灰浴,其废液均进入同一储存池。

研究表明,改进后的工艺,所得成革丰满、柔软、弹性好,基本不松面;其原因是,长时间的复灰操作加强了对生皮胶原内类黏蛋白的水解作用,胶原纤维得到充分的分离和松散。由于 $Ca(OH)_2$ 的作用较为缓和,故使得它对胶原的水解作用缓和而均匀。这种水解作用与不同批次的旧灰液特有的缓冲作用协同作用的结果,就是对胶原纤维缓慢、温和、均匀而细腻的水解作用,它是生产高档皮革的重要基础。采用此工艺,基本上可以实现浸灰—复灰废液的无限次循环,从根本上消除了硫化物和石灰的污染。

(4)清洁化灰碱法脱毛工艺。王坤余等新近开发出了一种颇有新意的"清洁化灰碱法脱毛工艺",其要点是,使用 2.0%～2.5% 的硫化钠和 1.0%～2.0% 的石灰进行灰碱法脱毛,浴比由小到大。浸灰结束后,加入 0.6%～1.0% 的 H_2O_2,转动 30min,可使废液中的 S^{2-} 含量降低 70%～100%。研究表明,采用该工艺,加工所得猪蓝湿革质量优于常规灰碱法加工的产品。若在工艺中用酶制剂代替石灰,可减少石灰用量 80%。该工艺简便易行,易于控制,不需要更改或添置设备,具有重要的推广应用价值。

5. 保毛脱毛法

大约在 20 世纪 80 年代之后,保毛脱毛法开始了工业化应用。保毛脱毛法的基本原理是先用石灰乳预处理,使毛的角蛋白的胱氨酸转变为硫氨酸而产生碱免疫作用。由于毛干胱氨酸含量高,毛根胱氨酸含量低,故毛干的护毛作用强,而毛根则相对较弱。这样,按照传统的灰碱法进行脱毛时,加入石灰、硫化钠后毛根就很容易从皮上脱落而使毛干保存完整,从而达到保毛脱毛的目的。与传统的灰碱法脱毛相比,采用保毛脱毛法不仅可以减少硫化物用量,而且可以显著降低废水的 COD 值。

目前流行的保毛脱毛法主要有三种:石灰、硫化物保毛脱毛法,有机硫化物—硫化物保毛脱毛法和酶辅助低灰保毛脱毛法。下面简单介绍有关工艺。

(1)石灰、硫化物保毛脱毛法的黄牛皮脱毛工艺。

①工艺流程。……→护毛作用→保毛/脱毛→复灰→……

②工艺操作规程。

a. 护毛作用。

• 技术规定:浴比 1.2～1.5,内温 20～24℃,石灰精粉 1.2%～1.8%。

• 操作方法:按规定调好浴比、内温,加入事先已调成糊状的石灰,转动 10min,停 30min,再转 5min。

b. 保毛脱毛。

• 技术规定:在护毛作用液中进行,片状硫化钠(60%)1.2%～1.8%。

• 操作方法:护毛作用达到要求后,加入片状硫化钠(最好事先溶解完全后加入),转动 120～150min 后,过滤。

c. 复灰。

• 技术规定:在保毛脱毛液中进行,石灰精粉 2%。

• 操作方法:毛脱净后,加入石灰精粉,转动 30min,补水(22～26℃)使浴比达到 2.0～2.5。

转动 60～120min 以后,间歇转动,转动 3min/60min,反复 4～6 次。次日转动 30min 后水洗。

(2)有机硫化物—硫化物保毛脱毛法的猪皮脱毛工艺。

①原料皮。臀部涂酶后的生猪皮。

②工艺流程。……→水洗→碱处理→水洗→中和→酶处理→保毛脱毛→……

③工艺操作规程。

a. 水洗。将臀部涂酶后的生猪皮投入转鼓中,闷流结合水洗 30～40min。

b. 碱处理。

• 技术规定:浴比 1.5～2.0,内温 25～30℃,NaOH(1∶10)1%,非离子表面活性剂(1∶10)0.3%。

• 操作方法:按规定调好浴比、内温,加入非离子表面活性剂,转动中从转鼓轴孔加入事先稀释好的 NaOH,转动 90～120min,测 pH＝12 左右,排液。

c. 水洗。用 28～32℃的温水闷流结合水洗 10min。

d. 中和。

• 技术规定:浴比 1.5～2.0,内温 28～32℃,氯化铵 1.2%～1.8%,非离子表面活性剂(1∶10)0.3%。

• 操作方法:按规定调好浴比、内温,加入氯化铵和非离子表面活性剂,转动 30min,测终点 pH9.2 左右。

e. 酶处理。

• 技术规定:浴比 1.5～2.0,内温 22～28℃,胰酶(活力 1∶25)0.02%,非离子表面活性剂(1∶10)0.5%。

• 操作方法:按规定调好浴比、内温,加入胰酶和非离子表面活性剂,转动 5h,测 pH 在 7.5 左右,停鼓过夜。

f. 保毛脱毛。

• 技术规定:浴比 1.5～2.0,内温 25～28℃,Na$_2$S(60%)2%,石灰精粉 3%,非离子表面活性剂(1∶10)0.5%。

• 操作方法:按规定调好浴比、内温,加入 Na$_2$S,转动 20min。然后加入石灰精粉和非离子表面活性剂,转动 4h,测 pH 在 12.5 左右,停鼓过夜。次日转 15min,回收猪毛。

(3)Novo - Nordisk 酶辅助石灰—硫化物保毛脱毛用于黄牛皮脱毛。

①原料皮。经二次去肉、割边后的黄牛皮。

②工艺流程。……→称重→保毛→酶辅助硫化钠脱毛→……

③工艺操作规程。

a. 保毛。

• 技术规定:浴比 1.2～1.5,内温 24～28℃,石灰精粉 2%。

• 操作方法:按规定调好浴比、内温,加入石灰精粉,转动 60～90min。

b. 酶辅助硫化钠脱毛。

• 技术规定:在保毛液中进行,硫化钠 1.5%,诺和诺德酶制剂(NVE 0.6 MPX)0.1%～0.15%。

• 操作方法：加入硫化钠、NVE 0.6 MPX 间歇转动 2min/60min，反复 6～8 次，停鼓过夜。次日转动 15min，排液。

6. 酶—碱结合脱毛法

笔者在深入总结以往酶法脱毛、碱法脱毛研究工作的基础上，结合猪皮臀部强制处理方法，综合运用系统工程、制革工艺板块模式以及层次分析法等科学方法，重点对猪服装革酶法脱毛工艺板块进行了设计、优化，研究开发出酶—碱结合脱毛法。

猪服装革酶—碱结合脱毛法工艺。

(1)原料皮。经拔毛、预热后的生猪皮。

(2)工艺流程。……→碱膨胀→脱碱→拔毛→预热→滚酶→沥水→臀部涂酶→理毛→水洗→浸灰膨胀（采用变型少浴灰碱脱毛法—浸灰废液循环利用技术联用工艺）→……

(3)工艺操作规程。

a. 滚酶。

• 技术规定：浴比 0～0.3，内温 28～32℃，166 中性蛋白酶 0.5％，工业胰酶 0.2％，防腐杀菌剂 0.2％。

• 操作方法：按规定调好浴比、内温，加入 166 中性蛋白酶和工业胰酶，转动 20min。加入防腐杀菌剂，转 20min。出鼓，尽快将带温猪皮运进专用涂酶室。

b. 臀部涂酶。

• 技术规定：涂酶糊配方为 AS1.398 中性蛋白酶(50 000U/g)0.35％～0.55％，工业胰酶(1∶25)0.1％～0.4％，添加剂适量。堆置时间为 30～48h。皮堆温度为 24～26℃(夏季：24～30℃)。涂酶室温度为 25～27℃(夏季：25～30℃)。

• 操作方法：沥水达到要求后，开始进行臀部涂酶。涂酶时，用小瓢定量酶糊，用刷子或扫把将酶糊均匀地涂于生皮的肉面规定部位，然后两两肉面相对堆放整齐。每堆可酌情堆放 40～60 张。

五、脱灰清洁技术

1. 脱灰工序中的主要污染物

各国环保部门对制革废水中的氨氮含量已经制定了严格的排放标准，制革废水的氨氮指标日益受到关注。制革废水中氨氮的主要来源如下。

(1)生皮中除去的各种对制革无用的蛋白质所产生的氨氮，它主要来自于准备工段的浸水、浸灰、脱毛、脱灰、软化和浸酸等工艺过程中，其中脱灰和软化对制革废水中的氨氮指标影响最大。

(2)制革生产过程中所用化工材料带入的氨氮，如传统的脱灰工艺就使用了大量的硫酸铵和氯化铵等。

传统的脱灰方法所使用的脱灰剂是硫酸铵和氯化铵，在脱灰过程中会产生大量的有刺激性的、有害健康的氨气，对废水和大气也会造成污染。脱灰废水一般占制革废水总量的 2％～4％，化学耗氧量约占总污染的 2％，仅次于脱毛废水(41.2％)。传统的脱灰方法使大量的铵盐离子进入水体,对水生动物亦具有一定毒性;还会引起水体的富营养化,使水生植物过度生长,如海藻、水草的大量生长繁殖,降低水中的含氧量,导致水体生态平衡失调,从而减少水系微生物的生长与繁殖。此外,脱灰中常用的 NH_4Cl 也是氯化物污染源之一。可见,传统的脱灰方法所带来的污染不可忽视。

2. 脱灰清洁技术

研究表明,降低制革废水中氨氮指标的方法之一是实施无铵脱灰,可用于无铵脱灰的材料有弱的有机酸、有机酸酯、乳酸镁和二氧化碳等。

采用弱有机酸或有机酸酯脱灰,虽然能消除铵盐的污染,但会使废液的 BOD 和 COD 值增加。采用乳酸镁脱灰可以消除铵盐的污染,但脱灰的 pH 较高,皮的切口无法用酚酞指示剂检查其渗透程度,因此,浸酸时要加入更多的硫酸。另外,乳酸根的存在会增加脱灰废液中的BOD 值。

下面介绍几种较为成熟的无氨脱灰工艺。

(1)乳酸用于猪灰裸皮脱灰的工艺。

①原料皮。复灰后的猪灰裸皮。

②工艺操作规程。

a. 水洗。常温水闷流结合水洗 40～60min。

b. 脱灰。

• 技术规定:浴比 1.2～1.5,内温常温,甲酸(85%以上)0.2%,工业乳酸 0.4%。

• 操作方法:按规定调好浴比、内温,转动中从转鼓轴孔加入事先用 15 倍水稀释过的甲酸,转动 10min,再从转鼓轴孔加入事先用 5 倍水稀释过的乳酸,转动 60min。然后直接在脱灰浴中进行软化操作。

"无氨脱灰—同浴软化"的工艺,经生产实践表明,采用工业乳酸脱灰,所得成革粒面特别细致。

(2)乳酸镁用于山羊灰裸皮脱灰的工艺。

①原料皮。经复灰后的山羊灰裸皮。

②工艺操作规程。

a. 水洗。常温水闷流结合水洗 40～60min。

b. 脱灰。

• 技术规定:浴比 1.0～1.2,内温 34～38℃,甲酸(85%以上)0.2%,乳酸镁 1.5%～2.0%。

• 操作方法:按规定调好浴比、内温,转动中从转鼓轴孔加入事先用 15 倍水稀释过的甲酸,转动 10min,再从转鼓轴孔加入事先用 5 倍水溶解完的乳酸镁,转动 60min。

(3)二氧化碳用于黄牛灰裸皮脱灰的工艺。

①原料皮。经复灰后的黄牛灰裸皮。

②工艺流程。……→复灰→水洗→脱灰→水洗→……

③工艺操作规程。

a. 水洗。闷流结合水洗 30～40min。要求终点 pH=8.5～9.0。

b. 脱灰。

• 技术规定：浴比 1.5～2.0，内温 32～35℃，通入 CO_2 气体适量，H_2O_2 0.125%。

• 操作方法：灰裸皮水洗达到要求后，按规定调好浴比、内温，转动中先快速通入 CO_2 气体 10min(1bar)，加入 H_2O_2，然后缓慢通入 CO_2 气体 90～120min。终点 pH 为 6.5～7.0。

相对而言，CO_2 脱灰是目前最为理想的一种脱灰方法，其主要优点是：可使浸灰废液中的氨氮含量大幅度降低，使氨味减小，不增加 BOD 和 COD 值，不会损坏皮的粒面特征。

六、浸酸清洁技术

制革行业中盐的污染是非常严重的。制革企业盐的污染主要来自盐腌皮浸水后排出的盐量和浸酸工序所用的盐量。浸酸工序排放的盐量占制革厂总污水中总盐量的 20% 左右，是产生盐污染的第二大工序。

浸酸的清洁技术，主要是实施浸酸废液的循环利用和无盐浸酸。

1. 浸酸废液的循环利用

浸酸结束后，先将浸酸废液排入储存池，过滤，滤去纤维、肉渣等固体物。然后，用耐酸泵将浸酸废液抽入储液槽中。最后，按比例加入甲酸和硫酸，将浸酸废液的 pH 调至浸酸开始时的 pH，备用。如此循环往复。采用此法，可以减少食盐用量 80%～90%，减少酸的用量约 25%。

2. 无盐浸酸

采用非膨胀性酸或酸性辅助性合成鞣剂浸酸，在将裸皮的 pH 降至铬鞣所需的 pH 的同时，不会引起裸皮的膨胀。在浸酸过程中，不需加入食盐，因而可以减轻盐对环境的污染。黄牛皮的无盐浸酸工艺操作规程如下。

(1)技术规定。浴比 0.5～0.8，温度 22～25℃，砜酸聚合物 40%，甲酸 0.5%。

(2)操作方法。按规定调好浴比、内温，加入总量 1/2 的砜酸聚合物，转动 20min，测 pH 为 4.2～4.6，再加入剩下的砜酸聚合物，转动中从转鼓轴孔加入事先用 8～10 倍冷水稀释过的甲酸，转动 120～180min。要求浸酸全透，终点 pH＝3.0～3.2。

采用无盐浸酸工艺，裸皮粒面平滑细致，收缩温度也较常规浸酸法的高。

单志华、王群智用萘、苯酚和脲等化学试剂在不同条件下经缩聚反应得到相对分子质量、分子结构不同的聚合物作为浸酸助剂进行实验。结果表明，使用 2.5%～2.7% 的浸酸助剂(以碱皮重计)，不仅可以免去食盐的使用，而且可以较好地分散纤维，同时增加铬的吸收，减少中性盐及铬的排放。使用浸酸助剂不改变常规工艺，而且制造出的蓝湿革也不改变铬鞣革的特征。

七、鞣制清洁技术

迄今为止，在制革工业中，铬鞣仍然占据主导地位。制革中铬的污染问题一直备受关注。制革工业铬的污染，主要来自三个方面：一是铬鞣剂进入水体造成污染；二是配制铬鞣液时，由于铬酸蒸气的挥发而又无回收装置，因此造成对大气的污染；三是磨革时所产生的含铬粉尘对大气的污染。在我国，大多数制革企业已经较好地治理了磨革含铬粉尘的污染，而配制铬鞣液所产生的铬酸蒸气的污染的根本解决主要得益于张铭让教授等所研制的 KMC 铬鞣粉剂的产业化和大规模的推广应用。然而,铬鞣剂进入水体所造成的污染,目前还没有得到根本解决。有资料表明,在世界范围内,生产皮革的主鞣剂中铬鞣剂占 70%～80%,每年全球铬鞣剂的消耗量为 40 万吨。按照常规工艺,主鞣中有 30%～40% 的铬鞣剂未被充分利用,如果随废水排出,就意味着全世界每年会有 12 万～16 万吨的铬鞣剂被浪费掉,并造成含铬废水对环境的严重污染。

长期以来,制革科技工作者十分重视减轻和消除铬的污染,已经做了大量的卓有成效的工作,研究开发出一系列鞣制清洁技术,并已应用于工业生产中。随着这些鞣制清洁技术的工业化推广应用,已经减轻或消除了铬的污染。

1. 少铬鞣革技术

少铬鞣革技术是指通过在铬鞣体系中引入其他无机/有机鞣剂或改进鞣制方法,以减少铬鞣剂用量的工艺方法。归纳起来,少铬鞣革技术主要有三种:一是以铬与其他无机鞣剂/有机鞣剂或栲胶等配伍复合,形成复合鞣剂,对裸皮进行鞣制。此类鞣革技术,铬的用量较传统铬鞣法有不同程度的减少。我们将此类少铬鞣革技术称为铬—无机/有机鞣剂复合鞣革技术;二是从鞣制工艺入手,减少铬鞣剂的用量,例如,小浴比铬鞣法;三是稀土助铬主鞣法。利用氯化稀土的助鞣作用,增加铬配合物与皮胶原活性基团的结合,减少铬鞣剂的用量。

(1)铬—无机/有机鞣剂复合鞣革技术。该技术的关键在于复合鞣剂的组分、复合的方式。复合鞣剂的组分不同、复合的方式不同,则鞣制效果就不一样。按照复合鞣剂的组分不同,可以分为铬—锆—铝多金属配合鞣剂及其鞣法、铬—锆配合物鞣剂及其鞣法、铬—铝配合物鞣剂及其鞣法、铬—钛配合物鞣剂及其鞣法、铬—植物鞣剂及其鞣法、铬—醛鞣剂及其鞣法等。按照复合方式,可以分为配合鞣剂鞣法和结合鞣法。

①铬—锆—铝多金属配合鞣剂及其鞣法。铬—锆—铝多金属配合鞣剂是张铭让教授研究成功的一种可广泛应用于各种皮革的主鞣和复鞣的配合物鞣剂。应用该鞣剂及其鞣法,可以节约铬鞣剂 25%～30%,且成革质量也有很大提高,尤其是成革兼具铬鞣革、锆鞣革和铝鞣革的特性,丰满、柔软有弹性,适合服装革、鞋面革、沙发革以及汽车坐椅革的主鞣和复鞣。

笔者曾将铬—锆—铝多金属配合鞣剂用于黄牛鞋面革的主鞣,其工艺操作规程如下。

a. 技术规定。在浸酸废液中进行,阳离子加脂剂 1%,甲酸钠 0.5%～0.8%,铬—锆—铝多金属配合鞣剂 5.0%～6.0%,碳酸氢钠(小苏打)1.4%。

b. 操作方法。浸酸达到工艺要求后,加入阳离子加脂剂,转动 40min,然后加入甲酸钠转动 10min,接着加入总用量一半的铬—锆—铝多金属配合鞣剂,转动 120min,再加入剩下的一半铬—锆—铝多金属配合鞣剂,转动 150min,检查鞣透情况,鞣透后用小苏打提碱,小苏打先用 15 倍的温水溶解完全,转动中从转鼓轴孔分 6～8 次缓缓加入,每次间隔 20min,加完后转动 4～6h,停鼓过夜。次日转动 30min,检测终点 pH=3.8～4.2,收缩温度≥95℃。

若将铬—锆—铝多金属配合鞣剂用于服装革的主鞣,则可以适当减少铬—锆—铝多金属配合鞣剂的用量,而加入适量的 KMC 铬鞣粉剂,比如按照灰裸皮重计,铬—锆—铝多金属配合鞣剂 3.5%～4.0%,KMC 铬鞣粉剂 1.5%～2.0%。

②铬—植物鞣剂结合鞣。铬—植物鞣剂结合鞣是应用较为普遍的一种少铬鞣革技术。石

碧教授选用双氧水作为氧化剂对橡椀栲胶进行氧化降解得到其改性产物——改性橡椀栲胶,并用于铬—植结合鞣,其较适工艺如下。

a. 原料皮。浸酸皮(pH=2.8~3.0)。

b. 滚盐。浴比 0,内温常温,食盐 5%,转动 10min。

c. 预处理。浴比 0.5,内温常温;加脂剂及辅助型合成鞣剂 2%,转动 60min。

d. 植鞣。

• 技术规定:在预处理废液中进行。内温常温,改性橡椀栲胶(pH=5)5%~7%,甲酸(85%)0.3%~0.5%。

• 操作方法:预处理结束后,加入规定量的改性橡椀栲胶,转动 150min,检查鞣透情况,鞣透后补加热水(40℃)50%,转动 120min。转动中,从转鼓轴孔缓缓加入事先用 8~10 倍冷水稀释过的甲酸,调整浴液 pH 至 3.1~3.2 范围,停鼓过夜。次日转动 30min 后,进行铬鞣操作。

e. 铬鞣。

• 技术规定:在植鞣废液中进行。内温常温。KMC 铬鞣粉剂(碱度 33%~35%、Cr_2O_3 含量 20%~25%)4%~6%,小苏打 1.2%~1.6%。

• 操作方法:转动 30min 后,加入 KMC 铬鞣粉剂,转动 120min,转动中,从转鼓轴孔缓缓加入事先用 15 倍温水溶解完全的小苏打,分 6~8 次加完,调整 pH 至 3.8~4.0。补热水(65~70℃),使浴比达到 2.0,内温达到 40℃,转动 120min 后,停鼓过夜。

采用该工艺,铬用量降低 25%~50%,从而可以大大减轻铬对环境的污染。

(2)小浴比铬鞣法。通常的做法是,常规浸酸结束后,控去(1/3)~(1/2)浸酸废液,使浴比由原来的 0.5~0.6,降低至 0.3 左右。由于浴比很小,加入铬鞣剂后,可以形成高浓度的铬鞣液,有利于渗透和结合。实施此法,可以减少铬鞣剂用量 10%~20%。

(3)稀土助铬主鞣法。张铭让等的稀土助铬主鞣法对于治理铬污染具有明显效果。利用稀土助铬主鞣,而后用多金属配合鞣剂复鞣,可节约红矾 35%~50%,废液中 Cr_2O_3 含量由纯铬鞣的 3.5~4.5g/L 降至 1g/L 以下,大大地减轻了铬对环境的污染。此外,稀土还可以用于对纯铬主鞣的坯革进行助铬复鞣,所得的成革要比铬复鞣革更柔软,粒面更细致、平整,得革率更大,松面率则大大降低,染色性能也更好。同时可节约复鞣用铬鞣剂的 35%~50%,废铬液中 Cr_2O_3 含量在 0.5g/L 以下。

为了更好地实施稀土助鞣技术,蒋维祺、张铭让等研究开发出含稀土鞣剂,并对其进行了应用研究。实验表明,含稀土鞣剂可单独直接用于主鞣,且操作方便,其最佳工艺条件为:含稀土鞣剂 5.0%~6.5%(按灰裸皮重计),浴液初始 pH=2.5~3.0,终点 pH=4.0 左右,终点时转鼓内温:38~42℃,时间 20h 左右。含稀土鞣剂也可单独直接用于复鞣,还可与其他无机鞣剂、有机鞣剂结合复鞣。经含稀土鞣剂鞣制或复鞣所得坯革,其染色性能优良,染料上染率高,尤其在染色加脂后同浴用此鞣剂复鞣,既能起到复鞣的作用,也能助染固色。进一步的研究表明,含稀土鞣剂能有效地促进胶原纤维与铬盐的结合,降低废液中 Cr_2O_3 含量;用含稀土鞣剂所鞣得的革,比纯铬鞣革的粒面更细致、身骨更为丰满,柔软性也比纯铬鞣革好;铬在革内的分布更均匀,得革率较纯铬鞣革提高 6% 以上。

2. 高吸收铬鞣技术

传统的铬鞣,铬的吸收率仅 $60\%\sim75\%$,而废液中 Cr_2O_3 的浓度高达 $3.0\sim6.0g/L$。这种废液直接排放,无疑会对环境造成严重污染。在传统铬鞣的工艺条件下,直接减少铬的用量,虽然可以减少废液中 Cr_2O_3 的浓度,但对成革性能影响甚大,特别是成革的收缩温度往往达不到工艺要求。较为理想的途径就是想办法提高铬的吸收率,从而使所排放的铬鞣废液中的 Cr_2O_3 的浓度大大降低,以减轻铬对环境的污染。于是,高吸收铬鞣技术应运而生。

高吸收铬鞣技术主要包括工艺改进法、铬鞣助剂法和新型鞣剂法等。

(1)工艺改进法。早期提高铬的吸收率的方法,不外乎通过对工艺条件的调整和控制来完成,比如,采用小浴比($0.2\sim0.3$)、较高温度($40\sim42℃$甚至 $42℃$以上)、延长作用时间、提高终点 pH 等。但采用这些方法来提高铬的吸收率,往往有些副作用,例如粒面变粗、革面发绿等。

近些年来,已经发展了一种通过工艺改进的方法来实现铬的高吸收的工艺技术,这就是不浸酸铬鞣法。不浸酸铬鞣法的基本思路有二:第一,软化后不浸酸,直接使用铬鞣剂进行鞣制,这就是所谓的"高 pH 铬鞣";第二,合成一种能够在高 pH 的条件下也可以顺利渗透的新鞣剂,此种鞣剂在鞣制过程中,以自身的酸性在短时间内将浴液的 pH 调至适合铬鞣的范围内,从而实现不浸酸铬鞣。陈武勇等在不浸酸铬鞣方面取得了令人瞩目的研究成果,他们成功地研究开发出不浸酸铬鞣剂 C—2000(Cr_2O_3 含量为 21.27%),产品已经面市。应用结果表明,该鞣剂在鞣制初期较高的 pH 下也能顺利渗透,成革中铬含量高,分布更均匀,丰满性、弹性等感官性能都优于常规铬鞣革。不浸酸铬鞣工艺如下。

①原料。软化裸皮。

②水洗。闷流结合水洗,20min/次,共进行 $4\sim6$ 次,要求 pH 在 7.5 左右。

③铬鞣。

a. 技术规定。浴比 0.5,内温为常温。不浸酸铬鞣剂 C—2000 6.0%(按灰裸皮计重)。

b. 操作方法。按规定调好浴比、内温,加入不浸酸铬鞣剂 C—2000,转动 $4\sim6h$,测 pH 为 $3.7\sim3.9$,补热水($65\sim70℃$)150%,使内温达到 $40\sim42℃$,再转动 2h,停鼓过夜,次日转动 30min,检测,合格后出鼓。

(2)铬鞣助剂法。铬鞣助剂法主要是源于 J. Gregori 等提出的一个基本思路:在铬鞣过程中,使用 $4\sim6$ 个碳原子的脂肪族二羧酸盐、$8\sim13$ 个碳原子的芳香族二羧酸盐,在皮胶原纤维间能够起到交联作用,产生更多的多点结合。也就是说,通过长链二羧酸盐或带苯环的芳香族二羧酸盐的两个羧基把与皮胶原纤维单点结合的铬配合物连接起来,形成多点结合的交联键,从而大大提高皮胶原的结构稳定性,其宏观表现就是收缩温度的提高。此外,脂肪族二羧酸和芳香族二羧酸与硫酸铬的反应,具有增大分子体积、增加鞣制过程中的铬的固定的作用,因此,使铬的吸收量得以提高,铬的吸收率也就大大提高了。

吕绪庸教授曾经在总后 3514 工厂(今际华三五一四制革制鞋有限公司,以下同)进行过用苯酐做蒙囿剂制作重铬轻植水牛中底革的实验研究,该法可减少铬用量 $10\%\sim20\%$,且产品质量有一定程度的提高,因而受到工厂的欢迎,并很快应用于工业化生产中。受此启发,研究者曾将此技术应用于高档猪革的生产中,也收到良好效果。

段镇基院士研制的高吸收铬鞣助剂—铬能净(PCPA),是一种含多元羧基、氨基和羟基等多种活性基团的高分子化合物,可与铬离子形成稳定的水溶性配合物,可促进皮胶原对铬配合物的吸收和结合。据报道,该助剂在铬鞣后期加入,鞣浴中的铬鞣剂基本上被吸收干净,且不会发生表面过鞣。采用该助剂,可减少铬鞣剂用量,废液中的 Cr_2O_3 含量仅为 0.2g/L,铬的利用率高达 95％以上。

李国英等以醛和酯为原料,通过 Michael 加成反应,合成得到 LL—I 醛酸助鞣剂,研究结果表明,应用该助剂,可使铬的吸收率达到 90％以上,铬鞣废液中 Cr_2O_3 的含量降到 1.0g/L 以下。特别是将该助剂与高 pH 铬鞣新工艺联合使用效果更佳。强西怀等应用乙醛酸化合物对皮胶原进行化学改性,在皮胶原大分子侧链上引入羧基,从而增加铬鞣剂与皮胶原纤维的结合点,提高对铬鞣剂的吸收率以达到减少铬鞣剂用量的目的。研究结果表明如下几点。

①乙醛酸是弱膨胀性有机酸,用乙醛酸浸酸,与常规浸酸工艺相比,盐的用量可减少 25％左右。

②乙醛酸可对皮胶原进行化学改性,能在皮胶原大分子侧链上引入羧基,这就增加了铬鞣剂与皮胶原的结合点,因而可提高铬鞣剂的吸收率,与常规铬鞣相比,可减少铬鞣剂用量 40％～50％。

③在浸酸时加入乙醛酸的效果最好,用量按灰裸皮重计以 1.5％左右为宜。

范浩军等以合成的丙烯酸 β-醛基乙酯单体与丙烯酸、乙烯基类单体自由基共聚制备了含有羧基、氨基、醛基、羟基、苯环等多种官能团的高分子铬鞣助剂 ECPA。应用结果表明,在铬鞣前使用该助剂,可以大幅度提高铬的吸收率,使废液中 Cr_2O_3 的含量低于 0.2g/L。

强西怀,沈一丁等研究了氨基树脂—醛—铬结合鞣法,其实验方案为:氨基树脂 2％,改性戊二醛 1％,铬粉 4％。结果表明,采用此法可减少铬鞣剂用量 50％左右,且成革的收缩温度高,铬鞣废液中的 Cr_2O_3 的含量低。成革兼具铬鞣革和醛鞣革性能,色泽浅淡,适合于白色革或浅色革的生产。

孙志典、杨宗邃以自行合成的稳定的铝—己二胺配合物为预鞣剂进行少铬鞣制,其工艺条件为:浸酸后的裸皮(浴液 pH 为 2.0)用铝—己二胺配合物预鞣,预鞣后期用小苏打升高 pH 至 4.0 左右,然后用 0.5％的 Cr_2O_3 的低碱度铬鞣液鞣制,加入铬液 2h 后用 0.2％的乌洛托品提高 pH 至 4.0 左右。

(3)新型鞣剂法。通过研究开发和推广应用具有高吸收性能的铬鞣剂,来减少铬鞣废液的排放。

3. 废铬液循环利用技术

废铬液也称铬鞣废液,是制革铬鞣中产生的废液。废铬液中所含三价铬是制革工业的重要污染源之一,其处理难度很大。早期主要着眼于从废铬液中回收铬再加以利用,主要有碱沉淀回收法、氧化回收法、吸附回收法以及萃取回收法等。对废铬液的上述处理方法都是将铬回收后再利用,其工艺复杂,而且成本较高,因而难以推广应用。为了从根本上解决三价铬对环境的污染问题,国内外在废铬液的循环利用方面进行了大量的研究。目前,废铬液的循环利用主要有直接循环利用和间接循环利用两种方式。

(1)废铬液的直接循环利用。早在1977年,总后3514工厂高孝忠、傅世昌、范振三等就开始了这方面的研究工作,后来通过技术改造,在军用黄牛反绒革上首先成功进行了废铬液循环利用的实验研究。1981~1982年,总后3514工厂在制革、毛皮上全面应用废铬液循环利用技术取得显著成效。现以山羊服装革铬鞣为例,说明废铬液循环利用技术的要点:山羊服装革的铬鞣在单独的铬鞣区内进行。铬鞣结束后,将铬鞣废液排入专门的储存池中,经过滤后用耐酸泵将铬鞣废液泵入转鼓中,按规定加入适量的硫酸(调节pH)、新铬鞣液(或铬鞣粉剂);然后将在铬鞣区外浸酸的酸裸皮投入鼓中进行铬鞣。后续操作同常规铬鞣工艺,只是提温不能用热水,而必须用蒸汽。近30年的实践证明,废铬液循环利用技术是切实可行的,它具有投资少、操作简便、不占用工房、不需要投入经常性的治理费用和人员、节约红矾等化工材料、可基本上实现铬的"零排放",从根本上消除了铬的污染等优点。

大量的实验研究和大规模的生产实践证明,在实施废铬液直接循环利用的过程中,还应当解决杂质的累积、循环次数对成革质量的影响以及物料平衡等问题。

王军等利用高分子聚酯来去除废铬液中的可溶性油脂、蛋白质和其他杂质,效果较好。处理后的废铬液经调整后可以直接用于鞣革,其工艺流程为:铬鞣废液→过滤→集液池(加热、加聚酯PS)→过滤→调节池(加食盐、加酸)→浸酸(加新铬液、加助鞣剂)→铬鞣→铬鞣废液。其实,从工业生产的角度看,这种对杂质的处理方法不必每批都进行,可根据杂质累积情况来决定间歇处理的时间。

①循环次数问题。将废铬液直接用于鞣革时,随着循环次数的增多,废液中的高价配合物组分增加,相对分子质量相对较大的铬配合物的量增加,易于发生表面结合,从而使坯革粒面变粗,粒面颜色变深。但是,通过严格控制工艺条件和选择适当的铬鞣剂可以解决这一问题。此外,在铬鞣废液中加入一定量的氯化稀土可以将循环铬鞣废液中的高价铬配合物组分全部转化为阴性、中性及低价组分,从而有利于铬配合物的渗透,使铬能够和皮胶原均匀、缓和地结合,所得成革粒面细致、颜色浅淡。吴兴赤、张铭让等发明了"铬—稀土鞣革废铬液封闭式循环工艺",该工艺将收集池中的废铬液送往铬鞣转鼓,调整pH及盐含量,投皮后再适当补充新鲜铬液,并加入稀土和蒙囿剂,调温、提碱,鞣制合格后,废铬液再送往收集池循环使用。采用此工艺可节约红矾40%左右,减少含铬废水排放量98%以上,铬的利用率可达98%以上,成革粒面细致、成革丰满、柔软,经济效益显著,排放废水中铬含量可控制在国家规定的排放标准以下。理论与实践都证明,废铬液可以无限次地循环利用。总后3514工厂应用废铬液循环利用技术多年,并未发现其对成革质量有不良影响。

②物料平衡问题。正常循环利用的废铬液的物料平衡很重要。现在不少厂家仍采用传统的铬鞣方法,使用自配铬鞣液,加小苏打液提碱,使得废铬液不断增加,有碍物料平衡,无法达到三价铬的"零排放"。较好的方法是采用自动提碱的铬鞣粉剂。

(2)废铬液的间接循环利用。废铬液除了直接循环利用之外,还可以采取将废铬液用于浸酸、主鞣后期提温以及复鞣等工序。

①用于浸酸。经过滤的废铬液进入储存池,加酸调节pH至工艺需要范围,然后泵入浸酸转鼓中用于浸酸,浸酸后废液直接排放。

②用于主鞣后期提温。铬鞣后期一般需要提高浴液的温度以利于铬的结合，通常是加入 65～70℃的热水。废铬液用于主鞣后期提温，是将储存池中的废铬液加热到 65～70℃（具体根据工艺要求确定），然后泵入铬鞣转鼓中，铬鞣结束后排放，经过滤进入储存池，如此循环下去。

③用于复鞣。经过滤的废铬液进入储存池，加酸调节 pH 至工艺需要范围，然后泵入复鞣转鼓中用于铬复鞣，然后再进行后续操作。

4. 白湿皮生产技术

（1）基本概念。所谓"白湿皮"（wet white leather），是一个相对于"蓝湿皮"（即蓝湿革，wet blue leather）的概念。白湿皮是指用某些具有一定鞣性和脱水作用的，且在一定条件下易于脱鞣的化学品处理的生皮。白湿皮可以看成是介于皮与革之间的"中间体"。概括地说，白湿皮具有脱水性和可逆变性两大基本特征。

在制革生产中推广应用白湿皮生产技术，是一种有效地减少铬污染、节约铬资源的重要途径。用剖白湿皮工艺替代剖蓝湿革工艺，具有以下优点。

①能够大幅度地减少含铬副废物的数量，提高皮胶原副废物的综合利用价值。

②节约铬资源，最大限度地减少铬盐的用量、降低铬鞣废液的铬含量，从而大大地减轻铬鞣废液对环境的污染程度，降低综合废水的处理负荷。

③提高成革质量和得革率。

④为无铬鞣制以及加工不同风格产品的坯革奠定良好的坯革基础。

前已述及，白湿皮是一种介于生皮与革之间的"中间体"，因此，白湿皮既不同于革，也不同于生皮，在加工中表现出如下特点。

①较灰（碱）裸皮、浸酸裸皮等有更好的机械加工性能（如易于挤水、剖层和削匀）和储存稳定性。

②皮胶原纤维的变性在很大程度上属于可逆变性，即在某种条件下（如经酸、碱或酶处理）可使其失去耐湿热稳定性而重现未鞣状态。这种可逆变性的程度因加工时所用材料的不同而异。

（2）白湿皮生产技术。白湿皮生产技术的研究和开发由来已久，发展迅速，迄今为止，国内外制革科技工作者已经开发出大量的白湿皮生产技术。下面介绍国内外一些先进、成熟的白湿皮生产技术。

①铝鞣白湿皮生产技术。最早的白湿皮是采用铝鞣法生产的。1983 年 Leather Science 报道了用硫酸铝鞣制白湿皮的工艺，有两种方法，其工艺操作规程如下。

方法一：按常规方法进行浸酸，过夜，次日转动 20min，检测，要求浸酸全透，终点 pH 2.8～3.0。在浸酸废液中进行铝预鞣，硫酸铝 15%，食盐 2%，柠檬酸盐 1%。

操作方法：浸酸达到要求后，加入硫酸铝、食盐以及柠檬酸盐，转动 180～240min，检查鞣透情况，鞣透后用小苏打（或其他材料）提碱至 pH 为 4.0～4.2，出鼓，静置过夜，次日即可进行挤水、片皮、削匀等后续工艺操作。

方法二：浸酸裸皮用 8%～10%的硫酸铝鞣制，而后用杀菌剂处理，挤水、分类、片皮、削匀，再用戊二醛和油脂处理 5h 以上。

研究发现,铝盐鞣制的白湿皮,虽然具有良好的可机械加工性能和临时储存性能,但成革仍具有扁薄、板硬等"铝鞣感"的特点,且铝鞣白湿皮中的铝易析出,给后续加工带来困难。

为了克服铝鞣白湿皮生产技术所存在的"铝鞣感"这一缺陷,后来人们对白湿皮生产工艺做了如下改进。当浸酸 pH 达到 3.0~3.5 时,加入丙烯酸树脂,转动 30min 后,再加入蒙囿铝鞣剂,用碱中和至 pH=4.1~4.5,然后出鼓挤水、剖层、削匀。铝鞣时加入丙烯酸树脂,一方面可起乳化作用,分散天然油脂,使铝预鞣能够均匀地渗透;另一方面丙烯酸树脂可与铝盐作用,使铝盐的稳定性更好,且系统是可逆的,能够用弱碱液漂洗脱铝。

吴坚士等较早进行了对猪皮白湿皮生产技术的研究,研究开发出与白湿皮相配套的稀土—铬结合鞣法,该法可用于各种猪轻革的生产。

工艺流程:脱脂→水洗→脱毛膨胀(采用碱法脱毛或酶法脱毛均可)→水洗→脱碱→水洗→软化→水洗→浸酸→铝预鞣→挤水→剖层→修边→削匀→修边称重→退鞣→预处理→铬—稀土结合鞣

该工艺的特点是,整个工艺分为铝预鞣、退鞣和铬—稀土结合鞣三个阶段,其工艺操作要点如下。

a. 铝预鞣。铝预鞣应注意三个问题:一是由于猪皮脂肪含量高,这些天然油脂若不去除干净,则会导致胶原纤维分散不良,影响鞣剂与加脂剂的渗透和均匀吸收,对赋予革身的柔软丰满性不利。因此,在投皮前要加强机械去肉,并在脱脂、浸灰、脱碱、软化等工序中加入不同的表面活性剂和酶制剂进行多次脱脂;二是浸酸应比纯铬鞣法轻,最好多用有机酸浸酸。有机酸渗透快而均匀,pH 控制在 3.8 左右,转动 1~2h,然后加铝盐预鞣;三是工业硫酸铝中铁盐成分含量较高,会影响白湿皮色泽和手感,所以用明矾为宜,其用量为 5%~8%,并加入适量的有机盐和助剂,改变铝配合物的性质,提高其稳定性。铝预处理时 pH 低于 3.2,铝盐吸收较差,pH 高于4.6,则生成不具鞣性的氢氧化铝沉淀;故鞣制 pH 控制在 4.0~4.2 较为合适。铝盐预鞣后的皮,收缩温度一般不超过 80℃。

b. 退鞣。铝鞣白湿皮经剖层、削匀后若直接进行铬鞣,成革板硬。为获得丰满柔软的皮革,必须先进行退鞣,脱铝越净则成革越软。脱铝程度应根据成革品种的性质来确定。

c. 铬—稀土结合鞣。退鞣结束应将废液倒尽,进行铬—稀土结合鞣。铬盐与稀土的比例为: Cr_2O_3 : Re_2O_3 = 1:(0.1~0.3)。选用苯二甲酸钠作为蒙囿剂,它能与稀土形成较稳定的配合物。鞣制可一次完成,也可分两次进行,但以分两次鞣制质量较佳。Cr_2O_3 总量为削匀皮重的 2%~2.5%。铬鞣液、稀土和蒙囿剂同时加入,可起到协同作用,提高铬与胶原纤维的有效交联,增加铬的吸收与结合。鞣制前先用耐电解质的加脂剂预处理,可防止稀土、高浓度的铬鞣剂由于表面结合过快而"发花",并利于鞣剂的渗透和结合均匀,达到革身柔软、粒面细致、色泽浅淡的目的。在鞣制过程中,提高鞣液温度和提高 pH,都可以促进稀土、铬盐与皮纤维的结合,但 pH 的影响要比温度的影响更为明显。由于稀土和蒙囿剂的存在,提高了铬配合物的耐碱性能和稳定性,鞣制后期 pH 应控制在 4.5 左右,不仅不会产生表面过鞣,而且还能有效地促进渗入皮纤维内部的铬盐水解配聚,使其与胶原活性基更充分地配位结合,提高铬的吸收率和结合牢度,显著地降低鞣制废液和鞣后各工序废液中铬的残留量。采用此技术虽然红矾用量比蓝湿皮制革减少了 65%～75%,但由于铬的利用率显著提高,使成革中的 Cr_2O_3 含量仍达到 4%左右,革的收缩温度大于 95℃。鞣制废液中铬的残留量一般在 0.2～0.5g/L,比纯铬鞣法降低 90%以上。无浴或少浴进行铬鞣,铬鞣工艺基本同常规铬鞣。采用铬—稀土结合鞣可获得更好的效果。需要说明的是,稀土在铬鞣中实际上所起的作用是助鞣作用。

铝鞣白湿皮生产技术的关键是铝预鞣时既要有好的鞣制效果,以利于储存及其后的挤水剖层和削匀等机器操作;又要求所得到的白湿皮有良好的退鞣脱铝效果,退鞣效果好,才能把制革有用部分进一步鞣制成性能优良的各种皮革;并避免铝鞣革扁薄、板硬的缺点。已有的技术很难达到易退鞣脱铝且主鞣效果好的要求。张廷有等开发出白湿皮专用铝鞣剂,有效地解决了这个问题,其参考工艺如下:

工艺流程:……→浸酸→去酸→预鞣→出鼓→搭马静置过夜→挤水→伸展→剖层→修边→削匀→修边→称重→铬鞣

浸酸后的裸皮去酸,至 pH 在 3.5 左右。

预鞣:

技术规定:在去酸废液中进行。白湿皮专用铝鞣剂 0.7%(以 Al_2O_3 计),小苏打适量。

操作方法:去酸达到要求后,加入白湿皮专用铝鞣剂,转动 180min,然后用小苏打提碱至 pH＝4.2,小苏打分次加入,加完小苏打后,转动 30min,补热水(65～70℃)使内温升至 40℃,转 120min,检测,要求铝鞣革收缩温度为 75℃左右。

出鼓、搭马、过夜、挤水、伸展、剖层、削匀。

铬鞣:6.0% KMC 铬鞣粉剂,操作方法同常规。

②聚丙烯酸酯—铝盐鞣白湿皮生产技术。聚丙烯酸酯—铝盐鞣法又称罗门哈斯公司方法,该方法所使用铝鞣剂 Chromesaver A—31,是经聚丙烯酸酯改性的,其主要成分是低分子量聚丙烯酸酯蒙囿的铝盐。采用该产品可防止白湿皮过早脱鞣,又能保证用酸处理后可以完全脱去铝盐。结果表明,采用此法加工的白湿皮收缩温度可达 71℃,利用这种白湿皮进行铬鞣所制得的革比对照样要柔软一些。

③硝酸铝—山梨醇鞣白湿皮生产技术。硝酸铝—山梨醇鞣法是由法国皮革技术中心(CTC)研究开发的方法,该方法的工艺操作要点是:经软化的裸皮在 10%的盐水中加硫酸或甲酸浸酸 12h,使浸酸终点 pH＝3.2;浸酸结束后,加入山梨醇,转动 12h,再加入无水硝酸铝处理,然后用碳酸氢钠提碱至 pH＝4.5,转动 60～120min 后水洗出鼓静置。

用铝盐加工的白湿皮经酸处理后,能有效地脱鞣,以便后续加工或鞣制。但都不可避免地存在两个问题:一是不能完全脱鞣,因此,在残留于皮中的铝对后续加工产生负面影响,如使铬鞣速度加快,成革紧实、延伸性小,缺乏丰满弹性等;二是酸化脱鞣过程中排出的 Al^{3+} 会造成与 Cr^{3+} 一样的污染问题,甚至更严重。

④硅酸(铝)盐鞣白湿皮生产技术。为了克服铝盐加工的白湿皮所存在的污染问题,人们把目光投向了硅。硅是地壳中含量最为丰富的元素之一,其在电子工业中具有非常重要的作用,是当今计算机制造的物质基础。在自然界中,存在着各种不同结构的氧化硅及硅酸盐等硅化合物。硅化合物是一种清洁资源,储量丰富,价格低廉,因此,硅化合物已被广泛应用于许多工业

领域。然而,迄今为止,硅化合物在制革工业中的工业化应用却较少。将硅化合物应用于制革领域,可以减少制革生产的污染,提高原料皮的利用价值。

德国 Henkel 公司研究开发出用硅酸铝钠[$(Na_2O \cdot Al_2O_3 \cdot 2SiO_2)_{12} \cdot 27\ H_2O$](即合成沸石)生产白湿皮的技术。该技术是通过严格控制合成工艺,将硅酸制成具有球型多边形晶体的硅酸铝钠鞣剂 Coratyl G。生产白湿皮时,先用醛鞣剂或铝鞣剂预处理裸皮,然后在硫酸:甲酸为 1:1 的酸液中加入 Coratyl G,酸用量由调节裸皮 pH 至 3.7~3.8 来确定,加上与 Coratyl G 等摩尔的酸的一半。在此条件下,Coratyl G 溶解形成更细小的微粒,即硅酸铝[$Al_2(SiO_3)_3$]能均匀而充分地渗入裸皮内,用其处理裸皮,借助裸皮的弱碱性使系统 pH 达到 3.8~4.1,这时鞣剂重新形成晶笼,吸附固定在皮纤维中间,达到预鞣目的,以利于挤水、剖层、削匀。由此生产的白湿皮适用性广,可制成多种风格的商品革,成革柔软、丰满、染色性能和力学性能都很好。值得指出的是,Coratyl G 鞣制的白湿削匀皮屑可直接埋入土壤,是优良的有机长效氮肥,并可生物降解。降解产物硅酸铝钠是自然界最具代表性的矿物形式,也可作净水剂用,对环境无任何污染。下面列举几个参考工艺。

a. 硅酸铝钠和多醛鞣剂生产牛白湿皮工艺。

• 原料:鞋面革、家具革用浸灰牛裸皮,剖层至厚度 2.8mm,初始 pH 约 12,材料用量以灰裸皮重计。

• 水洗:水 300%,35℃,转 15min,排水。

• 脱灰:

技术规定:无液,内温为常温。非离子型脱脂剂 Solana RNF 0.2%,脱灰剂 Rectil A 2.0%,亚硫酸氢钠 0.3%。

操作方法:按规定调好浴比、温度后,加入非离子型脱脂剂 Solana RNF、脱灰剂 Rectil A 和亚硫酸氢钠,转动 45min,检查脱灰情况,达到要求后,进行后续操作。

• 软化:

技术规定:在脱灰液中进行,软化剂(1 200 活力单位)0.5%。

操作方法:脱灰达到要求后加入软化剂,转动 30min,检查软化情况达到要求后,排液。

• 水洗:软化达到要求后,用 35℃水流水洗,逐渐降温至 25℃以下控水。

• 浸酸:

技术规定:浴比 0.6,内温 25℃,食盐 8%,二羧酸 Coratyl S 1%,甲酸 1.2%,硫酸 1.2%。

操作方法:按规定调好浴比、内温,加入食盐,转 10min,要求盐浓度达 8%~9%(8~8.5°Bé);然后,在转动过程中从转鼓轴孔加入事先用 8~10 倍冷水稀释过的二羧酸 Coratyl S 和甲酸,转 30min;转动中从转鼓轴孔加入事先用 10~15 倍冷水稀释过的硫酸,转 60min,停鼓过夜,次日检查切口是否均匀一致,终点 pH=2.8 左右。

• 预鞣:

技术规定:在浸酸废液中进行。多醛 Drasil S 3%,非离子型脱脂剂 Solana RNF 0.2%。

操作方法:浸酸达到要求后,加入多醛 Drasil S 和非离子型脱脂剂 Solana RNF,转 30min即可。

• 预加脂：

技术规定：在预鞣废液中进行。耐电解质加脂剂 Pellan FO 3%。

操作方法：预鞣完毕，加入耐电解质加脂剂 Pellan FO，转动 30min 即可。

• 鞣制：

技术规定：在预加脂废液中进行。硅酸铝钠 Coratyl G 3%。

操作方法：预加脂完毕，加入硅酸铝钠 Coratyl G，转动 120min，停鼓过夜，最终 pH=3.9。然后搭马、回湿、修边。

b. 无铬鞣鞋面革(硅酸铝钠和多醛鞣或硅酸铝钠和铝鞣白湿皮)参考工艺。

• 原料：白湿皮，厚度约 1.5mm，材料用量以削匀皮重量计，初始 pH=3.8～4.0。

• 水洗：水 300%，35℃，转动 10min，排水。

• 中和：

技术规定：浴比 1.5，内温为常温。加脂剂 Grassan PA 2%，碳酸氢钠 2%，中和剂 Coratyl N 2%，匀染剂 Pellepur 400N 3%。

操作方法：按规定调好浴比、内温，加入加脂剂 Grassan PA 和碳酸氢钠，转 45min；加入中和剂 Coratyl N、匀染剂 Pellepur 400N，转 10min；检查中和情况，要求中和全透、均匀一致，终点 pH=6.5 左右。

• 加脂：

技术规定：在中和废液中进行。加脂剂 Lederolinor MA，Lederolinor CW，Pellan FO。

操作方法：按规定调好浴比、内温，加入加脂剂 Lederolinor MA、Lederolinor CW、Pellan FO，转动 15min。

• 鞣制：

技术规定：荆树皮栲胶 11%，坚木栲胶 4%，白色合成鞣剂 Pellutax SWLF 8%。

操作方法：在加脂废液中进行。加入荆树皮栲胶、坚木栲胶和白色合成鞣剂 Pellutax SWLF，转动 15min。

• 染色：

技术规定：染料 15%。

操作方法：鞣制结束后，加入染料，转动过夜，终点 pH=5.5 左右。

• 固定：

技术规定：甲酸 2%，草酸 0.5%，铝鞣剂 Pellutax ALF 3%。

操作方法：染色达到要求后，加入甲酸和草酸，转动 10min，测 pH=3.8 左右；加入铝鞣剂 Pellutax ALF，转 50min。

• 顶染：

技术规定：染料 1%。

操作方法：加入染料，转动 30min，排液。

• 水洗：水 300%，25℃，转动 10min，排水。

• 表面加脂：

技术规定：浴比 3.0，内温为 30℃。加脂剂 Lederolinor CW 3.0％。

操作方法：按规定调好浴比、内温后，加入加脂剂 Lederolinor CW，转动 20min。

表面加脂结束后，水洗、出鼓搭马过夜、伸展、真空干燥（50℃、10min）、回潮、振软。

⑤Feliderm W 鞣剂鞣白湿皮生产技术。关于硅在制革工业中的应用，德国 Hoechst 公司进行了大量的开创性工作，研制出一种能够将任何裸皮方便地制成性能稳定的白湿皮的材料 Feliderm W，其主要成分为硅化合物，用其制成的白湿皮可以进行所有机械加工（如挤水、剖层、削匀等）而不会出现任何问题。与其他白湿皮生产技术相比，该技术不仅有其独到之处，而且原料来源丰富、制造方便、成本低廉、安全无毒、不污染环境，因此被认为是迄今为止最理想的白湿皮生产技术。

Feliderm W 是一种易流动的黏性液体（黏度为 20mPa·s），是稳定的含有硅胶的胶体水分散液，其有效成分为聚合形式的硅酸，SiO_2 含量约为 30％。该材料球形胶粒的直径平均为 9nm，尺寸分布范围很窄，具有很大的比表面积（约为 $300m^2/g$），因此，Feliderm W 具有很强的吸附能力。该分散液中含有少量碱，以便使胶粒带有负电荷，保持胶体的稳定，该产品能够与任意比例的水稀释并获得稳定的稀释液。

硅酸能否形成凝胶，除了与电解质有关外，溶液的 pH 也有很大影响。因而在应用 Feliderm W 时应严格控制浴液的 pH。一般地，浴液初期的 pH 应控制在无凝胶出现的范围内，即 8～9，而这一 pH 范围与脱灰后的 pH 相吻合，因而可将 Feliderm W 在酸和盐加入之前直接加到浸酸浴液中，在此种情况下，胶粒的尺寸约为 9nm，有利于其完全渗透到裸皮内部。Feliderm W 具有很强的吸附能力，可使其保留在裸皮纤维结构中，待吸收完全后，加酸酸化，使 pH 降低到 2.8～4.2，此时，胶粒即开始凝聚成为大分子，这一过程与聚合作用类似，因而 Feliderm W 在裸皮中有良好的固定作用。

Feliderm W 对裸皮不产生鞣制作用，而只是吸附凝聚于胶原纤维结构中，没有引起裸皮胶原的显著变化，用其制成的白湿皮的收缩温度（T_s）与天然胶原的几乎相同，而这一点正是 Feliderm W 白湿皮最主要的优点。加工白湿皮的其他方法一般都是依靠一定的鞣制作用而在一定程度上提高裸皮的 T_s，因而会影响后续的主鞣过程，或多或少地改变主鞣法的特点。Feliderm W 白湿皮对主鞣工序几乎没有影响，从而能够完全保持各种主鞣法的原有特性。裸皮以 Feliderm W 固定或预处理后，可以进行任何机械操作，如挤水、剖层及削匀等。在这些机械操作中，其摩擦阻力可以减小，特别是在易出现问题的削匀工序中，不会产生发热现象。

对于用 Feliderm W 处理得到的白湿皮，可以用任何一种矿物鞣剂、合成或天然代替性鞣剂鞣制成革，而不需任何特殊的中间处理或后处理。这是因为裸皮中所结合的硅胶具有很大的比表面积和很强的吸附能力，故鞣剂、加脂剂和染料等能被很好地吸收并保留在皮革中。

用 Feliderm W 鞣剂鞣法生产白湿皮的参考工艺如下。

a. 用 Feliderm W 生产白湿皮。

• 剖碱皮：厚度 2.3～2.5mm。称重，作为以下工序用料依据。

• 脱灰软化：按常规工艺进行。

• 浸酸：

技术规定：浴比 0.4 左右，内温 25℃。Feliderm W 4.0％，BASF Mollescal AG 0.2％，食盐 4.0％，Feliderm CS 1.0％，硫酸(96％)0.26％，甲酸(85％)0.24％。

操作方法：按规定调好浴比、内温，加入 Feliderm W、BASF Mollescal AG，转动 120min，加入食盐，转动 10min，加入 Feliderm CS、硫酸和甲酸转动 60～120min。转停过夜，转 10min，停 50min，次晨结束，终点 pH＝3.8～4.3，T_s＝65℃。浸酸达到要求后，挤水、削匀，水洗后进入鞣制工段。

b. Feliderm W 白湿皮无铬鞣制参考工艺。

• 削匀：厚度 0.7～0.8mm。称重，作为以下工序用料依据。

• 水洗：水 300％，温度 30～35℃，转动 5～10min，排水。

• 鞣制：

技术规定：浴比 0.8，内温 35℃。Granofin FL 5.0％，Granofin TA 3.0％，Granofin FL 3.0％，Utanit 413 0.5％，Leather Liquor OS1 7.0％。

操作方法：按规定调好浴比、内温，加入 Granofin FL 转动 30min，加入 Granofin TA 转动 30min，加入 Granofin FL 转动 30min，加入 Utanit 413 和 Leather Liquor OS1，转动 7～8h。转停过夜，转 5min，停 55min，次晨控水。

• 水洗：

技术规定：浴比 3.0，内温 35℃，Utanit 413 0.5％。

操作方法：按规定调好浴比、内温，加入 Utanit 413，转动 20min，控水。

• 中和：

技术规定：浴比 2.0，内温 35℃，甲酸钠 1.0％，小苏打 1.0％，Derminol Fur Liquor W 3.0％。

操作方法：按规定调好浴比、内温，加入甲酸钠，转 20min；加入小苏打和 Derminol Fur Liquor W，转动 20min，终点 pH＝4.0 左右，控水。

• 加油：

技术规定：浴比 2.0，内温 45℃，Leather Liquor OS1 10.0％，Derminol Liquor CF—20 7.0％，甲酸(85％)1.0％。

操作方法：按规定调好浴比、内温，加入 Leather Liquor OS1 和 Derminol Liquor CF—20，转动 120min；加入甲酸(85％)1.0％，转动 45min。控水、凉水洗涤。挂晾干燥等后续操作按常规工艺进行。

⑥有机鞣剂及合成鞣剂鞣白湿皮生产技术。使用醛及其改性化合物、多酚化合物或合成鞣剂加工白湿皮，其加工技术随材料不同而异，与用这类材料鞣制皮革基本相同，只需控制使裸皮变性的程度。这类材料使裸皮的变性通常为不可逆变性，尤其是用醛类化合物的处理。若鞣制程度——变性程度控制不当，将使成品革具有难以弥补的缺陷——即醛类、合成鞣剂预鞣的特点。到目前为止，这类鞣剂基本不单独用于加工白湿皮，多与无机盐(Al^{3+}、TiO^{2+})结合使用。

5. 无铬金属配合物鞣剂及其鞣法

1858 年 Knapp 发明了铬鞣法,1884 年 A. Schultz 发明了二浴铬鞣法,1893 年 M. Dennis 发明了用碱式氯化铬(Ⅲ)鞣革的一浴铬鞣法。一浴铬鞣法的发明,使得皮革工业经历了一个多世纪的发展和改进后变得十分成熟。铬鞣革以其特有的优良性能,深得制革业的青睐。尤其是铬鞣革具有良好的柔软性和耐光性,特别是收缩温度能达到 120℃ 以上,这是其他任何一种鞣剂目前所不能达到的。正因为如此,铬鞣法得到了广泛应用,且成为轻革鞣制的主要方法。

随着时间的推移,铬鞣法的缺陷也逐渐暴露出来。20 世纪中期,人们认识到铬盐是有毒的,经研究发现 $Cr(Ⅵ)$ 甚至有致癌作用。为此,西方发达国家都对皮革制品中游离六价铬离子的含量作出明确的规定和限制,例如欧盟的最高限量为 3mg/kg(3ppm)。另外,铬资源在全球分布严重不均,铬的总量正在日益减少。在环境保护和资源利用日益受到重视的今天,铬鞣法作为主要鞣制方法已经面临着很大的压力与挑战。解决铬的污染问题已成为制革工业的重大课题。

近些年来,少铬/无铬鞣剂、鞣法及其鞣革理论的研究已成为研究热点。我国很多专家和学者致力于研究一种新型无污染且材料来源广泛的鞣剂,到目前为止已取得了多方面的研究成果。

资料表明,前人关于少铬/无铬鞣剂、鞣法及其鞣革理论的研究,主要集中在以下三个方面:一是在用其他材料部分代替铬的同时,采取措施提高铬的吸收率,以将铬的污染程度减少到最低;二是从配合物结构的角度阐明某种新鞣剂与皮胶原结合的可能性;三是通过多种金属离子的复配获得了新型的鞣剂并且其鞣革性能可与铬鞣革相媲美。应该说,研制无铬多金属配合鞣剂替代铬鞣剂是一个很好的思路。实际上无铬鞣由来已久,醛鞣、油鞣及其他金属鞣早有应用。综合而言,除了 Cr^{3+} 外,前人的研究证明,具有鞣性的无机配合物有 Zr^{4+}、Al^{3+}、TiO^{2+}、Fe^{3+}、Re^{3+}、Cu^{2+}、Mg^{2+}、Zn^{2+} 等金属的盐类。

(1)单一金属配合物鞣剂。

①铝鞣剂。铝用于皮革鞣制的历史很悠久,人们在古老的穴墓中发现了用铝和天青石鞣制的皮革妆饰的皇冠,其历史可追溯到公元前 3 300 年。古典的"铝面鞣法"是以钾明矾(5%～6%)、食盐(3%～4%)、面粉(5%～6%)、蛋黄(2%～3%)和水(30%～50%),调成糊状鞣剂,对麸液处理过的羊裸皮在常温下鞣制,在鼓内转 4～6h,取出后在 20～30℃ 下晾干,堆置二三十天后整理。虽然铝的鞣性比不上铬,但铝鞣革色泽纯白、延伸性好、柔软,肉面起绒有丝绒感,且铝资源分布广泛、价廉易得、相对无毒。其铝鞣革的不足之处在于不耐水洗,浸水后易退鞣而使革变得扁平、僵硬,收缩温度低,成本较高,陈放时间不能过长。

一般而言,铝很少单独用于鞣制,或与铬配合使用,或与植物鞣剂结合使用,或用于预鞣白湿革。王远亮曾对植—铝结合鞣机理进行了全面且深入的研究,丁克毅等则对有机酸蒙囿铝(Ⅲ)配合物溶液的组成、结构与动力学特性以及与皮胶原的反应性进行了深入研究,同时也有人进行了高碱度铝鞣剂的研制。在前人研究的基础上,人们发现铝作为鞣剂有其独特的优势,同时也有难以克服的缺陷。在研制专门用于白色革或者有丝绒感皮革的鞣制时,可考虑添加铝来复配。同时也要考虑通过其他方法和途径来克服铝鞣剂存在的一些明显缺点,如不耐水洗、收缩温度低、革身扁平等。

②锆鞣剂。锆鞣历程十分复杂,有研究证实,锆(Ⅳ)离子与胶原的羧基和肽基没有明显的作用,主要与胶原中的氨基和胍基起反应,pH 在 1.0~2.5 时锆盐能与胶原发生牢固结合。锆鞣革的收缩温度仅次于铬鞣革,可达 95℃,但锆的用量较大。存在的问题是,锆鞣需在较低的 pH 条件下进行鞣制,成革难保存、易霉烂、成本高,革身板硬,多有沉析现象。锆鞣革的性质不像矿物鞣革而更像植鞣革,可代替栲胶用于底革的鞣制,而且锆盐在皮内渗透性差。有人利用废铬液复鞣,从而大大提高了锆鞣革的 T_s 及其性能。

③钛鞣剂。关于钛鞣剂的报道已经很多,但由于钛盐溶液在稳定性、清澈度等方面的复杂性以及人们对钛鞣机理认识的缺乏,使得钛作为鞣剂没有取得实质性的进展。在生物医学领域中,由于钛的密度小、比强度高、资源丰富、价格较低、无毒性,被公认为生物相容性最好的金属材料。近年来,钛及其合金在生物医学中的应用研究得到了迅猛发展。

钛在地壳中广泛存在,丰度系数为 0.62%,在金属藏量的排位中居第四,多以氧化钛或钛铁矿的形式存在,在我国特别是西部地区钛资源相当丰富。另外,钛(Ⅳ)盐无毒,鞣制时有较高的吸收率。从配位化学、鞣制化学角度看,钛的鞣性应该优于锆盐、铝盐等。在 20 世纪 70 年代末 80 年代初,我国皮革和化工工作者曾致力于研制一种能代替铬鞣剂的钛鞣剂。期间有报道说采用纯钛鞣革的收缩温度为 86~88℃,加入锆鞣剂可将收缩温度提到 91~92℃,加入铬鞣剂(折合红矾为皮重的 0.3%)收缩温度可达 96~97℃,甚至鞣制时混入硫酸铜收缩温度也可达 90~91℃。同时还得出结论认为,纯钛鞣除收缩温度比铬鞣、锆鞣略低以外,其革的性状是最接近铬鞣的。有关专家认为,当时纯钛鞣的绵羊裘皮,直至今天除毛色有些泛黄外,仍然柔软。吴兴赤曾报道了采用炼铁剩下的高钛渣生产钛鞣剂的方法,并对其性质以及钛鞣革性能进行了描述和评价。彭必雨等则讨论了钛在水溶液中的行为及其对钛鞣剂鞣性的影响。

大量研究表明,利用铝、锆、钛所鞣制得革,都存在一定程度的缺陷与不足。铝鞣革,轻而软,略显填充不足而空薄,其致命的缺点是遇水脱鞣并恢复到生皮状态;锆鞣革,紧密而坚实,对要求十分柔软的革而言,显得填充有余而柔软、泡感不足;虽然钛鞣革与上述两种革比较,在状态上最接近铬鞣革,填充好,软而结实,耐酸、耐汗、耐洗且遇水不会脱鞣,但钛鞣剂的主要缺点是在水溶液中易水解,并且这种水解不像铬鞣液那样可以稳定在某一 pH 的水平上,而是随着时间的延长,逐渐析出 TiO_2。因此,钛鞣的工艺过程必须预先紧凑安排,一次鞣透、鞣熟,不要停鼓过夜。而且,出鼓的钛鞣革不宜立即洗涤,要搭马静置 24h 或更长的时间,以便让革内钛鞣剂充分结合。

④铁鞣剂。在 1850 年左右,人们就发现铁具有鞣性。20 世纪 20 年代开始,我国老一辈化学家侯德榜先生就对铁鞣剂的物理化学性质、鞣革性能及其鞣得的革的性能都作过广泛的研究。

铁鞣剂的优点如下。

a.无污染。铁鞣剂中的铁离子,无论是二价还是三价都没有污染土壤、水体的能力。因为黄土地中的黄棕色、红壤土地的红色,均是氧化铁的颜色,可以说铁鞣剂是目前所知唯一没有污染的无机鞣剂。

b. 来源广泛，价廉易得。铁鞣剂的价格为铬的 1/10、铝的 1/3，更低于锆和钛。

c. 鞣剂制备简单。以铁或铁矿为原料，制备比较简单。

d. 鞣制操作简单。铁鞣在鞣制操作上与铬鞣极其相似。完成软化的裸皮经浸酸后直接进入鞣制，最后提碱至 pH 为 4.0 左右出鼓搭马。而且铁鞣在 6h 左右即可达到平衡，而铬鞣则需要加温过夜。但铁鞣剂渗入裸皮比铬鞣剂困难，因此准备操作宜加强。

铁鞣剂也存在明显的缺点，主要如下。

a. 铁鞣革收缩温度较低，成革扁薄，粒面粗糙。铁鞣革的收缩温度一般为 80℃ 左右（以酒石酸作蒙囿剂的铁鞣革可达 90℃），与醛鞣革（80℃ 左右）、植鞣革（80℃ 左右）相当。

b. 铁鞣革不耐陈化，也不耐水洗。在 3～5 年之后，铁鞣革的物性大减，很容易撕裂甚至降解。但换个角度看，这还是一个很难得的优点：相比铬鞣革在地底下 20 年还难以降解，铁鞣革能自然降解且无污染，符合生态制革的要求。另外，在水环境下，铁可继续水解生成氢氧化高铁沉淀而使铁鞣革退鞣。

⑤硅鞣剂。硅油具备许多独特的优良性能，如不影响皮革透气性的良好防水性、突出的柔软性，良好的手感、耐摩擦性、耐久性、化学稳定性等。硅油在皮革工业中的重要用途主要集中在涂饰、加脂等工序中，很少单独作为鞣剂使用，仅在国外有一些相关的报道和复配产品，国内主要是将其作为一种成分与其他材料复配使用。德国 Hoechst 公司研制的 Feliderm W 是一种稳定的含硅胶体的水分散液，具备强渗透和吸附能力，用它处理的脱灰裸皮能顺利进入皮胶原纤维内部，经其处理的白湿皮可长时间存放和进行机械操作。范浩军等人对纳米级 SiO_2 进行了深入的研究，阐明了其鞣革机理并对其鞣性进行了评价，结果表明，引入 3% 的纳米级 SiO_2 可以使坯革的收缩温度从 68℃ 升至 95.4℃。

⑥稀土鞣剂。我国是世界上稀土储备最为丰富的国家，为了更好地利用稀土资源并解决制革工业中的一些问题，从 20 世纪的 70 年代末 80 年代初开始了稀土在皮革中的应用研究，主要是对其在复鞣和染色阶段的应用进行了研究。张铭让教授等对其鞣性进行研究并与铬盐的鞣性进行比较，从理论上解释了稀土有鞣性但鞣性不好的原因，指出用少量稀土助铬进行主鞣效果明显，不仅可以提高产品质量和档次，增加得革率 3% 以上，而且还能大幅度地减少铬的用量。稀土助铬主鞣的革有粒面细致平整、毛孔清晰、柔软丰满、弹性好、部位差较小、松面率低、颜色浅淡、色泽均匀一致、染色性好、得革率高以及重量轻等优点，同时也有很高的收缩温度。而采用纯稀土盐鞣制，虽然粒面细致，革身平展，但收缩温度极低，且很不耐水洗。针对稀土以及其他各种鞣剂的优缺点，研究者对鞣剂和鞣法进行了多方面的选择、组合和优化，已经有报道证实了其可行性。在猪正面服装革制造中多工序应用氯化稀土的研究中发现，在铬鞣、铬复鞣以及染色加脂等多道工序中使用氯化稀土，不仅可以提高猪革的综合性能、提高成革的得革率，而且还可以大大提高猪革的耐储存性能。

综上所述，按照皮革现行产品的技术标准来衡量，除了铬鞣剂之外，其他任何单一的金属配合物鞣剂用于鞣革，都不可避免地存在这样或那样的缺陷与不足，与此同时，也都表现出各自的一定的鞣革特性（表 3-8）。

表 3-8　若干不同金属配合物的鞣革性能比较

皮革种类	收缩温度(℃)	耐水洗能力	柔软丰满性	粒面细致性	渗透、结合的平衡	填充性	颜　色
铬鞣革	>100	最好	好	一般	好	一般	蓝
锆鞣革	95左右	较好	丰满,但纤维紧密、板硬	一般	差	好	无色
铝鞣革	75左右	差	柔软,扁薄,不丰满	好	一般	不好	无色
钛鞣革	80左右	较差	一般	较好	一般	较好	无色
铁鞣革	75左右	较差	较柔软、扁薄,不丰满,不耐储存	较好	一般	不好	黄色
稀土鞣革	63左右	很差	柔软扁薄,不丰满	好	一般	不好	浅黄

(2)二核及多核金属配合物鞣剂。使用不同的单一金属配合物鞣革,都存在一定的缺陷与不足。如果通过改性,各种金属配合物鞣剂的鞣性就可以得到改善。例如,采用有机酸蒙囿或交联,使 Cr^{3+}、Zr^{4+}、Al^{3+}、TiO^{2+} 彼此结合,配伍适当时,鞣性也能提高。研究证明,两种或两种以上的金属离子处于同一液相体系中时,金属离子之间会发生配合形成多金属配合物,多金属配合物的性质不是几种金属离子性质的简单叠加,有可能会发生质的变化。在恰当的配比情况下,多金属配合物的鞣革性能优于任何一种单一组分的鞣革性能。例如,将 Cr^{3+}、Zr^{4+}、Al^{3+} 按一定的配比混合,用分光光度法研究,其吸收曲线的峰位和峰值与纯铬鞣剂相比都有很大的变化,说明在配制过程中三者相互配位化合形成一种既不同于铬又不同于锆、铝鞣剂的新型配位化合物鞣剂,即 Cr—Zr—Al 异核配合物。如果不使用 Cr 盐,只使用其他金属盐,经过科学配比和实验优化,有可能制备出一种鞣革性能更好且无污染的无铬多金属配合鞣剂。

①二核金属配合物。

a.硅—铝金属配合物鞣剂。采用一种用特殊方法制备的具有特殊物理性能的人造沸石——硅酸铝钠(Coratyl G)进行鞣制,硅酸铝钠可以广义地看作是一种硅—铝配合物。用 Coratyl G 制成的白湿革色白、成型性好,易于机械加工,可制成质量稳定的多种类型的成品革,所产生的剖层及削匀革屑易被处理,还可用于制造农用长效氮肥。硅酸铝钠鞣制是一个十分复杂的过程,简而言之,其鞣制过程分两步进行:第一步,硅酸铝钠在浸酸液中转变成易溶于酸的硅酸铝,同时暴露出铝及硅原子上的结合位点,其鞣制作用主要决定于铝;第二步,是鞣制反应阶段。实践证明:这种硅酸铝与浸酸裸皮具有极强的反应性,若不经适当的铝或者醛鞣剂进行预处理,则会出现类似于植鞣中的死鞣现象。醛预处理不仅可将胶原氨基屏蔽起来,而且由于醛—硅酸铝配合物的形成而使得先行渗入裸皮中的部分被硅酸铝屏蔽起来,因而鞣剂与胶原的氢键结合受到抑制,从而使鞣剂能顺利渗入皮中。鞣制是在 pH 为 3.4~4.1 的条件下进行的,链状及环状鞣剂分子通过叠加和聚合形成尺寸更大的三维结构分子,它们通过主价键的方式与肽链侧链上的羧基结合。与植鞣原理相同,硅酸铝聚合物和硅酸聚合物中的某些羟基可与皮胶原的肽键发生氢键结合,因而硅酸铝鞣革也具有某些植鞣革的特性。第三种重要的结合方式是配位结合，羧基和肽键上的氧原子为配位体，与硅酸铝外层的硅、铝原子形成八面配位体。

国外学者详细表述了用醛和铝预鞣后用硅酸铝钠鞣制家具革和鞋面革革样的物理检测与手感评价，并与铬鞣鞋面革进行了详细比较。同时，还描述了铝和醛预鞣两类白湿革的削匀革屑进行的营养体生长实验（vegetationversuche），结果表明，制得的白湿革削匀革屑（经醛或铝预鞣）是一种长效氮肥，与其他含氮有机肥料一样，过量使用会抑制植物的生长。

b. 锆—铝金属配合物鞣剂。锆—铝鞣法用于生产白色革已有一段历史，有时也用于铬革复鞣以期获得更为丰满和紧实的革，但对这种鞣液的研究不多，对其性质的了解也不够深入。何先祺、郭祖龄用离子色谱法和凝胶过滤色谱法研究这种鞣液的组分并对其鞣性有进一步了解。结果显示，鞣液中锆盐主要以小分子形式存在，而铝则主要以大分子形式存在，也就是说，锆盐的分子尺寸绝大部分小于铝盐（这与制革者的传统观念是明显相悖的）。该项研究结果还表明，静置时间、掩蔽剂等不同，鞣液中锆、铝的分子尺寸以及成分也会有差异。

②三核金属配合物。

a. 钛—铝—镁金属配合物鞣剂。英国卜内门公司（ICI）于1988年6月研制出一种部分或全部代替铬的Syncktan TAL（TAL）。TAL是由镁、钛以及铝的盐类组成的化合物，原料来源丰富，价廉易得且没有毒副作用。通过剖层和削匀工序操作也可以看出TAL是有鞣制作用的，其热稳定性要比铬鞣差，收缩温度约为85℃。ICI的研究表明，TAL鞣制的革样撕裂强度很好，甚至优于铬鞣革。另外，TAL鞣制的坯革颜色洁白，适合浅色革的染色，这与铬鞣革相比是有优势的。TAL鞣革似乎更适合用于鞣制家具革。法国皮革技术中心（CTC）曾对TAL进行实验评价并将其列为优秀的鞣剂。但这种鞣剂还是存在很多缺陷和不足，比如，应用时需要改变一些工艺程序，对加脂条件也有一定的限制，因而限制了其推广应用。

b. 铝—钛—锆金属配合物鞣剂。这种配合鞣剂在苏联时期有一些应用，Н. В. уМАЛІЕНОВА报道了用铝—钛—锆鞣剂鞣制对鞋面革纤维结构和力学性能的影响。近些年没有看到这种多金属配合鞣剂的相关报道。固体金属盐在溶于水时，绝大多数的金属离子首先是水解形成水合离子；在发生水解的同时，金属离子水合物还发生配聚反应，其中主要以羟桥、氧桥形成羟配聚体、氧配聚体等，在有其他阴离子存在的情况下，如 SO_4^{2-}、NO_3^-，也有可能形成相应的配聚体；由于金属离子本身电子结构的不同，其水解程度和所形成的水合离子配聚体都有所差异，其中金属离子的配位数、价键值以及水合离子的稳定性都直接与鞣革性能相关。随着现代分析技术的进步，已经从动力学、热力学等角度对此进行研究并得到了证实，另外也分离得到了某些金属离子的水合离子配聚体。

鞣革理论认为，在形成金属水合离子配聚体的时候，不同配体的配位能力是有强弱之分的。根据前人的研究和配体与 Cr^{3+} 结合的实践得出结论，常见的配体配位能力顺序依次为：$OH^- >$ $C_2O_4^{2-} > CH_3COO^- >$ 胶原羧基（$RCOO^-$）$> SO_3^- > HCOO^- > SO_4^- > Cl^- > NO_3^- > ClO_4^- > H_2O$，这就是光谱化学序。根据此序列，皮胶原上的羧基就可以取代鞣剂分子（金属水合离子配聚体）中的水、SO_4^-、Cl^- 等配体，从而使铬配合物在不同的胶原链间产生双点或者多点结合，产生鞣制效应。

对于无铬多金属配合鞣剂，由于其组成的复杂性使得从理论角度很难解释。通常认为其鞣制机理与单一的金属鞣制机理有些相似之处。存在的差异可能是多方面的,比如多金属配合鞣剂形成的水合离子更为复杂,不是单一组分的简单混合或简单加和,分子尺寸和稳定性与单一组分都有很大差别。另外,水合多金属离子配聚体与配体的结合能力也会有所改变,这与其在鞣制过程中起到的作用是有直接关联的。这个复杂的多金属配合物的动态平衡体系,可以使各种单一金属鞣剂的长处得以发挥,并避免了其不利的一面,从而有成为一种优良鞣剂的潜力,这也为多金属配合物鞣剂的发展提供了很好的基础。

但年华、曾睿等研究了系列无铬多金属配合鞣剂的鞣革性能。在预处理后,采用自主研制的系列无铬金属配合物鞣剂对标准浸酸猪皮进行鞣制。然后,按照猪服装革的常规工艺加工成成品,检测其理化性能并进行质量鉴定。通过研究,找到了金属配合物鞣革的最优工艺:取标准浸酸猪裸皮,加入 RT—2 助鞣剂 1%,转动 30min。按 1∶1∶1 的比例加入钛—锆鞣剂 G、锆—铝鞣剂 F 和钛—铝鞣剂 N,其用量按照氧化物总量的 3% 计算,转动 180min,再加入锆—铝—钛无铬多金属配合鞣剂,其用量按氧化物含量 3% 计,转动 180min,检查鞣透情况。鞣透后,用 $NaHCO_3$ 提碱,$NaHCO_3$ 用量为 2.4%,用温水将 $NaHCO_3$ 溶解完全后,分 6~8 次加入,每次间隔 20min。加完后转动 30min。补热水(55~60℃),使浴比达到 1.5~2.0。接着连续转动 240min,然后静置过夜。次日转动 30min 后出鼓。取样检测终点 pH、坯革收缩温度。研究结果还表明,适当的预处理有利于无铬多金属配合鞣剂鞣革。

综上所述,铬鞣剂鞣制的成革性能极其优良,鞣制工艺也很成熟,使得铬鞣法成为如今最为流行的轻革鞣制方法。但在环保观念日益深入人心的情况下,铬对环境的污染性和对人体的毒害性使得铬鞣剂的所有优势被一票否决。少铬/无铬鞣剂与鞣法及其鞣制机理的研究,已经成为研究的热点和重点。近些年来,国内外许多学者致力于无铬多金属配合鞣剂的研究与开发,这将必然加速少铬/无铬鞣剂的研发进程。无铬多金属配合物鞣剂具有十分广阔的应用前景,包括多金属配合鞣剂在内的无铬鞣剂和鞣法最终可能会成为未来主流的鞣剂和鞣法。

6. 植物鞣剂及其鞣法

植鞣又称植物鞣,是指用植物鞣剂(栲胶)处理裸皮并使之成为皮革的过程。采用植鞣所鞣得的革被称为植鞣革。据考证,植鞣法已有数千年的悠久历史。迄今为止,植鞣法仍然是生产皮革的重要方法之一。尤为重要的是,由于植物鞣剂来自于植物的生物质,不仅资源丰富、价廉易得,而且无毒、无害,人们逐渐认识到植物鞣剂也是一种绿色鞣剂,植鞣法也是一种符合清洁生产要求的生态鞣革技术,因而有着广阔的发展前景。

传统植鞣法所鞣得的皮革具有成革结构紧密、身骨坚实、丰满,而且有一定硬度、成型性好、吸汗吸水性强等诸多性能,一般适用于制作鞋底革(包括外底革、中底革和内底革)、箱包革、凉席革、装具革和工业用革等。

近些年来,人们对植物鞣剂与鞣法进行改进,取得了重要进展。在植物鞣剂的改性方面,各种改性栲胶不断涌现,其主要目标大部分均是针对牛轻革生产的。在植物鞣法方面,也不局限于纯植鞣,而是通过植—X—Y 结合鞣来达到生产符合市场需求的牛轻革的目的。显然,这些方面的研究开发进展,必将为植物鞣剂应用于皮革的生态制造奠定基础。

植鞣的基本原理,至今尚未完全阐明,目前较为公认的是:植鞣过程是植物鞣剂在裸皮内物理吸附、沉积与化学结合的综合结果。大凡鞣制过程,都不外乎需要经历鞣质分子的渗透扩散、均匀分布和化学结合三个阶段,植鞣也不例外。在植鞣过程的初期,在一定的工艺条件和机械作用下,鞣质微粒会产生布朗运动,加上裸皮内外因鞣液的浓度差的存在所产生的渗透压,促使植物鞣剂分子向裸皮内渗透、扩散直至分布均匀。在植物鞣剂在裸皮内渗透扩散阶段,条件合适时,会出现因鞣质分子聚集而产生沉积的现象。第三阶段,植物鞣质分子与皮胶原侧链上的活性基因发生化学结合,其结合形式有氢键、电价键、共价键、范德华力以及疏水键—氢键协同作用等。植鞣过程中的化学结合是以氢键结合为主。有研究认为,物理吸附和沉积有可能在植鞣的化学结合后产生,没有参与化学结合的鞣质分子相互聚集而沉积于皮胶原纤维的表面。应当指出的是,物理吸附和沉积是不稳定的、可逆的,因此,工艺上应采取必要的技术措施来保证其稳定性。

一般来说,植物鞣法可以分为传统植鞣法、改进型植鞣法和现代植鞣法三类。其中传统植鞣法存在鞣制周期长、生产效率低、工人劳动强度大以及设施(吊鞣池)占地面积大等缺点,因此已被淘汰。在传统植鞣法的基础上,发展了池—鼓结合鞣法。池—鼓结合鞣法生产牛重革的工艺流程为:吊鞣→腌鞣→鼓鞣→干鞣→热鞣→退鞣。池—鼓结合鞣法只是传统植鞣法的一种改良,仍然存在传统植鞣法的一些缺点。经过人们的不断探索和改进,现代植鞣已经有了长足的进步。现代植鞣法的典型代表就是基于转鼓的快速植鞣法。

一般来说,植鞣重革都比较厚,且鞣前处理相对较弱,皮胶原纤维的分离和松散程度不及轻革。因此,要实现快速植鞣,就要求在高浓度植物鞣液的条件下进行快速鞣制,故很容易出现表面过鞣、生心等质量问题。要做到既能保证高浓度植物鞣液的条件下快速鞣制,又不致造成上述质量问题,植鞣前的预处理就成为关键。

预处理的方法很多,根据预处理剂是否与皮胶原发生化学结合可分为常规预处理和预鞣预处理两类。常规预处理又可分为浸酸法预处理、浸酸—去酸预处理、六偏磷酸钠预处理和浸酸—芒硝预处理等。预鞣预处理则可分为铬预鞣法、铝预鞣法、锆预鞣法、醛预鞣法以及合成鞣剂预鞣法等。

预处理的作用在于:使皮胶原纤维进一步分离、松散或初步定型,提高裸皮的孔率,为植物鞣质的渗透提供更多的"通道",以促进植物鞣质向皮内渗透,从而达到加快植鞣进程的目的。

(1)快速植鞣法鞣制牛重革的一般工艺流程为:……→预处理→转鼓植鞣→退鞣

①预处理。根据成革的性能要求,选择适当的预处理方法。预处理是否得当,对成革质量起着决定性作用。现在应用较多的预处理方法主要有:铬预鞣、合成鞣剂预鞣、芒硝预处理、浸酸预处理、浸酸—去酸预处理等。

②转鼓植鞣。经过良好的预处理的裸皮,可以直接在转鼓中进行植鞣。

a.技术规定。浴比 0.5,内温 30～40℃,栲胶用量 40%～45%(栲胶的种类及用量依牛重革的品种而定),扩散剂 NNO 0.4%。

b.操作方法。按规定调好浴比、内温后,分 4 次加入事先混合溶解完全的栲胶液(浓度≥160°Bé),加完第 1 次栲胶液后,转动 1h;加完第 2 次栲胶液后,转动 1.5h;加完第 3 次栲胶液后,转动 2h;加完第 4 次栲胶液后,补水至浴比为 1.0,继续转动直至鞣透。鞣透后,停鼓静置

18～24h。

③退鞣。转鼓植鞣结束后,加入80%～100%的温水(30℃),转动15～20min。退鞣废液可回收利用。

(2)与传统植鞣法和改进型植鞣法相比,现代植鞣法具有以下特点。

①鞣制周期大大缩短。传统植鞣法的鞣制周期一般在20天左右,改进型植鞣法的鞣制周期也有5～12天,而现代植鞣法的鞣制周期则仅为1～3天。

②鞣制工序大大减少,工艺操作大大简化。传统植鞣法的工序多,操作繁琐,植鞣过程难以控制,成革质量常出现波动。改进型植鞣法虽然工序有所减少,但将吊鞣和鼓鞣结合起来,技术难度加大,过程控制上不易掌握。同时,工人的劳动强度并未从根本上减轻。

③材料消耗降低,得革率提高。一般而言,采用现代植鞣法材料消耗降低30%,得革率提高20%以上。

(3)下面以植鞣水牛带革工艺为例,说明现代植鞣法的实际工艺操作。

①工艺流程。……→浸酸→去酸→快速植鞣→静置→退鞣→水洗→漂洗、加油→……

②工艺操作规程。

a. 浸酸。

技术规定。浴比0.5～0.7,内温18～22℃,食盐6%～8%,硫酸1.6%～1.8%,焦亚硫酸钠0.3%。

操作方法。按规定调好浴比、内温,先加入食盐,转动10min,加入焦亚硫酸钠,再在转动中从转鼓轴孔缓缓加入事先用20倍冷水稀释过的硫酸,加完后,转动4～5h,然后停鼓过夜,次日转动30min,检查,要求浸酸全透,终点pH=2.5～3.0。

b. 去酸。

技术规定。浴比0,内温为常温,硫代硫酸钠4%～5%。

操作方法。控干浸酸废液,加入硫代硫酸钠,转动90～120min,检查,pH=2.8～3.2。

c. 快速植鞣。

技术规定。在预处理废液中进行。栲胶总用量35%～40%。栲胶配比为:杨梅栲胶50%,落叶松栲胶20%,橡椀栲胶30%。栲胶可以直接以粉剂加入。

操作方法。第1次加入杨梅栲胶25%,转动90～120min;第2次加入杨梅栲胶25%,转动120～150min;第3次加入橡椀栲胶20%,转动180～300min;第4次加入橡椀栲胶10%、落叶松栲胶20%,同时补水10%～20%,继续转动至全透。后期转鼓内温不超过45℃,鞣制总时间为72h。鞣制时间达到后,检查鞣透情况。

d. 静置。快速植鞣达到要求后,出鼓静置1天。

e. 退鞣。

技术规定。浴比1.0～1.5,内温35～40℃。

操作方法。按规定调好浴比、内温后,转动30min即可。

f. 水洗。控干退鞣液,加入满鼓清水,流水洗10min。

g. 漂洗、加油。

技术规定。浴比 1.5～2.0,内温 45～50℃。草酸 0.5%,海波 1.5%,亚硫酸化鱼油 2%。

操作方法。按规定调好浴比、内温后,加入草酸、海波,转动 40min。然后在转动中从转鼓轴孔加入事先乳化完全的亚硫酸化鱼油,转动 40min。

从理论上讲,醛鞣和油鞣都可以作为替代铬鞣的清洁化鞣制方法,但由于其使用上存在一定的局限性,因此,除个别产品外,一般很少单独用于皮革的鞣制。

7. 无铬结合鞣法

结合鞣法,简称结合鞣,也称联合鞣法,是指采用两种或两种以上的鞣剂联合鞣制皮革的工艺过程。而无铬结合鞣法则是指在结合鞣过程中,不使用铬鞣剂。结合鞣的方法很多,根据结合鞣法所使用的鞣剂种类的不同,可将结合鞣法分为无机—无机结合鞣法、无机—有机结合鞣法和有机—有机结合鞣法等三类;根据结合鞣法所处浴液的不同,可将其分为同浴结合鞣法和异浴结合鞣法。结合鞣法的突出特点是可使两种或两种以上的鞣剂优缺点相补,从而最大限度地提高产品质量、改善成革性能。例如,单纯使用锆鞣剂鞣革,虽然能够得到紧实、丰满的成革,但耐湿热稳定差,成革僵硬而弹性不足。当采用锆—铬鞣剂结合鞣制时,不仅可以避免成革松面缺陷、提高成革的耐湿热稳定性,同时还减少了铬用量,减轻了铬对环境的污染。由于结合鞣法存在上述特点,因此已经广泛地应用于高档猪皮革的生产中。

无铬金属配合物—有机鞣剂结合鞣法中最为典型的是植—铝结合鞣法。植—铝结合鞣法,是一种先用植物鞣液鞣制裸皮后,再用铝鞣剂鞣制的方法。国内外专家学者对植—铝结合鞣革早有研究,并已经取得了许多研究成果。

与其他植—金属结合鞣法相比,植—铝结合鞣法具有独到之处:一是所得成革粒面细致、革身丰满、成型性好,耐磨性能亦佳。尤其是物理机械性好,耐湿热稳定性接近或优于其他结合鞣法,一般可达 95～120℃。二是拓展了植物鞣剂的应用领域,改变了过去植物鞣剂只能应用于重革鞣制的落后状况。植—铝结合鞣法还可以广泛地应用于轻革鞣制,如可用于生产服装革、沙发革、软鞋面革、箱包革、包袋革以及手套革等轻革品种。三是替代铬鞣剂实现无铬鞣革,可以从根本上清除铬对环境的污染和对人体的危害。植—铝结合鞣废液基本无毒、无害,且较易絮凝处理。因此,植—铝结合鞣法又被人们认为是一种具有远大前景的鞣革清洁技术。

(1)植—铝结合鞣法原理。根据已有的研究,植—铝结合鞣法的原理可以简单地概括为:植物鞣剂鞣制裸皮时,植物鞣质—皮胶原以氢键和疏水键的形式结合,而后经过铝鞣剂的鞣制,铝配合物既可以与皮胶原发生配位结合,也能与植物鞣质分子发生配位结合,从而大大地增加了皮胶原纤维间的多点结合,提高皮胶原的耐湿热稳定性。

(2)植—铝结合鞣工艺实例。

①植—铝结合鞣水牛凉席革工艺(先铝后植工艺)。

a. 工艺流程。……→浸酸→静置→挤水→滚锯末→削匀→修边→称重→铝预鞣→植鞣→静置→漂洗→水洗→……

b. 工艺操作规程。

• 浸酸:

技术规定:浴比 0.3～0.5,内温为常温,硫酸(95%)0.8%,冰醋酸 0.3%,食盐 8%～10%。

操作方法:按规定调好浴比、内温,加入食盐,转动 10min,转动中从转鼓轴孔加入事先用 20 倍冷水稀释均匀的硫酸,转动 30~40min。终点 pH 为 3.2~3.5。

• 静置:浸酸达到要求后,出鼓,静置 24h。注意浸酸裸皮不能遇清水。

• 挤水:在挤水机上进行,要求挤水后的酸裸皮的水分含量为 40%~45%。

• 滚锯末。

• 削匀:削匀厚度 1.4~1.6mm(单层)。要求整张厚度均匀,无削匀伤。

• 修边:修去须边等无用边角。

• 称重:准确称重,作为以下各工序计料之依据。

• 铝预鞣:

技术规定:浴比 0.8~1.0,内温为常温,铝明矾 35%,纯碱 2.0%~2.5%。

操作方法:按规定调好浴比、内温,加入事先溶解完全并调节好 pH 的铝明矾液,转动 3.0~4.0h,停鼓过夜。次日转动 1h 后,分 3~4 次加入事先用 10 倍温水(30~32℃)溶解完全的纯碱,间隔 30min,加完后,继续转动 2h,停鼓过夜,次日转动 1h 后,检查。要求铝鞣全透,终点 pH4.0~5.0。

• 植鞣:

技术规定:初始浴比为基本无浴,终点浴比为 1.5~2.0;初始内温为常温,终点内温为 35~38℃;栲胶总用量为 60%,栲胶配比为杨梅 48%,落叶松 12%。

操作方法:按规定调好浴比、内温后,先加入杨梅栲胶,转动 1~2h 后,再加入落叶松栲胶,转动 6~7h,停鼓过夜。次日连续转动 6~7h 后,出鼓。植鞣总时间为 24~26h。

• 静置:植鞣完毕后,出鼓,静置 24h 以上。

② 植—铝结合鞣黄牛鞋面革工艺。

a. 工艺流程。……→浸酸→预处理→植鞣→水洗→挤水→削匀→修边→称重→漂洗→水洗→调节→铝鞣→中和→……

b. 工艺操作规程。

• 浸酸:

技术规定:浴比 0.3~0.5,内温为常温。食盐 6%,甲酸钠 1%,硫酸 1%。

操作方法:按规定调好浴比、内温后,加入食盐、甲酸钠,转动 10min。转动中从转鼓轴孔缓缓加入事先用 15 倍冷水稀释均匀的硫酸,转动 60min。终点 pH 在 3.8 左右。

• 预处理:

技术规定:在浸酸废液中进行。无水硫酸钠 10%。

操作方法:浸酸达到要求后,从鼓口一次加入无水硫酸钠,转 2h。终点 pH 在 4.2 左右。

• 植鞣:

技术规定:在预处理废液中进行。辅助型合成鞣剂 1%,荆树皮栲胶 15%。

操作方法:预处理达到要求后,加入辅助型合成鞣剂,转动 30min,再加入荆树皮栲胶,转动 3~4h。检查鞣透情况,鞣透后,补常温水 50%,转动 2h,终点 pH 在 4.2 左右。

• 水洗:流水洗 10min。

- 挤水:在通过式挤水机上进行。要求挤水后坯革的水分含量为45%～50%。
- 削匀:削匀厚度1.0～1.2mm(单层)。要求整张厚度均匀一致,无削匀伤。
- 修边:修去须边等无用边角,直口修成圆口。
- 称重:准确称重,作为以下各工序计料之依据。
- 漂洗:

技术规定:浴比1.2～1.5,内温32～35℃,草酸0.3%。

操作方法:按规定调好浴比、内温后,加入草酸,转动20～30min。

- 水洗:流水洗10min。
- 调节:

技术规定:浴比0.8～1.0,内温为常温,甲酸0.5%。

操作方法:按规定调好浴比、内温后,转动中从转鼓轴孔加入事先用8～10倍冷水稀释均匀的甲酸,转动30～40min。终点pH在3.0左右。

- 铝鞣:

技术规定:浴比0.5～0.7,内温28～32℃,无水硫酸铝10%,乙酸钠0.8%～1.0%,小苏打0.8%～1.2%。

操作方法:按规定调好浴比、内温后,先加入无水硫酸铝,转动1h。然后加入乙酸钠,转30min。最后分4～6次加入小苏打液。小苏打液在转鼓转动时,从转鼓轴孔加入事先用10倍温水(30～32℃)溶解完的小苏打。每次加完后,转动20min。加完最后一次,转动60min。终点pH在3.8左右。

- 水洗:流水洗10min。
- 出鼓搭马,静置。
- 中和:

技术规定:浴比1.5～2.0,内温28～32℃,甲酸钠1%,小苏打0.5%。

操作方法:按规定调好浴比、内温,加入甲酸钠,转动1h。要求中和全透,终点pH在4.5左右。

第四节 制革清洁生产技术的最新研究进展

一、超声波在制革中的应用

超声波的作用机理主要是,超声波在液体介质中的空化作用以及由此引起对液体介质中其他组分的空化效应。在20世纪50～60年代,有较多的关于超声波的研究,但由于超声波发生装置所存在的缺陷,使人们一度认为它在工业中应用是不现实的。随着超声波技术的发展、成熟,其工业应用已经成为可能。20世纪90年代,国内外学者开始将超声波应用于制革工业的研究和探讨。

超声波作用过程也就是介质液体中空泡形成、振荡、生长、收缩以及崩溃的过程,由于制革流程中很多工艺操作都是在水介质中进行的,涉及液体操作和表面渗透的过程,因此超声波在制革中有很广泛的应用潜力。就现今的研究内容来看几乎分布在制革的各个湿操作过程中,主要是鞣制、加脂、染色、脱毛以及污水处理。

Mantysalo E. 等的研究表明,在超声波作用之后用一种弹性压缩循环(elastic compression cycle)可以使鞣制时间由传统的几个小时大幅度减少,甚至只需要几分钟就能完成。超声波作用后,试样在 pH 为 4.0 的铬液中碱化 17h 后测定收缩温度。铬液渗透进皮样的有效性测定基于收缩温度—鞣制时间曲线的斜率。采用高强超声波和弹性压缩循环后,处理时间为 2min 的试样(加上 17h 的碱化和 24h 的保存)曲线的起始斜率大约为 20℃/min,在沸水中不收缩。通常,皮样在铬液中保留 2h。

Sivakumar 等采用强超声波用于皮革染色,在特定的处理时间内改进染料的吸收率,缩短染色时间并提高成革染色质量。分别在静止和使用转鼓的两种不同的条件下,研究采用或不采用超声波对牛皮染色的影响。实验中采用超声波清洁器(33kHz,150W/cm²),体系中的有效功率采用量热法测定。实验选用不同的染料类型、染料用量、温度和时间进行。结果表明,采用超声波的染料吸收百分比,较不采用超声波时有明显提高。采用和不采用超声波条件下的染料吸收平衡实验表明,超声波在动力学方面有利于提高皮革染色质量。结果显示,在超声波作用下,皮革染色有更高的色值、渗透率和更好的色牢度。物理性能测试说明染色皮革的强度性能并没有受到超声波作用的影响。

石碧等研究了超声波对制革废水的凝絮沉淀作用,特别是降低 COD 值的作用。探讨了照射方法的影响、超声波的作用时间以及絮凝剂的配方,以期有效地减少废水中的有机化学物质。结果表明:当废水仅被超声波作用 60s 情况下,COD 值减少率为 40.6%;当絮凝剂总浓度达到 100mg/L 时有最大的 COD 值减少量;若废水先用超声波处理 60s 后,再用絮凝剂凝絮,COD 值减少量比没有采用超声波要高出 10%～37%。因此,超声波作用可以有效地改进制革废水的凝絮沉淀工艺。

孙丹虹、石碧等研究了超声波对含铬废革屑氧化脱铬的影响,发现超声波能显著提高废革屑的脱铬率。超声波的声强、作用时间、温度和传声介质对氧化脱铬率均有影响。脱铬率随声强的增加、作用时间的延长而提高;脱铬温度宜控制在 20～30℃,更高的温度反而使脱铬率降低;反应溶液的 pH 调节应选择 CaO 或 MgO,而不宜选择含 Na⁺ 的碱性物质,后者形成的传声介质不利于氧化脱铬。在最优条件下,采用 20kHz 和 40kHz 的超声波均可使脱铬率达到 99% 以上,克服了传统氧化法脱铬率不高(<90%)的缺点。

谢建平等的研究认为,超声波(18kHz～1MHz)由于以下三个原因,使其在制革中的应用变得更为可行:一是工业效用的增强和超声波技术的发展;二是在制革整个湿加工过程中都有应用超声波的可能;三是要求越来越高的环境立法。因此,强超声波(38kHz,1.36W/cm²)已经被应用于一系列制革系统的研究中。他们研究了强超声波对皮革染色的作用以及影响其染色作用的因素,如时间、机械作用、温度、染料类型、皮革类型以及染料浓度等,发现超声波染色可提高染料渗透程度 50%～120%,缩短染色时间 40%～70%,减少染料用量 30%,且可在低温下染色。另外,还可以改进颜色牢度,尤其是对水磨革而言。这种效果主要是因为在超声波的作用下使得染料在皮革中扩散系数增大。研究结果表明,在染色初期最好采用超声波短时间作用,这对于难以达到染料高吸收或高渗透率的系统来说其效果尤为明显。同时也发现,超声波比机械搅拌更有效,两者可以结合作用以加速染色过程。温度的影响取决于系统,存在一个最佳温度使得超声波有最强的染色效果。谢建平等还研究了强超声波(38kHz,1.36W/cm²)应用于加脂乳液的制备以及加脂过程,结果发现,用超声波制备的加脂乳液的分子尺寸较为细小,使成革脂含量达到15%以上。在传统加脂工艺中用这种更细小的乳液可以显著地增加脂含量到36%,同时改善油脂的渗透性及其分布的均匀性。增加的油脂含量主要在坯革中部和粒面层。超声波本身对加脂过程的增强作用要弱于机械作用,但与机械作用结合会产生协同效应,提高油脂含量20%~40%,同时也改善了油脂的渗透性和分布的均匀性。结果显示,在加脂晚期用超声波短时间作用会比整个工艺连续作用的效果好。此外,还存在一个使超声波作用最强的最佳温度。另外,油脂分布也表明超声波加脂对于在皮革肉面增加油脂含量有十分特殊的作用。

二、超临界流体技术在制革中的应用

自 1879 年英国 Hamay 和 Horgarth 发现超临界萃取现象以来,已有 100 多年历史。近年来,超临界流体技术发展迅速,应用领域不断扩展。目前的超临界流体已不仅只是限于在分离、提纯方面的应用,而且已被广泛地应用于分析化学、材料制造以及化学反应等各个方面,展示出该项技术广阔的发展前景。

四川大学生物质与皮革工程系早在 1993 年就开始了超临界 CO_2 流体无污染制革新技术的探索性研究,已取得了一系列阶段性的研究成果。超临界 CO_2 流体无污染制革技术的核心是利用处于超临界状态下的 CO_2 代替水作为介质(或者代替某些制革化工材料等),并在此介质中实现制革"湿"操作反应。

1. CO_2 超临界流体技术用于脱脂

CO_2 超临界流体技术用于猪皮脱脂的工艺操作要点如下:取猪盐湿皮臀部样块 12g,充分水洗,并恢复至鲜皮状态,滴水,室温下存放于干燥器中 15h,测其含水量为 30.65%。将上述皮块置于 CO_2 超临界流体制革实验装置的密闭反应器中,在 8~10℃的条件下,用少量 CO_2 驱除装置系统内的空气后,从钢瓶中通入 CO_2 至内压达 5.5MPa,启动搅拌器,升温、升压至 37℃、9.3MPa,恒温均衡 2.5h,停止搅拌,减压排出 CO_2 至常压,结束操作。结果表明,油脂沉积于容器底部,皮面无油腻感,皮具有蓬松感,经检测,脱脂率为 7.61%(绝干计)。

虽然 CO_2 超临界流体技术用于脱脂目前尚处于实验阶段,但已经显现出其突出的优点,相信今后在产业化方面会大有作为。

2. 以超临界 CO_2 流体做反应物用于制革脱灰

脱灰的主要目的是除去裸皮中的石灰,适当降低裸皮的 pH,使裸皮彻底消除膨胀状态,以利于后续工序中化学药剂(主要是鞣剂)的渗透与结合。传统的制革脱灰工艺普遍采用硫酸铵和氯化铵来脱灰,不仅会产生大量的有刺激性的、有害健康的氨气,而且使制革废液中的氨氮含量骤增,严重污染环境。

冯豫川等曾将 CO_2 超临界流体反应物用于制革的脱灰,较为系统地研究了超临界 CO_2 流

体的压力、温度、时间及工艺方法等因素对于脱灰和脱脂的影响。因此，CO_2 超临界流体可以做反应物用于灰裸皮的脱灰，完全替代铵盐。对灰皮进行脱灰的条件为：温度 35～37℃，压力 9MPa，时间 40min，浴比 0.5。这一技术脱灰速度快、脱灰彻底，并能有效地防止钙斑的生成，同时还具有较好的脱脂作用。

3. 超临界 CO_2 流体技术在铬鞣中的应用

铬鞣是制革过程中的关键工序，其过程相当复杂，它包括鞣制系统的多相反应与多组分平衡，涉及胶原与铬配合物之间的相应作用以及整个化学反应中的一系列热力学、动力学问题。可以认为，鞣制过程是物理反应与化学反应的总效应。

廖隆理等曾对 CO_2 超临界流体条件下进行脱脂、脱灰、酶脱毛、铬鞣、植鞣以及染色加脂等进行了探索性的研究，取得良好成果。值得一提的是，CO_2 超临界流体技术应用于铬鞣工序，其工艺条件为：KMC 铬鞣粉剂 5%，添加剂 10%，温度 41℃，压力 9.0MPa，反应时间 2min，未经提碱处理。结果表明，鞣剂吸收完全，鞣制速度快，铬在革内的分布较为均匀。因此，鞣前处理仍是决定鞣制质量的关键。

4. 超临界 CO_2 流体技术在染色中的应用

制革染色废水是制革工业的重要污染源之一。为了解决染色污染问题，曾有研究者以有机溶剂作为介质实施皮革染色的报道。由于这种方法虽然大大地减少了制革染色废水的排放，但却带来了有机溶剂污染以及回收利用等新问题。据报道，超临界 CO_2 流体技术在织物、毛织品和丝绸染色方面的应用已经取得了很好的效果，不仅染色质量好而且消除了染色废水对环境的污染，使用的 CO_2 还可循环利用。廖隆理等在国内率先开展了在超临界 CO_2 流体的介质中实施皮革染色的研究，并与以水为介质的常规染色进行了比较。结果表明，在超临界 CO_2 流体介质中进行染色的工艺条件为：温度 55℃，压力 1.5MPa，染料用量 20%，作用 60min。在染色过程中最好添加适当的助剂，当坯革含水量在 50%左右时，助剂用量为皮重的 10%。采用这一技术染色，具有节约染料、上染率高、染料分散均匀和结合牢固等优点，是一种新的无污染的染色技术。

三、基于生物酶制剂的制革生物技术

在已有研究的基础上，运用技术集成的原理与方法，实现基于酶制剂的制革前处理，对于改变制革行业的落后面貌有着重要意义。笔者采用制革工艺板块模式，将猪皮前处理划分为酶脱脂、酶—碱结合脱毛以及酶软化三个工艺板块，并逐一进行了研究优化，最后将已优化的工艺板块组装、运行，构建出基于酶制剂的猪皮前处理的定形工艺。经大生产验证，其成革手感好，质量和得革率也得到大幅度提高。

猪皮前处理全过程采用酶制剂，并与先进的工艺技术相结合，可以生产出高质量的猪服装革。同时，还可以节约硫化钠 40%～60%，降低综合废水中的有害物质和总氮量，从而大大地减轻了猪皮制革的污染。

基于酶制剂的猪皮前处理最佳工艺流程：

组批→称重→酶浸水→水洗→酶预脱脂→水洗→二次酶浸水→水洗→二次酶脱脂→水

洗→预热→滚酶→搭马→沥水→臀部涂酶(恒温—保温臀部涂酶)→手工推毛→水洗→碱膨胀(变型少浴灰碱脱毛法)→水洗→复灰→水洗→无氨脱灰—同浴软化→水洗→浸酸→铬鞣→出鼓静置

四、纳米材料和技术在制革中的应用

纳米科学技术在制革工业中的应用,起步比较晚,迄今为止,尚无工业化应用的实例。然而,根据已有的研究可以预见,纳米科学技术在制革工业具有广阔的应用前景,主要表现在以下几个方面。

1. 新型鞣剂的研制

众所周知,铬鞣的鞣制机理可以描述为铬配合物分子在多肽链间发生交联,提高皮胶原纤维的结构稳定性。一般而言,在干燥的胶原中,肽链之间的距离为 1nm,充水后增大到 1.7nm,因此,当铬配合物分子小于 1.7nm 时不易产生交联,根据计算 Cr—O—Cr 三原子链键长为 0.8nm。如果具有鞣性的铬配合物含有 4 个铬核,那么排成直线 Cr—O—Cr—O—Cr—O—Cr,包括它两端连接的羰基氧原子在内,其键长约为 2.4nm,完全可以满足交联的需要。但此时交联并不多,只有当铬核数大于 4 个时才产生鞣制作用。必须注意的是,并非铬配合物分子越大越好。铬配合物分子过大,无法渗透,有可能造成铬在表面结合过多,导致成革面粗、表面过鞣等质量问题。由此,可以推断铬鞣中所产生的多点交联应该发生在胶原分子之间,而不是在皮胶原分子本身的三条多肽链之间产生结合。另一方面,有鞣制作用的物质不仅包括可以与胶原结合的金属配合物,而且还有像栲胶类的大分子胶体。传统的植鞣机理是栲胶主要通过分子间力与胶原结合,并通过吸附填充在皮胶原纤维之间,这尽管没有产生多点结合,但仍然产生了"鞣制作用"。也就是说,不仅是鞣质与皮胶原产生多点结合才是鞣制作用。因此,可以通过深入研究鞣制机理,开发可以替代铬鞣剂的纳米鞣剂。目前,已经有利用纳米氧化物鞣制皮革的试验报道。

2. 纳米材料在复鞣中的运用以及新型复鞣剂的研制

无机—有机纳米复合鞣剂的制备一般采用原位插层聚合法。以蒙脱土为例,其制备过程为:首先通过离子交换作用将蒙脱土有机化,然后插入适当的有机单体到蒙脱土层间,引发原位聚合即可。此外,还可以通过表面技术使其均匀地分散于复鞣剂中,并根据该材料的性质调整制革工艺,使这些粒子均匀分散并牢固地固定于皮胶原纤维之间,同时对其进行保护。目前,比较常用的纳米离子都可以尝试用于复鞣剂中,例如:具有抗菌作用的纳米银离子、具有自清洁特性的纳米氧化钛以及具有阻燃作用的纳米氧化锑等。

利用纳米技术于复鞣过程中,可以赋予皮革诸如防水、防油的功能。目前,此类功能型皮革主要用涂饰的手段得到,而涂饰将破坏皮革优良的物理性能,使真皮感降低。而利用设想中的纳米复鞣剂来解决防水、防油问题,则不存在此弊端。

3. 纳米材料在鞣后处理中的应用

(1)纳米材料在染色中的应用。研究表明,纳米稀土用于皮革染色,可以节约染料 20%～40%,提高坯革色度 1.0～1.5 级,降低废染液色度 80% 以上。由此可见,纳米材料在皮革染色

中的应用效果是很明显的。

(2)纳米材料在皮革涂饰剂中的应用。目前,利用纳米材料对涂饰剂改性的方法,主要是采用将其分散于涂料中的方式,其具体的方法有研磨分散、球磨分散、砂磨分散以及高速搅拌等物理方式。通过使用纳米改性的皮革涂饰剂,预期将在以下几个方面提高涂饰剂的效能。

①提高涂饰层的耐色变和耐老化性能。一般皮革涂饰剂涂层耐色变和耐老化性能,主要是因吸收紫外线引起的,如用纳米 SiO_x 或纳米 TiO_2 复合丙烯酸树脂,聚氨酯乳液因纳米 SiO_x 或纳米 TiO_2 对紫外光有屏蔽作用,保护涂膜,就可大大延长涂层耐色变和耐老化时间。

②涂层具有自洁和杀菌能力。纳米 TiO_2 与丙烯酸树脂或聚氨酯(PU)复合,TiO_2 在紫外光照射下产生自由电子——空穴对,它们使空气中的氧活化,产生活性氧和自由基,活性氧和 OH·自由基具有很高的反应活性,当污染物吸附于表面时,就会与自由电子或空穴结合,发生氧化还原反应,从而达到消除污染的目的,也具有杀菌作用。纳米材料与树脂经过特殊复合,其表面同时存在疏水、疏油现象,也能产生自洁能力。

③提高涂层的遮盖力。聚氨酯乳液皮革涂饰剂和综合性能较全面,不足之处是遮盖力较差,如能将纳米氧化锌与 PU 复合,就可大大提高涂饰剂的遮盖力。

五、微胶囊技术在制革中的应用

微胶囊技术的研究始于 20 世纪 30 年代,其技术日臻完善,应用领域不断扩大。目前,微胶囊技术包括通过物理、机械、化学及三者组合的方法制备各种规格的微胶囊,其应用领域已从药物包衣、无碳复写纸扩展到医药、食品、饲料、涂料、油墨、黏合剂、化妆品、洗涤剂、感光材料及纺织等行业。近年来,微胶囊技术在制革中的应用已初现端倪,相关报道日渐增多,成为现代制革技术的一个新的研究领域。

1. 微胶囊染料

目前,微胶囊染料主要应用于纺织印染行业。20 世纪 70 年代初,日本松井色素化学公司在研究中发现分散染料最适合于微胶囊制造,因为它们较容易分散在水中。林化学公司开发了一系列染料微胶囊,这类染料可使用于聚酯、棉、聚酰胺和毛等产品上,取得多色效果。原位聚合法因其成球容易、壁材可控以及成本较低,常用于制备染料微胶囊。李立等采用此法,以尿素和甲醛为壁材,制备出了以酸性红 GP 为芯材的微胶囊染料,并提出了最佳工艺条件。北京市纺织科学研究所用相分离的复合凝聚法对传统的明胶—阿拉伯树胶法进行改进,制备出了分散染料微胶囊。将制革中的染料进行微胶囊化,可以改进染料本身的表面性能和极性,不仅能够降低成本,有利于皮革染色的均匀性,还可以提高染料的利用率,并有利于废水净化,大大地减轻环境污染。

2. 微胶囊涂料

微胶囊技术应用于涂料,能够改变涂料的结构组成,提高涂料的应用性能,促进涂料产品的更新换代。其中,人们对微胶囊颜料研究的最多,刘永庆通过对印刷工业中颜料粒子进行微胶囊化处理,发现颜料微胶囊化的产物可明显改变颜料粒子的表面极性,提高颜料的耐热、耐光、防扩散等性能。大多数皮革都要进行表面涂饰,以使皮革在使用过程中具有耐热、耐寒、耐干湿摩擦和耐碰撞等性能。将微胶囊技术应用于皮革涂饰组分中的主要成膜物、颜料及助剂后,可以实现多组分涂料的单组分化,便于涂料的制备、储存和施工;改善颜料的分散性,也有助于提高涂膜的性能。

(1)中空微球(HMP)。HMP中空微球聚合物是以丙烯酸类和乙烯类单体为原料,采用微孔技术合成的一类特殊的高分子乳液。在乳液状态下,高分子微球充满水分并在干燥后释放出水分,留下含有空气空隙的高分子微球,HMP胶乳粒子含有能与皮蛋白纤维、矿物鞣剂结合的基团,在制革中具有复鞣、涂饰、消光等多种功能。魏德卿等研究了中空微球聚合物在复鞣中的应用特性,表明HMP可以使成革具有质轻、柔软,粒面平滑,手感舒适,色泽艳丽等一系列优异的功能,但是单独使用HMP复鞣的革,身骨差,回弹性不好,需与其他复鞣剂配合使用。荆春贵等通过制备热膨胀性中空微球有机消光填料,与水性丙烯酸树脂和聚氨酯树脂黏合剂等配合制成皮革消光补伤剂,可有效用于伤残皮革的补伤处理。

(2)微胶囊香型整理剂。将包有香水微滴的聚氨酯微胶囊应用到皮革上,当皮革受到机械应变,就可释放出芳香气味。与直接喷涂香水技术只能在有限时间内发挥作用相比,利用聚氨酯微胶囊封装香水技术,可获得长效持久的芳香效果。孟宪民等经过反复的筛选试验,找到了一种保存期达两年以上,在制革中应用方便的微胶囊。具有释香功能的香型微胶囊整理剂非常适合在水场和皮革涂饰加工中应用。香味微胶囊具有用量少,香味持久,可掩盖皮革异味,提高皮革档次等作用,可将其用在汽车坐垫革、沙发革、服装革、箱包革等产品上,有着极其广阔的市场。

综上所述,微胶囊技术具有节约资源、保护环境的显著特点,在皮革工业中将会得到广泛应用,因而是一个值得进一步研究和探索的新领域。

复习指导

1.了解制革原理及其生产过程、主要污染源及污染工段,了解整个制革工业的清洁生产现状。

2.掌握制革单元清洁生产技术的主要内容以及应用情况。

3.明确制革清洁生产技术研究开发的最新动态。

复习思考题

1.如何认识制革工业?

2.制革原料皮保藏的清洁生产技术有哪些?

3.酶浸水工艺有何优点?

4.脱毛清洁生产技术主要有哪些?

5.鞣制清洁技术的主要内容是什么?

6.何谓少铬鞣革技术?它包括哪些内容?

7. 什么叫白湿皮？白湿皮生产技术包括哪些内容？

8. 通过本章的学习，你认为无铬鞣制技术应包括哪些内容？

9. 与传统植鞣法和改进型植鞣法相比，现代植鞣法有何特点？

10. 什么叫无铬结合鞣法？无铬结合鞣法如何分类？

11. 试述植铝结合鞣的原理及特点。

第四章　制革副废物的资源化利用

第一节　制革副废物的分类及产量

在制革过程中,由原料皮加工成皮革所产生的无制革利用价值的固体废弃物,统称为制革副废物,诸如原料皮块、碱皮边角块,蓝湿革剖层、削匀及修边的边角料等。

一、制革副废物的分类

1. 按来源分类

制革副废物按其来源可分为以下六类。

(1)生皮边角料。生皮边角料指原料皮在投产加工前,按工艺技术要求割下的蹄爪、头皮、尾巴以及修剪的皮边角等。

(2)肉渣和皮下脂肪。肉渣和皮下脂肪指去肉时产生的肉渣、皮下脂肪等。

(3)碱皮边角块。碱皮边角块指脱毛浸灰后的碱裸皮因剖层、修边等操作产生的边角料。

(4)白皮料。白皮料指白湿革(皮)或硝皮在剖层、削匀、修边时产生的副废物。

(5)蓝湿革副废物。蓝湿革副废物指蓝湿革(铬鞣革)坯在剖层、削匀、修边、磨革中产生的下脚料。

(6)带色革坯边角料。带色革坯边角料指经染色、加脂后的革坯在干燥整理、涂饰过程中或成品革修边时产生的下脚料。

2. 按是否含铬分类

制革副废物也可分为含铬和不含铬两大类。

(1)不含铬副废物。不含铬副废物是指在铬鞣加工前或采用非铬鞣制革产生的废弃物,故不含铬。诸如原料皮边角料、毛、去肉渣、碱皮、酸皮、白湿皮边角料等。这类废弃物因不含铬目前已得到较好的利用,尤其是原料皮、碱皮边角块回收利用的效益大大提高。

(2)含铬副废物。含铬副废物是指经铬鞣后的革坯在加工中产生的各种副废物,主要有蓝湿革剖层、削匀、磨革、修边产生的不含染料和栲胶等有色物的废弃物;其次是经复鞣染色的坯革在加工过程中产生的废弃物,这类废弃物的主要特征是既含有铬,又含有染料、植物单宁和颜料等,成分复杂、纯化难度大,到目前仍未得到很好的回收利用。

二、制革副废物的产量

皮革加工是以动物皮的高投入为特征的传统工业。据介绍,在国外1 000kg盐湿皮仅制造出不足 300kg 的成品革,却要产生近 600kg 的副废物。这些副废物包括毛、肉渣、原料皮、碱皮和蓝湿革在剖层、削匀、修边等操作中产生的固形物,其比例如图 4-1 所示(剖碱皮工艺)。

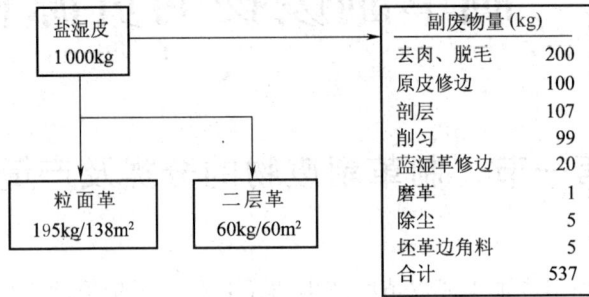

图 4-1 制革副废物的产量

由此可见,制革过程中产生的副废物的重量约占原皮重量的 53.7%。有报道印度早期每年约产生 15 万吨的副废物,美国每年仅产生的含铬废弃物就高达 6 万吨,而我国每年产生 140 余万吨的制革副废物。这些副废物主要含胶原蛋白、油脂和角蛋白(毛),是重要的工业原料,若得到合理利用,不仅能显著减少制革工业对环境的污染,同时又能产生巨大的经济效益。自 20 世纪 80 年代以来,随着资源环境等全球性生态问题的日益严峻,制革工业正面临着可持续发展战略的挑战,如何充分高值利用制革副废物,最大限度地减轻环境污染,成为制革副废物高值转化研究中的热点和重点。

第二节 制革副废物的基本用途

一、毛的利用

除裘皮和毛革(双面革)加工外,皮革的生产均需脱毛处理,不同原料皮所产生的毛副产物的特性及其利用不同,见表 4-1。绵羊毛、山羊毛、牦牛毛中的细绒毛是制造高档毛纺制品的优质原料。猪鬃一直是我国农副产品出口中的大宗产品,主要用于制造各类毛刷。

表 4-1 制革废毛的来源及用途

废毛来源	主 要 用 途
山羊皮	回收羊绒,制笔,制刷,提取氨基酸
绵羊皮	回收羊毛、羊绒,毛纺原料
猪 皮	制毛刷,提取氨基酸
黄牛皮	提取氨基酸,做肥料
水牛皮	提取氨基酸,做肥料
牦牛皮	回收毛绒,提取氨基酸,做肥料

动物毛主要由角蛋白组成,角蛋白中氨基酸含量高、种类多(含 17~18 种),其中胱氨酸占 7%~11%。残次、低质杂毛是制造胱氨酸的优质原料,以毛发为原料生产胱氨酸,其出口创汇率是原料出口的 6~7 倍。因此,充分回收原料皮上的毛,不仅可以大幅度减少制革废水中的悬浮物、COD 值和 BOD 值,减轻综合废水治理负担,同时可为氨基酸生产提供优质价廉的原料,提高制革的综合经济效益。在制革生产中应尽量采用保毛脱毛工艺。

二、肉渣的利用

原料皮在加工前或加工过程中都要去肉,去除皮上所带的余肉、油膜、皮下脂肪等,以利于后续加工,制革中肉渣的来源及其特性见表 4-2。去肉产生的肉渣,其组成较单一,除水分、泥沙外,主要是蛋白质和油脂,它们是制造工业用脂肪酸和动物饲料添加剂的优质原料。

表 4-2 制革中肉渣的来源及其特性

来 源	肉渣含量(kg/吨原皮)	特 性
猪鲜皮	100~200	90%为皮下脂肪,油脂含量高,易回收
猪盐湿皮	80~120	食盐含量高,油脂易回收
山羊皮	50~100	含水量大,油脂含量低,蛋白质含量高
黄牛皮	150~200	含水量大,油脂含量低,蛋白质含量高
水牛皮	150~200	含水量大,油脂含量低,蛋白质含量高
牦牛皮	150~180	含水量大,油脂含量低,蛋白质含量高

由猪皮去肉渣回收油脂是制革企业十分重视的工作,它不仅可减少环境污染,更重要的是可充分利用资源,提高企业的经济效益。由猪皮下脚料回收的油脂色浅、味香,呈半固体状,是制造肥皂、皮革加脂剂和高级混合脂肪酸的优质原料。

油脂回收工艺流程:

选料→清洗→炼油(熬煮)→过滤回收油脂→油渣→饲料添加剂

油渣——回收油脂后的副产物,含有大量的蛋白质。优质的油渣可作为动物饲料的蛋白质添加组分,质差的也是良好的有机肥料,宜用作植树、种花和农田的底肥。

三、原料皮块和碱(灰)皮边角料的利用

制革生产中,无论采用何种工艺路线,都会产生大量的碱皮边角料,其数量仅次于铬革边角料。碱皮边角料因无毛和表皮,油脂含量低,是制造明胶、水解胶原和胶原多肽的优质原料,它还可用来制作宠物玩具。

1. 制明胶

以大型哺乳动物的皮、骨为原料,经水熬煮提取胶原(水解胶原)的过程称为制胶,用此方法制得的胶质(蛋白质)称动物胶,也称明胶。商品明胶为无色到淡黄色、透明或半透明的薄片或颗粒,无味、无臭。在水中吸水膨胀,溶于热水,冷却后呈凝胶状物。溶于甘油和稀醋酸,不溶于乙醇和乙醚。以动物皮为原料生产的明胶又称皮明胶或皮胶,以骨为原料生产的明胶称骨明胶

或骨胶。明胶的制造方法主要有酸法和碱法,用碱法制备的明胶称 A 型明胶,用酸法生产的明胶称为 B 型明胶。目前世界各国均以碱法生产为主,除碱法和酸法外,还有酶法和盐碱法。碱法生产明胶的工艺流程如下:

原料分类→预浸灰→切碎→水洗→复浸灰→水洗→中和→水洗→熬胶→过滤→真空浓缩→冷冻切条→干燥→粉碎→包装→检验→入库

(1)明胶的用途。明胶最初主要作为黏合剂使用,随着科学技术的发展,明胶的用途越来越广,现在其主要用途如下。

①感光材料。用于制备各种类型的电影胶片、摄影胶片、X 光胶片和工业感光纸等。

②医药材料。用以制备药用胶囊、各种药丸、止血凝胶、明胶海绵、创伤敷料、美容材料(针剂、注射填料等)。

③食品添加剂。用作糖果、果冻、冰淇淋、糕点、罐头、果酱等的添加剂。

④胶黏材料。用于砂布、砂纸、砂轮、木材、乐器的胶黏剂。

⑤生物试剂。如用作细菌培养基、生物化学实验、检验等材料。

(2)明胶的生产。明胶生产工艺流程如下:

选料→脱毛→预浸灰→切碎→水洗→水力脱脂→浸灰→水洗中和→提胶→除杂质→浓缩

①选料。将不同种类的原料按是否带毛、带肉分成若干批,以便分别处理。不带肉里的牛裸皮(块)、猪裸皮(块)是制造高档明胶的优质原料。为了提高胶的质量,应将裸皮块、二层皮与带肉里的原料按皮种类分开。带毛的皮块经适当处理后,也是生产高级明胶的优质原料。

②脱毛。带毛的原皮边角块可用制革脱毛的方法除去毛和表皮等角质蛋白,通常用硫化钠和石灰处理,脱去毛和表皮,并松散皮胶原纤维。

③预浸灰。将原料在划槽或转鼓中用约 1%CaO 的石灰水处理 1～2 天。目的是使原料皮得到初步膨胀,变得硬挺,以利于切割。

④切碎。为了加快原料的后续处理,缩短浸灰、水洗、熬胶时间,通常将预浸灰后的皮分割成 5cm×10cm 或 10cm×10cm 小块,较厚的牛皮宜切成 3cm×8cm 的细条,同批物料应尽可能切得大小一致,以便处理均匀。

⑤水洗。在划池或转鼓中进行,其目的是清除皮内的脂肪、污物等。在机械摔打作用下,促使皮纤维组织进一步松散,有利于浸灰。

⑥水力脱脂。利用高速旋转铁锤的打击和水的涡流冲击作用,清除皮内的油脂、污物,使皮纤维束得以松散,为促进浸灰提供条件。

⑦浸灰。目的是更充分地分离、松散皮纤维组织,即在 Ca^{2+}、OH^- 的作用下,使皮纤维束因充水膨胀,并利用 Ca^{2+} 的胶溶作用,破坏皮胶原纤维束间的相互作用,使胶原肽链间的化学交联被削弱,以便在热的作用下(熬胶时),使不溶的胶原纤维转变为可溶性的胶原——明胶。浸灰还可进一步除去皮内的色素、脂肪和角蛋白等(毛囊、毛袋等)。充分缓和、均匀的浸灰是制造高级明胶,提高出胶率不可缺少的重要环节。

⑧水洗中和。浸灰后水洗、中和的目的是除去浸灰时溶解的非胶原成分和石灰。先将皮料洗至 pH 为 9.0～10.0,再用稀盐酸(5%～6%)中和至 pH 为 5.5～6.0。中和程度的好坏,直接

关系到所提明胶的质量。实践证明,如果酸性较重,制成的明胶透明度较高,但黏度低;如果碱性较重,物料在熬煮过程中易发臭、变质,所制明胶的透明度较低,但黏度较好。物料的水洗、中和(调整 pH 达 5.5～6.0)一般需要 2～3 天,其进度如下。

　　a. 水洗石灰,24h。

　　b. 用稀酸中和至 pH 为 4～5,12～14h。

　　c. 水洗至 pH 为 5.5～6.0,12～14h。

水洗、中和可在划槽、划池或专用设备中进行,所用设备设施应耐酸。所用水的水质对明胶质量影响很大,应不含铁、硫化物、钙、镁盐等,最好使用软化水,生产高级明胶应采用纯净水。

在水洗、中和过程中要特别注意防腐灭菌,避免细菌感染影响明胶的质量。中和好的物料应在尽可能短的时间内送至提胶工序,或在尽量低的温度(≤15℃)下保存。

⑨提胶。将中和好的制胶物料加水熬煮提取胶原蛋白的过程称为提胶,或熬胶。它是通过热的作用,使不溶于水的变性胶原纤维因次级键的破坏而部分转变为可溶物。提胶,实质上是一个水解过程,由变性胶原纤维束→胶原纤维→原胶原分子(tropo collagen)→水解胶原→α 肽链,α 肽链继续水解便可得到多聚肽。所提胶原蛋白绝大部分不具有三股螺旋结构,依提胶温度的不同,明胶的相对分子质量一般在 60 000～180 000。相对分子质量越高,其黏性越强,常用黏度表示明胶的等级。提胶时应尽量减少热降解作用,以获得高黏度的明胶。提胶宜分段进行,先在较低温度下提取出较易溶出部分,再逐渐升高温度,提取不易溶出部分,增加总的提胶率。提胶是影响明胶质量的关键工序,影响提胶的主要因素如下。

　　a. 温度。温度是影响原料成胶的最主要因素,温度低、水解作用弱、出胶慢,但胶的黏度高;相反,温度高、热降解作用强、出胶快、产量高,胶的质量降低。提胶时应根据原料的状态,尽可能在较低温度下进行。尤其是制造高级明胶时,温度不宜超过 70℃。

　　b. 时间。熬胶时间一般控制在 3～8h,依原料品种和前处理不同而异,提取时间不宜过长,以防止过度水解使胶的质量下降。在一定温度下,当胶液浓度相对稳定(相对密度不变)时,将胶液放出。

　　c. pH。提胶的 pH 随原料不同而异,一般为 5.5～7.0。实践证明,pH 在 5.5 左右,胶原的水解较缓慢,在此 pH 下提取的胶质量最佳。

　　d. 胶液浓度。就胶的质量而言,出胶浓度以低为好,但出胶浓度太低,会增加浓缩负担,增加成本。通常当胶液相对密度达 1.004～1.006 时就放出,换水进入下一阶段。

对于不同的原料,为了既保证胶的质量,又充分利用原料,获取较高的提取率,提胶条件应有所区别,且提胶往往分段进行,最初温度可从 55～60℃开始,以后每次升高 5～10℃。不同原料的提胶条件与产胶量见表 4-3。随着提胶次数的增加,所提胶的质量和得率明显下降。牛剖皮(牛二层皮)的提胶条件与其质量和产率的关系见表 4-4。

⑩除杂质。由熬胶锅中放出的胶液往往含有原料碎渣、脂肪、钙皂、泥沙和其他悬浮物,胶液呈混浊状,为提高胶的纯度和质量,必须设法尽量除去这些杂质。采用过滤或沉降(澄清)的方法均可将上述杂质除去。过滤前可在胶液中加入纸浆、过滤棉、硅藻土、活性炭等作为助滤剂,加强对悬浮物的吸附,以便提高胶的透明度和黏性。所加的助滤剂应尽量少吸附胶原,以免

影响产率。其次,在除杂质过程中要特别注意防腐和减少停留时间,以减少细菌作用。

表 4 - 3　不同原料的提胶条件与产胶率

原　料	抽提次数(次)	提胶最低温度(℃)	提胶时 pH	总产胶率(%)
湿猪剖皮	4~5	60~65	6.0~6.5	10.7
湿牛剖皮	5	75~80	6.0~7.0	18.3
湿鲜猪皮	5~6	50~55	5.4~6.0	28.1
干生牛皮	5	70~75	6.0~7.0	70.0

表 4 - 4　牛剖皮提胶条件与其质量和产率的关系

提胶次数	温度(℃)	时间(h)	胶液密度	含胶量(%)	占总产率的比例(%)	用　途
1	70~75	6~8	—	—	39	照相或医用、食用
2	75~80	6~8	—	—	28	医用、食用明胶
3	80~85	8~10	1.002~1.007	5~7	17	工业用
4	85~90	8~10	—	—	10	工业用
5	>95	8~10	—	—	6	工业用(次)

⑪浓缩。过滤后的胶液浓度在 6.5% 左右,这种胶液既不便于保存、运输,也不便于使用,成品明胶通常是含水量为 16% 左右的胶片或胶粒。将上述胶液直接干燥不仅能耗大,设备占用量大,且生产周期长,干燥后的质量也不好。在实际生产中,将上述胶液浓缩至 15%(冬季)~25%(春秋季),一般不超过 30%。为了减少浓缩过程中的热降解,必须采用真空浓缩。为了节省能耗,一般采用多级浓缩,即双效蒸发或多次蒸发浓缩,先在真空度较低($6 \times 10^4 \sim 6.7 \times 10^4$ Pa)、温度较高($65 \sim 70$℃)的第一段内迅速蒸发;再在真空度较高($7 \times 10^4 \sim 8 \times 10^4$ Pa)、温度较低($60 \sim 65$℃)的第二段内蒸发。这样既可以提高蒸发速度,又可减少胶液的水解,保证明胶的质量。浓缩的时间应该越短越好。

2. 作宠物玩具

常用二层或三层碱皮为原料,制作宠物玩具。

四、含铬副废物的初级利用

使用铬盐鞣制皮革已经有百余年历史,至今除了生产特殊用途的革外,90% 以上的皮革产品都是用铬鞣法生产的。在铬鞣后的剖层、削匀、磨革和修边等加工过程中,不可避免地会产生大量的铬革副废物,也称铬革渣、铬革屑(chrome shavings),含铬副废物(包括染色、涂饰革坯修边的产物)是数量最多的。据介绍,制革过程中原皮重量的近 30% 变成了含铬副废物,全世界每年要产生此类物资 60 多万吨。我国目前皮革产量占全世界的 20%~25%,据估算,每年产生 50 万~70 万吨(湿重)的含铬副废物。以干重计,含铬副废物中约含 Cr_2O_3 4% 左右,含胶原蛋白 80% 左右。因此,回收利用此类副废物有重要意义。

早期利用含铬副废物的主要途径有以下三类:一是以革纤维为基础的应用,包括生产再生革、非织造布、多孔吸附材料等,将铬革边角料、铬革屑用粉碎机或纤解机制成短纤维,再添加其他材料制成各种型材;二是以其水解胶原蛋白为基础的应用,包括提取各类水解胶原和多聚肽及以此作为原料,用于皮革涂饰剂、加脂剂、鞣剂和表面活性剂等的合成;三是铬的回收利用。

含铬废弃物经机械粉碎解纤,得到的革纤维可用于再生革、非织造布、复合板材的制造,也可用作塑料填料和橡胶的增强材料。

1. 再生革

再生革也称纤维革,多采用经过加脂处理后的革纤维和铬革屑,配以其他天然或合成纤维材料,在以水为介质的分散体系中与胶黏剂、硫化剂等混合配成纤维浆料,经碾压、固定成形、干燥,再经后处理制成鞋内底、箱包内衬、装饰材料等。意大利于 1928 年就用革屑生产再生革,将 70% 的革屑与 30% 的橡胶乳液混合,经碾压、修饰得到成品。产品用来制造包、鞋底等。德国、前捷克斯洛伐克等都是较早生产再生革的国家。有报道用作鞋里革的最佳纤维配方是:铬革屑、植鞣革屑与合成纤维的比例分别是 35%、35% 和 30%。冈村浩等研究了革纤维与棉纤维、牛皮纸纤维混合生产再生革的基本条件,采用配比如下。

(1)革纤维:棉纤维=1:1。

(2)革纤维:牛皮纸纤维=1:1。

(3)革纤维:牛皮纸纤维:削匀革屑=3:4:3。

革纤维长度对(1)有影响,5mm 长的革纤维效果最好;对(2)、(3)影响不大;在(1)、(2)配方中,棉纤维与牛皮纸纤维含量应在 40% 以上,(3)配方中牛皮纸含量就不大于 20%。胶黏材料用量为 10%～20%,用聚醋酸乙烯酯、丁腈胶都能获得较满意的产品。

2. 非织造布

由革纤维制造的非织造布具有很好的吸湿性,用作基布,经涂饰后生产的人造革可用作鞋面革。为改善性能,常与其他纤维混用,经针刺固定后,再用高聚物溶液浸渍增强。非织造布对革纤维长度有较高要求,当其长在 20mm 以上时,用量可达 80% 左右;小于 20mm 时,其用量降为 60%。废弃物的选择和解纤的方法对革纤维质量影响很大,选用纤维疏松的边腹部位的皮革易获得较长的纤维。鞋里革、绒面服装革、绵羊革的边角料尤其适合非织造布的生产,采用湿态、分段连续解纤法,可使 70% 以上的纤维长度达 25mm 以上,还能有效控制粉尘产生,避免环境污染。

3. 复合板材

以削匀革屑、铬革短纤维或磨革灰作为复合材料的填料,不仅可提高产品的阻燃性、弹塑性、多孔性和吸湿性,还能降低制造成本。Sedliacik,Miden 用革屑代替 15% 的木屑制造脲醛树脂复合板,有效改善了产品机械性能,并降低了甲醛挥发量,该产品隔热、抗燃。冈村浩用 20% 的磨革灰与木屑混合做脲醛树脂填料,经 155℃ 固化处理,其产品的强度和韧性都得到改善。王德强将皮革下脚料粉碎物填入 PVC 中,经发泡处理后,用做泡沫鞋底,穿着舒适、耐磨、弹性好。用革纤维增强的橡胶耐磨系数大,还具有独特的隔音效果,在日本已用于制成隔音材料。用革纤维与合成树脂制成的软质泡沫有独特的音响特性,是制造中、低音喇叭的优质材料。

第三节 含铬副废物中铬的回收原理及方法

如何有效高值地利用含铬副废物,解决制革副废物因不能充分有效利用而造成的环境危害,一直是国内外皮革行业在努力解决的重要课题之一。含铬副废物回收利用的研究由来已久,由简单的初级利用,逐步转向通过化学处理从而充分利用其中的胶原蛋白和铬的研究。国内外对如何从铬革废弃物中回收铬和胶原蛋白做了大量研究,回收铬的方法主要包括浸酸法、浸碱法、碱酸交替处理法、氧化法及焚烧法。

一、脱铬原理

1. 酸脱铬原理

铬鞣革中,铬配合物主要与胶原侧链上的羧基(—COO⁻)和羟基(—OH)等以配位键的形式牢固结合,所以铬鞣革耐水洗、收缩温度高。铬(Ⅲ)配合物的显著特点之一是在溶液中易发生水解、配聚反应,而且水解、配聚是可逆的。在强碱性条件下,水解、配聚的最大程度就是形成无鞣性的多羟基化合物,即 $Cr(OH)_3$ 絮状沉淀。在强酸性条件下形成无鞣性的水合配离子$[Cr(H_2O)_6]^{3+}$。在实施铬鞣时,要充分利用铬配合物的酸碱平衡原理,在去除铬革中的铬时,也可利用铬配合物的这一特性。Cr^{3+} 在溶液中的水解、配聚反应是一个复杂过程,其原理可简示如下。

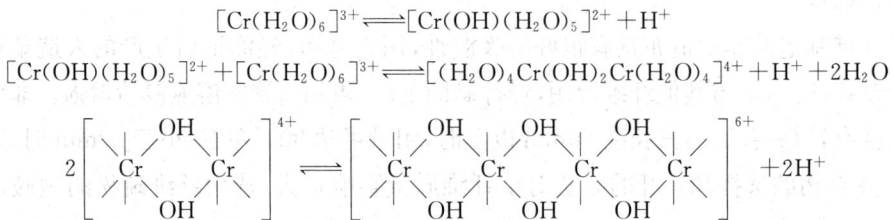

$$[Cr(H_2O)_6]^{3+} \rightleftharpoons [Cr(OH)(H_2O)_5]^{2+} + H^+$$
$$[Cr(OH)(H_2O)_5]^{2+} + [Cr(H_2O)_6]^{3+} \rightleftharpoons [(H_2O)_4Cr(OH)_2Cr(H_2O)_4]^{4+} + H^+ + 2H_2O$$

$$2\begin{bmatrix} & OH & \\ Cr & & Cr \\ & OH & \end{bmatrix}^{4+} \rightleftharpoons \begin{bmatrix} & OH & & OH & & OH & \\ Cr & & Cr & & Cr & & Cr \\ & OH & & OH & & OH & \end{bmatrix}^{6+} + 2H^+$$

由反应式可见,加碱能减少体系中 H^+ 的浓度,反应向右进行,使形成的铬配合物分子变大,鞣革性能增强。加酸,增加体系中 H^+ 的浓度,反应向左进行,铬配合物分子变小,鞣革性能减弱。当溶液中 H^+ 的浓度足够大时,有鞣性的铬配合物就转变成无鞣性的水合铬离子,使铬与胶原羧基离解,从而达到脱铬的目的。事实上,早期的脱铬方法就是利用此原理,所用的酸主要是硫酸,还有盐酸、草酸、柠檬酸和磷酸等。

2. 碱脱铬原理

根据鞣革配合物中配位体的相互影响和取代规律,利用配位结合能力强的配位体取代配位结合能力弱的配位体便能达到脱铬目的。不同配位体对 Cr^{3+} 配位能力的大小顺序如下。

羟基＞草酸根＞柠檬酸根＞丙二酸根＞丁二酸根＞苯二甲酸根＞乙酸根＞胶原羧基＞甲酸根＞亚硫酸根＞硫酸根＞盐酸根＞硝酸根＞水

因为羟基、草酸根和柠檬酸根等对 Cr^{3+} 的配位能力远远强于胶原羧基,所以用草酸、烧碱可以脱除铬鞣革中的铬，而羟基的配位能力最强，通过加碱，增加溶液中羟基的浓度，羟基取代与铬配位结合的胶原羧基，使铬配合物与胶原解离，达到脱铬的目的，其反应可示意如下。

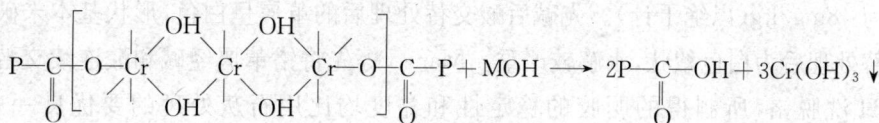

$$P-C-O-Cr\overset{\displaystyle OH}{\underset{\displaystyle OH}{\Big|}}Cr\overset{\displaystyle OH}{\underset{\displaystyle OH}{\Big|}}Cr-O-C-P + MOH \longrightarrow 2P-C-OH + 3Cr(OH)_3\downarrow$$

使用石灰乳（氢氧化钙与水组成的乳状悬浮液）、MgO、CaO 和 $NaOH$ 脱铬就是利用此原理。

二、铬鞣革脱铬的方法

1. 酸法脱铬

利用较浓的酸处理铬鞣革可以实现脱铬，在技术上是可行的，但经济上并不理想。Баскова И. А 等将未染色的铬革块首先用草酸和柠檬酸、磷酸、盐酸或硫酸于 22℃下处理三天，用草酸可脱除革中约 70％的铬，用硫酸的脱铬量约为 40％。用混合酸处理，可获得更好的脱铬效果。王远亮等研究表明，当硫酸的浓度达 4％，温度在 70℃时，铬革屑在 2h 可完全水解。用强酸处理虽可脱铬，但脱铬不充分，胶原损失较大，设备腐蚀严重。

总之，单用酸法脱铬不能彻底分离铬和胶原，而且只能得到小分子的水解胶原。

2. 碱法脱铬

用碱或碱性材料处理铬革废弃物，实现铬与皮胶原的离解，是最常用的脱铬方法。常用的试剂有 CaO、$Ca(OH)_2$、MgO、Na_2CO_3 和 $NaOH$。用碱处理时，溶液中的 OH^- 进入革中铬配合物内界，取代与铬配位结合的胶原羧基，使胶原羧基与铬配合物离解，铬配合物与 OH^- 进一步结合形成无鞣性的 $Cr(OH)_3$ 沉淀，避免胶原羧基与铬配合物重新结合，达到充分脱铬的目的。再经过滤、水洗就能实现铬与皮胶原的分离。将脱除的铬回收、浓缩，再经酸化（用 H_2SO_4 处理），又可作鞣剂使用。脱铬后的废弃物依脱铬程度和皮块质量不同，可用于提取明胶、水解胶原、多肽或氨基酸等高附加值产品。用碱性材料脱铬时，也会使皮胶原发生一定程度的水解，碱性越强，胶原水解越严重，胶原的回收率就越低。因此，用其提取的胶原产物有相当一部分为胶原的降解产物，其相对分子质量一般在 50 000 以下。如 G. Stockman 将约 1 000kg 铬革屑加入 3 000L 的热水和 3％的石灰中，在 93℃下搅拌 3h。在此过程中铬革屑几乎完全溶解，铬以 $Cr(OH)_3$ 的形式沉淀，趁热过滤，得到的胶原溶液根据质量不同，可用作化工原料、肥料、黏合剂等，铬饼（chrome cake）处理后可用于鞣革。

国内外有不少采用碱法脱铬的研究报道和专利。单用碱处理也不能使铬与皮胶原得到很好的分离，且碱法花费的时间较长。

3. 酸碱结合法脱铬

单独使用酸或碱处理铬革废弃物，不是脱铬效率低，就是皮胶原水解严重，提取的胶原产物分子较小。用酸和碱交替多次处理，如用 H_2SO_4—$NaOH$—H_2SO_4 交替处理，一般可除去 90％以上的铬，所得到的胶原产物的结构稳定性和质量都比碱法处理的高。

谢克文等曾用 H_2SO_4—$NaOH$—H_2SO_4 交替处理铬革边块制备明胶，脱铬率达到 90％以上,明胶得率达 26%。王坤余等用 15% H_2SO_4 和 4% NaOH,先酸后碱交替处理铬革屑,脱铬率达 99.79%,残留铬含量为 81mg/kg(以绝干计);若先碱后酸交替处理,脱铬率达 99.88%,残留铬含量为 48mg/kg(以绝干计)。先碱后酸交替处理后的革屑呈白色,形状基本未破坏,而先酸后碱交替处理后为白色絮状,水解较严重。Manzo 等先将铬革屑经碱和酸连续交替处理,随后用 NaOH 洗脱铬,所制得的明胶的稳定性和黏度均比用石灰处理的要优良一些。采用 Na_2CO_3—H_2SO_4—Na_2SO_4 处理脱铬,再用硫酸—石灰乳处理,可加快生产进度并提高产品质量。

用酸碱交替处理法脱铬,操作复杂,时间长,酸碱耗用量大,废水排放量大。

4. 氧化法脱铬

氧化法脱铬是指在弱碱性条件下,使用强氧化剂将铬革中的三价铬氧化成六价铬,即 $Cr^{3+} \xrightarrow{[O]} Cr^{6+}$,使铬失去鞣性,成为易溶性铬酸盐($CrO_4^{2-}$)与胶原分离,以达到脱铬目的。常用的氧化剂是 H_2O_2。

Smith L. R. 等用氧化法处理铬革屑制备明胶,其铬含量小于 100mg/kg,明胶的黏度达 64mPa·s,Bloom 强度达 245g,回收率大于 50%。Cot 等采用酸—碱—氧化交替的方法处理铬革屑,获得含铬量低于 10mg/kg 的白色胶原,而且保持了胶原分子的结构。有人将铬革屑粉碎为 1~2mm 的小颗粒,然后在 10~50℃用含 H_2O_2 0.1%~15%、Na_2CO_3 或 $NaHCO_3$ 1%~55% 的溶液反复浸提,浸提后的残渣用 H_2O_2 漂洗,再经离心脱水制备脱铬的胶原,浸提液浓缩后用于配制铬鞣液。

王远亮等的研究表明,氧化法有其优越性:脱铬速度快,回收的胶原色泽好(白色),经 X 衍射证明,处理后的胶原在结构上基本未被破坏。王坤余等在碱酸交替处理基础上,结合氧化法处理铬革屑,使脱铬率达到 99.93%,残留铬含量达 28mg/kg,胶原回收率为 36.8%;处理铬革边角块,脱铬率达 99.82%,残留铬含量达 70mg/kg,胶原回收率为 52.7%。处理后的皮块呈白色,皮形完整。当使用混合碱(Na_2CO_3 和 NaOH)时,脱铬率达到 99.84%,残留铬含量为 61mg/kg,胶原回收率为 57.9%,其技术条件如下。

(1)浸酸。15% H_2SO_4,水量 10 倍,常温。

(2)浸碱。4% Na_2CO_3,4% NaOH,水量 5 倍,常温。

(3)氧化。4% Na_2CO_3,水量 1 倍,常温,10% H_2O_2。

孙丹红等详细研究了氧化脱铬的各种影响因素,如 pH、作用时间、温度和铬革屑颗粒大小等对脱铬的影响。在氧化脱铬过程中,控制适当的反应温度、pH、作用时间及物料配比是至关重要的,适宜的条件为:温度 20~30℃,H_2O_2 用量为 7.5%~10%,pH 用 CaO 控制在 9~10,水料比为(15~20):1。孙丹红等将声化技术引入铬革废弃物的综合利用研究表明,超声波能显著提高铬革屑的脱铬率,超声波的声强、作用时间、温度和传声介质对氧化脱铬均有影响。脱铬率随超声波强度的增加,作用时间的延长而提高。脱铬温度宜控制在 20~30℃,更高的温度反而使脱铬率降低。反应液的 pH 的控制宜选用 CaO 或 MgO,而不宜选择含 Na^+ 的碱性材料,后者形成的传声介质不利于氧化脱铬。采用 20kHz 和 40kHz 的超声波均可使脱铬率达到 99% 以上,克服了传统氧化法脱铬率不高(≤90%)的缺点。与常规氧化法脱铬相比,采用超声波达到常规效果的时间(次数)可以缩短50%。

第四节　提取胶原蛋白的原理及方法

前述脱铬方法虽都能除去铬革中绝大部分铬,但仍有以下不足。

(1)脱铬不彻底。无论用哪种方法,都很难将铬革废弃物中的铬去除干净,即使要达到饲料蛋白的标准(即铬含量≤20mg/kg)也很难。

(2)胶原回收率低。在脱铬过程中,胶原蛋白结构受到不同程度的破坏,胶原蛋白发生强烈的水解,且难以回收,绝大部分只能用于制备相对分子质量较低的胶原水解产物。

为了克服上述不足,国内外对如何从铬革废弃物中提取胶原蛋白并回收铬进行了大量的研究,形成了不少较为成熟的工艺技术。这些技术均是通过胶原的水解(降解),使不溶性的胶原部分变为水溶性的,再经分离纯化使胶原蛋白与铬分离,实现废弃物的回收和高值利用。

根据水解铬革废弃物时采用的试剂不同,可分为酸法提取、碱法提取、酶法提取和碱—酶法提取等。

一、酸法提取

酸法提取(酸水解法)是使用较浓的酸,如硫酸、盐酸和磷酸等,在很低的pH条件下加热处理铬革废弃物,使胶原强烈水解,得到水解胶原与Cr^{3+}的混合物,再加碱调节pH,使Cr^{3+}形成$Cr(OH)_3$沉淀,再经过滤使其与胶原水解产物分离。酸水解法主要用于获取相对分子质量较低的水解胶原、多聚肽或混合氨基酸,不能用于制备明胶类大分子胶原产物,目前多采用酸法从铬革屑中提取氨基酸。

皮胶原含有18种氨基酸,包括人体必需的8种氨基酸和儿童生长发育所需的2种半必需氨基酸。脯氨酸是一种很重要的氨基酸,由于其结构特殊,不易用化学合成或发酵的方法生产,多通过蛋白质水解得到。大多数天然蛋白质中脯氨酸很少,即使有含量也不高。工业上通常用明胶水解来提取,但用明胶的成本高。皮胶原中脯氨酸和羟脯氨酸的含量约20%,因此,将铬革副废物充分水解,可回收大量的脯氨酸和羟脯氨酸,同时还可以提取精氨酸、天门冬氨酸、谷氨酸、丙氨酸、甘氨酸等,剩下的可制成复合氨基酸或复合氨基酸微肥。

杜美菊等以废皮屑为原料,采用酸法水解,成功制得氨基酸精品,其配料比为,皮屑∶水∶HCl=2∶5∶0.2。水解液用活性炭脱色,过滤后用离子交换树脂分离,再对收集到的各种氨基酸溶液脱氨、浓缩、结晶,即可制得氨基酸纯品。路亮则采用8mol/L的盐酸水解,其配料比为,原料重∶酸用量=1∶1.2(W/V),于105~110℃下水解11h,经脱色、中和、浓缩、结晶制得混合氨基酸,其中氨基酸质量分数达35.54%,混合氨基酸提取率可达29.31%。

采用酸法水解会使色氨酸、丝氨酸的结构遭到破坏。其中,色氨酸分解后生成的吲哚核可与水解物中的糖类物质在酸性条件下生成的醛类物质缩合,产生黑色物,使水解液变黑,故必需用活性物质脱色,从而使工艺复杂、成本提高。

二、碱法提取

1. 碱对含铬废弃物的作用原理

碱法提取(碱水解法)是在碱性介质中水解含铬废弃物提取胶原的方法,常用的试剂有 NaOH、$Ca(OH)_2$、CaO 和 MgO。含铬废弃物是经铬配合物交联改性后的胶原产物,虽其结构稳定性、耐化学作用、耐微生物和酶作用的性能显著增加;但是,当受到热碱或碱长时间的作用时,起交联改性的铬配合物将进一步水解、配聚,最终形成无鞣性的 $Cr(OH)_3$ 沉淀,使之脱铬。与此同时,胶原纤维束被打开,胶原纤维以及胶原分子间的交联被破坏,胶原纤维就溶于水中形成明胶。碱的浓度过大或处理时间过长,胶原分子主链也会遭受不同程度的水解,生成不同组成和不同分子大小的水解胶原或多聚肽,使不溶于水的含铬废弃物变得完全可溶。碱法水解的特点是水解产物的相对分子质量呈连续分布,这是由于碱对胶原肽链的水解没有选择性,使得水解胶原蛋白的进一步应用受到限制。用碱法水解胶原,会使其中的精氨酸的结构遭到破坏,影响产品的质量。

2. 影响碱法提取的因素

(1)碱的强弱及用量。从碱脱铬和水解的原理可知,碱性越强、浓度越高,脱铬和水解反应越快。$Cr(OH)_3$ 具有明显的两性,$Cr(OH)_3$ 在水溶液中的酸碱平衡可表示如下。

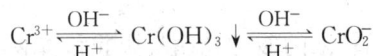

$$Cr^{3+} \underset{H^+}{\overset{OH^-}{\rightleftharpoons}} Cr(OH)_3 \downarrow \underset{H^+}{\overset{OH^-}{\rightleftharpoons}} CrO_2^-$$

在溶液 pH 为 7.5~10.0 时,$Cr(OH)_3$ 的溶解度最小,而碱法、脱铬提取胶原正是利用这一性质。在 pH 为 7.5~10.0 的碱性范围内,Cr^{3+} 生成 $Cr(OH)_3$ 沉淀,从而达到脱铬和分离、松散胶原纤维的目的。在上述试剂中,NaOH 的脱铬和水解作用最强、速度最快;但是当 NaOH 用量过大或水解条件控制不当时,含铬废弃物可能全部溶解,却无 $Cr(OH)_3$ 沉淀生成,无法实现铬与水解胶原的分离。其原因就是碱过量,导致 $Cr(OH)_3$ 形成 CrO_2^- 而溶于水中。

CaO、$Ca(OH)_2$ 和 MgO 属于中强碱,与 NaOH 不同的是,即使用量过大也不会出现 $Cr(OH)_3$ 沉淀溶解的现象。这是因为 CaO、MgO 的溶解度是有限的,CaO、$Ca(OH)_2$ 饱和溶液的 pH 在 13 左右,$Cr(OH)_3$ 不易形成 CrO_2^-。同时在 Cr^{3+} 生成 $Cr(OH)_3$ 沉淀时,伴随有 $CaSO_4$ 沉淀的形成,这两者互为对方提供了形成沉淀的凝结核,加快了 $Cr(OH)_3$ 沉淀的形成以及被 $CaSO_4$ 沉淀所包裹的速度,从而降低了 $Cr(OH)_3$ 的溶解性。

MgO 也不同于 CaO,虽 MgO 难溶于水,但溶于酸,在水中生成中强碱 $Mg(OH)_2$,其饱和溶液的 pH 为 9.0~9.5,可使 Cr^{3+} 形成 $Cr(OH)_3$,而不会使 $Cr(OH)_3$ 形成 CrO_2^-,即不会使 $Cr(OH)_3$ 溶解。所以 MgO 是最常用的碱性试剂。但由于 MgO 的碱性相对较弱,脱铬和水解胶原的作用较弱、速度慢、生产周期长,一般不单独使用。

王坤余等对用 CaO 和 MgO 单独或搭配使用水解铬革屑进行了研究,在相同温度、作用时间下,CaO 和 MgO 用量对提胶效果的影响见表 4-5。

表 4 - 5　CaO 和 MgO 用量对提胶效果的影响

碱 的 种 类	用量(%)	胶原液的固含量(%)	灰分含量(%)	胶原提取率(%)
CaO	3	6.25	3.77	32.36
CaO	4	6.34	5.86	40.93
CaO	5	20.15	7.03	57.81
MgO	4		8.45	45.47
MgO	6		8.86	51.32

注　温度 80~85℃,水量 500%,时间 6h。

(2)提胶前的预处理。除了碱的强度对提胶速度和提胶率有显著影响外,提胶前的预处理方式(包括提胶温度、时间、pH 等)也有明显影响,其结果见表 4 - 6。

表 4 - 6　预处理对碱法提胶的影响

预 处 理 方 式	提胶率(%)	灰分含量(%)	铬含量(mg/kg)	胶液状态(15%)
未处理	26.85	11.58	—	冻状
平平加 0.1%,室温静置 12h	32.17	12.68	—	半冻状
平平加 0.1%,MgO 6%,室温静置 12h	35.49	11.60	16.77	不冻
平平加 0.1%,室温静置 12h,用 1% Na$_2$CO$_3$,调 pH 至 7~8,搅拌 2h,加 MgO 6%	36.98	14.38	21.29	不冻

结果表明,铬革屑不经预处理直接提胶,其提胶率明显低于经预处理后的提胶率,而处理方式不同,提胶率也不同。提胶率、灰分和铬含量都随着碱强度的增加而升高。这是因为铬革屑在预处理时,铬在胶原纤维内的交链缝合作用被破坏,皮胶原的结构稳定性大大降低,受热碱作用易发生降解,逐渐溶于热水中,形成明胶。

(3)温度和时间。提胶温度是影响提胶效果最主要的因素之一,即使是在较弱的碱(MgO)性条件下,处理温度对提胶率的影响也很大。如表 4 - 7 所示,温度从 70℃提高到 80℃时,提胶率只增加了 4.44 个百分点;而当温度从 80℃提高到 90℃时,提胶率迅速由 35.49% 上升到51.32%,增加了 15.83 个百分点;温度由 90℃提高到 100℃时,提胶率的增长速度有所降低,仅提高了 6.53 个百分点。由此可见,若要追求提胶率,可在较高温度下提取。温度升高虽提胶率增加,但所得明胶的黏度降低。这是因为温度越高,溶出的明胶被水解的程度就越大,故其黏度降低,其应用领域和经济价值也受到不良影响。

表 4 - 7　温度对提胶效果的影响

提胶温度(℃)	提胶率(%)	灰分含量(%)	10%胶液状态(25℃)
70±1	31.05	9.88	成冻状、弹性好
80±1	35.49	9.75	半冻状
90±1	51.32	9.83	不成冻
100±1	57.85	9.69	不成冻

如表 4-8 所示,用 MgO 处理提胶时,以连续处理 6h 为宜。当时间由 3h 增加到 6h,提胶率增加了 18.31 个百分点,灰分含量反而降低。当时间由 6h 增加到 9h,提胶率仅增加了 0.31 个百分点。

表 4-8　处理时间对提胶效果的影响

提胶时间(h)	提胶率(%)	灰分含量(%)
3	19.54	10.21
6	37.85	9.88
9	38.16	9.67

用石灰作碱化剂处理铬革屑是工业生产中最常见的方法,其优点是成本低、易得、提胶效果好。其不足是产品中灰分、铬含量偏高,达不到食用产品的标准。陈武勇等对用 CaO 提取胶原蛋白及其产品的纯化、脱铬进行了研究,其工艺路线如图 4-2 所示。

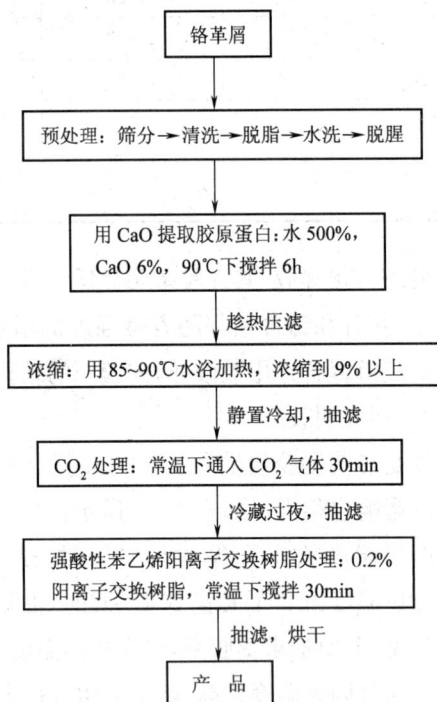

铬革屑

↓

预处理:筛分 → 清洗 → 脱脂 → 水洗 → 脱腥

↓

用 CaO 提取胶原蛋白:水 500%,CaO 6%,90℃下搅拌 6h

↓ 趁热压滤

浓缩:用 85~90℃水浴加热,浓缩到 9% 以上

↓ 静置冷却,抽滤

CO_2 处理:常温下通入 CO_2 气体 30min

↓ 冷藏过夜,抽滤

强酸性苯乙烯阳离子交换树脂处理:0.2% 阳离子交换树脂,常温下搅拌 30min

↓ 抽滤,烘干

产品

图 4-2　碱法提胶工艺流程

研究认为用 CaO 提取铬革屑中的胶原蛋白时有以下几种情况。

①若进行预处理,会降低提胶率,但也有效地降低了产品的灰分含量,对铬含量无影响。

②CaO 的用量对胶原提取率和产品灰分的影响较大,随着 CaO 用量的增加,提胶率增加。灰分的变化则受 CaO 的用量和提胶率共同影响,随着 CaO 用量的增加,有增加—降低—增加的过程。CaO 的用量对胶原蛋白的铬含量影响不大。

③用 CO_2 处理胶原含量为 9% 左右的溶液,其灰分有所降低,铬含量变化不大。

④用阳离子交换树脂处理,对降低灰分和铬含量有明显效果。

到 20 世纪 90 年代末,国内外已有不少采用碱法水解提取明胶或水解胶原的专利。

三、酶法提取

酶法提取是在蛋白酶的作用下,胶原肽链发生定点水解,使胶原部分溶于水,实现胶原与铬分离。由于酶水解的选择性强、所需条件温和、对组成胶原蛋白的氨基酸的结构无破坏作用,水解产物的组成和相对分子质量分布较集中,可以制得不同等级的胶原蛋白产物,用途广泛。酶法提取是近 10 年来研究的热点。为了使水解产物与铬较好的分离,多采用中性蛋白酶或碱性蛋白酶,常将碱法水解与酶法水解结合使用。

酶法提取胶原蛋白包括两步法、碱酶法和酶预处理、碱法提胶。

1. 两步法

美国农业部东部地区农业研究中心的 M. M. Taylor,E. M. Brown 和 L. F. Cabega 等,对用酶水解法提取铬革废弃物中的胶原蛋白进行了较为系统的研究工作。早期用碱性蛋白酶(5%~6%),于 60~65℃ 的条件下水解铬革屑 4~6h,分离得到铬含量很低的胶原水解物,用作饲料添加剂和肥料。在此基础上开发了较新的两步法工艺(two step process),第一步采用碱法水解,提取适用于化妆品、黏合剂、照相胶片和工业用明胶等胶原产物;第二步再用碱性蛋白酶提取在碱性条件下较难回收的胶原成分,并进行了工业性试验,其工艺流程及技术方案如图 4-3 所示。

2. 碱酶法

L. F. Cabeza 等在室温下,将铬革屑先用 0.01% 胃蛋白酶(pepsin)预处理 8h,然后加入 8%MgO,在 70℃ 处理 3h 提取明胶。再用蛋白酶水解铬革渣(sludge),提取水解胶原(hydrolysate)。同时比较了用胰酶(trypsin)和碱性酶(protease)的提取效果。详细分析了提取产物的化学物理特性、相对分子质量分布,部分研究结果见表 4-9~表 4-12。

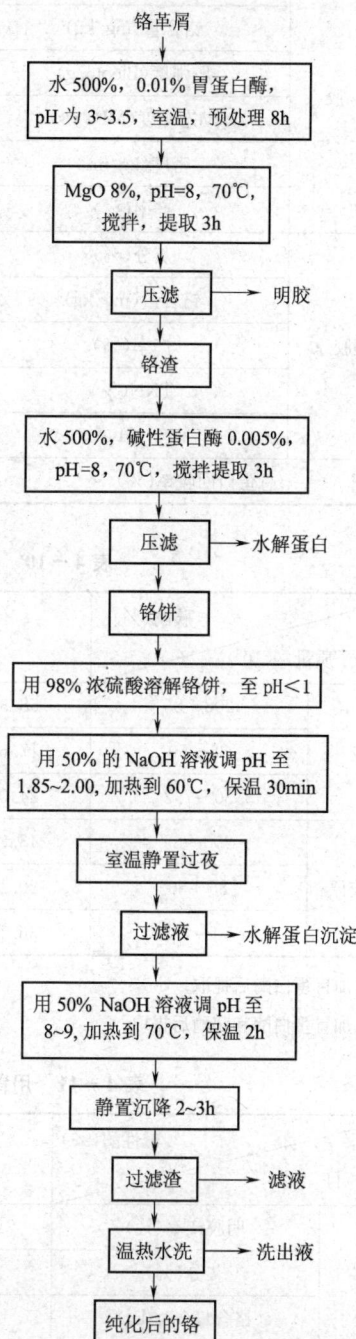

铬革屑

水 500%, 0.01% 胃蛋白酶,pH 为 3~3.5, 室温, 预处理 8h

MgO 8%, pH=8, 70℃, 搅拌, 提取 3h

压滤 —→ 明胶

铬渣

水 500%, 碱性蛋白酶 0.005%, pH=8, 70℃, 搅拌提取 3h

压滤 —→ 水解蛋白

铬饼

用 98% 浓硫酸溶解铬饼, 至 pH<1

用 50% 的 NaOH 溶液调 pH 至 1.85~2.00, 加热到 60℃, 保温 30min

室温静置过夜

过滤液 —→ 水解蛋白沉淀

用 50% NaOH 溶液调 pH 至 8~9, 加热到 70℃, 保温 2h

静置沉降 2~3h

过滤渣 —→ 滤液

温热水洗 —→ 洗出液

纯化后的铬

图 4-3 铬革屑综合利用示意图
(图中材料用量均以铬革屑初始重量计)

表 4－9　用胰酶提取的胶原产物的化学物理特性

项　目	胰酶(%)	0	0.001	0.005	0.01	0.05
明　胶	灰分(%)	13.10	9.90	14.32	13.44	12.26
	铬含量(mg/kg)	18.45	57.16	15.46	11.47	12.11
	胶强度(Bloom/g)	61.95	62.88	58.58	59.23	71.32
	动态黏度(MPa·s)	1.9264	2.0175	1.9517	1.8332	2.2642
	密度(kg/m³)	1.0023	1.0009	0.9999	0.9988	0.9976
	产率(%)	21.83	27.51	19.72	20.74	20.94
水解胶原	灰分(%)	0.00	8.57	4.84	3.70	4.00
	铬含量(mg/kg)	70.13	152.5	1.9	1.17	1.63
	产率(%)	15.85	42.47	53.77	57.88	59.70
	TKN(%)	17.01	17.47	18.31	17.96	17.69
	pH	8.74	8.69	8.68	8.69	8.66
总蛋白回收率(%)		27.30	60.50	63.54	68.59	69.60

表 4－10　用胰酶提取产物的相对分子质量分布

相对分子质量/×10³	胰酶(%)	0	0.001%	0.005%	0.01%	0.05%
明胶[1]	208～85	58.35	53.35	57.25	60.15	57.85
	85～50	17.60	20.85	21.50	20.25	22.00
	50～7.2	24.05	25.80	21.25	19.60	20.15
水解胶原[2]	200～85	43.80	36.25	21.60	20.30	15.10
	85～50	20.10	21.90	12.30	11.55	9.60
	50～7.2	36.10	41.85	66.10	68.15	75.30

[1]加胃蛋白酶后提取。

[2]加胃蛋白酶和胰酶后提取。

表 4－11　用胃蛋白酶—碱性酶提取的胶原产物的特性

项　目	碱性酶(%)	0	0.0001	0.001	0.005	0.01
明胶	明胶产率(%)	23.40	25.58	31.49	32.97	39.74
	灰分(%)	28.47	27.36	23.03	23.09	19.33
	铬含量(mg/kg)	29.17	50.12	17.90	16.70	20.87
	胶强度(Bloom/g)	54.15	75.53	83.91	85.26	88.05
	动态黏度(MPa·s)	1.6005	1.7534	2.2655	2.2179	2.3878
	密度(kg/m³)	1.0061	1.0109	1.0095	1.0019	1.0003

续表

项 目	碱性酶(%)	0	0.0001	0.001	0.005	0.01
水解胶原	产率(%)	24.00	40.98	69.63	73.69	75.83
	灰分(%)	19.96	13.52	7.96	7.87	8.09
	TKN(以绝干、无灰计)(%)	16.17	17.10	18.19	16.87	17.98
	铬含量(mg/kg)	96.12	64.65	1.53	1.19	0.39
总蛋白回收率(%)		34.41	51.62	83.04	87.30	91.61

表 4-12 碱性蛋白酶提取产物的相对分子质量分布

相对分子质量范围/×10³	蛋白酶(%)	0	0.0001%	0.001%	0.005%	0.01%
明胶①	208~85	58.50	60.40	62.70	61.40	59.20
	85~50	22.40	22.20	20.20	20.90	21.10
	50~7.2	19.10	17.40	17.10	17.70	19.70
水解胶原②	205~85	56.90	21.90	21.80	23.20	19.60
	85~50	23.00	19.40	9.60	12.60	9.80
	50~7.2	20.10	58.70	68.60	64.20	70.60

①加胃蛋白酶后提取。

②加胃蛋白酶和碱性酶的提取。

从表 4-9～表 4-12 可见,碱性蛋白酶的水解作用较胰酶的强,在 0.01%的浓度下,水解胶原的提取率较后者高达 18 个百分点,在 0.005%用量时高出 20 个百分点,水解胶原中的灰分含量、铬含量也较后者低,即用碱性酶的效果优于胰酶。胰酶的最佳用量为 0.001%;碱性酶的最佳用量为 0.01%。它们在此基础上进行了工业性实验,实验结果见表 4-13。

表 4-13 工业性实验结果

产 品	产率(%)	灰分含量(%)(a/b)①	铬含量(mg/kg)(a/b)	TKN(%)
明 胶	18.31	35.57/0.00	16.77/20.40	13.84
水解蛋白	51.66	7.18/0.17	8.33/13.85	18.03

①以绝干基计,a 未经离子交换树脂处理,b 经离子交换树脂处理后。

陈武勇等对用氧化镁和碱性蛋白酶(alcalase)两步法处理铬革屑进行了研究,首先用氧化镁提取明胶,再用碱性蛋白酶提取水解胶原。考查了提取 pH、温度、时间和 MgO 及碱性蛋白酶用量对提取率和产物质量的影响。研究表明,最佳条件为:MgO 6%,pH9.5～10.0,温度60℃,反应时间 1.5h。明胶收率达 45%,水解胶原收率达 35%左右,总蛋白质收率达 80%左右。

陈武勇等研究了用 1398 中性蛋白酶提取水解胶原的各种影响因素,如酶的用量、反应温度和 pH 等对水解蛋白质收率的影响。综合各种影响参数,确定了制取水解蛋白质的最佳条件,用 166 蛋白酶和 1398 蛋白酶两步法处理铬革屑为最佳方案,采用此方案,水解胶原中 Cr_2O_3 的含量仅为 10^{-6} 数量级,水解蛋白质的收率为 45%左右,蛋白质总收率达到 85%左右。

王坤余等对用 MgO、CaO 作碱化剂,用 1398 蛋白酶、2709 蛋白酶、胰酶和碱性蛋白酶,通过两步法提取明胶和胶原多肽的效果进行了研究,先用 MgO 或 CaO 作碱化剂提取明胶,再在碱性条件下用上述蛋白酶提取水解胶原。明胶提取率可达 45%,灰分含量为 9%~10%。提胶后的铬革渣用不同蛋白酶水解提取胶原多肽的效果见表 4-14。

表 4-14 不同蛋白酶的提取效果

蛋白酶品种	胶原提取率(%)	灰分含量(%)[①]	铬含量(mg/kg)[①]
1398 酶	38.06	6.88	15.47
胰酶	43.90	7.63	14.18
2709 酶	45.50	7.52	14.30
碱性蛋白酶	38.10	—	—
1398 酶—胰酶各半	45.60	7.18	—
2709 酶—胰酶各半	50.26	8.62	—

①以绝干基计。

王坤余和张铭让,以铬革屑或铬革块为原料,皮水比 1.5~6,用 CaO 或 Ca(OH)$_2$、NaHCO$_3$、Na$_2$CO$_3$、NaOH、KOH 等调节 pH 至 10~11,在 80~90℃,处理 2~5h,过滤,滤液通入 CO$_2$ 或加入 Na$_2$CO$_3$、NaHCO$_3$ 或 Na$_2$HPO$_4$、NaH$_2$PO$_4$,静置 5~15h,经过滤除去沉淀物,清液通过强酸性阳离子交换树脂处理,可制得高纯度的胶原蛋白,以绝干固体物计,灰分≤0.5%,其中 Ca^{2+} 和 Mg^{2+} 含量<0.2%,Cr^{3+}≤0.2mg/kg,氨基酸总量达 95%。若将上述胶原采用蛋白酶定向水解,可制得高纯度的不同相对分子质量的胶原多肽。

3. 酶预处理、碱法提胶

M. M. Taylor 等研究了提取明胶时,分别用胃酶和胰酶处理后的情况,根据所提取明胶的化学组成(灰分、铬含量、固含量等)、胶的强度、动态黏度和相对分子质量分布的研究结果认为,胃酶的用量以 0.1%~0.25%为宜,胰酶的水解作用较胃酶的强,其用量以 0.01%~0.25%为宜,部分结果见表 4-15 和表 4-16。酶预处理后碱法提胶流程如图 4-4 所示。

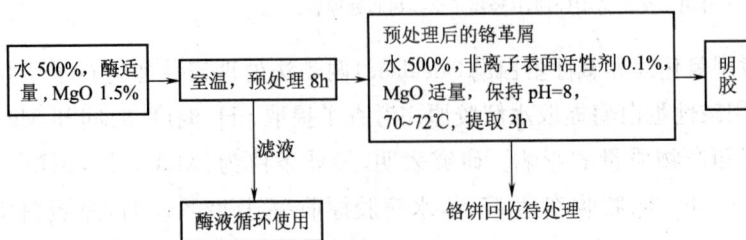

图 4-4 酶预处理后碱法提胶流程图

表 4-15　酶及其用量对用铬革屑提取明胶的影响

酶品种	酶用量(%)	产率(%)	灰分(%)	TKN(%)	铬含量(%)	总固含量(%)
胃酶	0	4.33	12.79	16.12	0.0065	1.64
	0.001	4.55	13.79	16.43	0.0103	1.69
	0.01	6.10	9.06	16.81	0.0128	2.27
	0.1	4.01	12.98	16.15	0.0061	1.56
	0.25	3.60	14.08	15.96	0.0026	1.43
	0.5	3.46	15.09	16.12	0.0072	1.44
胰酶	0	4.76	10.05	16.93	0.0046	1.53
	0.001	5.84	9.27	16.98	0.0100	1.92
	0.01	8.72	6.33	18.07	0.0176	2.69
	0.1	12.18	6.42	18.17	0.0501	3.06
	0.25	14.70	5.23	18.09	0.0034	3.34
	0.50	13.43	5.67	18.10	0.0150	3.18

表 4-16　酶用量与所提明胶的强度及相对分子质量分布的关系

酶品种	用量(%)	Bloom 强度(g)	相对分子质量分布/$\times 10^3$		
			208~85	85~55	55~7.2
胃酶	0	87.19	41.20	11.80	47.00
	0.001	92.20	51.85	14.45	33.70
	0.01	116.02	56.55	10.45	33.00
	0.1	116.02	65.55	10.05	24.40
	0.25	102.58	68.10	9.50	22.40
	0.50	85.26	58.75	12.55	28.70
胰酶	0	92.99	55.95	11.05	33.00
	0.001	92.63	54.30	12.50	33.20
	0.01	74.11	54.45	13.25	32.30
	0.1	14.70	31.75	10.55	57.70
	0.25	1.43	29.55	9.25	61.20
	0.50	10.23	37.55	8.85	53.60

第五节　胶原蛋白的性质及其用途

胶原蛋白是一组由多糖蛋白分子组成的大家族,是结缔组织的主要蛋白成分。胶原蛋白富含多样性及组织分布的特异性,广泛存在于哺乳动物组织中,约占总蛋白质的 30% 以上。据估计,自然界从低等的无脊椎动物到高等的哺乳动物,总共大约有 500 亿吨以上的胶原蛋白。由于胶原蛋白是构成动物机体的主要功能物质,且具有合成高分子材料无可比拟的生物相容性、生物降解性和营养保健功能,作为自然界可再生的生物资源,目前在食品、化妆品、生物医学材料和生物肥料、生物农药等高附加值工业中的应用正日益受到重视。

一、胶原的种类

目前已鉴定的胶原蛋白有 27 种。在结缔组织中,不同类型的胶原蛋白具有不同的功能。按其是否形成带有周期性横纹的胶原纤维分类,胶原蛋白可分为两大类:一类是原纤胶原蛋白;另一类是非原纤胶原蛋白。其中原纤胶原蛋白包括Ⅰ、Ⅱ、Ⅲ、Ⅴ、Ⅺ、ⅩⅩⅣ和ⅩⅩⅦ型胶原蛋白,其余属于非原纤胶原蛋白。而非原纤胶原蛋白可进一步分为以下六种。

(1)FACIT 族胶原蛋白(不连续三螺旋结构的纤维相关胶原蛋白),包括Ⅸ、ⅩⅡ、ⅩⅣ、ⅩⅥ、ⅩⅨ、ⅩⅩ和ⅩⅪ型。

(2)网状结构胶原蛋白,包括Ⅳ、Ⅷ和Ⅹ型。

(3)念珠状原纤维胶原蛋白(Ⅵ型)。

(4)锚定原纤维或纤丝胶原蛋白(Ⅶ和ⅩⅦ型)。

(5)跨模区胶原蛋白(ⅩⅢ、ⅩⅩⅢ和ⅩⅩⅤ型)。

(6)结构尚未明确的胶原蛋白(ⅩⅤ、ⅩⅧ、ⅩⅫ和ⅩⅩⅥ型)。

非原纤胶原蛋白的 α-链既含有三螺旋域(胶原域,COL),又含有非三螺旋域(非胶原域,NC)。胶原区内由于基因缺失、插入或置换,又存在数量不等、长短不同的非 Gly—X—Y 序列。

胶原蛋白按其溶解能力又可分为两种:一是可溶性胶原蛋白;二是不可溶性胶原蛋白。而可溶性胶原蛋白又可分为酸性可溶、碱性可溶和中性盐可溶胶原蛋白。另外还有基因重组型胶原蛋白——非天然胶原蛋白。

二、胶原蛋白的结构和性质

1. 胶原蛋白的氨基酸组成及结构特征

胶原蛋白多由三条多肽链组成,呈三股螺旋结构,与其他蛋白质一样具有一级、二级、三级和四级结构。每条多肽链含有 18 种以上的氨基酸,由 1 000 余个氨基酸残基构成,单个 α 链含有多个甘—X—Y(Gly—X—Y)序列。Ⅰ型胶原的 α 链大约由 1 052 个氨基酸残基构成,其中甘—脯—Y(Gly—Pro—Y)三肽约占 Gly—X—Y 三肽总和的 1/3。Gly—Pro—Y 三肽的存在使 α 链形成Ⅰ型胶原特有的左手螺旋结构(图 4-5),在螺旋结构的两端有两条端肽,分别叫 C-端肽和 N-端肽。三条左旋 α 链以平行、右手螺旋形式,相互缠绕形成"草绳状"复合右手大螺旋体,即原胶原分子(tropo collagen,图 4-6、图 4-7),原胶原分子为细长的三股螺旋结构,长度约 300nm,直径约 1.5nm。原胶原分子按"四分之一错列"方式平行排列成束,通过共价交联形成稳定的韧性很强的微原纤维(microfibril)。微原纤维分子间通过侧链进一步交联,形成胶原纤维和胶原纤维束。胶原分子间的聚集依靠氢键、离子键、疏水作用而发生,除这些作用外,分子内及分子链间的共价交联赋予胶原高度的物理化学稳定性,其排列结构如图 4-8 所示。

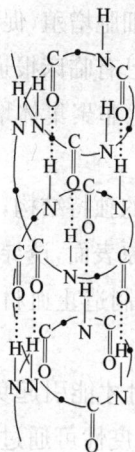  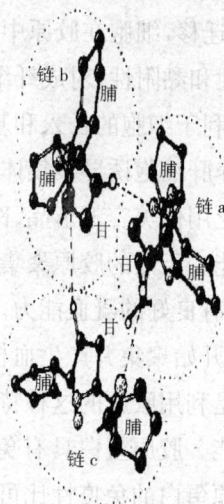

图4-5　单条肽链的　　　图4-6　胶原的右手超　　　图4-7　胶原多聚体三螺旋轴
α螺旋结构　　　　　　　　螺旋结构　　　　　　　　　的C端投影

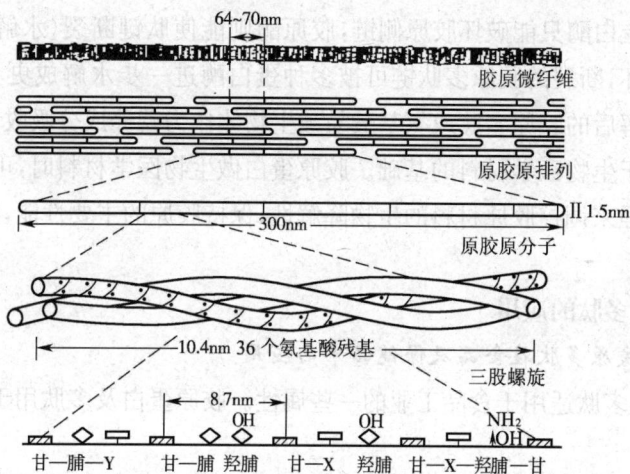

图4-8　胶原排列结构示意图

2.胶原的主要性质

(1)胶原的物理化学性质。胶原蛋白是广泛存在于细胞外基质中的蛋白质家族。因此,胶原蛋白具有蛋白质的通性,例如两性电离及等电点,紫外特征吸收及颜色反应,胶体性质及沉淀和凝固等特点。此外,酸、碱、盐和蛋白酶等都可以与胶原产生化学作用,胶原在酸或碱的长时间作用下,其交联键会遭到破坏,故而发生降解;中性盐与胶原的作用依盐的种类不同而异,有的中性盐可使胶原脱水,有的则会引起胶原充水而发生膨胀;多种蛋白酶对胶原具有降解作用,使其成为水解胶原或多聚肽。

(2)胶原的生物化学性质。在国内外的报道中,有关胶原生物化学性质的研究最多。下述胶原的一些生物化学性质是其适宜作生物材料、医学材料、保健品和化妆品原料的基础性质。

①细胞适应性及细胞增殖作用。胶原蛋白作为细胞生长的依附和支架,能诱导上皮细胞等的增殖、分化和迁移,细胞在胶原中能存活得更久。这是由于胶原的 α 链及胶原多肽对细胞具有良好的适应性和黏附性,对成纤维细胞有一定的生物诱导作用,能促进细胞增殖,促进分泌伤口愈合物质,有利于细胞的长入和基质沉积、新生血管生成和伤口愈合。已有临床报道,在胶原蛋白凝胶中培养肝细胞诱导聚集体的形成,使每个细胞合成白蛋白的量比非聚集体增加2倍。所以胶原被广泛用作美容整形品、医药品、化妆品和护肤护发用品的原料。

②止血性能。天然的胶原聚集体是良好的止血材料。这是因为胶原的独特结构,特别是四级结构,使其具有良好的凝血能力。其止血机理为:血小板首先黏附在胶原表面,诱导血小板释放,随后血小板开始聚集并产生血栓,使血浆结块达到止血。用胶原蛋白制造止血材料(海绵、膜、水凝胶)就是利用胶原的这种特性,目前已有不少临床用品。

③免疫性能。胶原蛋白具有免疫性,但免疫性很低,只有大剂量注射才能引起免疫反应。而且不溶性胶原蛋白的免疫性比可溶性胶原蛋白的更低。胶原蛋白的免疫性可通过去除端肽或使胶原蛋白形成网状结构来抑制。目前,已有多项制备非免疫胶原蛋白的专利。因此,含异体胶原蛋白的医疗器械可长期植入人体而只产生很低的免疫反应。

④可生物降解性。天然胶原虽具有紧密牢固的螺旋结构,但在生物酶作用下可以部分或全部水解。绝大多数蛋白酶只能破坏胶原侧链,胶原酶则能使肽键断裂(水解)。肽键一旦断裂,其螺旋结构随即破坏,断裂的胶原多肽链可被多种蛋白酶进一步水解成更小的胶原多肽片断,甚至是氨基酸。水解后的胶原多肽或氨基酸易被生物体作为营养成分吸收,这就是胶原蛋白或其改性材料广泛用于生物医学材料的基础。胶原蛋白做生物医学材料时,可通过胶原分子侧链间交联的减弱或增强来调控胶原材料的生物降解性,保持胶原的主要性能,满足实际应用要求。

三、胶原蛋白及多肽的应用

1. 胶原蛋白和胶原多肽在食品及保健品中的应用

(1)胶原蛋白和多肽适用于食品工业的一些属性。胶原蛋白及多肽用于食品的属性有以下几方面。

①丰富的营养性。胶原蛋白是由18种 α-氨基酸组成,比人乳蛋白所含的氨基酸还多2种(且含量高得多),含有人体所必需的8种氨基酸和促进儿童生长发育的2种半必需氨基酸。

②高的韧性和热稳定性。胶原蛋白由于其独特的大分子螺旋结构和聚集态结构,使其具有一定的热稳定性以及较高的机械韧性和强度,从而使它能够用于食品、医药品、包装材料等。

③亲水、保湿性能。由于胶原分子链上含有大量的亲水基团,所以与水结合的能力很强,在食品中可用作添加剂,改善食品的风味、提高食品的保藏稳定期。

④优良的物理性质。广泛用作食品的胶凝剂、稳定剂、乳化剂、增稠剂、发泡剂、黏合剂(黏结剂)、澄清剂等。

(2)胶原蛋白和多肽在食品、保健品中的应用。胶原蛋白是一种动物性蛋白质,可促进儿童生长发育、帮助成人强筋健骨。婴儿、营养不良的儿童、肺病或糖尿病类患者以及高烧病人、年老体弱者食用胶原蛋白及其水解产物尤佳。胶原蛋白作为食品有百利而无一害,它在欧美已成为必备的美食佳品。在一些发达国家，食用明胶、胶原蛋白、多肽的消费量是相当可观的，对这方面的研究也较成熟，尤其是日本、美国等国家。

胶原蛋白在食品中的应用主要在以下几个方面。

①食用肠衣。用皮胶原制备胶原肠衣、火腿和冻肉的包装膜，可弥补天然肠衣数量不足以及塑料肠衣不能食用，不耐水煮、油炸和熏烤的缺点，另外，胶原本身也是营养丰富的高蛋白食品。用胶原膜包装肉类食品在美国、日本等发达国家已被普遍使用。

②食品添加剂。胶原蛋白可广泛用于不同种类的食品加工中。诸如在肉类食品中加入胶原蛋白以改善口感和营养。在腊肠和牛肉馅饼中添加一定量的胶原蛋白能明显改善其质地和口感。此外，胶原蛋白还被用于加工营养面包、饼干、汤料添加剂等。

③保健食品和饮料。小分子胶原蛋白、多肽和氨基酸可制成多种营养保健品。有研究证明多肽可直接被小肠吸收，也就是说多肽的营养价值很高，它可以直接补充人体营养物质。所以，胶原蛋白、多肽和氨基酸被大量用于制备中老年、妇女补肾、补气、补血、抗衰老、抗疲劳、增强免疫力等的营养保健品。

2. 胶原蛋白在化妆品中的应用

胶原蛋白是构成皮肤的最重要组分，是由成纤维细胞合成的，正如其他的生命物质一样，随着生理年龄的增加，可还原性交联向不可还原性交联结构转变，从而使胶原结构更加趋于稳定。与此同时，成纤维细胞的合成能力也变弱，因此皮肤就会老化而显得干燥，并失去弹性和光泽，皱纹增多。从亲缘的角度讲，在化妆品中以胶原蛋白作为活性物质十分自然。美国化妆品盥洗用品及香味用品协会（CTFA）化妆品原料手册和日本《功能性化妆品原料》中选用的天然物质中都提到使用胶原蛋白或其水解产物（多肽和氨基酸）。

胶原蛋白在化妆品中的主要作用是保湿、防皱和美白。

（1）保湿。随着年龄的增长，皮肤会老化，老化的皮肤显得干燥、粗皱、暗淡无光。促使皮肤干湿、老化的直接原因之一是皮肤角质层中水分不足。角质层含水量一般应在10%～20%之间，低于10%皮肤就会干燥、粗糙，甚至皲裂。根据皮肤的自我保护结构原理，在护肤化妆品中添加的小分子水解胶原和氨基酸，由于它们与皮肤的亲和力好，能渗入皮肤表皮层，起到类似天然保湿因子的作用。Ⅰ型胶原是天然的极性蛋白质，含有4.4%天门氨酸（Asp）残基，7.2%谷氨酸（Glu）残基，2.8%赖氨酸（Lys）残基。所以，胶原蛋白及其水解产物具有很好的保湿性，并由于它们结构相似，对皮肤和头发的亲和性良好。水解胶原还具有乳液稳定性等优点，因而在护肤化妆品中的应用发展很快，已成为一类十分有效的化妆品原料。它们能润湿肌肤，赋予皮肤平滑感。尤其是L-羟脯氨酸是胶原特有的氨基酸，在护肤品中起滋润和调理作用，也常作为营养性助剂用于洗发水。

在美国、德国、日本等国家，许多高档护肤化妆品中都添加有胶原蛋白。我国的部分优质护肤保健品中也加有胶原蛋白。

（2）防皱。由于皮胶原结构的相似性，胶原蛋白与皮肤的相容性很好，具有良好的渗透性，能被皮肤吸收填充在皮肤基质之间，从而使皮肤丰满，皱纹舒展，赋予肌肤弹性和光泽。另外，由于猪、牛、羊皮中分别含有3.6%、4.6%和8.1%的弹性蛋白，在酶作用下水解为可溶性蛋白质,故胶原蛋白水解产品中含有一定量的弹性蛋白原。化妆品中的胶原蛋白可以补充老化皮肤中的弹性蛋白,增加皮肤的柔弹性,润滑角质,与弹性蛋白共同刺激皮肤的循环,促进成纤维细胞合成原胶原蛋白,滋养皮肤,减少皱纹。也可以用胶原蛋白作凹陷修复,甚至可以在人面部注射胶原以保持皮肤青春,减少皱纹,延缓衰老。

(3)美白。人类皮肤的颜色受基因和环境的影响。组成皮肤的酪氨酸残基在自身分泌的一种酶的作用下,逐渐形成各种黑色素,沉积在皮肤内形成不同肤色。胶原蛋白及其水解产品也含有一定量的酪氨酸残基,在化妆品、护肤保健品中加入胶原蛋白或它的水解产品,其中的酪氨酸残基就可与人体分泌的酶作用,从而抑制这种酶与皮肤的作用,达到美白和保护皮肤的作用。

3. 胶原在医学领域中的应用

胶原的结构与性能表明它是一类优良的可用于引导组织再生的生物材料,已经广泛地应用于医学领域中。

(1)天然真皮替代物。天然真皮替代物主要有两种类型:一种是除去表皮层的异体真皮,一种是无细胞真皮,无细胞真皮可以是异体皮。关于无细胞异体真皮及无细胞真皮的应用,国内外均有报道,可用于治疗深度烧伤和创面。而无细胞人体真皮的来源十分有限,同时存在传播恶性疾病的危险;所以在很大程度上,天然真皮替代物的应用受到限制。

(2)人工皮肤。组织工程材料第一个面市的商品是人工皮肤,也是到目前为止在临床应用方面最为成功的材料之一,这方面的报道很多。已经报道的人工皮肤的制造方法有很多种。Yannas 等首先用胶原—硫酸软骨素多孔交联支架成功地制成人工皮肤,据临床报道,这种人工皮肤已被美国食品与药品管理局(FDA)批准,其商品名称为 Dermagraft,主要用于严重烧伤和糖尿病患者皮肤溃疡的治疗,对慢性皮肤溃疡也具有很好疗效。但是已有的人工皮肤都存在结痂及易引发各种炎症甚至导致癌变的危险,因此应用范围极为有限。1998 年 5 月,美国 FDA 又批准了马萨诸塞州 Canton 器官形成有限公司的一种名为 Apligraf 人工皮肤的生产。据报道,这种人工皮肤是一种人工两层皮肤,表皮在上,真皮在下。具体制造方法可能是从牛腱中提取胶原,经纯化后制成胶原膜,再经过杀菌、消毒即可使用。有的则对胶原膜进行交联,经杀菌、消毒后备用。也可以将胶原膜作为基质材料在其上种植上皮细胞经培养而制成人工皮肤。此外,国内外还报道了胶原—糖胺聚糖/聚羟基乙酸(GAGs/PGA)网—成纤维细胞真皮替代物、胶原—壳聚糖人工真皮及胶原—黏多糖复合组织工程支架材料等。

(3)可注射胶原。可注射胶原溶液是应用较为广泛的胶原植入物之一,可用于矫治由于年老、创伤、疾病和先天性畸形所引起的外形异常等。主要用于整形美容,是纠正皮肤凹隐型缺陷的最理想材料,主要适应症为皱纹、寻常痤疮疤痕、小型外伤疤痕等缺陷的填充矫正。此外,对糖尿病患者在其病变部位注射胶原也有助于足部溃疡和褥疮的修复。

(4)胶原缝线。由于胶原植入物在人体内会降解为氨基酸而被人体吸收,因而利用胶原制成的胶原缝线用于特殊的医疗手术具有重要意义。临床应用表明,可吸收的胶原缝线用于眼科的角膜手术中,很少有不良反应。

(5)止血海绵。研究表明,胶原不仅能够诱导血小板附着,产生释放反应,而且能够激活血液的凝固因子,粘接在渗血的伤口上,对已经损伤的血管起填塞作用,从而达到止血的目的。临床应用表明,与藻酸钙、藻酸海绵、凝血增强纤维泡沫、增凝明胶海绵及氧化纤维素等常用的止血剂相比,胶原的止血率高,副作用小,是一种理想的止血材料。

利用胶原研制胶原止血海绵,国外一直十分活跃,国内尚处于起步阶段,但发展十分迅速。据报道,国外已有粉状及片剂的微晶胶原止血剂、纤维织物止血剂和海绵止血剂等。一种取自牛跟腱的无过敏性、无菌冻干胶原已广泛应用于临床,并取得良好效果。国内也有类似产品问世。

(6)组织引导材料。目前国内已有医用组织引导再生胶原膜产品面市。临床应用表明此种医用胶原膜具有特有的网状结构,可参与组织愈合过程并能引导、促进细胞生长;具有显著诱导组织再生的作用,使创面实现功能性、再生性愈合;力学性能优异,手术操作简便,生物相容性好,无抗原性,可降解吸收,不需二次手术取出;可广泛应用于软、硬组织损伤的修复,如口腔科、骨科、整形外科、五官科、神经外科及肌腱断裂和脏器穿孔等的治疗。此外,还有关于在动物实验中利用经过纯化的胶原膜作角膜移植并用液状胶原替代晶状体的报道。

(7)用于骨组织工程中的"Ⅰ型胶原—X"植入材料。Ⅰ型胶原是骨骼中的主要结构蛋白,约占有机基质的90%。胶原在骨组织工程中可以有三种作用:一是作为支架材料,为骨细胞的长入提供支架,促进新骨生成;二是利用胶原的止血性能;三是具有覆盖陶瓷或金属植入物的功能。目前,国内外一般利用胶原与羟基磷灰石结合制成复合材料,植入人体,以修复骨缺损。例如,瑞典开发出一种 Colipat 植入物,就是由从猪皮中提取的胶原与纯度为90%的羟基磷灰石以5∶1的比例混合制成。该材料用于临床实验中无炎症反应,具有良好的生物相容性。由 Zimmer 等公司开发的作为植骨替代物的生物材料被称为 Collagraft,其中含有由牛皮制备的纯化胶原纤维和羟基磷灰石/三磷酸钙陶瓷,可将 Collagraft 与自体骨髓相混合,自体骨髓能提供成骨前体细胞。临床应用表明,大多数患者对胶原未产生免疫反应,即使有些患者产生抗体,对植入物的疗效和安全性也均无影响。

第六节　功能性材料的开发及研究进展

制革副废物中,含铬的废弃物约占60%以上,它不仅量大,对环境污染严重,而且难处理。实现含铬副废物的高值转化一直是国内外多年来研究开发的重点和热点。近年来,以含铬副废物为原料研究开发的功能性材料主要有以下几个方面。

一、皮革化工材料

利用含铬废弃物水解后分离出来的蛋白产物作为原料,通过化学改性开发新的化学产品。最早的例子是研制的一种阴离子型表面活性剂——雷米邦 A,化学名称为油酰基氨基酸钠,该产品因活性物含量较低,应用效果差,未获得理想的市场认可。到20世纪90年代初,更多的研究开发是基于皮胶原的化学改性,利用含铬废弃物的水解物制备皮革鞣剂、复鞣剂、加脂剂和涂饰剂。这种以制革为中心的皮革工业内部的循环利用,既可充分利用资源,又减少了对环境的危害。

1. 皮革鞣剂和复鞣剂

用含铬废弃物提取的胶原产物,其化学组成和结构与皮胶原较为相似,与皮或革纤维有很好的相容性,可作为制备鞣剂、复鞣剂、加脂剂和涂饰剂的原料。早在1944年就有人探讨过将铬革屑水解物用于制备复鞣剂的可行性,但广泛深入的研究工作始于20世纪90年代初。

(1)不含铬的蛋白类鞣剂或复鞣剂。印度的G. Manzo和意大利的G. Fedele研究了利用铬革屑制备鞣剂及其鞣革的性能。铬革屑先用NaOH水解,分离Cr(OH)$_3$沉淀后,将胶原水解物与甲醛反应,制得胶原水解物与甲醛的缩合产物。在$35\sim40℃$,pH=2.5的条件下,用10%的该缩合产物处理裸皮2.5h,然后提碱到pH为$7\sim7.5$,再处理2.5h,鞣制的皮革的收缩温度达到95℃;放置10天后,收缩温度升至$97\sim99℃$,比其他的有机鞣剂鞣制的革的收缩温度要高得多。同时,他们还对胶原水解物与甲醛缩合物的鞣制机理进行了探讨,发现大分子缩合物主要在低pH下吸收,沉积于皮纤维或纤维束之间,对收缩温度无多大贡献,当小分子缩合物深入到纤维内部时,在高pH下与胶原氨基发生缩合,使收缩温度升高。采用超滤的方法将这种蛋白缩合物分级后,进一步研究鞣制机理表明:各种级分的鞣性接近,但是单独使用任何一种组分的鞣性都不如混合物的好。他们还对这种蛋白缩合物与植物多酚的结合鞣及与铝的结合鞣进行了探讨。

Dr. Jozef Sagala用多肽代替50%的合成鞣剂对铬鞣革复鞣,多肽吸收率达90%以上,产品有很好的着色性,粒面平滑紧实,革身丰满,光泽极佳。C. S. Cantera用碱性蛋白酶水解铬革屑后得到的多肽与丙烯酸共聚,其共聚物溶液用于全粒面革、二层鞋面革及家具革的复鞣,成革柔软、丰满、纤维松散、易磨革,染料易于渗透,色泽饱满。

王坤余等将铬革屑提胶后的残渣——铬泥,分别用碱法和酶法水解提取胶原多肽,进一步用甲醛改性制成蛋白鞣剂。考查了水解条件、甲醛改性条件以及应用条件与产物鞣性的关系。当甲醛的用量≥胶原多肽的12%,鞣剂用量≥裸皮重的10%,初鞣pH为$3\sim4$,鞣制结束pH为$7\sim8$时,革的收缩温度达$84\sim85℃$(未剖层猪裸皮),随着存放时间的延长,坯革的收缩温度逐渐升高,存放5天后,收缩温度达88℃,用碱法水解胶原改性产物鞣革的收缩温度较用酶法水解改性产物的高,与甲醛鞣制相比,用蛋白鞣剂所鞣制的坯革外观洁白,柔软丰满,是纯甲醛鞣无法媲美的。

陈武勇等将从含铬废弃物中提取的水解蛋白,用戊二醛改性制成皮革填充剂(复鞣剂),改性产物的相对分子质量随戊二醛的用量增加而增加,戊二醛的最佳用量约为水解胶原质量的12%,反应温度大于60℃,改性产物具有较好的填充性能,采用适当的应用工艺,可用作皮革填充剂。

穆畅道将由制革副废物提取的不含铬胶原水解物,经化学修饰在胶原肽链上引入 C=C双键后,再加入经氧化马来酸酐改性的石蜡和乳化剂,在$75\sim85℃$条件下乳化,加入单体和引发剂进行共聚改性制成多功能蛋白类复鞣剂。将含铬(Ⅲ)水解胶原用醛类改性制成含铬蛋白类复鞣剂。应用结果显示,醛改性含铬胶原产物鞣制的革,收缩温度可达96℃,且随时间延长,收缩温度还有所提高,成革色泽浅淡,因此可用作主鞣剂。加入改性石蜡的复鞣剂有一定的增厚作用,革坯的延伸性、抗张强度和撕裂强度都有一定程度的提高,用其复鞣染色后的成革柔软、丰满,粒面紧实、细致、平整,肉面丝光感好,在很大程度上减轻了丙烯酸类阴离子复鞣剂的败色效应问题,具有良好的助染固油性能。

林亮、陈武勇等用植物多酚改性由含铬废弃物提取的水解胶原,研制皮革复鞣剂。植物多酚因其羟基结构和苯环的疏水性,可以与水解胶原主链上的肽键(—NH—CO—),侧链上的羟基(—OH)、氨基(—NH$_2$)、羧基(—COO$^-$)发生有效的非共价键(氢键、疏水键和物理吸附)结合,使水解胶原的分子变大。填充时改性产物中的植物多酚不仅能与皮胶原发生有效的键合,还能与皮中已有的金属离子发生络合和静电作用被固定在革纤维中,起到良好的填充效果。在系统研究了不同水解胶原与植物多酚的用量,反应 pH、温度和时间的基础上,确认水解蛋白对酚类物质的比例为 1:(0.5~1.0),反应温度控制在 20℃左右,反应时间为 30min。酚类物质改性产物与蛋白填充剂 UNIFYL B 对猪皮蓝湿革进行复鞣对比实验,结果见表 4-17 所示。

表 4-17　酚类物质改性产物与 UNIFYL B 的复鞣效果对比

复　鞣　剂	酚类物质改性产物	UNIFYL B
吸收率(%)	75.4	78.1
增厚率(%)	13.4	12.7
柔软性[①]	4.8	4.6
粒面状况[①]	4.6	4.7
伸长率(%)	34.44	36.67
抗强强度(N/mm^2)	6.36	7.48
撕裂强度(N/mm)	32.11	33.20

①表示革坯外观性能满分为 5 分。

(2)含铬的蛋白鞣剂或复鞣剂。黄程雪等用尿素对铬革屑纤维进行处理,再用以丙烯酸为主的混合有机酸水解,水解液不脱铬,直接与丙烯酸丁酯(AB)、丙烯酸乙酯(AE)、丙烯腈(AN)、丙烯酰胺(AM)混合单体进行共聚,制得 NF—1 型复鞣填充剂,该产品稳定,与水互溶,填充作用明显,对皮革的丰满度和柔软性有较大改善。

A. Kocsis-Kiss 用 10%的硫酸,150%的水,在特制的反应性阴离子合成鞣剂中,于 120~130℃,210~300Pa 的条件下水解铬革屑,制得填充复鞣剂,应用效果良好。

由于 Cr(Ⅲ)和改性胶原多肽都具有鞣性,且两者之间也存在一定的相互作用,在适当条件下混合使用能发挥其协同效应,对裸皮产生鞣制、填充作用。这种方法简单,避免了分离铬和水解胶原以及进一步纯化等繁杂工序。

王坤余等为了充分便捷利用含铬废弃物,将提取胶原蛋白后的含铬残渣——铬泥代替葡萄糖,用于制备铬鞣剂。该方法的原理是利用强酸的水解作用和六价铬在酸性条件下的强氧化性,将铬泥中的大分子水解胶原降解为具有一定渗透和结合性能的小分子多肽或酸类物质,Cr^{6+} 同时转变为具有鞣性的 Cr^{3+}。降解后的水解物既具有一定的蒙囿、交联作用,又兼具一定的填充作用,使其具有交联蒙囿型铬鞣剂的综合性能。当铬泥中的有机物:红矾=1.3:1

(质量比)时,配制的铬鞣剂鞣革效果较好,当鞣剂用量(以 Cr_2O_3 计)为酸皮重的 1.5%时,蓝湿革的 $T_s \geqslant 95℃$,革中的 Cr_2O_3 含量 $\geqslant 3.2\%$,而且分布均匀,如图 4-9 所示。蓝湿革富有弹性,柔软丰满,边腹部填充和填厚效果明显。

同理可将铬泥用于制备含铬复鞣剂,当铬泥中有机物、红矾及浓硫酸的质量比为 2.9:1:1.25 时,制备的含铬复鞣剂与几种成熟的复鞣剂相比,其鞣革性能相当,而成革的柔软性和丰满性有所提高。应用结果(单项最好者为 5 分)见表 4-18 及表 4-19。

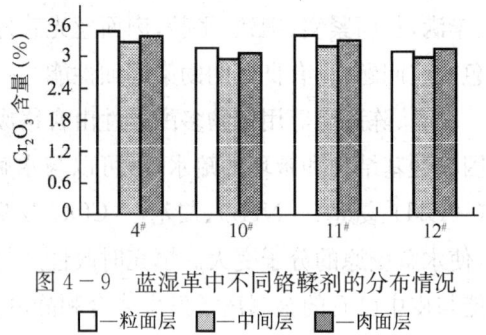

图 4-9　蓝湿革中不同铬鞣剂的分布情况

□—粒面层　▨—中间层　▨—肉面层

表 4-18　用铬泥制备的复鞣剂复鞣坯革的感观　　　　单位:分

方　案	柔软度	丰满度	皱纹多少	粒面粗细	平滑性	匀染性	革身厚薄	总　分
1	4.5	3.5	4.0	4.0	4.0	4.0	3.5	27.5
2	4.0	4.0	4.5	4.0	4.0	4.0	4.0	28.5
3	4.5	4.0	4.0	4.5	4.0	4.0	4.5	29.5
4	4.5	4.5	5.0	5.0	4.0	5.0	5.0	33.0
5	4.0	4.5	4.0	5.0	4.0	4.5	4.5	31.5

表 4-19　不同复鞣剂的复鞣效果　　　　单位:分

复鞣剂	柔软度	丰满度	皱纹多少	粒面粗细	平滑性	匀染性	革身厚薄	总　分
KRI—C 鞣剂	4.5	4.5	4.5	4.5	4.5	4.5	5.0	32.5
Tannesco H	4.5	5.0	4.5	5.0	5.0	4.5	5.0	33.5
铬粉	3.0	3.0	4.0	4.5	3.5	4.5	3.5	27.0
F 复鞣剂	4.5	4.5	5.0	5.0	4.0	5.0	5.0	33.0

结果表明:用该复鞣剂复鞣的猪皮服装革在各项性能总分上与 KRI—C 及 Tannesco H 接近,在匀染性和收敛性方面优于后两者,各项指标均明显优于纯铬复鞣。这是由于该复鞣剂内含有胶原多肽,其主链结构与皮胶原相似,两者相容性好,同时又存在着离子键、氢键等相互作用,故以胶原多肽为原料制备的鞣剂或复鞣剂可渗透到皮胶原纤维深处,在皮纤维之间形成 P—Cr—R—Cr—P 的交联结构,起到鞣制和填充作用,使革纤维得以分散,赋予革坯良好的复鞣填充及染色、加脂效果。

李闻欣等在铬革屑中加定量水制成浆,再用磷酸和红矾降解,在一定条件下于降解液中加入铬—铝鞣剂,制成含铬—铝的蛋白复鞣剂。研究结果如下。

①将铬革屑打浆后用磷酸水解,反应时间易控制,水解产品性能稳定。

②用铬—铝改性水解液对酸皮进行主鞣时,不但填充效果明显,而且蓝坯革丰满、柔软、有弹性,边腹部不松面。对铬的吸收率高,收缩温度可达 118℃,高于相同用量的铬粉主鞣革的收

缩温度,对染料的吸收效果好,无败色现象。

③用改性产品复鞣蓝皮时,填充作用好,成品革丰满、柔软,边腹部不松且丰满,弹性与国外同类产品 UNIFYL B 和 SYNTAN FP888 相当,对染料吸收均匀,无败色现象。

④在酸用量和温度不变时,用水解时间可控制水解产物的相对分子质量。不同水解时间对改性产物的填充效果有一定影响,用水解 2～4h 的水解液制得的改性产品,复鞣填充作用最强。

国锋等报道了直接用皮革副废物制备铬鞣剂的方法,应用结果表明废革屑还原的铬鞣液鞣性良好。付丽红等利用紫外—可见分光光度法和红外光谱法,研究了用铬革屑和葡萄糖还原红矾制备铬鞣液的过程及最终产物的区别,结果发现:上述两种反应历程不同,认为还原剂的种类和用量是影响此反应的主要因素,这两种铬鞣剂的组成和结构差别较大。

2. 皮革加脂剂

水解胶原蛋白或胶原多肽具有很好的亲水性,与亲油材料反应可制成两亲材料,作为表面活性剂用于洗涤剂、化妆品等已是很早以前的工作。近年来,人们对用含铬废弃物提取的水解多肽制备皮革加脂剂进行了研究。

C. S. Cantera 直接将水解胶原与加脂剂混合用于皮革加脂,结果发现胶原多肽具有一定的润滑效果,起到防止纤维黏结,美化粒面的效果。N. Ferenc 报道了用胶原多肽合成加脂剂的研究,将羧酸和四聚丙烯基苯磺酸盐,在一定条件下与多肽反应,产物经调配后,可代替 20%～40%的加脂剂用于皮革加脂。

李天铎采用环氧化法和溴化法将胶原多肽嫁接到天然油脂上(如猪油、鱼油、菜油和蓖麻油)。研究表明:猪油,菜油等在 HCOOH—H_2O_2 和 732# 树脂催化下可以顺利地进行非溶剂环氧化。在 CCl_4 稀释和 15℃(猪油于 35～40℃)下,上述油脂的溴加成反应能得到很好的控制。环氧化和溴化油脂在一定条件下能与多肽顺利反应,产物用作皮革加脂,其中用猪油和鱼油改性的产品具有较好的加脂性能。革样柔软、油感强,用菜油、蓖麻油改性的产品对腹边部有很好的填充效果。改性产品的共同特点是助染性突出,有很好的耐有机溶剂性。

胶原多肽具有表面活性剂的特性。肽链上的氨基、羧基和极性的肽键与非极性的碳氢段交替排列的结构,使其既具有两性,又具有非离子性。直接与其他加脂剂配合使用,可起乳化、增溶作用,有助于加脂剂的乳化稳定和渗透。用其作亲水基合成蛋白型加脂剂,能自乳化。多肽链与胶原较强的相互作用,使材料有很好的结合性。此外,胶原多肽的两性结构也有助于染料的结合。

3. 涂饰剂

蛋白类涂饰材料是传统的皮革涂饰剂之一,多是酪素改性产物。有人对羽毛蛋白、明胶改性产品作涂饰剂进行过研究,而用制革下脚料合成蛋白涂饰剂的研究不多。

Francis Chandrasekaran 等首先将碱皮块深度水解,然后与乙醇胺反应,制得深棕色蜡状产物,加入己二酸,用氨水中和至 pH 为 8.5 用于皮革涂饰。实验表明,部分多肽涂饰剂渗透入毛囊,因而增强了涂层的黏着性,这是用酪素涂饰所不具备的。

G. Manzo 用铬革屑水解得到的胶原多肽,分别与甲基丙烯酸甲酯和丙烯腈共聚,以二聚乙二醇和三乙胺为增塑剂,添加适量氨水、异丙醇,共聚物用作涂饰材料,涂层光亮、透明、均匀,手感优于酪素产品。

捷克专利报道了用丙烯类聚合物改性蛋白作涂饰剂。具体方法为:在 20～90℃,用 0.5～3.5 份的丙烯酸—丙烯酰胺—丙烯酸盐(Ca、K、NH$_4$ 或 Na)共聚物处理 1.0～1.5 份蛋白质底物,产品的 pH 为 2.0～7.0。蛋白质底物还可与脲或胍反应。例如,将 390 份含铬废弃物的水解液(固含量 46.2%)、120 份氨基胍硫酸盐和 300 份水混合加热到 70℃,再加入 6.8 份 (NH$_4$)$_2$S$_2$O$_8$ 和 10 份水组成的溶液,反应 4h,冷却,用 HCOOH 调 pH 至 4,最后可得 1015 份改性蛋白涂饰剂,其固含量为 33%,黏度为 47Pa·s。每吨皮革只需此种涂饰剂 30kg,而普通涂饰剂需 50～60kg。

穆畅道以从铬革废弃物中提取的明胶为原料,用氧化马来酸化改性的石蜡代替二聚乙二醇和三乙胺作为增塑剂,合成蛋白类涂饰剂,较深入地研究了与改性相关的影响因素。在明胶中加入能同明胶分子侧链基团进行加成或缩合反应的双官能团的单体,在胶原肽链引入 —CH=CH$_2$,在 pH 为 8、温度为 75～80℃条件下,将氧化马来酸化改性石蜡和混合单体乳化,经引发剂引发、接枝聚合反应后得到种子聚合物 I 乳液。于种子聚合物 I 乳液中再加入含有交联作用的混合单体 II,经聚合反应得到具有异形结构的乳胶粒,如核壳乳胶粒、乳液互穿聚合物网络(LIPN)乳胶粒。明胶经种子乳液接枝、LIPN 聚合改性的基本配方见表 4-20。

表 4-20 乳液聚合改性的基本配方

成　分	乳液中的含量(%)	成　分	乳液中的含量(%)
混合单体	10～20	氧化马来酸化改性石蜡	0.5～4
双官能团单体	0.3～5	阴/非离子乳化剂	1～4
明胶	10～30	聚合物相对分子质量调节剂	0.1～0.5
pH 缓冲剂	0.1～1.0	聚合物引发剂	0.1～1.5
去离子水	适量		

按优化方案制备的涂饰剂样品经试用,具有优良的黏结力、胶膜光泽好、柔韧性好、手感舒适、真皮感强,涂层耐高温熨烫、离板性好,并具有良好的耐湿擦性能。改性石蜡的加入除能明显降低改性材料的吸水性和粘手性外,还改善了材料对物体的黏结力和膜表面的特性。其原因如下。

(1)氧化马来酸化改性石蜡的增塑作用改变了明胶的聚集态结构使分子链间的距离增大,链间的相互作用减弱,增加了链间的相对滑动性,提高了膜的柔软性和延伸性。

(2)在改性聚合物乳液成膜过程中,改性石蜡微乳粒上浮,胶膜表面层蜡含量多而使膜表面黏性降低,导致膜在熨烫、压花时的离板性得到改善。

(3)改性石蜡的酰胺化、酯化反应以及参与乳液共聚反应,使聚合物的侧链含有较长的烃基,增加了聚合物的柔性和黏结力。

范浩军等报道了将工业明胶改性作蛋白涂饰剂、发泡复鞣剂和消光补伤剂的研究。

二、可食用类材料

食用胶原一般来源于动物皮、肌腱和骨,皮胶原是主要的食用胶原。值得注意的是,制革业是将肉食工业的副产物——动物皮,加工成具有实用价值的皮革或裘革,在生产过程中不可避免地会产生大量的修边、削匀皮屑和残次二层皮料。在美国,牛皮碱皮碎料是加工食用胶原的主要原料,大约 10％的原料皮(二层碱皮)用于该产品的生产。以皮胶原为主要原料,已开发成功的食用材料主要有食用明胶,可食用胶原包装材料,如胶原肠衣、胶原包装膜和食品添加剂等。但我国有关部门规定,禁止使用制革厂鞣制后的任何废料制备食用明胶或食用添加剂。

1. 胶原肠衣

利用生皮或未鞣制的碱皮下脚料生产食用明胶是已成熟多年的技术,这类原料的另一高值转化是用碱皮下脚料(或牛二层皮)制造胶原肠衣。国内外熟肉行业使用的肠衣,小部分是天然肠衣,而大部分是塑料薄膜等的代用品。这些代用品都不能食用,而且塑料肠衣不耐水煮、油炸和熏烤。以皮胶原为主要成分的胶原肠衣可以弥补塑料肠衣的缺点,而且胶原本身就是营养丰富的蛋白食品,所以用胶原膜包装肉食品在欧洲、美国、日本等发达国家已经普遍使用。

对国内外有关可食性胶原包装材料的研究进展已有报道。20 世纪 30 年代,美国的 Freudenberg 等便投入胶原肠衣的研究,并于 1938 年申请了专利。60～70 年代,不仅深入研究了胶原或明胶的成膜性能,而且还将胶原材料与其他的可食性材料如聚糖、调味料、果胶、淀粉等混合在一起,以弥补胶原材料某些成膜性能的不足,或者将胶原作为填料加入上述材料中对它们进行改性。

20 世纪 80 年代日本学者在此领域的研究逐渐增多,且更多地投入到复合膜的研究中。如 Tani. Takehiro 等用 transglutaminase 作为交联剂,生产的明胶膜显示出优秀的热稳定性、抗张强度等性质。欧洲学者则向胶原膜中添加一些其他类型的添加剂,如 Peiffer,Bernd 等将香料、辣椒粉混于胶原悬浮液中,并将该混合物采用一种特殊的机械装置挤出成型。此外,还将果胶、酯类、阿拉伯树胶等加入明胶成膜。在实际生产中,德国的那图林(NATURIN)公司是工业人造胶原香肠肠衣的开路先锋,生产的胶原肠衣产品代表着世界人造胶原肠衣领域的最高水平。

德国那图林公司胶原肠衣制备工艺过程如下:

鲜皮水洗,除血污→去肉、剖层→脱毛、浸灰→水洗→切成 5～10cm 的小块→水洗,除去钙盐→酸化→膨化→搅拌→过滤→挤塑→预凝固→水洗→凝固→中和→干燥→水洗→干燥→熟化→回湿→褶皱成品、包装

国内于 20 世纪 90 年代以后才陆续开始对人造胶原肠衣进行研究,寇柏权和李清桂分别对胶原肠衣的制造及产业化作了一些探索性研究。此后,陆续有部分研究性文献与胶原蛋白肠衣、酸性胶原蛋白及有关胶原蛋白肠衣加工的专利技术报道。总之,国内在这方面的研究起步晚、投入少、研究报道不多。叶勇和王坤余结合我国实际情况,以牛皮碱皮边角料或牛二层皮为原料,经生物酶进一步处理,使皮胶原纤维束得到均匀适度的松散、分离后经酸化、膨化处理,制成含有一定水解胶原的皮胶原纤维泥,再添加适量的可食性纤维素改性材料、增塑剂和交联剂改性,经挤塑成型制成胶原肠衣,中和干燥及熟化处理后的产品,其外观与国际一流产品相当,干/湿态机械强度显著提高,综合性能达到国际先进水平。

2. 胶原包装膜

Farouk 等研究认为,使用食用明胶膜包装的牛排,比未包装或真空包装的牛排汁液的流出

量少,而且牛排的颜色保持鲜亮。Gray 申请了使用食用胶原膜包装肉食品的方法和设备,Boni 等申请了用胶原包裹香肠的制备方法。

3. 食品添加剂

Meullenet 等研究了在鸡肉腊肠中添加胶原对其质地(如强度、弹性和汁液量等)和口感的影响。添加 2％胶原、20％左右的水时,腊肠的感观、质地和口感最好。Graves 等的研究认为,牛肉馅饼中添加 2％的胶原和 8％的水得到的低脂馅饼(9％的脂肪)与含脂 18％的馅饼一样可口,而且质地更好。这为低脂产品的生产提供了一种方法。此外,胶原可以添加于饮料中作为营养强化剂,还可用于烘烤食品等。

4. 其他应用

胶原的分散性使它可以代替传统的鱼胶作为啤酒和白酒的澄清剂,利用胶原的成膜性将其用作固定化酶的膜材料和肉食品标签,其中后者已经在欧洲使用。

三、生物医学材料

胶原蛋白因较高的力学强度、低抗原性和良好的生物相容性及生物降解性,在生物医学中的应用十分广泛且发展迅速。

以胶原为主要或唯一组分制备的不同形式的生物材料在烧伤、创伤、药物传输、人工构建皮肤以及骨骼、心血管、食管、眼角膜疾病、美容和矫形等领域中的应用,国外已有较多的研究和专利报道,国内尚处于起步阶段。近年国内学者分别对胶原蛋白在烧伤、创伤、眼角膜疾病、硬组织修复、美容、矫形、创面止血等方面的医疗应用及国内外研究进展作了评述。

王坤余等探讨了用铬革屑提取的胶原蛋白研制胶原敷料及其应用。该研究采用分段提胶法,用铬革屑制得高质量的胶原蛋白,其铬含量和灰分含量分别低于 2mg/kg 和 2％,相对分子质量在 85 000 左右,提胶率达到 43.3％。用所提胶原蛋白研制的胶原基医用敷料无色透明、柔软,贴附性能好。抗张强度为 3.52MPa、断裂伸长率为 49.2％、含水率达 89％以上。动物试验表明该敷料与动物皮肤相容性好,无刺激反应。与常规敷料相比,使用该敷料的兔子术后伤口无红肿。两周后,应用胶原敷料的伤口已愈合,伤口表面浅平,四周无硬组织突起,而使用常规敷料的伤口仍结有硬痂,且表面凹凸不平。

王碧等利用红外光谱(FT‐IR)、X‐射线衍射(X‐RD)、光电子能谱(XPS)等手段,系统研究了用制革废弃物提取的胶原特性及其与多糖(壳聚糖、葡甘聚糖、硫酸软骨素)共混膜材料的物理、力学性能和生物学特性。研究结果如下。

(1)pH≤7 时,胶原蛋白与葡甘聚糖之间可以任意比例互溶,该条件下共混膜中胶原蛋白与葡甘聚糖之间有较强的相互作用和良好的相容性。当胶原蛋白与葡甘聚糖达到一定质量比时,共混膜可达到与纯胶原海绵相近的止血效果。

(2)在两种三元共混膜:胶原蛋白—葡甘聚糖—壳聚糖(CKCS)和胶原蛋白—葡甘聚糖—硫酸软骨素(CKCs)中,葡甘聚糖与胶原蛋白和壳聚糖或硫酸软骨素均具有良好的相容性,膜中三种天然高分子之间存在着静电引力、氢键等强的相互作用。CKCS 膜和 CKCs 膜均具有均匀而光滑的截面形貌,冻干的 CKCS 膜具有适宜细胞生长和增殖的多孔结构。

（3）NaOH 溶液处理前后，共混膜的 FI－IR 谱和 X－RD 图谱分析比较表明，NaOH 溶液处理极大地改善了 CKCS 共混膜中大分子间的相互作用，分子排列的规整性急剧下降，无序性增强，结晶度显著下降，因而共混膜的吸水性等物理性能和生物学性能得到了显著改善。

（4）物理性能测试表明：三元膜 CKCS 力学性能明显优于二元共混膜。胶原蛋白—壳聚糖（C—CS）和胶原蛋白—葡甘聚糖（C—KGM）及三种单一聚合物膜，其吸水率较 C—KGM、胶原膜和葡甘聚糖膜明显降低，即三元膜 CKCS 吸水性有显著改善。CKCs 膜的力学性能和吸水率与二元膜 C—KGM 和胶原蛋白—软骨素共混膜（C—Cs）及三种单一聚合物膜比较均有明显改善，但 CKCs 膜的湿态力学性能较 CKCS 膜的差，吸水性较 CKCS 膜的略强。CKCS 膜和 CKCs 膜均同时具有生物医用材料必备的透水汽性、吸附性和渗透性。差示量热扫描（DSC）和热重分析（TGA）检测均显示这几种膜的热稳定性为：CKCS＞C—KGM＞C—CS＞壳聚糖（CS）＞KGM＞CKCs＞胶原。

（5）光电子能谱分析表明：三元共混膜表面与极性和亲/疏水性相关的吸水性、细胞黏附性和生物相容性，与未改性胶原膜相比有明显改善。血液相容性实验证实三元膜有更好的血液相容性。

（6）细胞相容性实验表明：在胶原蛋白—葡甘聚糖—壳聚糖共混膜上细胞生长和增殖的速度比在胶原蛋白—葡甘聚糖—硫酸软骨素共混膜上快，故 CKCS 共混海绵或膜与 CKCs 膜均具有良好的细胞相容性，还具有较好的抗凝血特性。

（7）动物实验表明：胶原含量为 50%，葡甘聚糖与软骨素为一定质量比的三元膜具有良好的黏附性，良好的可生物降解性和生物相容性，作为创面敷料效果良好。

总之，二元共混膜 C—KGM 有较好的力学性能，但吸水性过强，经戊二醛交联的共混海绵具有比明胶海绵更好的止血性能。三元共混膜 CKCS 和 CKCs，因三种材料之间良好的相容性，三种分子间存在着静电引力、氢键等贯穿网络的相互作用，使得膜表面具有均匀单一的形态结构，并且具有较高的透光率和更优良的力学性能，其吸水性能也较二元共混膜 C—KGM 和胶原膜等单一聚合物膜有明显改善。两种三元共混膜 CKCS 和 CKCs 均有一定的吸附性和渗透性，并同时具有可生物降解性、良好的细胞相容性和血液相容性等特性，预示三元共混膜 CKCS 和 CKCs 在组织工程等领域有良好的应用前景。

研究工作证明了由制革废弃物提取的胶原蛋白用作生物医学材料的可行性，填补了葡甘聚糖改性胶原蛋白生物膜材料应用于生物医学领域的研究空白。不仅为胶原蛋白改性制备生物材料的研究提供了思路、方法和实验数据，而且为制革皮边角余料这一宝贵的资源用于制备胶原蛋白—多糖共混生物医用材料提供了有价值的参考依据。

综上所述，制革副废物来源杂、数量大、种类多、组成复杂、胶原蛋白含量高、用途广、回收利用价值高。研究其高值利用并产业化，不仅对制革工业的可持续发展和副产品的充分利用以及相关产业链和生态链具有重大影响，而且将产生巨大的经济效益和社会效益，尤其是对我国循环经济建设及其增长将有重大贡献。虽然目前已有不少研究报道和较成熟的实用技术，但离市场经济的高要求还有相当距离，仍需加大研究开发力度，早日彻底解决资源浪费和制革污染的双重问题。

复习指导

1. 熟悉制革副废物(废弃物)的主要来源、特征及其基本利用情况。

2. 了解制造明胶的主要原料、工艺流程,影响明胶质量的主要因素及控制方法。

3. 了解含铬副废物资源化利用的主要途径和方式、下游产品的形式、制革副废物资源化利用中存在的不足和缺陷以及目前广泛采用的回收利用方式。

4. 明确用制革副废物提取胶原产物用作食品、生物医学材料的原料应掌握的原则。

5. 熟悉用含铬副废物研究开发皮革化学品的优势及现状。

复习思考题

1. 试述制革副废物的来源及其分类。

2. 制革副废物的初级利用前景如何?

3. 原料皮块和碱皮块的主要用途有哪些?

4. 含铬废弃物的初级利用有哪些方面? 效果怎样?

5. 回收含铬废弃物中铬的原理是什么?

6. 提取含铬废弃物中铬的主要方法有哪些,有何特点?

7. 从含铬废弃物中提取胶原蛋白的原理和主要方法有哪些?

8. 酶法提取胶原和碱法提取胶原的原理有何不同?

9. 影响碱法和碱酶法提取胶原蛋白质量(相对分子质量、产率、灰分等)的主要因素有哪些?

10. Ⅰ型胶原蛋白的主要性质及用途是什么?

11. 水解胶原蛋白的主要用途是什么?

12. 胶原蛋白或水解胶原在生物医学材料和食品领域的应用现状如何?

13. 试述含铬废弃物在制革领域的资源化利用形式及现状。

14. 制革副废物的资源化利用与制革清洁生产、可持续发展有何关系?

第五章 造纸工业清洁生产技术

第一节 概述

纸和纸板是人类文化与信息的载体,也是工业、农业等生产、生活方面的重要材料。在纸发明以前,我国古代先民曾结绳记事,后在骨、石、木、竹上刻字,之后在竹、木简上漆字,到了春秋末年,又在缣帛上书写。古埃及人则用尼罗河畔的纸草,古印度人用树叶,古巴比伦人用泥砖,古希腊人用陶器等作为书写材料。到我国东汉和帝时,蔡伦总结了前人的经验,于公元105年,提出用树皮、麻头、破布和渔网作为原料造纸,是世界上公认的第一个造纸术的发明人。

制浆的原料以植物纤维为主,由于各国植物纤维原料资源不同,使用原料的情况也相差较大。一般造纸工业发达的国家,主要使用木材做原料,所用原料中木材约占99%,木材资源不足的发展中国家,则较多地利用本国的非木材植物纤维作原料,但都在大力增加木材的使用量。与木材原料相比,非木材植物纤维原料的制浆废液污染严重,草浆的质量差。

原料结构是多年来困扰我国造纸工业可持续发展的首要问题。国外造纸业发达国家采用木浆比例高达60%以上,我国采用木浆比例只有大约22%,过高的非木浆使用比例(麦草浆为主),不仅影响产品的档次和竞争力及先进纸机的使用,而且污染严重、环保成本较高;造纸原料中较低的木浆比例严重限制了我国造纸工业向规模大型化、技术装备现代化、生产清洁化的方向发展。经过多年的以草为主、"草木之争"后,到20世纪90年代初,逐步走上林纸一体化、科学利用废纸和合理使用非木材纤维之路。国家"造纸产业发展政策"和"造纸工业发展十二五规划"均明确提出了我国制浆造纸工业的原料方针:充分利用国内外两种资源,提高木浆比例、扩大废纸回收利用、合理利用非木浆,逐步形成以木纤维、废纸为主,非木纤维为辅的造纸原料结构。

制浆造纸工业与国民经济发展和社会文明息息相关,纸及纸板消费水平是衡量一个国家现代化和文明程度的重要标志之一。在2003~2012年间,中国的纸及纸板生产量和消费量年均分别增长10.13%和8.54%,2012年的纸及纸板生产量与消费量分别达到10 250万吨和10 048万吨。中国造纸工业已经迈入世界造纸先进大国行列,2009年以来,中国纸与纸板的产量和消费量已经超过美国跃居世界首位。"全国林纸一体化工程建设十五及2010年专项规划"实施以来,我国造纸工业主要以废纸辅以木、竹以及芦苇,秸秆等可再生资源为原料,通过清洁生产,实现了资源-生产-消费-资源再生的良性循环,已成为国民经济中具有循环经济特征的重要基础原材料产业和新的经济增长点。造纸工业资金技术密集,规模效益显著,具有较大的市场容量和发展潜力,且产业关联度高,对相关产业发展具有明显的拉动作用。但是,我国造纸工业的持续发展仍然面临着纤维原料短缺、能源消耗较高与环境污染严重的严峻挑战。因此,在制浆造纸领域研究和实施节能减排、清洁生产技术具有重大的现实意义。

可见,我国实现制浆造纸清洁化生产的关键是推进林纸一体化,科学合理利用非木纤维,提高原料的利用率和废纸回用率;减少污水排放和水资源消耗,提升造纸工业的整体技术与装备水平,推进在生产过程污染预防,实施源头和全过程控制,同时积极采取有效的末端治理措施。本章在简要介绍制浆、造纸原理以及生产过程的基础上,主要从制浆造纸新技术、新工艺等方面,介绍国内外造纸清洁化生产技术及其研究进展。

第二节　制浆造纸原理及生产过程

制浆造纸过程包括制浆与造纸两大部分,现分别简述如下。

一、制浆原理及生产过程

现代制浆包括下列基本过程:

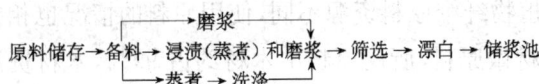

原料储存→备料→ (磨浆 / 蒸煮 → 洗涤) 浸渍(蒸煮)和磨浆 → 筛选 → 漂白 → 储浆池

(一)备料

在化学蒸煮或机械磨解之前对纤维原料进行必要的加工处理,除去树皮、树节、髓、穗、尘土、沙石等杂质,并按要求将原料切成一定的规格。备料的基本过程包括原料的储存、备料、料片的输送与储备。

1. 原料的储存

原料储存可以改进原料质量,节约蒸煮药液,维持正常的连续化生产。

(1)木材原料的储存。木材原料的储存主要有地面储存和水上储存两种。水上储存可均匀水分,防止木材腐烂,但原木树脂不易降低。而地面储存可大大降低树脂含量,但潮湿地区易造成腐烂的现象。

(2)非木材原料的储存。非木材原料种类多,常见的如长原竹、稻麦草、龙须草、芦苇、蔗渣、竹子、芒秆、棉秆和棉短绒等,其储存方法因原料不同而异。除长原竹外,一般均需打包或打捆后进行堆垛储存,稻麦草、芦苇等草类原料,一般堆成尖顶草房形垛储存,蔗渣包则堆成金字塔形垛储存,国外也采用不打包散堆储存的方式。因竹子较长,一般采用竖放立堆和卧放横堆两种方式。

非木材原料捆(或包)堆垛时必须注意以下事项。

①原料的水分含量。稻麦草的水分含量以不超过15%为宜,最多不得超过20%,否则易发霉。新榨蔗渣的水分一般为50%左右。

②通风。为便于水分的逸出和散热,在稻麦草垛中部应顺风向留有通风道,草垛布置要与常年主导风向呈45°角。蔗渣包间应有5~8cm的间隔,横向堆置时,每4包(或5包)留25cm的通风道。

③堆置平整,逐步收缩成尖顶。稻麦草、芦苇等草类原料捆堆垛要平整,以使各部松紧一

致。蔗渣包叠堆时可三层同时叠起以减少踩踏。同时,从四边叠起,每层每边向内收缩 25cm,逐渐收缩成尖顶。

④盖垛严密,防止雨水漏入。草垛要用草或蔗叶盖垛,以防雨水漏入,影响草的储存质量。

2. 备料

(1)木材原料的备料。木材原料的备料过程包括锯断、剥皮、除节、劈木、削片和筛选等工序。应根据原料和浆的种类等因素进行合理确定。如生产磨石磨木浆仅需对原木进行锯断和剥皮,用板皮硫酸盐浆只需削皮和筛选,而生产漂白硫酸盐浆则需经过上述所有工序。

①原木的锯断。原木一般较长,需锯断以满足磨木机和削片机的要求,通常磨木机要求原木长度为 0.6m 或 1.2m,普通削片机要求原木长度 2～2.5m。

②原木的剥皮。原木有内外皮之分,外皮的存在不仅会降低蒸煮器的效率,增加制浆药品的消耗,而且纸浆的得率低,浆的质量差。因此,通常情况下原木的外皮要去除,而内皮一般均不要求剥除。

原木的外皮,最好在林区除去,因刚砍伐的树木,外皮水分大,容易去除。同时,剥去外皮的原木容易干燥,从而可以防止细菌的侵蚀。特别是马尾松,容易受蓝变菌的侵染,使木材发蓝变色,影响磨木浆的白度和形成化学浆的纤维性尘埃。

③原木的除节、劈木、削片。为保护磨石、满足浆的质量要求,木段需除节、劈木后方能磨木或削片。

④木片的筛选。为保证浆的质量,削片后的木片需要经筛选以除去树皮并分离大小不一的木片。

(2)非木材原料的备料。非木材原料的种类多、性质和特点差别较大,因此备料也有所不同,但一般都包括切断和净化。

稻麦草原料的备料工艺有干法、湿法和干湿法结合三种。湿法具有净化效果好、无尘土、得浆率高、质量好等优点,但也有设备投资大、能耗高、成本高等明显的缺点。干法在我国应用相当普遍,常见工艺流程如图 5-1 所示。干湿结合法备料与连续蒸煮配套使用,具有蒸煮得率高,纸张强度大,均衡性好,原料损耗低,汽和电负荷均衡,自动化程度高、节省药液,劳动生产率高,劳动强度低,工作环境得以改善及成浆质量稳定等优点,是草类碱法制浆备料的发展趋势。

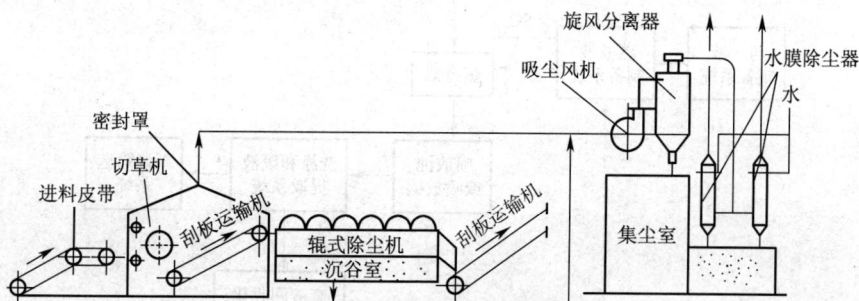

图 5-1　工艺流程图

主要设备包括:切草机、辊式除尘机、旋风分离器、水膜(帘)除尘器。

蔗渣备料主要是除髓问题,除髓方法有湿润法、干法和湿法三种。湿润法除髓是指榨糖后含水量在50%左右的蔗渣。干法除髓是指蔗渣经干法储存、自然干燥到水分少于25%后的蔗渣,再进行除髓。湿法除髓是指蔗渣在浓度为5%左右悬浮液的状态下除髓。

3. 料片的输送与储备

料片输送常用的方法有气流输送、胶带输送机输送、埋刮板输送机输送和斗式提升机输送等。

大型制浆厂料片一般在蒸煮前需在料仓储存,以满足连续化生产的需要,而中小型厂,尤其是草浆厂,备料后的料片直接去蒸煮,即所谓的边切料边送料。

(二)制浆

1. 化学法制浆

化学法制浆,就是利用各种化学药剂,在特定条件下将植物纤维原料中的大部分木素溶出来使之分散成纸浆。常用的化学制浆法有碱法制浆和亚硫酸盐法制浆。其中碱法制浆包括烧碱法制浆、硫酸盐法制浆、多硫化钠法制浆、碱性亚硫酸钠法制浆、中性亚硫酸钠法制浆、亚胺法制浆。亚硫酸盐法制浆包括亚硫酸镁法制浆、亚硫酸氢盐法制浆和酸性亚硫酸氢盐法制浆。此外,还有正在研究和发展中的氧碱法制浆、绿液法制浆、纯碱法制浆、氨法制浆等。

常用的碱法制浆生产流程和亚硫酸盐法制浆生产流程分别如图5-2和图5-3所示。

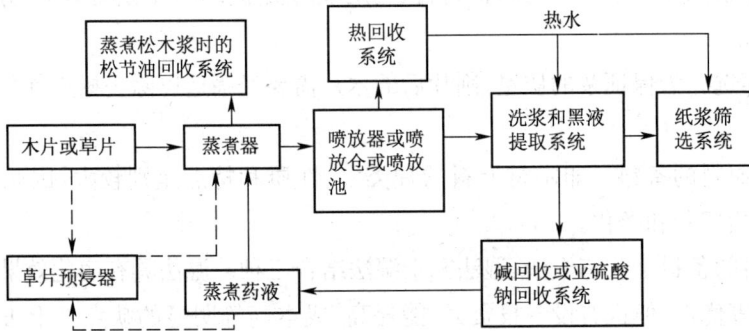

图5-2 碱法制浆生产流程

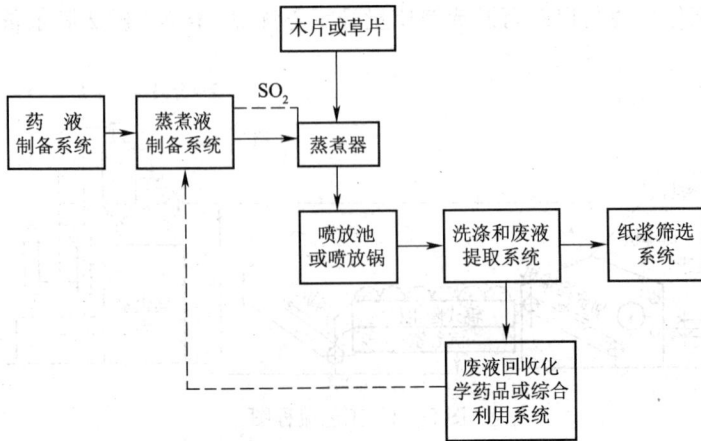

图5-3 亚硫酸盐法制浆生产流程

(1)蒸煮液的组成与性质。

①烧碱法和硫酸盐法蒸煮液的组成和性质。烧碱法蒸煮液的组成主要是 NaOH，此外，还可能存在一些未苛化或由于 NaOH 吸收空气中的 CO_2 而形成的 Na_2CO_3。蒸煮液中，主要是 NaOH 的强碱性起作用，另外，Na_2CO_3 水解后，也起一定的作用。

硫酸盐法蒸煮液的组成主要是 NaOH 和 Na_2S，此外，尚有来自碱回收系统的杂质如 Na_2CO_3、Na_2SO_4、Na_2SO_3 和 $Na_2S_2O_3$，甚至还可能有少量 Na_2S_n（多硫化钠）。蒸煮液中，除有 NaOH 的强碱起作用外，Na_2S 电离后的 S^{2-} 和水解后的产物 HS^- 也起着重要的作用。此外，Na_2SO_3 和 Na_2CO_3 甚至 Na_2S_n 等杂质成分也起一定的作用。所以蒸煮液的性质是比较复杂的，而且受蒸煮液 pH 的影响很大。不同 pH 条件下，Na_2S、Na_2CO_3 和 Na_2SO_3 的电离与水解后各组分的浓度关系如图 5-4 所示。

由图 5-4 可以看出，当 pH＝14 时，硫化钠的水溶液以 S^{2-} 为主；当 pH＝13 时，HS^- 和 S^{2-} 各占一半；pH＝12 时，将以 HS^- 为主；当 pH＝10 时几乎全部是 HS^-；pH 继续下降，HS^- 浓度降低，而 Na_2S 浓度增加。

从 Na_2CO_3 的水溶液看，当 pH＞12 时，以 CO_3^{2-} 为主；当 pH＝10.5 时，CO_3^{2-} 和 HCO_3^- 各占一半；当 pH＜9 时，HCO_3^- 浓度将从最高点逐渐下降，而 H_2CO_3 浓度将逐渐增加。

从 Na_2SO_3 的水溶液看，当 pH＞10 时，以 SO_3^{2-} 为主；pH 接近 7 时，HSO_3^- 和 SO_3^{2-} 各占一半；当 pH 为 5 左右时，HSO_3^- 浓度到达最高点；pH 再下降，HSO_3^- 浓度随之下降，而 H_2SO_3 浓度将逐渐增加。

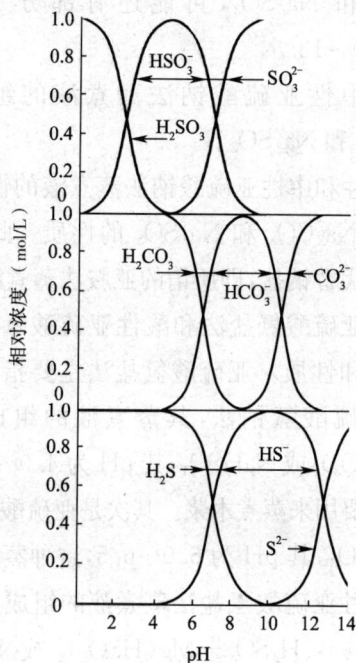

图 5-4 不同 pH 条件下 Na_2S、Na_2CO_3、Na_2SO_3 的电离与水解后各组分的浓度关系

此外，上述各组分在不同温度时的溶解度也不一样。从图 5-5 可看出，NaOH 和 Na_2S，不管结晶水多少，其溶解度都是随温度的升高而逐渐增加。但是，在同一温度条件下，硫化钠的溶解度总是较氢氧化钠的溶解度低。而碳酸钠和亚硫酸钠的溶解度与结晶水的含量关系较大。结晶水越多，温度升高，溶解度增加；结晶水含量少时，则有相反的结果。

蒸煮液中含有 Na_2S_n（多硫化钠）时，对蒸煮有益，能提高蒸煮得率，但其含量在 2g/L 左右时有强烈的腐蚀作用，值得注意。

②亚硫酸盐蒸煮液的组成和性质。亚硫酸盐蒸煮液中，含有 SO_2 和相应的盐基（Ca^{2+}、Mg^{2+}、Na^+、NH_4^+ 等）。当二氧化硫溶解在水中，相应于不同的 pH，可以形成一系列的平衡形式。

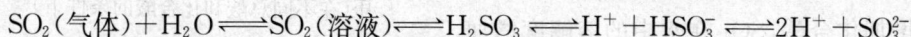

$$SO_2（气体）+H_2O \Longleftrightarrow SO_2（溶液）\Longleftrightarrow H_2SO_3 \Longleftrightarrow H^+ + HSO_3^- \Longleftrightarrow 2H^+ + SO_3^{2-}$$

SO$_2$ 溶解在水中仅生成少量的亚硫酸(而往往又以硫黄的形式存在),这些溶液酸度低的原因就在于此,而不是由于亚硫酸的解离度小的缘故。在温室下加入不同数量的不同盐基,由于盐基的溶解性不同,首先形成亚硫酸氢盐,然后再形成亚硫酸盐。

在亚硫酸盐蒸煮中,酸度(pH)对于控制亚硫酸盐蒸煮的速度非常重要。因此,对药液的 pH 和组成应该加以规定,以便恰当地说明药液的特征。

a. 碱性亚硫酸钠法蒸煮液的组成主要是 NaOH 和 Na$_2$SO$_3$,可能还有部分 Na$_2$CO$_3$,其 pH 为10~13.5。

b. 中性亚硫酸钠法蒸煮液的组成主要是 Na$_2$CO$_3$ 和 Na$_2$SO$_3$。

碱性和中性亚硫酸钠法蒸煮液的性质,主要是 NaOH、Na$_2$CO$_3$ 和 Na$_2$SO$_3$ 的性质。此外,也可以用铵盐代替钠盐,即所谓的亚胺法蒸煮液。

③亚硫酸氢盐法和酸性亚硫酸氢盐法蒸煮液的组成和性质。亚硫酸氢盐法主要指亚硫酸氢镁法或亚硫酸氢钠法,其蒸煮液的组成基本上是 Mg(HSO$_3$)$_2$ 或 NaHSO$_3$,其 pH 为 4.0~4.5,这种蒸煮液主要用来蒸煮木浆。其次是亚硫酸氢镁—亚硫酸镁法,其蒸煮液的组成主要是 Mg(HSO$_3$)$_2$ 和 MgSO$_3$,其 pH 为 6.0~6.5,这种蒸煮液主要用来蒸煮草类原料,如芦苇、蔗渣等。

酸性亚硫酸氢盐法蒸煮液的组成为:H$_2$SO$_3$ + Ca(HSO$_3$)$_2$、H$_2$SO$_3$ + Mg(HSO$_3$)$_2$ 或 Na(HSO$_3$)$_2$ + H$_2$SO$_3$。其中的 H$_2$SO$_3$,部分是以溶解的 SO$_2$ 状态存在的。我国使用的酸性亚硫酸氢盐蒸煮液都是钙盐蒸煮液,其 pH 为 1.5~2.0。由于药液中 H$_2$SO$_3$ 和溶解的 SO$_2$ 含量较高,因此,液面上的 SO$_2$ 分压值得重视。如图 5-6 所示是 25℃时钙盐蒸煮液在不同总酸和化合酸条件下的 SO$_2$ 分压。

从图 5-6 可以看出,总酸(T.A.)越高、化合酸(C.A.)越低,则液面上的 SO$_2$ 分压越大。当化合酸等于零时,实际上代表了某温度下 SO$_2$ 在水中的溶解度。液面上 SO$_2$ 分压越高,SO$_2$ 在水中溶解度就越低;增加化合酸,SO$_2$ 在水中的溶解度增加,

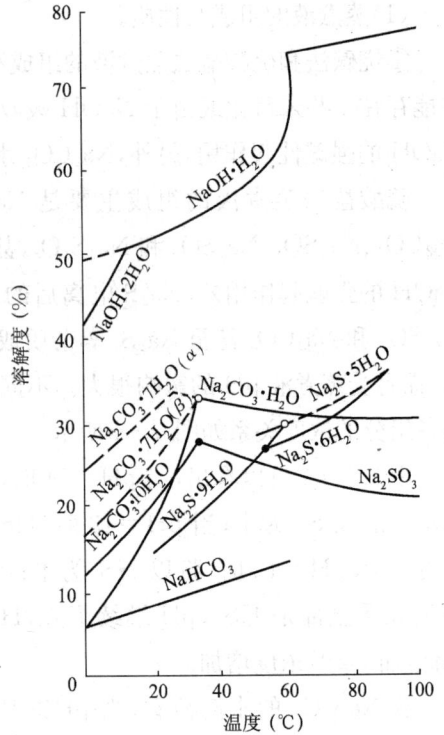

图 5-5　硫酸盐蒸煮液各组分在
不同温度下的溶解度

——稳定区 ······介稳定区

● 稳定转变点 ○ 介稳定转变点

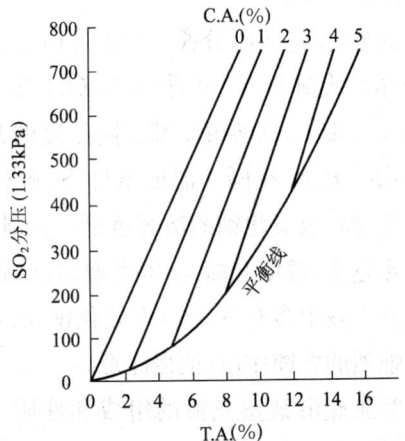

图 5-6　25℃时钙盐蒸煮液液面上的 SO$_2$ 分压(在不同总酸和化合酸的条件下)

但超过平衡线时,又将有亚硫酸盐沉淀析出。因此,在一定温度下,如果需要增加 SO_2 的溶解度,就需要增加容器中的压力。

(2)蒸煮过程中的碳水化合物(纤维素和半纤维素)降解化学。蒸煮的目的,主要是脱木素,但难以避免碳水化合物的降解。为了减少或阻止碳水化合物的降解,就必须首先了解碳水化合物降解的机理,这里包括降解的化学反应和反应历程。

碳水化合物的降解化学,与蒸煮液的 pH 关系很大。总的来说,碱法蒸煮和亚硫酸盐法蒸煮时的化学反应和反应历程是不相同的,分述如下。

①碱法蒸煮时碳水化合物降解化学。

a. 碱法蒸煮时碳水化合物降解的化学反应。碱法蒸煮时碳水化合物的降解反应,现在已认识到的有两种:一种叫剥皮反应,在升温到 100℃时就开始了;另一种叫碱性水解,一般要在升温到 150℃时才发生。温度越高,这两种反应就越剧烈。

• 剥皮反应。剥皮反应是一种聚糖末端降解反应。它是从各种聚糖的醛末端基开始的。同时,醛末端基也发生了终止反应,即聚糖末端稳定反应。由于终止反应速度慢,剥皮反应速度快,因此,往往在终止反应完成以前,聚糖末端早已剥下了 60 个左右的糖基。

$1,4-\beta$ 连接的聚糖(纤维素和半纤维素),剥皮反应和终止反应的过程,以纤维素为例,简单地表示如下。

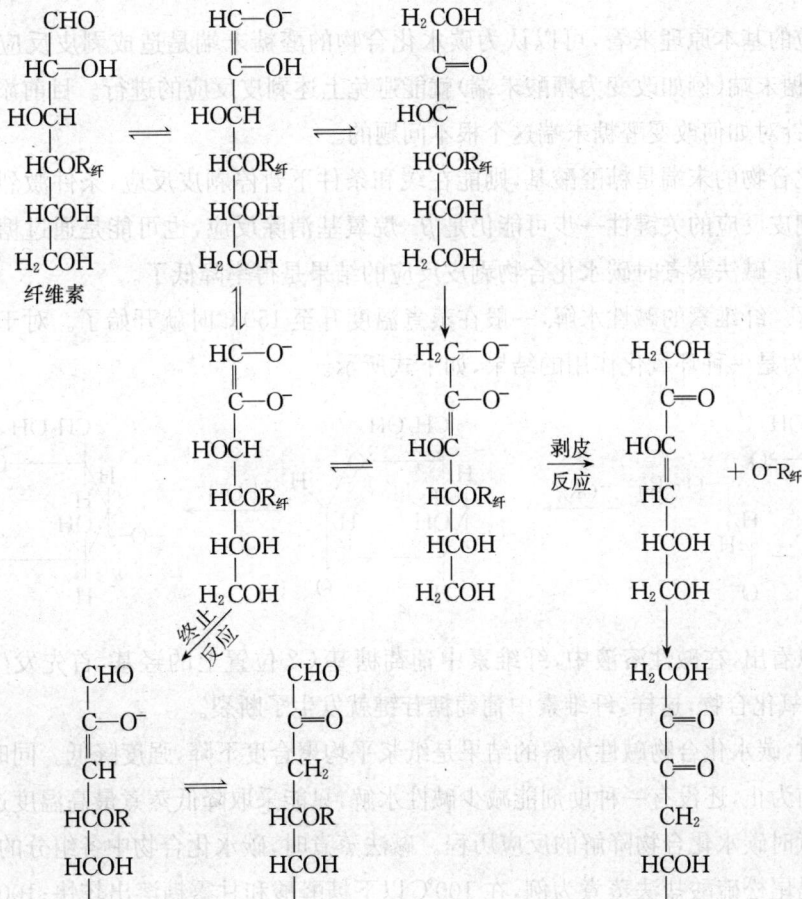

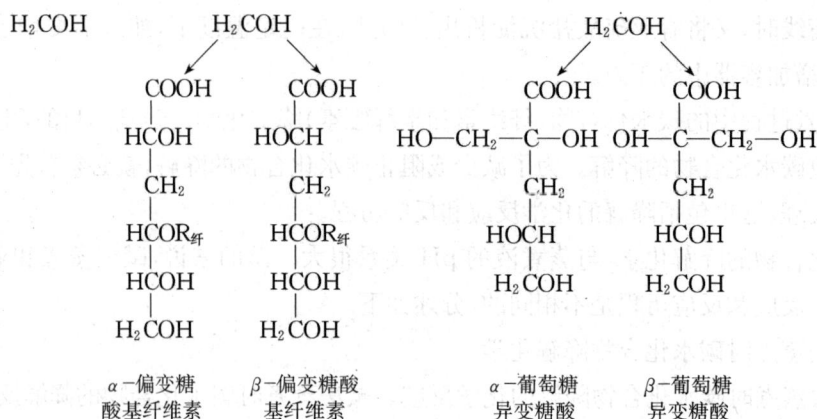

α-偏变糖　β-偏变糖酸　α-葡萄糖　β-葡萄糖
酸基纤维素　基纤维素　异变糖酸　异变糖酸

从上式可以看出:剥皮反应的进行,首先必须有醛末端基,然后醛基转变为酮基(醛糖末端变为酮糖末端),再进一步进行烯醇—酮互换,酮基转变成为烯醇基。剥皮反应关键性的一步是烯醇基的 β-烷氧基消除反应(这里是 β-葡氧基消除反应)。剥下来的葡萄糖基经转化、重排形成 α-葡萄糖异变糖酸和 β-葡萄糖异变糖酸,在碱液中以其盐的状态存在。在烯醇基的 β-烷氧基消除反应进行以前,若能转移烯醇基位置,则可以避免 β-烷氧基消除反应,而进行终止反应,结果是形成了 α-偏变糖酸基纤维素和 β-偏变糖酸基纤维素,这种纤维素大分子不再继续进行剥皮反应。

从剥皮反应的基本原理来看,可以认为碳水化合物的醛糖末端是造成剥皮反应的根本原因,如能改变醛糖末端(例如改变为糖酸末端)就能避免上述剥皮反应的进行。目前添加助剂的蒸煮,很多就是针对如何改变醛糖末端这个根本问题的。

如果碳水化合物的末端是糖醛酸基,则能在缓和条件下暂停剥皮反应,条件激烈时继续进行剥皮反应。剥皮反应的关键性一步可能仍是 β-烷氧基消除反应,也可能是通过糖苷键的碱性水解剥下来的。碱法蒸煮时碳水化合物剥皮反应的结果是得率降低了。

• 碱性水解。纤维素的碱性水解,一般在蒸煮温度升至 150℃时就开始了。对于碱性水解的反应,现在认为是一种环氧化作用的结果,如下式所示。

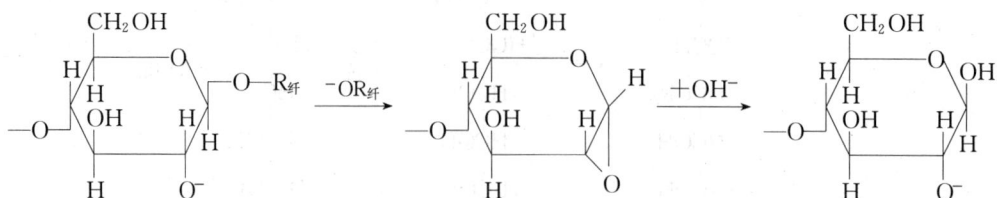

从上式可以看出,在碱性溶液中,纤维素中葡萄糖基 C2 位置上的羟基,首先发生电离,然后与 C1 形成环氧化合物,这样,纤维素中葡萄糖苷键就发生了断裂。

碱法蒸煮时,碳水化合物碱性水解的结果是纸浆平均聚合度下降,强度降低。同时,碱浆得率下降。到目前为止,还没有一种助剂能减少碱性水解,只能采取降低蒸煮最高温度这一办法。

b. 碱法蒸煮时碳水化合物降解的反应历程。碱法蒸煮时,碳水化合物中各组分的降解速率是不同的。以马尾松硫酸盐法蒸煮为例,在 100℃以下糖醛酸和甘露糖溶出较快;100～150℃,

除糖醛酸和甘露糖继续溶出外,半乳糖和阿拉伯糖也开始大量溶出;上述糖类组分溶出在175℃时达到最大值。木糖组分在160℃以后才有较大量溶出,这些情况可以参阅表5-1。

表5-1 马尾松硫酸盐法蒸煮过程中碳水化合物组分的分析

编 号	升温或保温温度(℃)	升温时间(min)	保温时间(min)	糖 类 组 分(%)					糖醛酸(%)
				葡萄糖	半乳糖	甘露糖	阿拉伯糖	木 糖	
原料	—	—	—	65.85	2.87	21.31	1.60	8.35	3.06
Ⅱ—1	85	88	—	64.14	5.30	20.60	1.82	8.14	2.87
Ⅰ—1	100	98	—	66.60	3.69	17.99	2.47	9.25	2.53
Ⅱ—2	110	128	—	71.36	3.94	15.10	1.55	8.05	2.40
Ⅰ—2	125	132	—	76.35	2.32	10.95	2.08	8.31	2.32
Ⅱ—3	135	170	—	76.80	1.88	10.45	1.63	9.31	2.27
Ⅰ—3	150	170	—	78.30	2.17	9.95	1.42	8.16	2.10
Ⅱ—4	160	209	—	78.96	2.44	9.56	0.92	8.08	1.78
Ⅰ—4	175	228	0	85.19	1.32	9.22	0.26	4.01	0.67
Ⅱ—5	175	—	15	87.07	1.21	7.76	0.79	3.17	1.17
Ⅰ—5	175	—	25	87.98	1.25	7.12	0.26	3.39	0.45
Ⅱ—6	175	—	40	87.85	1.20	7.48	0.54	2.93	0.42
Ⅲ—6	175	—	50	88.09	0.69	7.31	0.42	3.50	0.45
Ⅱ—7	175	—	65	88.72	1.42	6.81	0.71	2.29	0.31
Ⅰ—7	175	—	75	88.68	1.21	7.14	0.25	2.72	0.44
Ⅱ—8	175	—	90	89.94	0.52	6.85	0.01	2.69	0.37
Ⅰ—8	175	—	100	90.68	0.65	6.27	0.20	2.21	0.39

但是,在采用多硫化钠蒸煮时,碳水化合物中各糖类组分的溶出情况有些改变,松木在多硫化钠蒸煮时碳水化合物各糖类组分溶出情况如图5-7所示。

从图5-7可以看出,在多硫化钠蒸煮过程中,半纤维素支链糖类组分阿拉伯糖和半乳糖的溶出率明显比主链糖类组分高,这可能是因为主链糖类组分,特别是甘露糖、葡萄糖受到了多硫化钠的"保护"作用所致。

②亚硫酸盐法蒸煮时的碳水化合物降解化学。

a.降解的化学反应。在不同 pH 的条件下进行亚硫酸盐蒸煮时,碳水化合物都能或多或少地进行降解反应。在碱性条件下进行亚硫酸盐蒸煮时,碳水化合物的降解仍属于剥皮反应和碱性水解的范畴。在中性亚硫酸盐蒸煮时,剥皮反应已经不那么重要了,碱性水解也

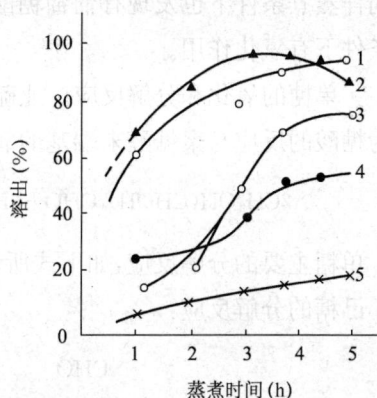

图5-7 松木在多硫化钠蒸煮时碳水化合物各糖类组分溶出情况
(以原木中糖类原有含量为计算基础)
1—半乳糖 2—阿拉伯糖
3—木糖 4—甘露糖 5—葡萄糖

不会有硫酸盐蒸煮时那么激烈,所以中性亚硫酸盐浆的强度一般是比较好的。在酸性条件下进行亚硫酸盐蒸煮时,碳水化合物的降解主要是通过酸性水解进行的。酸性水解的结果,使纤维素或半纤维素的聚合度大大下降,浆的强度受到很大影响。

• 酸性水解反应。不论是半纤维素或纤维素,在酸性条件下进行亚硫酸盐蒸煮,都能或多或少地进行酸性水解反应。这是主要的降解反应。酸度越大,温度越高,酸性水解反应就越强烈。

酸性水解反应主要指的是 $\beta-1,4-$苷键或其他苷键的水解断裂,其反应举例如下式所示。

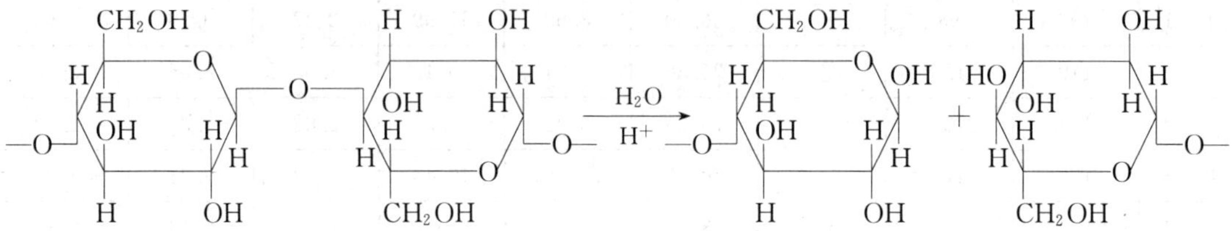

水解产物是一些低聚糖,这些低聚糖能进一步水解为各种单糖。

• 酸性氧化反应。在酸性条件下进行亚硫酸盐蒸煮,半纤维素和纤维素的醛末端基有可能被 HSO_3^- 离子氧化成糖酸末端基:

$$\alpha R_{纤,半纤}—CHO+2HSO_3^- \longrightarrow \alpha R_{纤,半纤}—COOH+S_2O_3^{2-}+H_2O$$

试验证明,两级蒸煮的云杉亚硫酸盐浆中存在少量的葡萄糖酸基、甘露糖酸基和木糖酸基,并有痕量的阿拉伯糖酸基、核糖酸基和半乳糖酸基。蒸煮条件对糖酸末端基的形成有较大的影响。亚硫酸氢盐浆和中性亚硫酸盐浆含有较多的糖酸,这说明亚硫酸氢根离子的含量对聚糖末端基的氧化是有重要作用的。此外,从亚硫酸盐蒸煮废液中分离出来的半纤维素,也发现了其醛末端基有不少已被氧化为糖酸末端基(如甘露糖酸基、葡萄糖酸基和半乳糖酸基等),棉纤维在同样蒸煮条件下也发现有葡萄糖酸末端基出现。这些都说明了 HSO^- 对醛末端基在酸性蒸煮条件下有氧化作用。

• 单糖的氧化和分解反应。亚硫酸盐蒸煮时水解产生的单糖,能进一步氧化分解。单糖氧化为糖酸的反应与聚糖醛末端基的氧化反应机理是一样的,举例如下。

$$2CH_2OH(CHOH)_4CHO+2HSO_3^- \longrightarrow 2CH_2OH(CHOH)_4COOH+S_2O_3^{2-}+H_2O$$

单糖主要的分解反应,如下式所示。

己糖的分解反应:

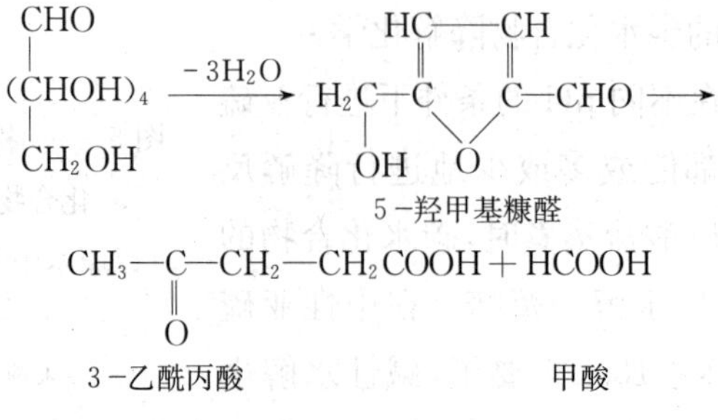

5-羟甲基糠醛

$$CH_3—C—CH_2—CH_2COOH + HCOOH$$
$$\qquad\ \ \underset{O}{\|}$$

3-乙酰丙酸　　　　　　　　甲酸

戊糖的分解反应：

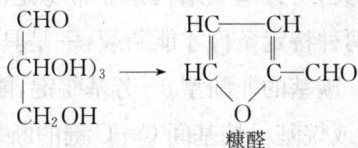

$$\begin{matrix} CHO \\ (CHOH)_3 \\ CH_2OH \end{matrix} \longrightarrow \begin{matrix} HC\!-\!CH \\ HC \quad C\!-\!CHO \\ O \end{matrix}$$
糠醛

糖醛酸脱羧分解反应：

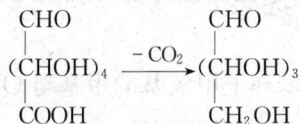

$$\begin{matrix} CHO \\ (CHOH)_4 \\ COOH \end{matrix} \xrightarrow{-CO_2} \begin{matrix} CHO \\ (CHOH)_3 \\ CH_2OH \end{matrix}$$

b. 酸性条件下亚硫酸盐蒸煮时碳水化合物的降解反应（主要指水解反应）历程。在酸性条件下亚硫酸盐蒸煮时，碳水化合物中的半纤维素，一般较纤维素更容易进行酸性水解反应。半纤维素中的聚戊糖较聚己糖易发生酸性水解。聚戊糖中的乙酰基和阿拉伯糖基首先水解溶出，但糖醛酸基则保留较多，溶出较少。木糖基也能部分水解溶出。聚己糖中的半乳糖基也易水解溶出。聚葡萄糖—甘露糖则水解较少，保留较多。

亚硫酸盐蒸煮条件下的酸性水解过程，一般说来，在100℃以下进行得很少，100℃以上水解反应迅速进行。温度越高，pH越低，水解越强烈，而且糖的分解也不断增加。因此，在酸性亚硫酸盐蒸煮时，蒸煮温度一般在140℃左右。pH越高，蒸煮温度也可以相应提高。

（3）蒸煮过程中的脱木素化学。为了使木素从植物原料溶解在水溶液中，可采用下述三种方法：一是增加木素的脂肪族和（或）芳香族羟基或羧基的数量，来提高其亲水性；二是降解木素的大分子为较小的能溶解在水中的碎片；三是把亲水取代基与木素大分子相连接，使其衍生物可溶于水中。

①碱法和亚硫酸盐法蒸煮过程中脱木素的化学反应和木素发色基团的形成。

a. 烧碱法和硫酸盐法蒸煮的脱木素反应和缩合反应。

• 酚型α-芳基醚或α-烷基醚连接键的碱化断裂。由于碱（OH⁻）首先与酚（酸性的）羟基发生反应，生成可溶于水的酚盐。然后，酚盐离子发生结构重排，促进了芳基醚或烷基醚的氧与苯丙烷单元的α-碳的连接键断裂，形成了中间体亚甲基醌。酚型的α-芳基键连接是容易断裂的，非酮型的α-芳基醚键连接，则非常稳定。

• 酚型β-芳基醚键的碱化断裂和硫化断裂。酚型β-芳基醚链在各种连接形式中占有非常重要的地位，在蒸煮过程中它的断裂与否，将直接影响到蒸煮的速率，特别是针叶木蒸煮时的脱木素速率。

酚型β-芳基醚键能进行碱化断裂，但为数很少，其硫化断裂的速度则相当快。酚型β-芳基醚键在苛性钠（氢氧化钠，烧碱）法蒸煮时，由于其主反应是β-质子消除反应和β-甲醛消除反应，因此多数不能断裂，只有少量这种键在通过OH⁻对α-碳原子的亲核攻击形成环氧化合物时才有断裂（这叫碱化断裂）。但是，在硫酸盐蒸煮时，由于HS⁻的电负性较OH⁻强，其亲核攻击能力也强，所以能顺利地迅速地形成环硫化合物而促使β-芳基醚键断裂（这叫硫化断裂）。这就是硫酸盐法较苛性钠法蒸煮脱木素速率快的主要原因。

• 非酚型β-芳基醚键的碱化断裂和硫化断裂。非酚型木素结构单元在蒸煮时的最大特点是不能形成亚甲基醌结构,因此,其 β-芳基醚结构是非常稳定的,只有在特定条件下才能发生断裂反应。目前知道,只有下列两种特定条件才能断裂:一是具有 α-羟基的非酚型 β-芳基醚键,能进行碱化断裂;二是具有 α-羰基的非酚型 β-芳基醚键,能进行硫化断裂。

• 苯丙单元侧键芳基—烷基或烷基—烷基间 C—C 键的断裂。芳基和芳基之间的 C—C 键是稳定的,一般很难断裂。但是苯丙单元侧键芳基与烷基之间或烷基与烷基之间的 C—C 键,在某些条件下是有可能断裂的。

• 苯环上甲氧基的甲基断裂。苯环上甲氧基的甲基与 OH$^-$ 或 SH$^-$ 作用而断裂形成甲醇或硫醇以及硫键,对木素大分子的变小是无关紧要的。

• 碱法蒸煮过程中的缩合反应。脱木素过程中形成的断裂了的木素,在缺碱升温的条件下,会产生相互间的缩合反应,结果是断裂了的木素又变成了木素的大分子,不易溶解于碱液中。

b. 碱性和中性亚硫酸盐法蒸煮的脱木素化学反应和缩合反应。在碱性亚硫酸钠法蒸煮中,除了 NaOH 有一定的脱木素作用外,SO$_3^{2-}$ 离子将发挥重要的作用;在中性亚硫酸钠法蒸煮中,SO$_3^{2-}$ 或 HSO$_3^-$ 则起到主导的作用,其脱木素化学反应如下(中性亚硫酸盐蒸煮时很少有缩合反应)。

• 酚型 C$_\alpha$ 和 C$_\gamma$ 的磺化反应。在碱性和中性条件下进行磺化,木素结构单元必须是酚型的,磺化前必须首先形成亚甲基醌结构,磺化的位置只能在 C$_\alpha$ 和 C$_\gamma$ 位置,木素的大分子没有因为磺化反应而变小。因此,木素的溶出主要是由于增加了亲水性基团——磺酸基。三种反应分别如下:

第1种:

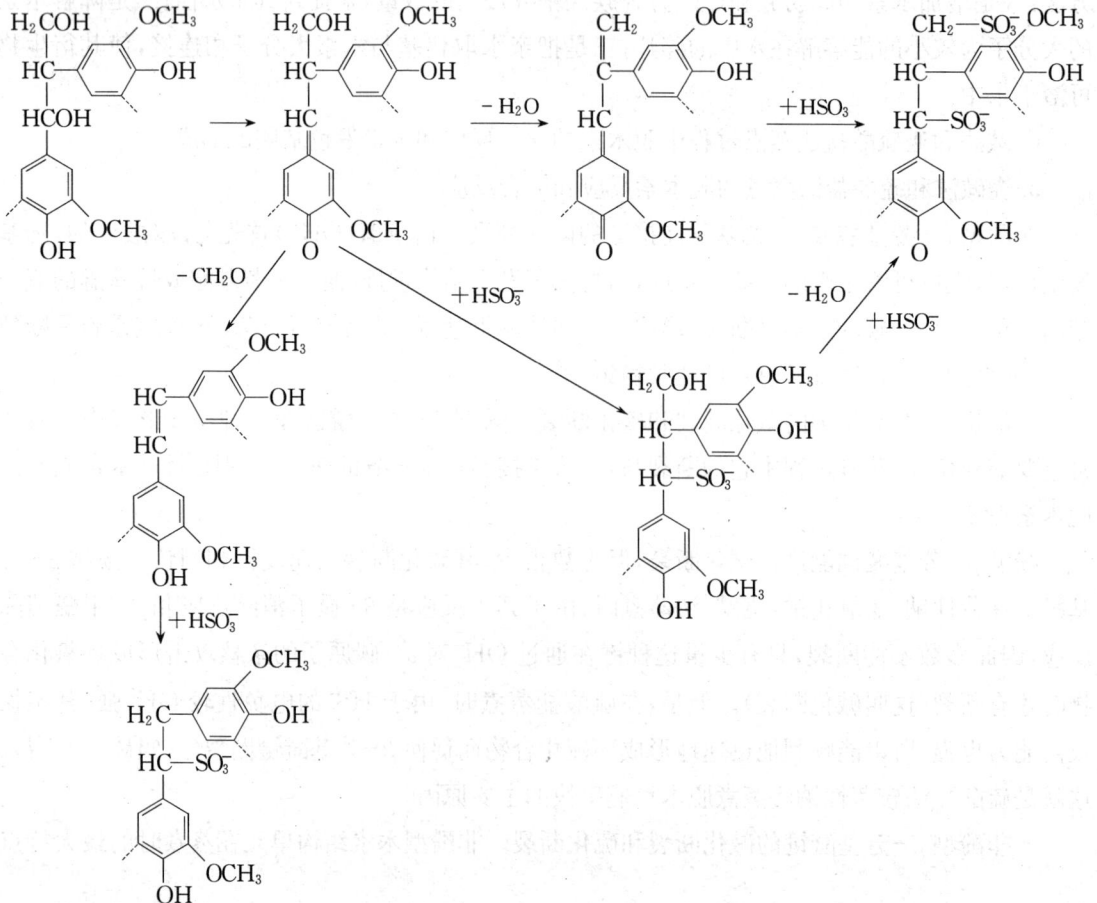

第2种：

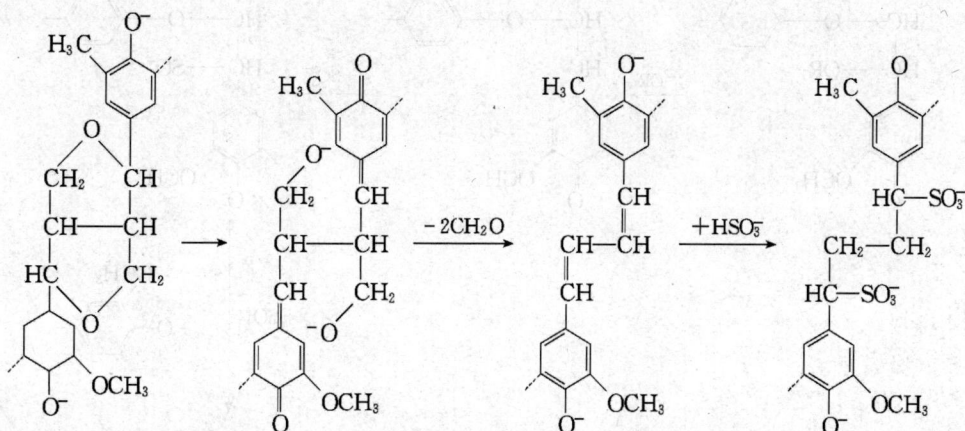

第3种：

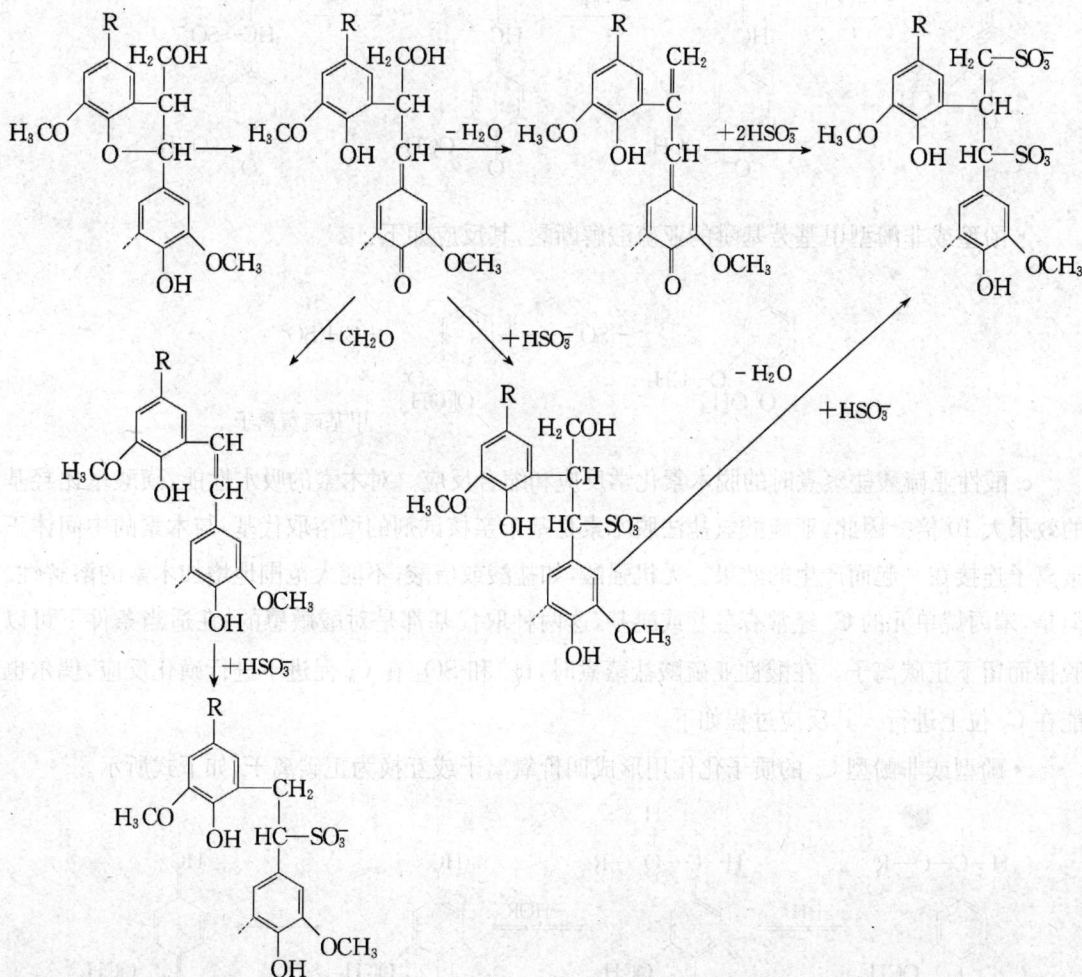

• 酚型 β-芳基醚的断裂和磺化反应。β-芳基醚的断裂和磺化，必须是酚型 β-芳基醚在 C_α 首先进行了磺化以后才进行的。必须注意到非酚型的 C_α、C_β 和 C_γ 是很难进行磺化的。

$$\xrightarrow{-OR} \quad \xrightarrow{+SO_3^{2-}}$$

$$+SO_3^{2-}$$

$$\xrightarrow{-OCH_3} \quad \xleftarrow{-H^+} \quad \xleftarrow{-SO_3^{2-}}$$

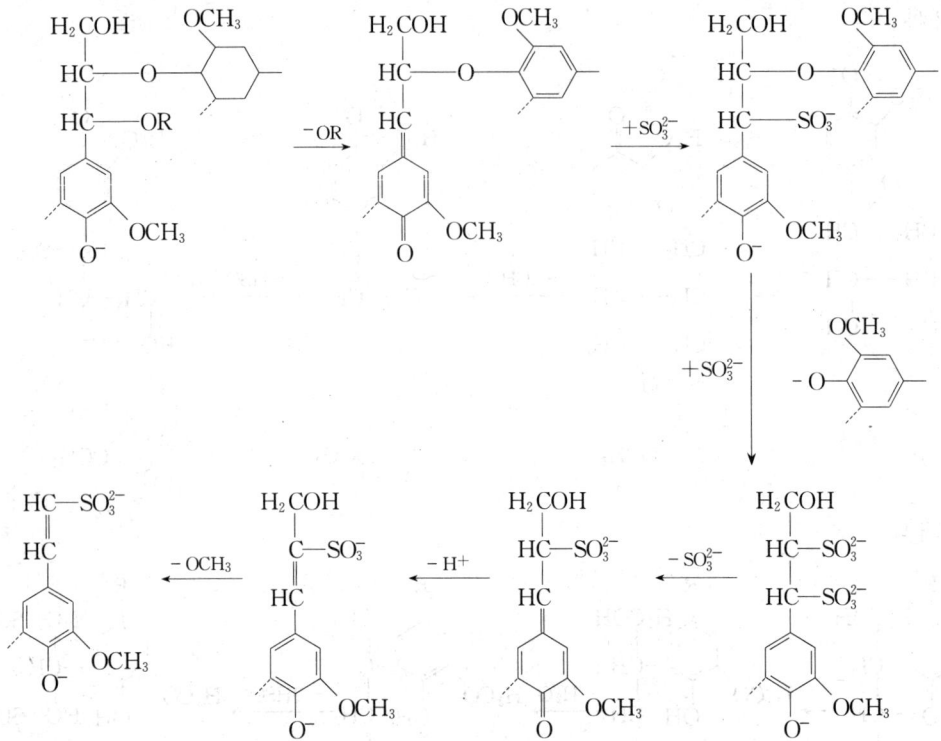

- 酚型或非酚型甲基芳基醚的亚硫酸解断裂,其反应如下:

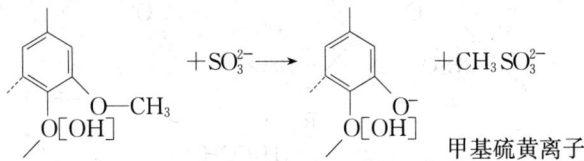

$$+SO_3^{2-} \longrightarrow \quad +CH_3SO_3^{2-}$$

甲基硫黄离子

c.酸性亚硫酸盐蒸煮时的脱木素化学反应和缩合反应。对木素的吸水性能,磺酸基比羟基的效果大 10 倍。因此,亚硫酸氢盐法脱木素是基于亲核试剂的增溶取代基,与木素的中间体正碳离子连接在一起而产生的效果。无机强酸,如盐酸或硫酸,不能大范围地增加木素的溶解性。但是,苯丙烷单元的 C_α 经常有羟基或醚基,这两种取代基都是对酸敏感的,在适当条件下可以脱掉而留下正碳离子。在酸性亚硫酸盐蒸煮时,H^+ 和 SO_2 在 C_α 促进下进行磺化反应,偶尔也能在 C_γ 位上进行。其反应过程如下。

- 酚型或非酚型 C_α 的质子化作用形成四价氧离子或互换为正碳离子,如下式所示。

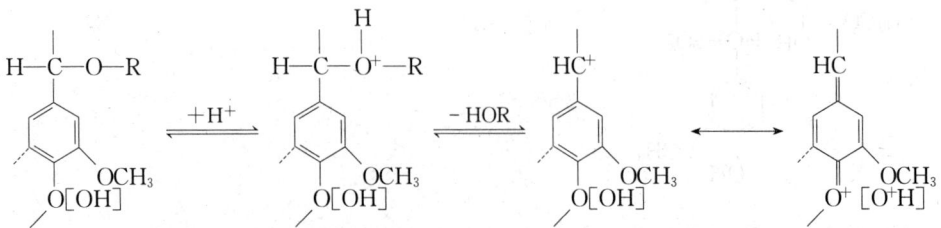

$$\xrightarrow{+H^+} \quad \xrightarrow{-HOR} \quad \longleftrightarrow$$

- 正碳离子的磺化或缩合。酸性亚硫酸盐蒸煮时,磺化和缩合两种反应基本在同一位置上进行竞争,若进行了磺化反应,则缩合反应不能进行;反之,若已发生了缩合反应,则磺化反应不能进行。酸性亚硫酸盐蒸煮时的木素进行磺化和缩合两种反应情况如下。

C_α 的磺化反应:

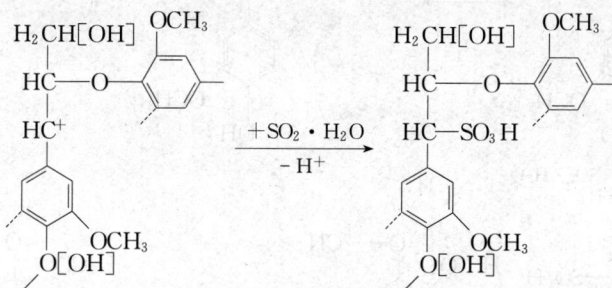

由上式可以看出,木素的 C_α 在磺化以前,首先需要变成正碳离子,然后由 HSO_3^- 进行亲和攻击形成磺酸基团,增加木素的亲水性。

C_α 的磺化反应和 C_α'—Ar 的缩合反应:

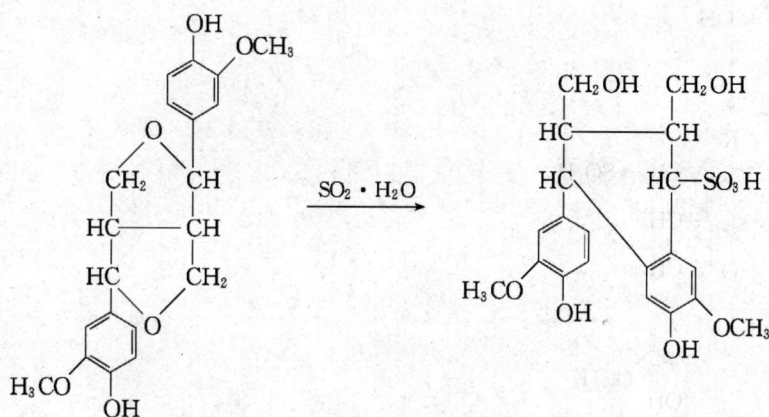

由上式可以看出,松脂醇结构的木素,在酸性亚硫酸盐蒸煮时能同时发生磺化反应和缩合反应,如果磺化条件适当,C_α 和 C_α' 应当都进行磺化反应而不进行缩合反应。

C_α 和 C_γ 的磺化反应:

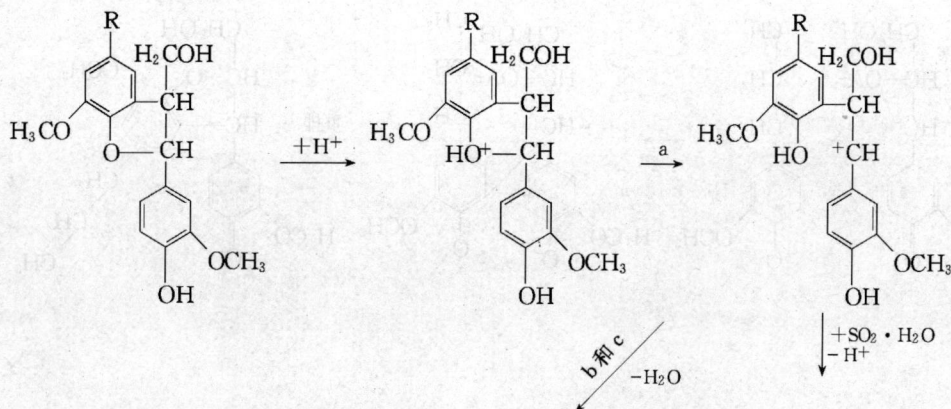

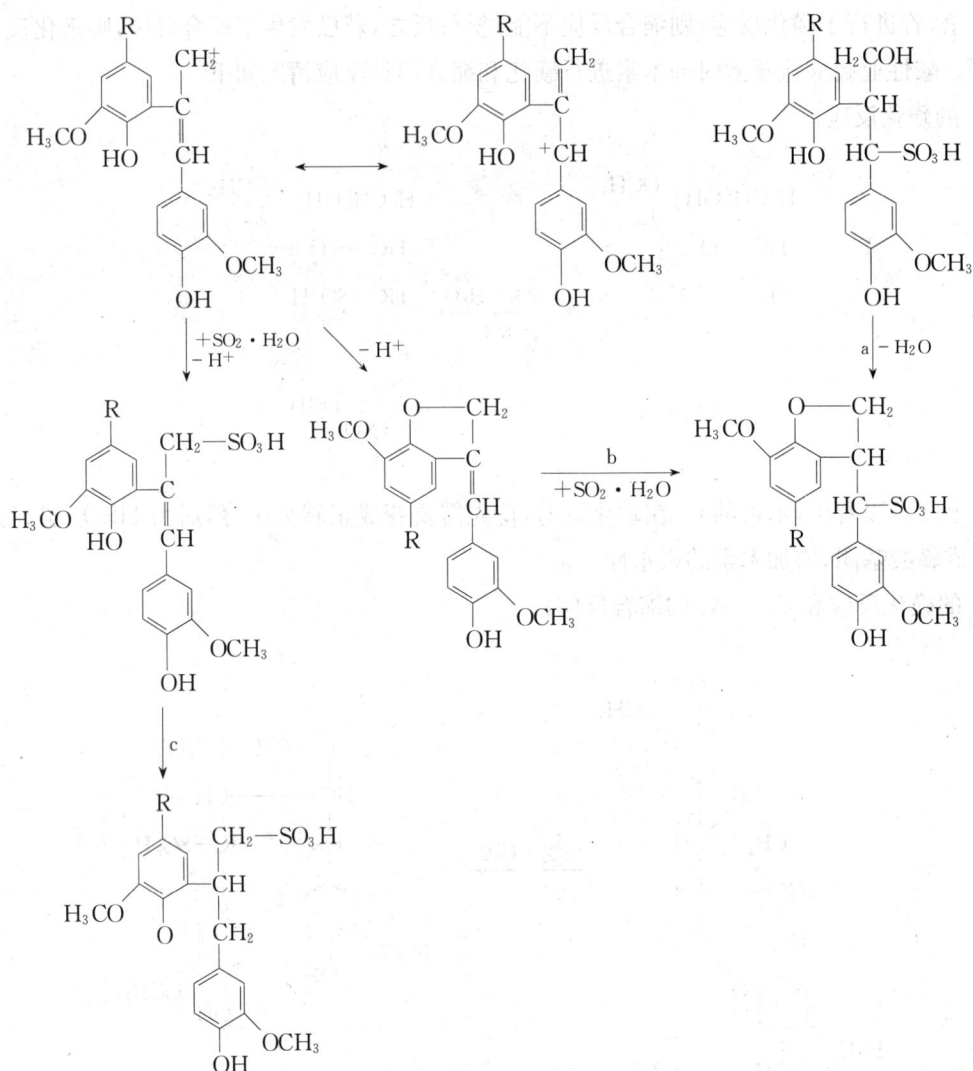

由上式可以看出,苯基香豆满结构的木素,在酸性亚硫酸盐蒸煮时能在 C_α 或 C_γ 位上磺化,增加亲水性,而木素大分子并没有因此而变小。

C_α—Ar' 的缩合反应:

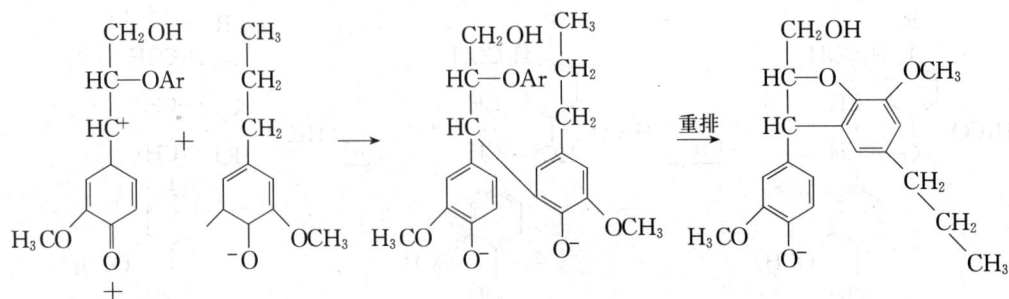

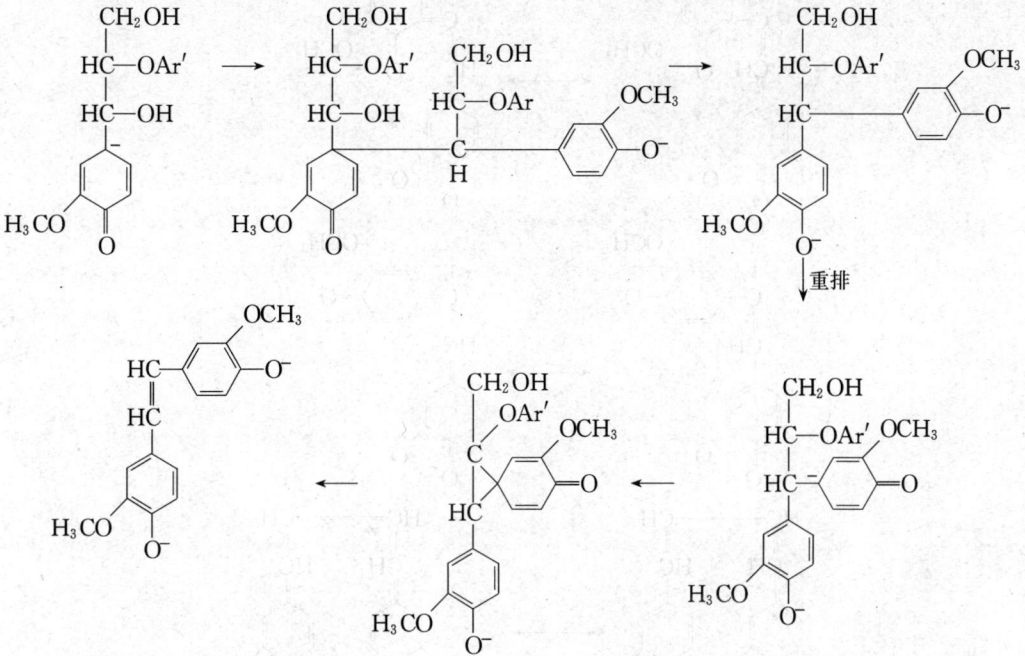

从上式可以看出，C_α 可以和 Ar′ 的不同位置上的碳进行缩合反应，结果增大了木素的分子。

总的看来，β-芳基醚键和甲基芳基醚键（甲氧基的醚键）在酸性亚硫酸盐蒸煮时是很稳定的，一般不会断裂，这是与中性亚硫酸盐蒸煮和碱法蒸煮最大的区别所在。因此，木素大分子的溶出不能依赖于大分子的变小，而是依赖于 C_α 的磺化作用增加亲水性而使木素溶出。

在蒸煮过程中，如果磺化不能及时进行，就会发生一系列的 C—Ar′ 缩合反应，结果是木素分子变大，亲水性降低，木素不能溶出。可见，木素的磺化是至关重要的。如果能保证并加速磺化，蒸煮就能很顺利地进行，否则就有木素严重缩合（黑煮）的可能。

d. 碱法和亚硫酸盐法蒸煮时木素发色基团的形成。不论是碱法还是亚硫酸盐法蒸煮，都会使木素形成一些无色发色基团，在一定的条件下，又会变成有色基团而使纸浆的颜色变深，这在碱法蒸煮特别是硫酸盐法蒸煮时尤为严重。

由木素形成的无色发色基团及其转变成有色基团的反应主要包括芪和丁二烯结构的氧化和环化一氧化反应、二芳甲烷结构的氧化反应、邻苯二酚结构的氧化反应、无色发色基团的组合及其氧化产物，其中两个或两个以上的无色基团能形成组合，组合了的无色发色基团能氧化为高度有色基团，下式为各种发色基团可能组合的几个例子及其共振稳定的产物。

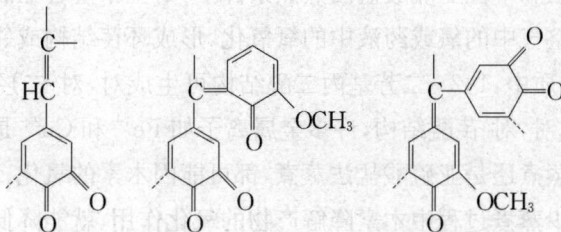

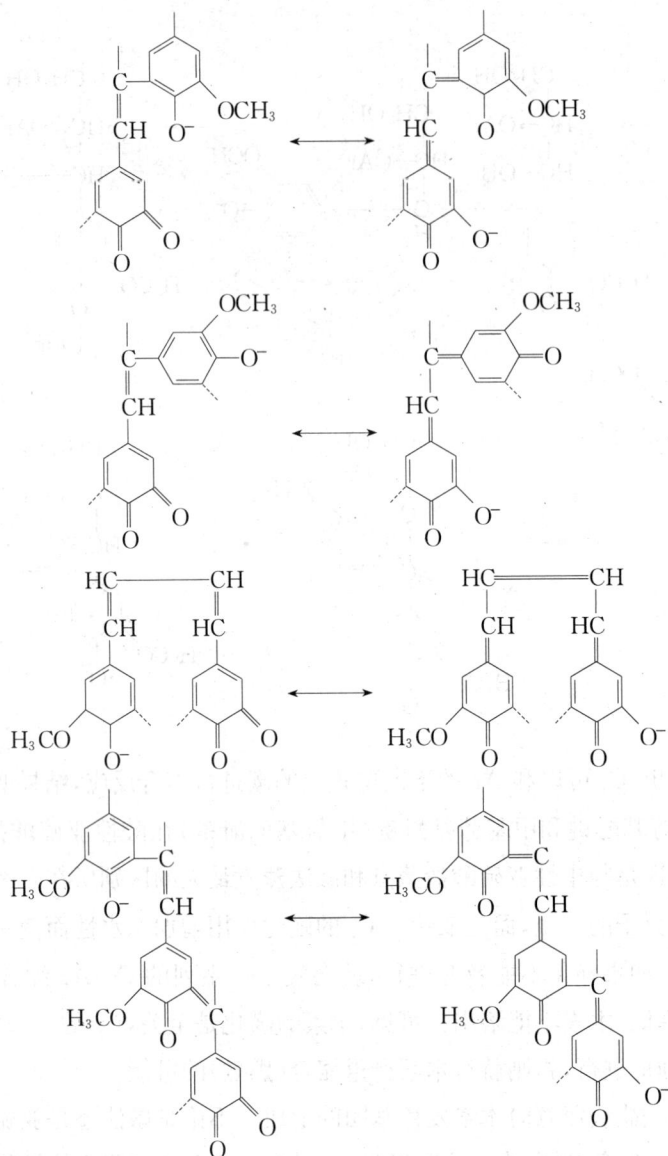

    • 在碱法和亚硫酸盐法蒸煮时,木素缩合反应生成的二芳甲烷结构,能被氧化为有色的、芳基取代的、共振稳定的亚甲基醌结构;另在蒸煮时,木素均能部分脱去甲氧基中的甲基,形成邻苯二酚结构,此结构可以与重金属离子形成有色络合物,同时也能氧化为邻醌结构。

    • 在碱法或中性亚硫酸盐法蒸煮时,酚型松脂醇结构生成能氧化为有色基团双-亚甲基醌-丁烯的 1,4-双(对-羟苯基)-丁二烯结构。

    • 在硫酸盐法、碱法和中性亚硫酸盐法蒸煮条件下,酚型苯基香豆满结构生成邻,对二羟芪结构,此种芪结构可被空气中的氧或药液中的氧氧化,形成环芪结构或邻,对-芪醌结构。

    • 在碱性或酸性介质中,1,2-二芳基丙二醇结构可生成对,对′二羟基芪,此结构很容易被空气中的氧氧化而生成对,对′芪醌结构,许多金属离子如 Fe^{3+} 和 Cu^{2+} 是反应的催化剂。

    可见,不论是碱法蒸煮还是亚硫酸盐法蒸煮,都可能因木素的氧化,产生一些有色的木素氧化产物。因此,若能减少蒸煮过程中木素降解产物的氧化作用,就能降低纸浆和废液的颜色。

　　e. 碱法和亚硫酸盐法蒸煮过程中脱木素的顺序。木素在植物纤维组织中的分布是:纤维胞间层中木素的密度最大,但纤维细胞壁中的木素含量,特别是 S_2 层中的木素含量最多。在蒸煮过程中,这些木素脱除的顺序将直接影响脱木素的反应历程和动力学。因此,研究和了解脱木素的顺序将是很有意义的。

　　木材的脱木素顺序是细胞壁(S_2 层)木素先脱除,胞间层木素后脱除,但各种制浆方法不一样,其明显的次序为:硫酸盐法＞酸性亚硫酸盐法＞中性亚硫酸盐法。

　　但据研究,木材中性亚硫酸钠脱木素的顺序与上述相反,即胞间层木素先脱除,这可能就是中性亚硫酸钠蒸煮半化学的理论基础。

　　木材硫酸盐法和酸性亚硫酸盐法蒸煮脱木素的顺序是细胞壁木素先脱除,胞间层木素后脱除,其原因可能有二:其一,细胞壁中有半纤维存在,半纤维在上述两种蒸煮方法的蒸煮初期就开始溶出,这为药液进入细胞壁与木素反应以及反应产物从细胞壁中扩散出来打开了通道。由于胞间层中基本上无半纤维素或很少有半纤维素存在,所以该层相对地无此有利条件。其二,组成木素的结构单元不同,其溶出速度也不同。在碱法蒸煮时,含紫丁香基的木素越多,脱木素速率越快,纤维和导管次生壁的脱木素速率比胞间层快,其原因与细胞壁木素主要是由于紫丁香基组成,而胞间层木素是由愈创木基和紫丁香基组成有关。

　　以上为木材蒸煮脱木素的顺序。至于草类原料蒸煮时脱木素的顺序尚很少研究。有研究发现,在硫酸盐蒸煮升温时期,蔗渣纤维细胞壁、胞间层和细胞角三部位的脱木素速率基本相同(细胞壁脱木素稍快一点),而在亚硫酸镁蒸煮升温时期,蔗渣纤维细胞壁的脱木素速率较其他部位为快。

　　②化学法蒸煮过程中脱木素的反应历程。不同原料用不同的蒸煮方法,其化学反应历程有所不同。一般可以分为三个阶段,但各种原料用不同的方法蒸煮,其各个阶段的具体划分有所差异,见表 5-2。

表 5-2　化学蒸煮时脱木素的反应历程各个阶段简表

阶段	项　目		硫酸盐法或烧碱法			亚 硫 酸 盐 法			
						碱性	中性	酸　　性	
			针叶木	草类	竹子	草类	芦苇	芦苇	木材
初始脱木素	温度(℃)	开始	100	—	—	升温	升温	升温	升温
		终点	150	—	—	120	125	145	105
	药液消耗(%)		45.10						
	木素脱出	总量(%)	18.52			30	23	12.20	
		Klason[1](%)	—					33	—
大量脱木素	温度(℃)	开始	150	升温	升温	120	125	145	临界
		终点	175	100	160	160保温1h	165	165保温45min	<150
	药液消耗(%)		27.46						
	木素脱出	总量(%)	70.37	＞60	＞83	＞50	66	68.69	
		Klason(%)	—	—	—	—	—	59.4	—

续表

阶段	项 目		硫酸盐法或烧碱法			亚 硫 酸 盐 法			
						碱性	中性	酸 性	
			针叶木	草类	竹子	草类	芦苇	芦苇	木材
补充脱木素	温度(℃)	开始	—	100	160	—	—	—	—
		终点	—	150~160	保温 1h	—	—	—	—
	木素脱出(%)		—	30	>11	—	—	—	—
残余木素脱除	温度(℃)	开始	175℃保温	保温	继续保温	继续保温	165℃保温	保温 2h	
	木素脱出	总量(%)	7.41	<5	1.5	<5	<5	14.09	
		Klason(%)	—	—	—	—	—	6.1	

①Klason 表示酸不溶木素。

在第一阶段即初始脱木素阶段,主要是药液浸入料片,木素溶出不多于原料木素的 1/3。在第二阶段即大量脱木素阶段,蒸煮液的浓度下降不多,前阶段浸入原料的药液与木素大量反应,而木素的溶出量相当于原料木素的 60%~83%,因此,这一阶段主要是木素从料片中溶出。以上两阶段都是在升温的前、后期完成的。在第三阶段即残余木素脱除阶段,蒸煮液的浓度继续下降,但木素的溶出量只相当于原料木素 1.5%~14%。可以说,这一阶段的脱木素作用已经不大了,继续进行蒸煮,势必造成碳水化合物的大量降解。而草类原料碱法蒸煮,没有初始脱木素阶段,其第一阶段即为大量脱木素阶段。

从原料脱去的木素,其相对分子质量随反应阶段的进行而增大。从表 5-3 可以看出,木材依顺序脱除的木素(硫酸盐木素与木素磺酸盐)各组分的性质,除相对分子质量依顺序逐步增大外,其他性能并没有十分明显的区别。

表 5-3　木材依顺序脱除的木素(硫酸盐木素与木素磺酸盐)各组分的性质

方法	组分	脱木素程度(%)(对原料)	碳水化合物含量(%)①	甲氧基(%)①	硫(%)①	相对分子质量
硫酸盐法	1	5.5	22	12.1	2.5	1 780
	2	17.2	9	11.2	2.1	11 700
	3	31.0	16	12.5	1.7	13 100
	4	45.0	11	12.2	1.5	15 500
	5	60.0	14	13.1	2.1	32 800
	6	75.0	12	12.5	1.5	30 900
	7	88.0	3	11.8	1.7	51 000
酸性亚硫酸盐法	1	右一列为 280nm 紫外线的吸收情况[L/(cm·g)]	13.3	11.8	6.2	10 000
	2		12.1	12.8	5.6	13 600
	3		12.8	12.9	5.2	31 000
	4		14.1	12.6	5.5	77 000

①以木素的质量分数计。

各种原料用不同的蒸煮方法，其脱木素反应历程各个阶段各有不同的特点。因此，在制订蒸煮曲线时，应根据脱木素的三个阶段来进行，这对于提高纸浆的得率和强度是有利的。

例如，草类原料碱法蒸煮的曲线应当是：如在升温前预浸或空转，除保证药液被草片均匀吸收外，为保证在升温阶段达到均匀蒸煮，升温时间可以稍长些。最高温度为150～160℃，甚至可以低至140℃（烧碱法最高温度可比硫酸盐法高些），可取消保温时间或保留在半小时以内。蒸煮麦草的保温时间可以稍延长些。

（4）蒸煮程序。蒸煮程序大致分为以下几个步骤：装料、送液，升温、小放气，保温与蒸煮终点的确定以及大放气和放料。

①装料、送液。无论是何种蒸煮设备（蒸球或立锅），也不管是何种原料（木片或草片），装料与送液的要求：一是装料要多，以提高单位容积的装料量；二是送液要与装料相配合，使药液与料片混合均匀，以保证蒸煮均匀；三是装料送液的时间不宜太长，特别是装草片，先后装的草片与热药液接触的时间相差大，将影响蒸煮的均匀性；四是送液的液温要恰当，太低会影响装料量，太高又将影响蒸煮的均匀性，特别是装料时间长，影响更大。

②升温、小放气。装料、送液完毕，接着升温进行蒸煮。大部分草料在升温过程中，脱木素作用可以基本完成，并分散成浆。因此，升温过程应十分重视。为使蒸煮均匀，升温时间宜稍长些，并均匀升温，这样可以弥补装料、送液时原料与药液混合不均匀的不足，使蒸煮质量均匀，减少粗渣率，避免出生料。

为了有效地升温，在升温到一定温度或一定压力时，须进行小放气，以排除蒸煮器内的空气和其他气体，避免产生假压，妨碍温度的上升。小放气的次数与小放气的作用，因原料的组织结构以及蒸煮液的性质的不同而不同。

如草片吸液快，草片中存在的空气小，而且蒸煮的最高压力低，少量空气中的氧对蒸煮质量影响不大。因此，草片升温时进行或不进行小放气均可以；松木原料升温时的小放气除了能排除空气外，还能排出松节油，因此，必须进行松节油的收集回收。

微酸性亚硫酸氢镁，在送液的同时就可以开始少量通汽升温。小放气的次数和时间应根据具体条件而定。适当的小放气还能起到瞬间减压作用，从而引起锅内药液液面上升和翻动现象，这种现象称为"液上"。"液上"可以改善锅内温度和药液组分的再分配、再混合，这在以直接通汽为主的快速蒸煮中特别重要。

③保温与蒸煮终点的确定。不同原料，采用不同的蒸煮工艺，在最高压力下或温度下的保温时间不同。蒸煮终点的确定，除了依靠残余药液的分析外，还可参考当前原料的品种、季节、蒸煮条件和最近放锅的浆样来判断是否达到蒸煮终点。

④大放气和放料。蒸煮后的排料有倒料和喷料两种方法。倒料是在蒸煮终了时，进行大放气，将球内压力降到零后倒料。喷料有全压喷料和降压喷料之分，全压喷料是不进行大放气，在蒸煮终结时直接进行全压喷料，而降压喷料是在蒸煮终结时稍放气降低压力后再进行喷料。

喷放排料的优点是放料时间短，浆料分散好，浆渣少，喷放后浆料的温度和浓度高，有利于黑液提取和碱回收，并且操作方便，劳动强度小。缺点是纸浆的强度均有不同程度的降低。

（5）蒸煮设备。蒸煮设备主要有间歇式蒸煮器和连续式蒸煮器两种。间歇蒸煮有蒸球和蒸煮锅,连续蒸煮主要有卡米尔(Kamyr)和潘地亚(Pandia)蒸煮器。

①蒸球。蒸球是古老的蒸煮设备,可用于烧碱法、硫酸盐法、碱性亚硫酸钠法或中性亚硫酸钠(铵)法蒸煮木片或草片。我国中、小型纸厂大多采用蒸球作为蒸煮设备,投资少、易操作、故障少。蒸球结构如图5-8所示。

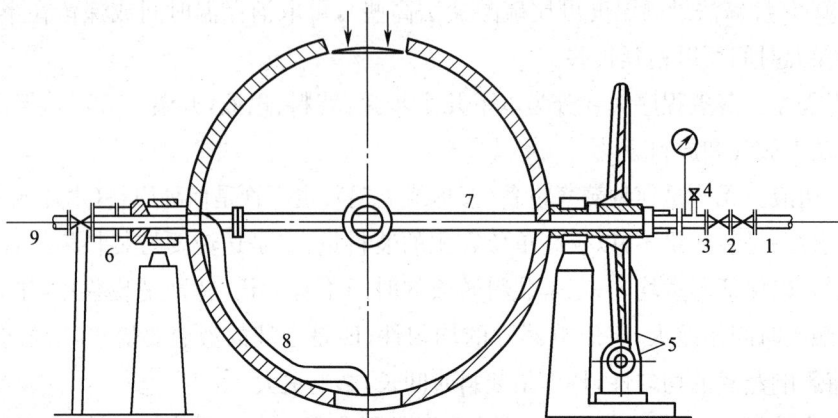

图5-8 蒸球结构示意图

1,7—进气管 2,3—截止阀 4—安全阀 5—涡轮涡杆传动系统 6—逆止阀 8—喷放弯管 9—喷放管

②蒸煮锅。大型酸性亚硫酸盐浆厂和硫酸盐浆厂以及部分中型的硫酸盐浆厂都是采用立式蒸煮锅进行蒸煮,蒸煮锅的结构如图5-9所示。

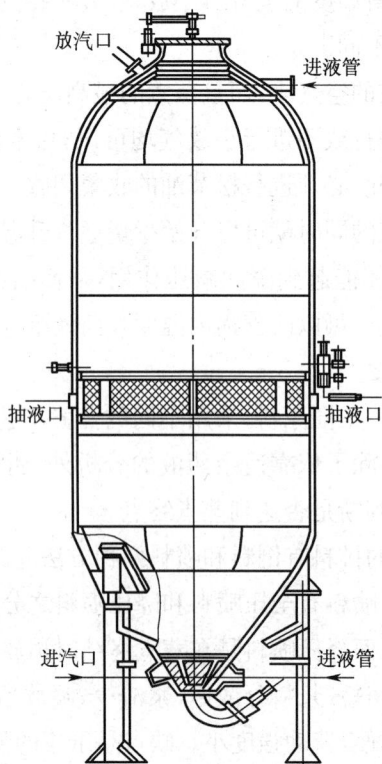

图5-9 蒸煮锅结构示意图

③卡米尔蒸煮器。卡米尔连续蒸煮器主要用于生产木浆,少数用于生产草浆。从制浆方法讲,多数用于硫酸盐法蒸煮,也可以用于烧碱法、预水解硫酸盐法、中性亚硫酸盐法或酸性亚硫酸盐法蒸煮。生产能力很大,由于采用了锅内热扩散逆流洗涤和冷喷技术,因而减轻了环境污染,提高了纸浆强度。卡米尔改良连续蒸煮器 MCC 技术如图 5-10 所示。

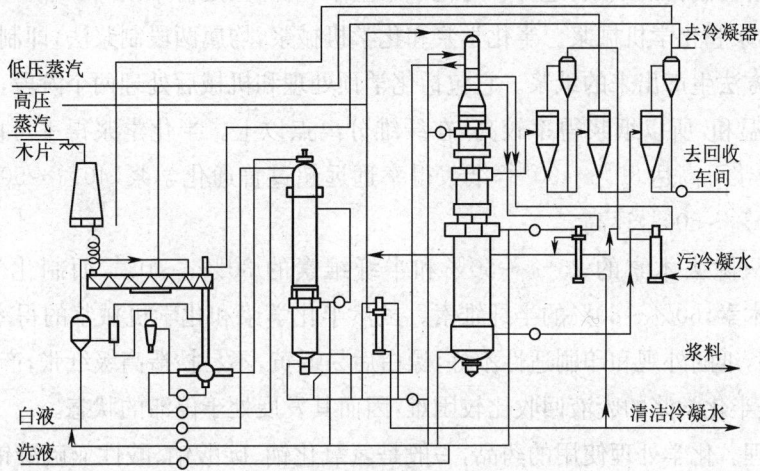

图 5-10 卡米尔改良连续蒸煮器 MCC 技术示意图

④潘地亚蒸煮器。潘地亚连续蒸煮器主要用于稻草、麦草、芒秆、蔗渣等草类原料和木片的蒸煮。可采用硫酸盐法蒸煮、烧碱法和中性亚硫酸盐法等蒸煮方法制化学浆或半化学浆,其特点是可以进行气相高温快速蒸煮。潘地亚连续蒸煮器流程如图 5-11 所示。

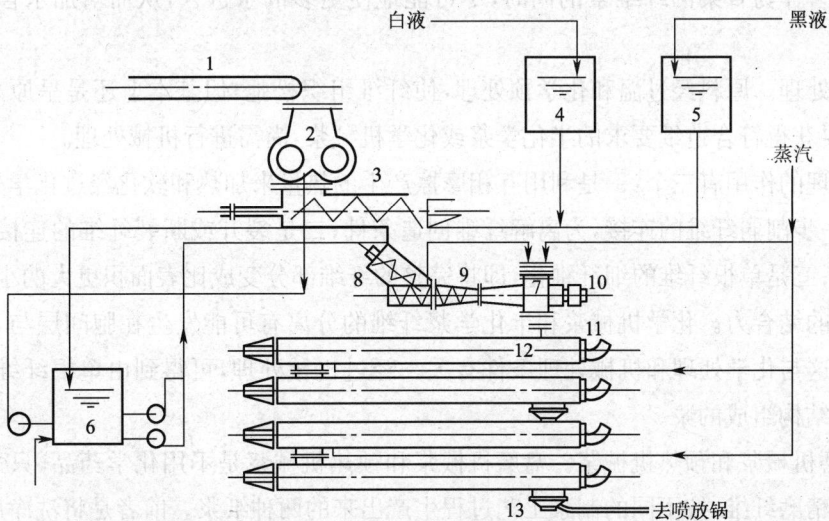

图 5-11 潘地亚连续蒸煮器流程

1—输送机 2—双辊计量器 3—双螺旋预浸渍器 4—白液罐 5—黑液罐

6—药液罐 7—竖管 8—预压螺旋 9—螺旋进料器 10—气动止逆阀

11—补偿器 12—蒸煮管 13—翼式出料器

2. 高得率制浆

高得率浆是一种得率比其他制浆高的纸浆,此种纸浆的木素和半纤维素含量要比化学浆高。

(1)高得率化学浆。高得率化学浆是先经化学处理至略高于纤维分离点,再经轻度的机械处理使纤维离解而制得的纸浆,这种浆与化学浆基本一样,只是得率稍高(50%~65%)。

(2)半化学浆和化学机械浆。半化学浆和化学机械浆,均属两段制浆法,即制浆时既用化学方法也用机械方法生产出来的纸浆。它包括化学预处理和机械后处理两个阶段,由于化学处理比化学制浆法温和,所以纸浆得率较高,在纤维分离点以上。半化学浆得率可以达到65%~85%,化学机械浆可高达80%~90%,纸浆得率远远超过普通化学浆(40%~50%),甚至比高得率化学浆(50%~60%)还高。

半化学浆只除去木素的25%~50%和半纤维素的30%~40%,而制化学浆则要除去80%~90%的木素,60%~80%的半纤维素。虽然半化学浆和化学机械浆的得率高,但浆的强度差,纤维束多,纸的外观和印刷适性不好,漂白后易返黄,不易抄造高级纸张,产品用途受到一定限制,特别是半化学浆的废液回收比较困难,因而其发展处于停滞的状态。

①化学处理。化学处理使用的药品,一般是氢氧化钠、碳酸钠、酸性亚硫酸钠、中性亚硫酸盐、碱性亚硫酸盐、碱性过氧化氢等。

化学处理的主要任务,是实现纤维的软化,有助于提高浆的强度,降低磨浆能耗,节约生产成本,木材软化后能较多地分离出完整的纤维增加纤维的长级份。但是软化要适当,如过度软化,表面被木素包覆的纤维增多,会给下一阶段磨浆造成困难。由于半纤维素和木素的无定型结构,能够或多或少地吸收水分,吸收的水起塑化剂作用而使纤维开始发生软化。化学处理就是要在不伤害作为骨架的纤维素的同时,尽可能地使更多水进入,从而增加水合作用,促进润胀。

②机械处理。原料经过温和化学预处理,使纤维组织松弛,但基本上还是呈原来的木片或草片状态,要获得符合造纸要求的半化学浆或化学机械浆,尚需进行机械处理。

机械处理的作用有三个:一是利用互相摩擦产生的热量来加热和软化经过化学处理的木片或草片,进一步削弱纤维的连接,为离解纤维创造条件;二是裂开或断裂纤维的连接,使其离解成单根纤维;三是单根纤维的细纤维化,即将完整的纤维部分变成比表面积更大的小纤维,从而提高纤维间的结合力。化学机械浆和半化学浆纤维的分离有可能发生在胞间层与 S_1 层之间,或 S_1 层中,这与化学处理和机械处理条件有关。经过机械处理,可得到由单根纤维、细小纤维和碎片三种结构组成的浆。

(3)盘磨机械浆和预热机械浆。盘磨机械浆和预热机械浆是不用化学药品,只采用圆盘磨浆机分离和精磨纤维,按不同的制浆工艺过程生产出来的两种纸浆。前者是将洗净后的木片直接送入开口卸料的常压盘磨机磨解成浆,简称 RMP;后者是将木片经短时间预热(100℃以上)后,第一段带压,第二段在常压下用盘磨机磨解得到的纸浆,简称 TMP。

盘磨机械浆和预热机械浆生产的主要问题是能耗大,与传统的磨木浆相比,单位动力消耗要高出50%甚至一倍以上。另外,盘磨机的齿盘使用寿命短,维修费用大,成纸白度稍低,平滑度较差。尽管 TMP 电耗大,白度下降,但具有强度大、得率高、污染少的优点。

(4)磨石磨木浆。磨石磨木浆(简称 SGW 或 GP)是应用机械力或水力作用,将木材压在磨石表面(木材纹理与磨石的轴向保持平行),由旋转的磨石将木材磨解成纤维,再用水将其从磨石表面冲洗下来,即成磨石磨木浆(或简称为磨木浆)。

3. 废纸制浆

(1)废纸的离解。废纸的离解包括碎解和疏解两个阶段。废纸先经碎解,而后通过疏解使废纸最终完全离解成纤维。

碎解的目的是使废纸离解,使原先交织成纸页的纤维最大程度地离解成单根纤维,而又最大限度地保持纤维的原有形态和强度。碎解操作能使重而大的杂质与纤维分离。在处理需要脱墨的废纸时,通过加入一定量的脱墨化学品并通汽加热,使纤维与油墨分离。

如果采用水力碎解机使废纸达到完全碎解,会消耗相当高的动力,且碎解很慢。资料证明,当碎解率达到 75% 时,不宜继续采用水力碎浆机碎解,否则将严重损伤纤维,降低纤维强度。此时应采用疏解机等疏解设备来完成后期的碎解任务,这对提高碎解效果,保证废纸纤维强度,降低动力消耗都有好处。因此可以说,疏解是碎解的继续,其目的是将纤维全部离解而不切断和损伤纤维以及降低纤维强度。

(2)废纸浆的净化与浓缩。废纸经水力碎浆机碎解、疏解机分离成纤维的同时,虽然得到了初步的净化,但在废纸中仍含有较多的杂质,其中有重的杂质如小石块、沙粒、玻璃屑、钢针、黏土等,轻的杂质如木片、塑料模片、树脂、橡胶块、纤维束等。

去除废纸浆中杂质的过程称为净化。净化的过程包括除渣、筛选两个工序,分别由除渣器、筛浆机完成。为了便于浆料的储存并满足流程后面工段的工艺要求,筛选后浆料须经脱水浓缩。

(3)废纸脱墨。为了将经过印刷的废纸变成满足生产要求的白纸浆,提高废纸浆的使用价值和生产的纸张(纸板)级别,需要从废纸中除去油墨。进行这种处理的过程称为废纸脱墨。经过脱墨生产出的纸将称为脱墨纸。

①废纸脱墨原理。一般印刷油墨是由干性油、动物胶或树脂与分散在其中的炭黑或其他颜料粒子组成。在印刷过程中,印刷油墨黏附在纤维表面,有些高质量的油墨还在纤维表面形成一层清漆膜。

脱墨是根据油墨的特性,采用合理的方法来破坏油墨粒子对纤维的黏附力,即通过化学药品、机械外力和加热等作用,将印刷油墨粒子与纤维分离,并从纸浆中分离出去的工艺过程。脱墨的整个过程大致可分为三个步骤:一是疏解分离纤维,二是使油墨从纤维上脱离,三是把脱离出来的油墨粒子从浆料中除去。

废纸在水力碎浆机中进行离解,在机械作用合适的温度条件下,纸面润湿、膨胀、变形,纤维间原存在的氢键被削弱,在水力碎浆机产生的强大剪切作用下,废纸疏解成纤维,使成片油墨粒子分散开来,为保证均匀脱墨创造了条件。在有化学药品的水溶液中,印刷油墨与皂化剂作用,使油墨皂化,使颜色粒子从纤维中分离出来。为了防止游离出来的颜料粒子互聚和被纤维重新吸收,在脱墨剂中还加入分散剂和吸收颜料粒子的吸收剂。游离出来的颜料粒子通过洗涤法或浮选法除去,为使颜料粒子润湿和油脂乳化,在洗涤前还加入清洁剂。因此,废纸脱墨过程中,脱墨化学品使废纸上印刷油墨的表面张力降低,从而产生润湿、渗透、乳化、分散等多种作用,而机械、化学和热的协同作用才能使纤维上的油墨脱除干净。

②废纸脱墨方法。油墨从纤维上分离后仍分散停留在溶液中,必须及时除去。常用的方法有洗涤法、浮选法以及两者相结合的方法。

a.洗涤法。洗涤法是最早使用的传统方法。要求油墨粒子尺寸小,细致分散,并具有亲水性,能通过在水相中反复洗涤浆料,使废纸中的油墨洗去。洗涤过程除了能去除油墨粒子外,还能除去浆中的填料和细小纤维。

典型的洗涤设备洗涤一次可除去85%的油墨。从理论上讲,经过反复洗涤,可除去99%的油墨。在生产实际中,油墨粒子在$1\sim10\mu m$之间,洗涤效果最好。如果油墨粒子大于$40\mu m$,在洗涤时易被纤维阻留在纸浆中,而小于$1\mu m$的油墨粒子又易被纤维吸附到表面上,降低洗涤效果。

b.浮选法。浮选法是利用纤维、填料及油墨等组成的可湿性不同来脱墨的一种分离方法。要求油墨粒子的大小在一定范围内,且是疏水的,靠气泡捕集油墨粒子。当携带油墨的气泡上升到液面,形成泡沫层,通过溢流、机械装置或真空抽吸而除去。

c.洗涤法与浮选法的比较。洗涤法的优点是脱墨较干净,所得纸浆的白度较高,灰分含量较低,脱墨操作方便,工艺稳定,电耗较低,设备费用较少;其缺点是用水量大,纤维流失率高。浮选法的优点是纤维流失少,得率高,化学药品和用水量较少,污染少;其缺点是白度要比洗涤法低3%~4% ISO❶,设备费用较高,工艺条件要求较严格,动力消耗较大。

总的说来,洗涤法脱墨流程简单,一般原制浆流程稍加改造即可进行洗涤脱墨生产,投资省,上马快,适合小型浆厂或要求浆料灰分含量很低的废纸脱墨。浮选法脱墨,占地面积较大,投资较高,但综合效果比洗涤法好,省时、省水、省气、省化学品,脱墨浆的得率较高,一般新建厂大多采用浮选法。

(三)纸浆的洗涤、筛选、净化、浓缩和储存

1.纸浆的洗涤

(1)洗涤目的。植物纤维原料经蒸煮后,大约有50%以上的物质溶解在蒸煮液中。硫酸盐法和烧碱法蒸煮后所排出的废液叫黑液,酸性亚硫酸盐法制浆排出的废液叫红液。废液中大约有30%~35%的无机物,其主要成分是游离的氢氧化钠、硫化钠、碳酸钠、硫酸钠以及与有机物结合的钠盐,另有65%~70%的有机物,其主要成分是木素和聚糖的降解物。

纸浆洗涤的目的是把纸浆中的废液分离出来,并使纤维细胞壁及细胞腔中的蒸煮溶解物扩散出来,从而得到较洁净的纸浆;而废液提取的目的则是经济地回收蒸煮废液,这两个目的要合理兼顾。

(2)洗涤原理。蒸煮后的浆料中,废液的分布情况是:80%~85%分布在纤维之间,15%~20%存在于纤维的细胞腔中,5%存在于细胞壁内。用一般过滤和挤压的办法能分离出存在于

---

❶ 国际标准组织(ISO)规定以埃里弗(Elrepho)白度计为国际标准仪。凡符合 ISO 标准规定的纸张白度称为"ISO"白度。

纤维之间的废液,而存在于细胞腔尤其是细胞壁内的废液通常依靠扩散洗涤方法除去。因此纸浆的洗涤必须依靠挤压、过滤和扩散(置换)等多种作用将废液从浆中分离出来。另外,还有少量碱与纤维素化学结合,这部分碱不能用洗涤的办法提取出来,其量为 $2\sim5kg/t$(以 Na_2SO_4 表示)。

造纸工业上常把浓度高于 10% 的浆料的提取称为高浓提取,提取的方式多为"挤压"或"压榨";浓度低于 10% 的浆料称为低浓提取,提取的方式多为"过滤"。"挤压"和"过滤"的基本原理是相同的,但其加压的方式和大小不同。

①过滤。过滤是利用有许多毛细孔道的浆层作介质,在浆层两侧压强差的推动下,使洗涤液与悬浮固体——纤维分离。

②挤压。挤压是利用机械设备(如辊子、螺旋等)对高浓浆料进行过滤的过程。一般使用连续挤压设备,如螺旋压榨机、双辊沟纹挤浆机等。

③扩散。在有两种或两种以上组分的物系中,只要有浓度的差别,高浓度组分的分子就会自动向低浓度组分的分子方向流动,直到两者的浓度达到平衡为止。它们的浓度差则为物质进行扩散的推动力。纸浆的扩散洗涤即是利用浆中残留废液浓度大于洗涤液浓度的差别,使纤维壁内外废液中的溶质分子自动移向水中,水分子也向纤维运动以进行置换。

④吸附。对浆料洗涤不利的一个作用是吸附。由于吸附作用的存在,通过洗涤使纸浆与废液完全分离开是不可能的。纸浆纤维是对金属离子有很大吸附能力的物质。在碱性介质中,羧基是吸附中心。随着离子价数的提高,吸附能力增加。洗涤时钠离子的吸附具有实际意义,它影响洗后浆料带走的碱量。硫酸盐浆对钠离子的吸附具有可逆性。

(3)洗涤方式。洗涤可分为单段洗涤和多段洗涤。多段洗涤又分多段单向洗涤(每段都用新鲜洗涤水洗)和多段逆流洗涤。对于纸浆洗涤,不仅要求废液提取率高,纸浆洁净度高,还要求稀释因子小,废液浓度高。无论哪种类型的洗涤设备,单段洗涤都难以达到上述要求。采用多段单向洗涤,虽然洗涤干净,但稀释因子大,耗水量多,废液难以满足回收要求。因此,唯有采用多段逆流洗涤才能获得高提取率和低稀释因子的洗涤效果。

所谓多段逆流洗涤,就是由多台洗涤设备串联组成洗涤组,浆料从头依次通过各设备,从最后一台洗涤设备排出,洗涤水则从最后一段加入,并用后一段提取液洗涤前一段的浆料,形成逆流洗涤。这种洗涤方法,可使稀洗涤液与含废液浓度较低的浆料接触,浓洗涤液则与含废液浓度较高的浆料接触,这样始终保持各段洗涤液与浆中废液有一定的浓度差,从而充分发挥洗涤液的洗涤作用,并达到废液增浓的目的。洗涤段数的确定,应从浆料的洗涤质量、浆料性能、浆料种类、产量大小、设备投资等多方面进行综合考虑。一般洗涤段数为 $3\sim4$ 段,很少有超过五段的。

(4)影响洗涤的因素。

①温度。温度高有利于废液的提取。这是因为较高的温度可以降低废液的黏度,提高废液的流动性,有利于过滤,还可以加速分子的扩散、提高浆料的滤水性,从而可施加较大的挤压或过滤压力。但是,温度过高会产生沸腾,从而破坏靠真空抽吸的设备的真空度,影响洗涤效率。因此,真空洗浆机一般控制洗涤温度在 $70\sim80℃$。

②压差或真空度。压差或真空度越大,过滤的推动力越大,过滤速度越快。但洗涤温度决

定了真空度的极限值。例如,废液温度80℃时,水蒸气压力为45kPa,因此在此条件下真空度不能大于50kPa,否则易造成黑液沸腾和强化泡沫的形成。

③浆层厚度、上浆浓度和出浆浓度。浆层厚度大,过滤阻力大,过滤速率慢,影响洗涤效果,但可提高产量。在一定条件下提高上浆浓度,能提高滤网浆层厚度,提高生产能力,但会影响洗涤质量和废液提取率。洗后浆的浓度越大,则洗涤损失越小,提取率越高。

浆层厚度、上浆浓度和出浆浓度取决于浆料的种类、滤水性、温度、压力和生产能力等。如木浆的浆层比草浆厚。草浆滤水性差,黑液黏度大,过滤时不易上网,故上浆浓度比木浆高,否则浆层太薄,生产能力低。

④蒸煮方法、浆种和浆的硬度。酸法浆比碱法浆滤水性好,易洗涤。因酸法浆比碱法浆对镁、钠的吸附率低,相同得率下,酸法浆溶出木素多,细胞壁的孔隙大,所以好洗。草浆比木浆滤水性差,但扩散效果好,洗涤效果视具体情况而定。硬浆比软浆滤水性好,但扩散性差。

⑤洗涤用水量和洗涤次数。在相同条件下,洗涤用水量越多浆洗得越干净,提取率越高。但增加洗涤用水量也会导致提取废液的浓度低,蒸发时耗汽量大。当洗涤用水量一定时,洗涤次数越多,洗涤效果越好。

(5)洗涤设备。纸浆洗涤设备的种类很多,按处理纸浆的浓度分,有高浓度洗涤设备和低浓度洗涤设备。按洗涤原理分,有挤压洗涤设备、过滤洗涤设备和扩散洗涤设备。按操作运行方式分,有间歇洗涤设备和连续洗涤设备。按结构形式分,有鼓式洗涤设备、带式洗涤设备、辊式洗涤设备和多盘式洗涤设备等。

①转鼓式洗浆机。转鼓式洗浆机是把一个带滤网的转鼓放置在浆槽中构成的洗涤脱水设备,可用于各种浆料的洗涤。此类洗浆机常见的有鼓式真空洗浆机、压力洗浆机、落差式洗浆机和侧压浓缩机。

②带式洗浆机。带式洗浆机,又称水平式真空洗浆机。其主要特点是取消了段间稀释,洗涤段数多(5~6段),最大限度地提高了黑液浓度。另外,具有结构简单、操作方便、投资少等优点。

③扩散洗涤器。扩散洗涤器分为间歇扩散洗涤器和连续扩散洗涤器。国外一些老厂还保留有间歇式扩散洗涤系统,新建厂已经很少采用。连续扩散洗涤器常用于卡米尔连续蒸煮器热洗涤区后浆料的最终洗涤。

④挤压洗涤设备。挤压洗涤设备是通过机械挤压作用分离废液的纸浆洗涤设备。该类设备进出浆浓度高,扩散作用小,一般需与其他设备配合作用,或多台串联通过中间浆槽增加其扩散作用。这类设备包括螺旋挤浆机、双辊挤浆机、压滤机和双筒挤浆机等。

2.纸浆的筛选与净化

浆料经洗涤除去浆中所含废液及固形物后,还需进一步处理,以除去化学浆中的未蒸解成分、纤维束,磨木浆中的粗木条、大木片、粗纤维束等以及在原料收集、运输、储存和生产过程中进入的泥沙、飞灰、垢块、沉淀物、铁锈、螺钉、小铁片、铁丝、胶皮、小砖块、塑料等;也包括原料本身不可避免地带来的不能制成纸浆的物质,如苇节、谷壳、杂细胞、苇膜、蔗髓、树皮、树脂等碎片、碎粒。这些物质的存在不仅影响成纸的质量,同时还会损坏设备,使生产不能正常进行。因此,筛选和净化是提高纸浆纸张质量和产量的重要工序。

(1)筛选。纸浆的筛选是利用杂质与纤维的尺寸大小和形状的不同,用有孔或有缝的筛板进行分离的过程。常用振动筛、离心筛、压力筛三种设备。

①振动筛。振动式筛浆机,简称振动筛,是依靠振动作用破坏或干扰筛板上已经形成的纤维层使细浆通过筛板而分离的一类筛选设备。按振动频率不同,可分为高频振动筛(频率超过1 000次/min)和低频振动筛(频率200~600次/min)。按筛板的形状不同可分为平筛和圆筛。目前国内普遍应用的是高频振框式平筛。

②离心筛。离心式筛浆机,简称离心筛,是利用转子产生的离心力和筛板内外的浆位差使良浆通过筛孔而与筛渣分离的筛选设备。离心筛的种类很多,目前国内主要使用CX型离心筛和ZSL_{1-4}型离心筛。

③压力筛。压力筛浆机,简称压力筛,是一种全封闭压力进浆,并以压力脉冲代替机械振动而进行分离的筛选设备。压力筛的种类很多,目前国内使用较多的是单鼓外流式旋翼筛。

(2)净化。浆料的净化主要是靠杂质与纤维的相对密度的不同而进行分离的。古老而简单的方法是沉沙沟,其原理为重力自然沉降;典型而广泛使用的为锥形除渣器,其原理为离心分离。

①锥形除渣器的工作原理。稀释的浆料(浓度0.5%左右)通过离心泵以一定的压力从切线方向进入锥形除渣器内,沿着器壁作强力旋转运动而产生离心力。由于杂质的相对密度较大,受的离心力也大,所以被抛向器壁,然后在重力作用下沿器壁向下运动至排渣口排出。在锥形除渣器的轴向中心处,由于离心力作用形成"低压区",浆料的相对密度较小,在向下旋转运动的过程中逐渐移向低压区,并沿中心旋转向上运动,从顶部出浆口排出。旋转运动虽然受到器壁的摩擦阻力和良浆向低压区集中的影响,使旋转的速度逐渐减慢而引起离心力的下降,但由于旋转半径逐渐缩小而又使离心力增大,因此可保持足够的离心力分离杂质。锥形除渣器的工作原理如图5-12所示。

②锥形除渣器净化效果的主要影响因素。

a.进浆浓度。进浆当压差一定时,净化效率随着进浆浓度的增加而下降。此外,进浆浓度增加,排渣浓度也增加,纤维损失随之增大。但进浆浓度太低,则设备生产能力下降,动力消耗增加。一般进浆浓度为0.5%左右。

b.压力差。压力差是指进浆压力和出浆(良浆)压力之差。其他条件不变,压力差增

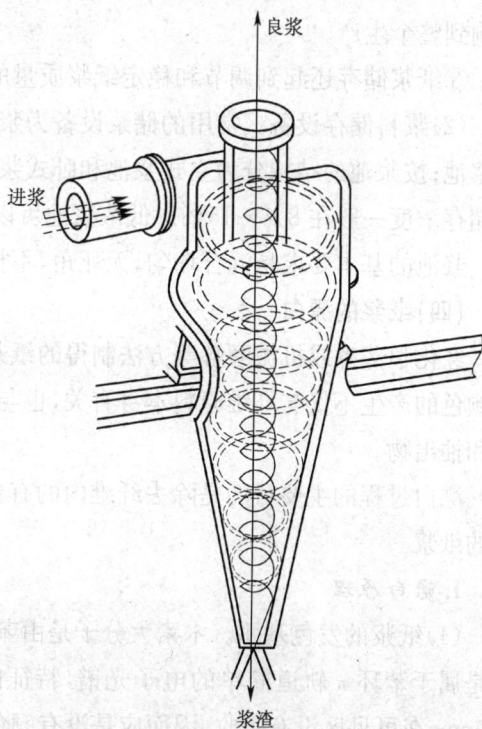

图5-12 锥形除渣器的工作原理图

大,净化效率提高,生产能力增加。

c.排渣口。不同型号的除渣器,其排渣口和锥角大小的规定值不同。排渣口小,除渣效率低,容易堵塞。排渣口增大,可在一定程度上提高净化率,但排渣口过大会造成排渣量大,纤维损失多。

3. 浆料的浓缩

(1)浆料浓缩的目的。

①浆料经筛选净化后,浓度较低,0.5%左右,不符合漂白工序的漂白浓度(4%~6%)的要求,高浓漂白时,浓度甚至高达 30%。因此需要将浆料进行浓缩。

②为了调节和稳定生产,浆料经筛选、净化后到漂白工序前,需要将浆料进行储存。但在 0.5%左右的浆浓下,1 000kg 绝干浆的体积为 200m³,一个日产 25 000kg 绝干浆的工厂,则需要 5 000m³ 的浆池,这显然是不实际的,因此需要进行浓缩。

③在 0.5%左右的稀浆浓度下输送和搅拌,动力消耗大,经济上很不合理,故需把 0.5%左右的浆浓缩至 3%~5%。此外,浆料的浓缩过程也是进一步洗涤的过程。

(2)浆料浓缩设备。常用的浆料浓缩设备为圆网浓缩机、侧压浓缩机、落差式浓缩机等。

4. 纸浆的储存

(1)浆料储存的作用。

①纸浆的储存可以将间歇生产过程与连续生产过程连接起来,达到均衡生产的目的。

②纸浆储存可起到缓冲生产的作用,不至于因设备故障和设备维修等事故引起局部停机而影响到整个生产。

③纸浆储存还起到调节和稳定纸浆质量的作用,使生产条件稳定。

(2)浆料储存设备。常用的储浆设备为浆池,按其储存纸浆的浓度可以分为低浓浆池和高浓浆池;按浆池的结构分为立式浆池和卧式浆池。低浓浆池储存浓度一般为 3%~5%,高浓浆池储存浓度一般在 8%~15%。低浓浆池可以为立式或卧式,但高浓浆池一般为立式。

浆池的基本要求是混合均匀,无死角,不挂浆及动力消耗低。

(四)纸浆的漂白

经化学蒸煮或机械磨解等方法制得的纸浆,均带有一定的颜色,从深褐色到淡黄色不等,纸浆颜色的产生不仅与纤维原料本身有关,也与制浆方法、条件有密切关系。颜色主要来源于木素和抽出物。

漂白过程的主要目的是除去纤维内的有色物质,获得具有一定白度和适当的物理与化学性能的纸浆。

1. 漂白原理

(1)纸浆的发色基团。木素大分子是由苯丙烷结构单元组成的。从光谱的观点来看,苯丙烷是属于苯环 π 轨道简单的电子光谱,特征的吸收量最大值接近 280nm,另一大吸收峰接近 210nm,在可见区没有吸收,因而应是没有颜色的。然而木素侧链上的含有发色性质的功能团,如羰基,碳碳双键或者与苯环共轭使吸收波长增加,在适当位置上的助色基团与发色基团发生关系能进一步增加吸收波长,并使物质的吸收带的位置转移到可见光区。因此,纸浆中最重要发色基团是木素侧链上的双键、共轭羰基以及两者的结合,使苯环与酚羟基和发色基团相连接。

醌的结构对纸浆的白度有重要影响。对醌 O⟨⟩O 为黄色,邻醌 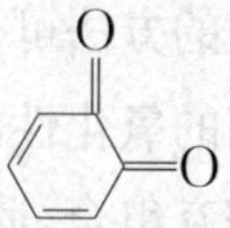 为红色,它们除了有不饱和酮的性质外,由于碳碳双键和羰基处于共轭体系中,因此还具有共轭双键的性质。此外,纤维组分中的某些基团与金属离子作用也可形成具有深色的复合物。

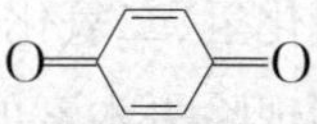

(2)纸浆漂白的基本原理。由于木素大分子含有不同的发色基团以及发色基团与发色基团之间和发色基团与助色基团之间的各种可能的联合,构成复杂的发色体系,形成宽阔的吸收光带。因此,有色物质的脱色或者漂白可通过阻止发色基团间的共轭,改变发色基团的化学结构,消除助色基团或防止助色基团和发色基团之间的联合等途径来实现。纸浆的漂白无论是氧化性漂泊还是还原性漂白,都是以此为基础的。

漂白的作用是从浆中除去木素或改变木素的结构。漂白化学反应可以分为亲电反应和亲核反应。亲电反应促使木素降解,亲电剂(阳离子和游离基)主要进攻木素中富含电子的酚和烯结构;亲核剂(阴离子和少许游离基)则进攻羰基和共轭羰基结构,除还原反应外,也会发生木素降解。亲电剂主要进攻非共轭木素结构中羰基的对位碳原子和与烷氧基连接的碳原子;也攻击邻位碳原子以及与环共轭的烯,即 β-碳原子;亲电剂对纤维素主要是进攻 C_2、C_3 和末端 C 原子。亲核剂主要攻击木素结构中羰基及与羰基共轭的碳原子。如下式所示。

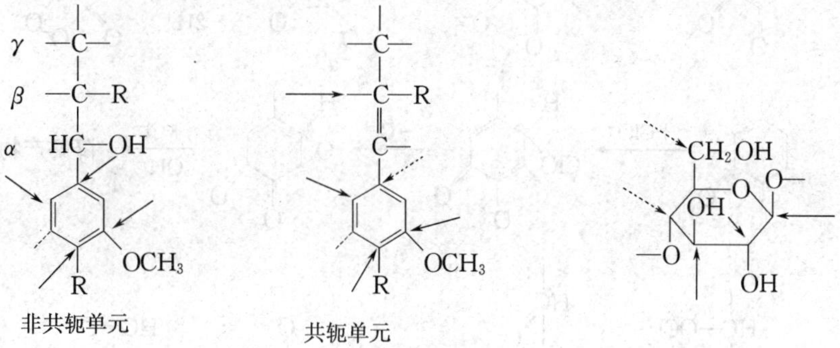

非共轭单元

共轭单元
亲电剂进攻的位置

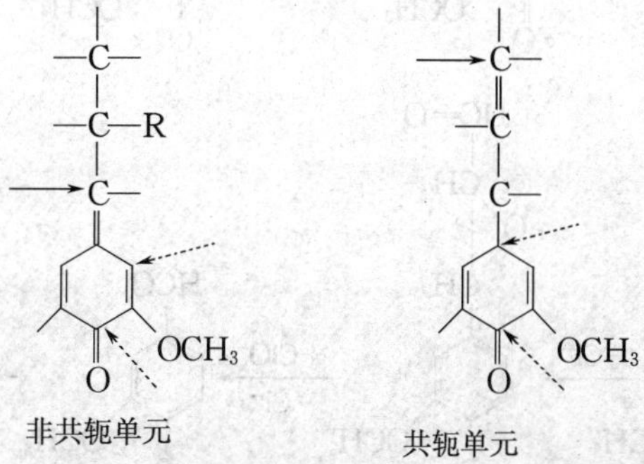

非共轭单元　　　　　共轭单元
亲核剂进攻的位置

⟵⟶ 主要　　◄------ 次要（R＝O—L 或 O⁻,L 为木素结构单元）

2. 漂白方法

纸浆漂白的方法可分为两大类。一类称为"溶出木素式漂白",通过化学品的氧化作用使木素溶出。常用的氧化性漂白剂有:过氧化氢、二氧化氯、次氯酸盐、氯、臭氧等,这些化学药品或单独使用或相互组合,通过氧化作用实现除去木素的目的,常用于化学浆的漂白。另一类称为"保留木素式漂白",是一种仅破坏或改变木素的发色基团的结构而不使木素溶出的漂白方法,此法漂白损失很小,保持了浆料的特性。常用的化学药品有连二亚硫酸盐、硼氢化物和亚硫酸盐等,虽然不能除去木素,但能通过还原作用破坏木素结构中的羰基、醌基、羧基等发色或助色基团而使其脱色。常用于高得率浆的漂白。

3. 化学浆的含氯常规漂白

含氯漂白剂包括氯、次氯酸盐和二氧化氯。由于氯和次氯酸盐来源丰富、价格便宜、漂白效率较高、漂白成本较低,所以一直是纸浆漂白的主要化学品。

(1)次氯酸盐漂白原理。

①次氯酸盐与木素的反应。次氯酸盐在漂白过程中,主要是攻击苯环的苯醌结构,也攻击侧链的共轭双键,ClO^- 与木素的反应是亲核加成反应,即次氯酸盐阴离子对醌型和其他烯酮结构的亲核加成,随后进行重排,最终被氧化降解为羧酸类化合物和二氧化碳,如下式所示。

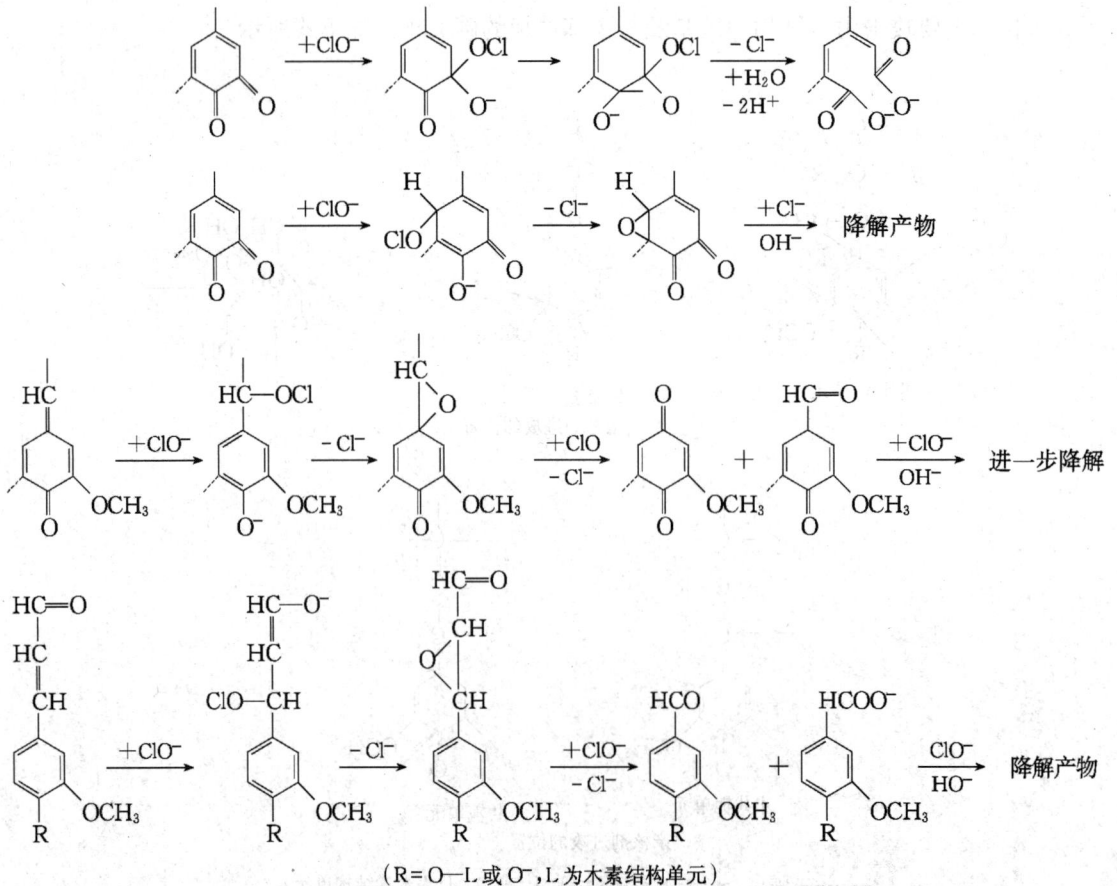

(R=O—L 或 O⁻,L 为木素结构单元)

②次氯酸盐与碳水化合物的反应。次氯酸盐是强氧化剂，如果是在中性或酸性条件下，则形成的次氯酸是更强的氧化剂，它们都能对碳水化合物进行强烈的氧化。在次氯酸盐漂白过程中，由于各种酸的形成，pH不断下降。如果漂初pH不够高而漂白过程中又没有加以调节，则漂白后期有可能达到中性或微酸性。

次氯酸盐与纤维素的反应，一是纤维素的某些羟基氧化成羰基，二是羰基进一步氧化成羧基，三是降解为含有不同末端基的低聚糖甚至单糖及相应的糖酸和简单的有机酸。三种氧化反应的速度取决于pH。pH高些，则羰基氧化成羧基的速度大于羰基形成的速度，当pH为6～7时，羰基形成的速度大于被氧化成羧基的速度。

如图5-13所示为次氯酸盐漂白时纤维素的氧化反应。在碱性介质中，C_2、C_3和C_6上的羟基氧化成羰基后，很快继续氧化为羧基[图5-13(a)和(b)]；但在酸性介质中，C_2和C_3上形成羰基的速度比羰基氧化成羧基的速度大得多。因此，形成的产物(c)较少。同时，在酸性和中性介质中，糖苷键易氧化断裂形成具有葡萄糖酸末端基(e)和阿拉伯糖末端基(d)的纤维素。

纤维素氧化降解的结果，导致漂白浆α-纤维素含量减少，黏度下降，铜值和热碱溶解度增加，致使纸浆强度下降和返黄。

③次氯酸盐漂白的影响因素。影响次氯酸盐漂白的因素有：有效氯用量、pH、浆的浓度、温度和时间。选择合适的漂白工艺条件，对提高漂白浆质量和得率至关重要。

a. 有效氯用量。有效氯的用量是根据未漂浆的浆种、硬度以及漂白的白度和强度要求来决定的。用量不够，漂白达不到要求；用量过多，既浪费而且碳水化合物的降解多。

b. pH。由于漂液的pH决定漂液的组成和性质，而pH的高低又直接影响漂白速率和漂白浆的强度、得率、白度及白度的稳定性。pH=7时，漂白的主要组分是HClO，漂白速率和碳水合物降解速率均最大，而且酸性和中性条件下，形成的羰基多，易造成纸浆的返黄。因此，应绝对避免在中性条件下进行漂白。一般控制漂白初期pH在11～12，后期pH在8.5以上。

c. 浆的浓度。提高浆料的浓度，实际上提高了漂白时的有效氯浓度。浆浓度高，不但可以加快漂白速率，还可以节约加热蒸汽，缩小漂白设备的容量，减少漂白废水量。

d. 温度。温度升高，可以加快漂液向纤维内部的渗透，还可以加快反应产物的扩散溶出。另外，次氯酸盐水解生成次氯酸的速度加快，漂液的氧化性增强。一般温度控制在35～40℃。

e. 时间。漂白时间的长短，受许多因素的影响，控制漂白时间意味着要控制漂白的终点，一般根据漂液残氯和纸浆白度来确定。漂终残氯控制在0.02～0.05g/L为宜，有时为了缩短漂后洗涤时间，节约洗涤用水，使用脱氯剂(海波)来终止漂白作用。漂后纸浆应立即进行洗涤，洗后浆残氯应控制在0.001g/L以下，否则浆要发黄。次氯酸盐单段漂时间一般为1～3h。

(2)常规的CEH三段漂。次氯酸盐漂液因制备容易、使用方便，因而广泛应用于纸浆的漂白。但次氯酸盐漂白无法达到高白度，而且纤维素强度损失大。试验发现，元素氯对木素有选择性作用，并易生成可溶于碱的氯化物，于是出现了氯、碱和次氯酸盐相结合的三段漂白：CEH三段漂，这是我国采用多段漂白的主要流程。

①氯化。氯化是将氯气直接通入纸浆，与浆中残余木素作用，使木素降解成为溶于水或稀碱液的碎片，经洗涤除去。

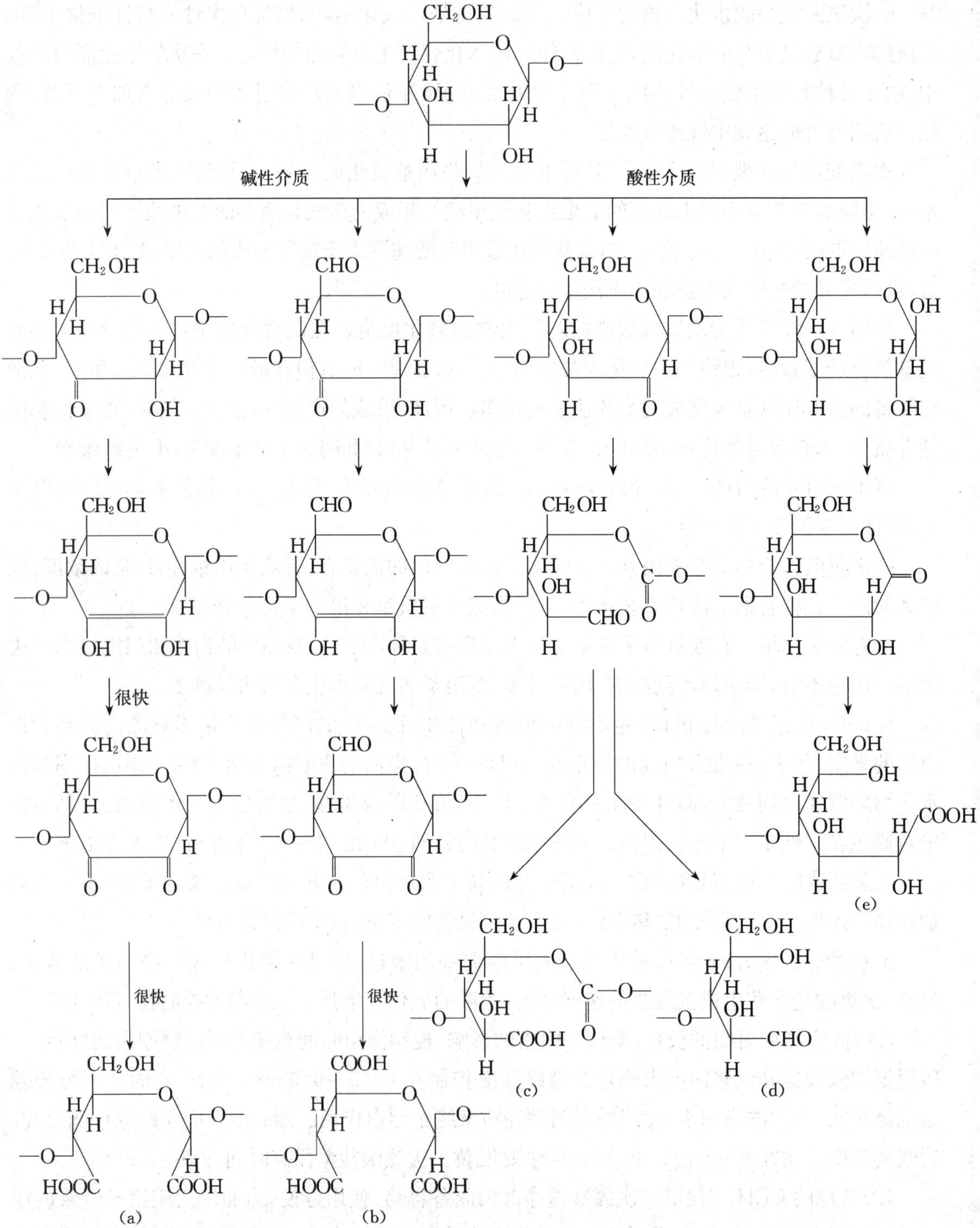

图 5-13 次氯酸盐漂白时纤维素的氧化反应

　　a.氯与木素的反应。氯化时氯与木素的反应主要有芳环取代、亲电置换和氧化反应。

　　b.氯与碳水化合物的反应。纸浆氯化的脱木素的选择性是有一定限度的,氯化过程中碳水化合物受到某种程度的降解,使漂后纸浆黏度降低。

c.影响纸浆氯化的因素。影响纸浆氯化的因素主要有用氯量、pH、浆浓度、时间和混合。

• 用氯量：取决于未漂浆木素含量、浆质量要求和氯化时的浆浓度和温度等。一般氯化用氯量为总用氯量的 60%～70%，其中不同浆的总用氯量一般是：亚硫酸盐浆 2%～6%，硫酸盐浆 3%～8%，半化学浆 10%～15%。氯化过程中浆料颜色的变化是：棕红→橘红→橘黄，氯化终点应控制在橘黄色，如果浆料发白则说明已经过了氯化的控制终点。

• pH：浆液的 pH 的大小决定了氯在体系中的性质，因此也决定了反应是以氧化为主还是以氯化为主。因氯化反应很快，初期有大量的盐酸生成，使 pH 迅速降到 1.6～1.7，因此，通常的氯化过程无须特别控制 pH。

• 浆浓度：氯化浆浓度一般为 3%～4%，浓度低，并不增加热能消耗，但废水量多，动力消耗大。

• 时间：氯化反应速度极快，实际生产中不同浆的氯化时间不同，亚硫酸盐木浆 45～60min，硫酸盐木浆 60～90min，草类浆 20～45min。

• 混合：氯化是一个非均匀的体系，浆和氯水的均匀而充分的混合是均匀氯化的重要前提。

②碱化。氯化木素只有一部分能溶于氯化时形成的酸性溶液，还有一部分难溶解的氯化木素需在热碱溶液中溶解。碱处理主要是除去木素和有色物质，并溶出一部分树脂。在温和的碱处理条件（碱浓度≤2g/L，温度<70℃）下，对纤维素影响很少，纤维素溶解的也不多。

a.碱处理时氯化木素的溶解。在氯化过程中，由于正氯离子的亲电攻击生成氯化醌结构，在碱处理过程中受到亲核的氢氧根离子的作用，成为羟基取代的醌基而溶于碱液中。同时，氢氧根离子还可以攻击在邻醌位置上的羰基，经过重排生成羟基-羧基-戊环二烯结构，同样使氯化木素溶解。氯化降解产物四氯苯醌也易溶于碱液而形成羟基氯化苯醌。此外，碱能使氯化过程中产生的二元羧酸溶解；碱的润胀能力使氯化木素容易被抽提，使木素的碎片从纤维的细胞壁中顺利扩散出来；碱还会使吸附在纤维上的物质溶解。

b.碱处理中碳水化合物的降解。碳水化合物在氯化阶段有可能部分被氧化。这些已氧化和未氧化的碳水化合物，在碱处理时会受到某种程度的降解。要减少碳水化合物的降解反应，最根本的是减少氯化时纤维素的氧化作用，即减少具有羰基的氧化纤维素的形成。

c.碱处理过程的影响因素。碱处理过程的影响因素主要有碱量、温度、时间和浆浓度。一般氢氧化钠用量为 1%～5%，最终 pH 在 9.5～11 之间，处理温度 60～70℃，反应时间 60～90min，浆浓度一般为 8%～15%。提高温度，可提高木素的溶解速率以及木素的溶解量，并可缩短碱处理时间；浆浓高，碱液浓度高，反应快，废液量少。但碱浓度大、处理温度高，又会增加碳水化合物的降解，因此可以加入 Na_2SO_3 和 H_2O_2 等添加剂，还原或氧化碳水化合物的羰基末端基，以减少剥皮反应。

③次氯酸盐补充漂白。纸浆经氯化和碱处理后，大部分氯化木素已经溶解，但还有一部分需经氧化漂白剂的氧化破坏并溶出，才能进一步提高白度。因此，必须进行补充漂白，常用的方法有次氯酸盐漂白和二氧化氯漂白，近年又发展了用过氧化氢、过氧酸和臭氧等含氧漂白剂的漂白。

二、造纸原理及生产过程

造纸生产过程，大体可以分为打浆、添料、抄造和整理四个阶段。

(一)打浆

经过洗选、漂白和净化后,未经打浆的浆料中含有很多纤维束。由于纤维太粗太长,表面光滑硬挺而富有弹性,纤维的比表面积小又缺乏结合性能。如将未打浆的纸浆直接用来抄造,在网上难以获得均匀的分布,成纸疏松多孔,表面粗糙容易起毛,结合强度甚低,纸页性能差,故不能满足使用要求。

打浆的主要任务,一是利用物理方法对水中悬浮的纸浆进行机械或流体处理,使纤维受到剪切力的作用,改变纤维的形态,使纸浆获得某些特性,以保证抄成的纸和纸板能取得预期的质量要求;二是通过打浆控制浆料在网上的滤水性,以适应造纸机生产的需要,使纸页能成形良好,以改善纸页的匀度和强度。打浆是物理变化,打浆作用对纸浆所产生的纤维结构和胶体性质的变化,也都属于物理变化,所以并不会引起纤维的化学变化或产生新的物质。

1. 打浆理论

(1)纤维细胞壁的结构。打浆使纤维产生变形、润胀、压溃、切断和细纤维化等作用。用电子显微镜观察植物纤维细胞壁,可分为胞间层、初生壁和次生壁。以木材为例,纤维细胞壁的结构如图 5-14 所示,其详细结构如图 5-15 所示。

胞间层(M)是细胞间的连接层,厚度为 $1\sim 2\mu m$,含纤维素极少,主要成分为木素。

初生壁(P)是细胞壁的外层,由微纤维组成,它与胞间层紧密相连,厚度很薄为 $0.1\sim 0.3\mu m$,含有较多的木素和半纤维素,是一层多孔的薄膜,能透水但不吸水,不容易润胀,微纤维在初生壁上呈无规则的网状,像套筒似的束在次生壁上,有碍次生壁与外界接触,有碍纤维的润胀和细纤维化,故在打浆中需将此层打碎破除。

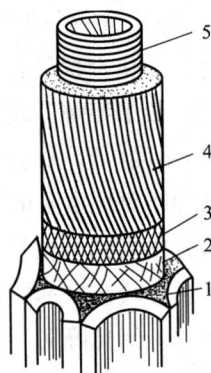

图 5-14 纤维细胞壁结构示意图
1—胞间层 2—初生壁 3—次生壁外层
4—次生壁中层 5—次生壁内层

次生壁(S)是细胞壁的内层,又可分为次生壁外层(S_1)、中层(S_2)和内层(S_3)。

S_1 层:由若干层细纤维的同心层组成,厚度 $0.1\sim 1\mu m$,是 P 层和 S_2 层的过渡层,其化学成分与 P 层接近,微纤维的排列方向几乎与纤维的轴向垂直(缠绕角 $70°\sim 90°$),不规则地交错缠绕在纤维壁上,S_1 层与 P 层结合较紧密,S_1 层的微纤维的结晶度比较高,对化学和机械作用的阻力较大,它和 P 层都会限制 S_2 层的润胀和细纤维化,故打浆时也需将此层打碎破除。

S_2 层:由许多细纤维的同心层组成,厚度 $0.1\sim 1\mu m$,占细胞壁厚度的 $70\%\sim 80\%$,是纤维细胞壁的主体。纤维素和半纤维素的含量高,木素的含量少,微纤维的排列方向几乎与纤维的轴向平行(缠绕角 $0\sim 45°$),呈单一的螺旋取向,S_2 层是打浆的主要对象。

S_3 层:由层数不多的细纤维的同心层组成,厚度大约 $0.1\mu m$,在细胞壁中所占的比例不到 10%。纤维素含量高,木素的含量低,微纤维的排列方向与 S_1 层相似,与纤维的轴向缠绕角为 $70°\sim 90°$,打浆时 S_3 层一般不考虑。

细胞壁各层微纤维的排列和走向,与细胞轴向的缠绕角大小,均对打浆影响很大。缠绕角

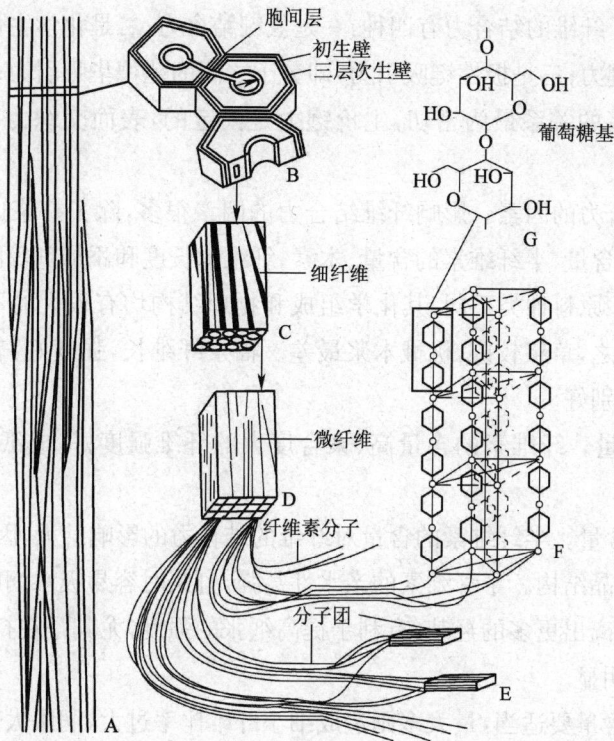

图 5-15 细胞壁详细结构图

A—纤维细胞束 B—纤维细胞的横切面层,示一层初生壁和三层次生壁

C—次生壁的一部分放大,示纤维素的大纤丝(白色)和纤丝间的空间(黑色),这些空间充满了非纤维素的物质

D—大纤丝一部分放大,白色为微纤丝,微纤丝之间的空间(黑色)也充满了非纤维素物质

E—微纤丝的结构:纤维素的链状分子,它们在微纤丝的某些部分作有规则的排列,这些部分就是分子团(微团)

F—分子团的一小部分,示链状的纤维素分子部分排列成立体格子 G—由一个氧原子连接起来的两个葡萄糖基

小的纤维容易分丝帚化,反之缠绕角大的分丝帚化难。单根纤维的强度也主要取决于 S_2 层微细纤维与细胞轴向的缠绕角,角度越小,纤维越长,单根纤维的强度则越大,但伸长率则越小。

植物纤维细胞壁的各层,并不是单一的结构,而是由很多的微细层次所组成,各层又是由细纤维以不同的排列所构成,细纤维由微细纤维组成,微细纤维又是由次微细纤维组成,次微细纤维可进一步水解为原细纤维,原细纤维又由纤维素微晶体组成,纤维素微晶体由葡萄糖基经氧桥联结所构成。

(2)打浆作用。打浆使纤维受到剪切力,除了揉搓、梳解浆料之外,在打浆过程中纤维的变化可以认为是:纤维受打浆作用细胞壁产生位移和变形,然后是 P 层和 S_1 层的破除和纤维被切断,接着是纤维的吸水润胀和细纤维化。另外,还会产生纤维碎片,纤维扭曲、卷曲、压缩和伸长等变形。在实际打浆过程中,这些作用和纤维的变化阶段不能截然分开,是交错进行的。随着打浆条件的不同,各种作用和纤维的变化也大不相同。

(3)纤维结合力。纸的强度由多种因素决定:首先取决于成纸中纤维相互间的结合力和纤维本身的强度以及纸中纤维的分布和排列方向等,而最主要的因素是纤维结合力。

①纤维结合力。纤维的结合力有四种:一是氢键结合力;二是化学主价键力,即纤维素分子链葡萄糖基之间的键力;三是极性键吸引力,即分子之间的范德华吸引力;四是表面交织力。其中氢键结合力与打浆的关系最为密切,主价键力是固定的,表面交织力和极性键吸引力不甚重要。

②影响纤维结合力的因素。影响纤维结合力的因素很多,除了打浆这一主要因素外,与原料的种类、纤维素的含量、半纤维素的含量、木素、纤维的长度和添加剂等因素都有密切的关系。

a. 原料的种类。原料种类不同,其化学组成和物理结构均有很大的不同,一般化学木浆的结合力最大,棉浆次之,草浆较差,机械木浆最差。棉浆纤维长,强度好,表面交织力强,故成纸强度高,撕裂强度特别好。

b. 纤维素的含量。纤维素的含量高、聚合度大的纤维强度好,成纸的结合力较大。反之亦然。

c. 半纤维素的含量。半纤维素的含量对纤维的结合力的影响甚大,因半纤维素的分子链短而且又有支链,无结晶结构。半纤维素的亲水性甚强,打浆时容易吸水润胀和细纤维化,增加了纤维的比表面积,游离出更多的羟基,有利于提高纸张的强度,尤其是在打浆初期对耐破度和抗张强度的提高更为明显。

但半纤维素的含量要适当,量太多则造成细小纤维比率过大,润胀太快,使纸浆还没有达到应有的强度,其打浆度已经很高了,则造成抄纸脱水难,成纸透明发脆,纸页的强度低。故一般纸浆半纤维素的含量应不少于 $2.5\% \sim 3\%$,但不宜超过 20%,并应根据纸种的质量要求来定。

d. 木素含量。木素含量多的纸浆的亲水性很差,不宜打浆,纤维之间的结合力也低,成纸紧度小,强度差。因木素多分布在 P 层和 S_1 层,影响了纤维的润胀和细纤维化,当浆中的木素含量大于 20%,则难抄出质量好的纸。机械木浆的木素含量高,结合力低,成纸强度差。

e. 纤维的长度。纤维长度有原纤维长度和打浆后纸浆纤维的长度之分。打浆后纸浆纤维的长度是根据纸种的需求确定的,纤维过长,纸页的匀度差。纤维的长度对纸张的强度尤其是撕裂强度影响很大。

f. 添加剂。纸浆中加入亲水性物质,可增加纤维的结合力,因这些物质的分子结构中含有极性的羟基,能增加纤维的氢键结合,如蛋白质、淀粉、羧甲基纤维素、植物胶等。但疏水性物质的加入,影响纤维间的结合,降低纸张的强度,因这些物质在纤维间的隔离,减少了纤维间的接触表面,因而使纤维间的结合力降低,如松香、石蜡和填料等。

2. 打浆方式

根据纤维在打浆中受到不同的切断、润胀及细纤维化的作用,可将打浆方式分为四种类型:"长纤维游离打浆""短纤维游离打浆""长纤维黏状打浆""短纤维黏状打浆"。

"游离打浆"是以降低纤维长度为主的打浆方式,"黏状打浆"是以纤维吸水润胀、细纤维化为主的打浆方式,"长纤维打浆"是指尽可能地保留纸浆中纤维的长度,"短纤维打浆"是指尽量对纤维进行切断的打浆方式。

实际生产中,四种打浆方式不可能截然划分,只是以某种作用为主而已。另外,不同的打浆方式只表明打浆的方向和打浆的主要作用,并不表示打浆的程度。打浆程度主要用打浆度来衡量,我国通常将打浆度低于 30SR 以下的浆料称为游离浆,将打浆度高于 70SR 以上的浆料称为黏状浆,介于 30～70SR 之间的浆料成为半游离半黏状浆。

所以,游离浆和游离打浆是两个不同的概念,前者表示打浆的程度,后者表示打浆作用的方向。

3. 影响打浆的因素

影响打浆的因素很多,各因素间互相影响,主要有打浆浓度,打浆温度,打浆时间,打浆比压和刀间距刀片的厚度和材质,pH,纸浆种类和组成等。

(1)打浆浓度。纸料的浓度对打浆的质量影响甚大,一般将纸料浓度在 10% 以下的称为低浓打浆,纸料浓度在 10%～20% 的称为中浓打浆,纸料浓度在 20% 以上的称为高浓打浆。

低浓打浆:适当提高打浆浓度,进入飞刀和底刀间的浆料多,每根纤维所承受的压力减少,减少纤维的切断作用,可促进纤维之间的挤压与揉搓作用,有利于纤维的分散、润胀和细纤维化。

高浓打浆:低浓打浆时刀片直接对纤维进行冲击、剪切、压溃和摩擦作用,而高浓打浆靠纤维之间的相互摩擦、挤压、揉搓和扭曲等作用进行打浆。因此,低浓打浆的均匀性差,并产生较多的切断;而高浓打浆纤维长度下降不大,短纤维和细小纤维碎片减少,纤维的滤水性能好。另外,低浓打浆的纤维呈宽带状,而高浓打浆的纤维纵向压溃多呈扭曲状。

(2)打浆温度。在打浆过程中,由于纤维与刀片、刀辊与底刀之间的摩擦作用产生摩擦热,引起浆料的温度升高。浆温过高,会引起浆料脱水、纤维润胀作用下降,影响纤维之间的结合,使纸张的强度降低等。一般打浆温度不超过 45℃。

(3)打浆时间。打浆时间是各种影响因素的综合结果。一般游离打浆时,下刀重,打浆时间短,采用一次下刀;黏状打浆时,下刀轻,打浆时间长,采用多次下刀。

(4)打浆比压和刀间距。打浆比压是单位打浆面积上所受到的压力。打浆的比压应根据原料的性质和纸种的质量要求确定,打游离浆应迅速缩小刀距,提高比压,在纤维束充分润胀以前,用比较大的压力,快速切断纤维。反之,打黏状浆,应逐步缩小刀距,逐步提高比压,以较长的时间,较低的压力,使纤维获得充分的润胀和细纤维化。

(5)刀片的厚度和材质。刀片的厚薄和刀质的特性,直接影响打浆的比压和成浆的性质。刀片薄,比压大,有利于纤维的切断,适合于打游离浆。反之,刀片厚,适宜生产黏状浆,因厚刀片研磨面大,所以有利于纤维的分丝、疏解和细纤维化。

高黏状浆,以刀片厚 15～30mm 的石刀为宜;用钢刀生产游离浆,以刀片厚 4～6mm 的刀,中等黏状浆用 8mm 的刀,黏状浆用 10mm 的刀。

(6)pH。打浆的 pH 主要取决于用水的质量和浆料的洗涤,实际生产中一般不调节 pH。

(7)纸浆种类和组成。不同种类的纤维原料,经不同制浆方法的处理,其纤维的物理性质、结构形态和化学组成均不相同,打浆的难易和成纸的性质也各有不同。

4. 打浆设备

打浆设备的种类很多,分为间歇式和连续式两大类。间歇式主要是槽式打浆机,连续式主要有锥形磨浆机、圆柱磨浆机和圆盘磨浆机等。

(二)添料

添料又称调料。凡是在纸浆中加入非纤维性的物质,改变纸浆的性质,更好地满足使用需要的生产过程称为添料。因为植物纤维的性能是有限的,随着生产的发展,纸的用途越来越广,对纸质的要求越来越高,为了使纸页具有各种特殊的或更好的性能,必须加入各种不同的添加剂才能更好地满足使用要求。常用的添料有施胶、加填、染色、助剂等。

1. 施胶

纸是由纤维组成,纤维具有亲水性。纤维间的毛细管使纸具有多孔性,所以未施胶的纸有吸水性,不适于书写。另外纸页吸水后强度下降,会影响纸页的使用,所以许多纸种需要在纸浆中或纸页表面上添加抗水性物质,使纸页具有延迟流体的渗透性能,达到抗墨水(如书写纸)、抗油(如食品包装纸)、抗血(肉类包装纸)、抗水和水汽(如袋纸)等流体的侵蚀,这一工艺过程称为施胶。

不施胶的纸主要有卫生纸、吸墨纸、卷烟纸、滤纸等。

施胶的方法有纸内施胶(在纸浆中加入胶料),纸面施胶(在纸的表面施胶)和双重施胶(纸浆内和纸面均进行施胶)。

2. 加填

加填是向纸料中加入白色矿物的微细颜料或合成填料,改进纸的性质,更好地满足使用要求,节省纸浆,降低成本。

3. 染色

彩色纸的生产需要纸浆染色,生产白纸也常常需要进行调色和增白。因漂白的纸浆含有木素或其他发色基团,所以仍带有黯淡的浅黄色、浅绿色或灰白色。经调色后可以消除杂色,使色相调和,纸张变成纯白色,并使每批产品的色泽保持一致,某些白度要求高的纸种,可用增白剂进行增白处理。

纸张染色主要用合成染料,常用的有碱性染料、酸性染料、直接染料、荧光染料等。

4. 助剂

助剂是指在生产中除使用施胶、加填、染色等添加剂之外的其他非纤维的化学添加剂的统称。助剂被人们誉为"工业味精",即使用量甚小就能很好地满足生产的种种需要,并且使用效果良好,有些功效是使用其他方法难以达到的。从制浆原料的处理直到成纸的整饰,助剂的使用几乎遍及整个制浆、造纸工业的各个工序,已成为增加纸种、提高产量和质量、降低成本、改善生产操作、增加经济效益的重要措施,是造纸工业中不可缺少的一环。

(三)抄造

按纸的抄造方式可以分为手工纸和机制纸。目前除了生产具有传统风格的纸种(例如我国的宣纸、连史纸和少数特殊纸)仍沿用手工抄纸生产外,其他的纸类都用机器抄造。

以往纸的抄造方法分湿法和干法两种,湿法是将纤维分散在水中成为悬浮液,而干法则是用空气作为介质使之成为悬浮体进行抄纸,实际上就是现在的非织造布纸。在大规模工业生产中,绝大部分的纸和纸板都是采用湿法抄造的,至于干法抄纸(非织造布纸),它只适合于生产少数一些纸种(例如绝缘纸等)。

湿法抄纸设备按网部的不同结构,分为长网造纸机、圆网造纸机和夹网造纸机三大类。国外造纸工业发达国家抄纸的主要品种如新闻纸、纸袋纸等大都使用大型、高速的长网造纸机,但我国和其他发展中国家还较多地使用圆网造纸机。

1. 抄前处理

纸抄造的基本流程,如图 5-16 所示。

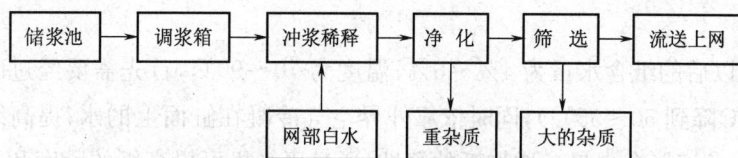

图 5-16　纸抄造的基本流程

(1)纸料的稀释。一般成浆池中的纸料浓度为 $2.5\% \sim 3.5\%$,这样高的浓度,在当前技术和设备条件下,既不能使纤维均匀分散,也难以除掉其中的杂质,因此需要用水稀释,使纸料在低浓度下形成良好的分散度,这样有利于净化和筛选。对于长网造纸机,上网纸料的浓度为 $0.3\% \sim 1.0\%$,此时可用同样的浓度进行净化筛选和上网成形。而对于圆形纸机,上网浓度为 $0.10\% \sim 0.35\%$,如果用这样的浓度进行净化筛选,将使净化筛选系统过于庞大。因此,圆网机纸料的稀释,一般采用两级稀释法。第一级先将纸料稀释到 $0.5\% \sim 0.6\%$,进行净化筛选,然后在上网前的稳浆箱中,进一步稀释到上网浓度。

纸料稀释一般采用网部白水,这样不仅可以节约用水,而且可以回收白水中的物料及能量(对纸料需要加热的纸机而言),减少污染。

(2)纸料的净化和筛选。净化的目的在于除掉纸料中相对密度大的杂质,如砂粒、金属屑、煤渣等。因此净化设备的原理,都是利用重度差来选分杂质。筛选的目的在于除掉纸料中相对密度小而体积大的杂质,如浆团、纤维束、草屑等。因此筛选设备的原理,都是利用几何尺寸及形状的差异来选分杂质。

2. 纸页的成形与脱水

网部是造纸机的主要部分。网部的主要任务是使纸料脱除水分,形成纸页。纸料在纸机网部脱水的同时,纤维逐步沉积到网上,要求纤维(包括填料、胶料等)均匀分散,纵横交错,使全幅纸页的定量、厚度、匀度等均匀一致,为形成一张质量良好的纸张打好基础。湿纸经网部脱水后应具有一定强度,以便将湿纸引入压榨部。网部的脱水量很大,占纸机总脱水量的 90% 以上。尤其在脱水初期(如长网的前部),其脱水量占网部脱水量的 $80\% \sim 90\%$。所以网部脱水的特点是脱水量大而集中。

3. 压榨部

湿纸页在网部虽然已脱去大量水分,已经具有了一定的强度,但从伏辊处引出来的纸,一般仍有 80% 左右的水分,湿纸页的强度还不够大。如果把这样湿的纸页直接送到烘缸部去进行干燥,一方面因为湿纸页的强度差,容易断头;另一方面湿纸中的水分,全靠烘缸蒸发干燥,不仅消耗大量蒸汽,而且干燥出来的纸,纸质不够紧密,表面粗糙,强度也低,所以从网部出来的湿纸,需要在压榨部利用机械压榨作用进一步脱水以提高干度,增加纸的紧度及纸的强度,改善纸的表面性质(如平滑度),然后再送到烘缸部去干燥(但生产餐巾纸一类皱纹纸例外)。

4. 干燥部

湿纸经过压榨部最后一道压榨后,一般干度只有 30%～40%。就是复合压榨的新式纸机中,干度也仅达到 40%～50%,因此需要借助烘缸蒸发水分,使成纸的干度提高到 92%～95%。同时提高纸的强度,增加纸的平滑度并完成纸的施胶。

5. 冷缸

烘缸部干燥以后的纸含水量为 4%～6%,温度为 70～90℃,首先需要经过冷缸,降低纸的温度(从 70～90℃降到 50～55℃),同时依靠外界空气冷凝在缸面上的水,提高纸的含水量(通常可增加 1.5%～2.5%含水量),增加纸的塑性,通过压光机可提高纸的紧度和平滑度,而且减少纸的静电。

6. 纸的压光、卷取

(1)压光。一般长网纸机在干燥部之后装有一台压光机,用以提高纸的平滑度、光泽度和厚度均匀性。

(2)卷取。卷纸机是抄纸联动机,是造纸系统的最后一个设备。卷纸的质量好坏是影响以后生产过程正常操作的重要因素,生产中卷纸要求卷筒松紧均匀,应当避免两端松紧不一和卷芯起皱等缺点。

(四)整理

纸的完成整理包括超级压光、复卷、切纸、选纸、数纸、打包和储存等过程。但纸有平板和卷筒之分,又有超级压光和机械压光之别,因而完成整理的具体内容有所不同。

第三节　制浆造纸的主要污染及其对环境的影响

制浆造纸工业是我国国民经济的重要产业之一,但也是产生"三废"污染,尤其是水污染的大户。据统计,2004 年全国造纸工业排放废水量 35.6 亿吨,占全国工业废水总排放量的 16.1%,居第 2 位。排放废水中 COD 为 168.2 万吨,占全国工业排放废水中 COD 总量的 33.0%,居第 1 位。可见,造纸废水具有排放量大、污染物复杂、难处理等特点。造纸还会形成大气污染、恶臭和废料污染。随着非木材制浆碱回收技术的快速发展,白泥产生量猛增。2004 年非木浆绝干白泥产生量达到 120 万吨,已成为非木材制浆固体废弃物污染防治的难点和重点。制浆造纸的污染严重阻碍造纸工业的发展,同时也制约人类生存环境的改善。

一、废水主要来源

根据近年中国制浆造纸研究院从生产调研、测试所得结果以及参考有关资料进行汇总,得出我国造纸工业各种化学制浆废水污染物 COD_{cr} 负荷均值,及碱(酸)法等化学制浆以外的非木材制浆废水污染物发生量分别见表5-4和表5-5。

表5-4 各种化学制浆废水污染物COD_{Cr}负荷均值 单位:kg/t浆

浆 种		湿法备料废水（kg/t原料）	洗 筛 废 水				漂 白 废 水		蒸发工程污冷凝水		蒸煮黑(废)液COD_{Cr}量占制浆造纸全过程COD_{Cr}总量的比例(%)	蒸煮废液最佳治量方法
			(蒸煮)黑液未处理	提取黑(废)液进行厂内处理后残留COD_{Cr}量			无氧脱木素	有氧脱木素	无气提	有气提		
				1995年最低量	2000年最低量	2005年最低量						
漂白硫酸盐法或碱法浆	木浆	5~20	1400	112(92%)	70(95%)	25(98.2%)	80	31	34	10	92.0	提取黑液进行碱回收
	竹浆	—	1300	195(85%)	65(95%)	26(98%)	75	45	30	10	92.5	
	芦苇浆	—	1350	230(83%)	135(95%)	108(92%)	60	40	30	10	92.8	
	蔗渣浆	30~100	1340	268(80%)	160(88%)	134(90%)	69	40	30	10	90.0	
	麦草浆	80	1300	325(75%)	208(84%)	143(89%)	60	36	30	10	93.5	
亚硫酸盐法	铵基漂白 麦草浆	—	1100(废液)	330(70%)	220(80%)	165(85%)	80	—	20		91.7	提取废液用作黏合剂
	钙镁或钠盐基 木浆芦苇浆	5~20	1500(红液)	75(95%)	60(96%)	22(98.5%)	70	—	40		93.0	提取红液后综合利用

注 1.括号内的百分数均指当年黑(废)液最高提取率(%);
2.造纸剩余白水未列入本表。

表5-5 碱(酸)法等化学制浆以外的非木材制浆废水污染物发生量 单位:kg/t浆

浆 种		COD_{Cr}	BOD_5	SS	目前废水处理情况
半化学浆（禾草）	亚铵、亚钠低碱法	600~700	250~260	400~500	大都无达标处理设施
	石灰法	350~450	150~190	160~330	大都无达标处理设施
禾草蒸汽爆破法瓦楞纸浆（近期投入使用的新制浆法）		450~550	200~330	72	仅有一级处理,尚无达标治理措施,废水达标处理难易程度接近石灰法浆

注 仅包括投入生产使用的主要制浆方法。

(一)蒸煮和喷放废水

1.蒸煮废液

化学法制浆的蒸煮废液是造纸工业的重要污染源之一,对水质的污染严重,其中对水体污染最为严重的是非木材化学制浆的蒸煮废液,不管是竹浆还是草浆、碱法还是酸法,COD、BOD、SS含量都极高,废水色度深。由表5-4可以看出,碱法(包括硫酸盐法)非木材化学浆产量约占全国化学浆总产量的60%,而碱法制浆产生的黑液污染负荷(污染物发生量)约占该制浆造纸生产线产生废水总污染负荷的90%以上。

一般生产1吨硫酸盐纸浆就有1吨有机物和400多千克碱类物质、硫化物溶解于黑液中。生产1吨亚硫酸盐浆有900多千克有机物和200多千克氧化物(钙、镁等)和硫化物溶于红液中。蒸煮废液的化学成分含量随材种和制浆方法的不同而有很大差异(表5-6)。

表5-6 蒸煮红、黑液中污染物成分分析

纸　　浆	pH	悬浮物(mg/L)	COD(mg/L)	BOD5(mg/L)	总氮(mg/L)	P2O5(mg/L)
亚硫酸盐木浆	1.0	8 340	100 000	36 000	180	1.5
硫酸盐浆	12.9	1 400	160 000	50 000	700	18.6
钠基半化学木浆	8.3	7 120	84 000	45 200	970	0.7
氨基半化学木浆	6.8	960	103 000	52 400	19 880	20.3
磨木浆	6.0	1 000	1 000	610	微量	7.5
化学浆	10.2	5 280	82 000	46 600	320	3.2
草浆	10.0	3 520	67 000	32 000	2 160	3.4

可见,制浆废液污染严重,排放量大,如果不经处理直接排入江河湖海,会极大地污染水体,水中的鱼虾等生物因而难以生存,特别严重的缺氧还会导致水体发臭。用这种缺氧的水灌溉农田时,易引起农作物根部腐烂,影响农业生产。这些废液的排放,不仅造成大量资源的浪费,而且会严重污染水源,给人类的生存环境和健康带来严重危害。

2. 喷放废水

放汽和放锅排出的蒸汽,经直接接触冷凝器或表面冷凝器冷却产生的冷凝水,是本工段污水的主要来源。硫酸盐法蒸煮冷凝水的污染负荷见表5-7。冷凝水中含有萜烯类化合物、甲醇、乙醇、丙酮、丁酮及糠醛,还含有硫化氢和有机硫化物,它们使冷凝水非常臭,甲醇是BOD5高的主要原因,其含量也较多。如蒸煮原料是针叶木,冷凝水表面会浮有松节油,应全部回收。

表5-7 硫酸盐法蒸煮冷凝水的污染负荷

项　　目	间歇蒸煮	连续蒸煮
冷凝水量(t/t浆)	1.0~1.2	0.4
硫含量(kg/t浆)	0.2	0.1
耗氧量BOD5(1kg/t浆)	5~10	3.0

由于冷凝水中含有耗氧有机物、含硫臭物和有毒萜烯类化合物,故必须处理。如用汽提法处理,则处理后的水可以回用。蒸煮冷凝水和蒸发站严重污染的一部分冷凝水常合并处理,

BOD_5 可去除 75%～90%，含硫臭物可去除 98%～100%，汽提出来的不凝气体送去焚烧。

亚硫酸盐法制浆在蒸煮中释放的物质通常高于硫酸盐法。在不配备回收系统的条件下产生的 BOD_5 将超过 300kg/t 产品，其中蒸煮和蒸发器冷凝液在总 BOD_5 中占有很大比例。当采取严格的厂内污染控制措施后，排放的 BOD_5 能降低到 20kg/t 产品。

亚硫酸盐法蒸煮过程的污染，随盐基不同相差很大。用钙盐基蒸煮，由于废液存在结垢问题，不能利用废液中的化学药品再制备新蒸煮药液，因此不能实现完全经济合理的有效废液回收，对环境污染很严重。亚硫酸盐蒸煮的调压放汽和放锅排汽的冷凝液，除了部分回收提取副产品如甲醇、乙醇等外，剩余部分仍产生水污染。现代化的亚硫酸盐制浆厂将冷凝液循环利用于蒸煮液的制备，可以大幅度地减少水污染。

(二)机械浆与化学机械浆的废水

这类制浆废水中的污染物，主要是生产过程中产生的溶解性有机物和流失的细小纤维。溶解性有机物的数量，取决于木材种类和制浆方法。机械浆和化学机械浆排放废水的污染负荷，见表 5-8。

表 5-8　机械浆和化学机械浆排放废水的污染负荷

方　法	得率损失(%)	BOD_5(kg/t 风干浆)	COD(kg/t 风干浆)	SS(kg/t 风干浆)
SGW(针叶木)	1～2	10～22	22～50	10～50
RMP(针叶木)	2	12～25	23～55	10～50
TMP(针叶木)	2～5	15～30	25～70	10～50
CMP(阔叶木)	3～20	40～90	65～210	10～50
木片洗涤	—	1～4	2～6	—
漂　白	—	10～25	15～40	—

从表 5-8 中可以明显看出，同一材种由于制浆方法不同，不仅得率损失不同，而且污染负荷也不尽相同。另外，化学机械法制浆(CMP)由于使用化学药剂进行预处理，因而不仅得率损失较多，而且 COD 的量也显著提高。其原因是磨石磨木浆(SGW)、盘磨机械法制浆(RMP)和预热机械法制浆(TMP)在制浆过程中排出的溶解性有机物为 2.5%～10%，主要是低分子量的碳水化合物、木素和水溶性抽出物。而 CMP 和 SGW 的溶解性有机物一般在 5%～10%(或更多些)。其中不仅是水溶性有机物，而且含有因添加化学药剂而导致木材中某些组分发生改性后的溶出物所造成的污染，如木素、树脂、有机酸等。

RMP、TMP 和 CMP 使用的木片，特别是使用外购木片，常常要经过木片洗涤，尤其在洗涤时使用少量的氢氧化钠时，都能增加废水中 BOD 和 COD 的负荷。

这类纸浆多数使用过氧化氢和连二亚硫酸盐进行漂白，得率损失将有所增加。但是，使用二氧化氯漂白，废水中将存在有机氯化物，使废水具有了毒性，导致 COD 增高。特别是和树脂及脂肪酸等衍生物同时存在时，废水的毒性增强。这种废水不加处理直接排入水系，将造成水生生物的中毒和死亡，同时还提高了排水的色度。

未经漂白的这一类纸浆和生产过程中产生的溶解性有机物，主要来自磨碎过程。大约有

70%在制浆和造纸过程中随排水排出,剩余部分则被机械浆自身吸附,随同浆料一起进入了纸页。

(三)洗浆筛选废水

筛选时浆的浓度低,一般为0.2%~3%,筛选后浓缩脱水,净化尾浆等排水,其中含有纤维固形物和黑液或红液成分,这是废水处理的主要对象。

(四)漂白废水

漂白的主要目的是提高纸浆白度、净化纸浆、改善纸浆的物理化学性质。纸浆漂白分两类:一类是以氧化性漂白剂破坏木素及有色物质的结构,使其溶解,从而提高纸的纯度和白度;另一类是以漂白剂改变有色物质分子上发光基团的结构,使其褪色,但不涉及纤维组分损失。漂白常采用多段漂白,常用漂白剂如氯、次氯酸盐、二氧化氯(ClO_2)和碱(NaOH)处理浆料,使浆料中残留的木素降解和溶解。因此,废水中含有大量的有机氯化物,使废水颜色深、毒性大。所以,漂白工段是浆厂排水污染的重要来源,也是毒性物质的主要来源。这些氯化物大都是芳香族的衍生物,不易被微生物分解,是废水中COD增高的主要原因。

使用ClO_2或过氧化物代替氯和次氯酸盐,可降低废水色度及一定数量的BOD和COD,还可降低废水中的有机氯化物。如采用氧漂或还原漂白,能有效地降低漂白工段的水污染,如表5-9所示为酸性亚硫酸盐针叶木浆多段漂白的废水排放情况。

表5-9 酸性亚硫酸盐针叶木浆多段漂白的废水排放情况

卡伯价	漂白程序	BOD$_7$(kg/t浆)	色 度	有机氯化物(kg/t浆)
28	CEDED	14.5	105	8
	OCED	6.5	55	3
	ODED	6.2	25	0.5
19	CEDED	12.2	75	5
	ODED	5.5	20	0.5
10	CEHD	18.0	61	—
	ECHD	9.0		26

注 卡伯价是纸浆硬度的表示方法之一。漂白程序中各字母,C为氯化,E为碱处理,D为ClO_2漂白,H为次氯酸盐漂白,O为氧漂。

从表5-9可以看出,使用氧漂可以大大减少漂白工段的污染。这是因为第一漂白工段的滤液可以再循环至系统中,并与废液一起回收。另外,有机氯化段是构成有机氯化物、BOD、色度的主要原因。

据瑞典资料介绍,目前漂白废水中被世界科学家已经证实的有机化合物多达313种,其中几乎2/3以上属于有机氯化物,它们之中有很多具有不同程度的毒性。近几年被制浆造纸界、环境保护界和卫生保健界最为关注的物质之一,就是二噁英(Dioxin)。

二噁英是1985年年底美国环保局意外地在制浆造纸厂下游水中的鱼体内检测出来的。它是一组氯化有机物的总称,基本包括两个系列。

PCDD$_5$（polychlorodibenzo-p-dioxins）多氯二苯并对位二噁英

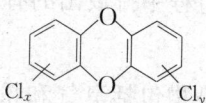

PCDF$_5$（polychlorodibenzofurans）多氯二苯并呋喃（或称多氯氧芬）

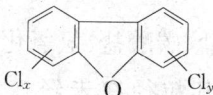

这两个系列的物质约有 200 多种，其中 17 种认为是有毒的，据称 2,3,7,8-四氯化物，对人体健康危害最大。二噁英也是所有低分子量毒物中毒性最高者，也是毒性极强的含氯有机化学物质，被称为"世界上最毒的物质"，0.1g 的二噁英可以使 10 多人和上千只鸟死亡。二噁英能够通过皮肤、黏膜、呼吸道和消化道进入人体，导致癌症、畸形、免疫力下降和内分泌系统紊乱。动物实验表明，二噁英有致癌作用，对皮肤和免疫系统也有危害。最近研究证实，在较大含量的环境中，会产生皮疹、头痛和使消化系统失常等病症。

二噁英主要来源于人类生产活动中使用的化学物质。城市垃圾焚烧，含氯脱色和生产六氯酚、五氯苯酚、三氯酚的过程都可能产生二噁英污染物。许多研究证明，在整个造纸工艺过程甚至木片、浆和纸的预处理过程中都可能产生二噁英污染物。

根据各国调查检测的结果证明，二噁英的产生来源主要来自漂白过程的氯化段。因此提出的初步防治措施如下。

（1）要净化生产用水并防止氯化，洗浆时应用洁净、温热且没有氯化过的生产用水。

（2）氯化前要尽量除去产生二噁英的原物质，如延长蒸煮时间以降低粗浆中的木素含量，或采用氧脱木素的新工艺，或改变洗浆用的消泡剂。

（3）氯化段中采用低氯比，用其他漂剂代替氯气，如二氧化氯或过氧化氢。

（五）造纸废水

造纸废水主要来自打浆、浆料的净化筛选和造纸机湿部。废水中含有悬浮固形物、细小纤维、填料、胶料、涂料和已溶解的木材成分、添加的胶料、湿强剂、防腐剂等。通常加入的防腐剂（如醋酸苯汞等）也具有一定的毒性。

细小纤维分解消耗溶解氧，如完全分解需要消耗它自身重量 1.5～2.5 倍的溶解氧，比计算耗氧量约高 50%。纤维排入水体中以后，开始分解时耗氧较多，再逐渐下降，多达 10 年才能完全分解。同时，纤维沉积河底，形成纤维膜，影响水生生物的生长。如吸附在水草上或挂在悬浮植物根上，则植物下沉水底后腐烂。细小纤维、填料和涂料还能堵塞鱼鳃，而且纤维上附着大量繁殖的细菌，会加速堵塞鱼鳃，造成鱼类死亡。纤维沉积水底，产生厌气发酵，生成硫化氢和甲烷等有害气体。用含纤维多的废水灌田，形成纤维膜覆盖地面，影响地面温度的提高和土壤的通风，不利于农作物的生长。废水中的松香皂和松节油，不仅影响水的外观，且浓度高时有毒。

二、造纸工业的大气污染

造纸工业的大气污染主要是制浆过程中排放出的有害、有毒臭气和粉尘。

(一)硫酸盐法制浆的大气污染

硫酸盐制浆过程排放出的大气污染物包括臭气和粉尘两大类。臭气主要是还原性硫化物如 H_2S、CH_3SH、CH_3SCH_3 和 CH_3SSCH_3 等，不含硫的有机物如萜烯类、醇类、酚类和碳氢化合物以及硫和氮的氧化物。

粉尘的化学组成是钙和钠的硫酸盐、碳酸盐、氢氧化物及氯化物。其中碱回收炉的粉尘是 Na_2SO_4 及少量的 Na_2CO_3 与 $NaCl$，其粒径在未经控制时为 $0.1 \sim 1\,000\,\mu m$，经控制后为 $0.1 \sim 10\,\mu m$。制浆过程中臭气和粉尘的排放量很大，并且变化范围很大。碱回收系统散发的 SO_x 和 NO_x 因燃烧温度和燃料种类不同，其波动性也很大。

(二)亚硫酸盐法制浆的大气污染

亚硫酸盐法制浆的大气污染，是制浆和药液制备过程中放出的 SO_2，主要来自蒸煮放锅、酸回收系统的蒸发站、燃烧炉以及酸制备系统。

由于蒸煮液的组成和 pH 不同，SO_2 污染随蒸煮液 pH 的降低而增加，其中以酸性亚硫酸盐法的污染最为严重，亚硫酸氢盐法次之，中性和碱性亚硫酸盐法最小。在不同的盐基中，以钙盐基对大气污染最严重，铵盐基次之，镁盐基及钠盐基最小。亚硫酸盐浆厂散发出的 SO_2，一般用碱液洗涤和吸收，在填料塔、文丘里吸收器和湍流塔等设备内进行处理，回收率在 90% 以上。我国酸法制浆厂为数甚少，目前尚未对释放出的 SO_2 进行有效回收和处理，可能会造成一定量的酸雨。

粉尘通常用旋风分离器、湿式除尘器和静电除尘器处理。

(三)制浆造纸厂的其他废气

1. 漂白排气

浆料漂白散发的污染物质，随制浆方法、浆的品种、制浆原料、漂白方法、漂白种类及其用量的不同而不同。浆料漂白散发的主要大气污染物质是 Cl_2、ClO_2 和 SO_2 等气体。这几种气体的嗅觉阈值浓度为 $0.1 \sim 1.0\,mg/kg$。在多段漂白流程中，从氯化塔排气罩及氯化浆料洗涤机排气罩将散发出一定数量的氯气，因与大量空气混合，所以浓度低，体积大，不易回收。含氯废气可用碱液洗涤除去，产生的次氯酸盐可以用于次氯酸盐漂白段。若采用 ClO_2 漂白段，将从 ClO_2 制备系统和浆料洗涤机排气罩散发出少量的 ClO_2 气体。浆料漂白有两个地方使用 SO_2：一是用马西逊(Mathieson)法生产 ClO_2 时；二是多段漂白中，最后阶段采用 SO_2 脱氯和调节浆料的 pH。排出的含 SO_2 废气可用冷水或稀碱液洗涤、吸收，予以处理。

2. 抄纸车间排气

纸张抄造过程中的排气，主要是水蒸气及少量挥发性有机物(与涂料，助剂有关)，可用冷凝、吸附法去除。

(四)动力锅炉大气污染

动力锅炉主要影响 SO_2、NO_x 和烟尘排放量，其大气污染控制措施包括脱硫燃烧及烟气洗涤等，和其他行业动力锅炉大气污染的控制方法大同小异。

三、固体废弃物

1. 固体废弃物的产生

制浆造纸生产过程中所产生的固体废物可分为无机废物和有机废物两大类。

无机废物一般包括动力锅炉产生的灰渣、苛化工段的沉渣、苛化工段石灰消化和次氯酸漂液制备过程中排出的大量石灰渣、亚硫酸盐法制浆厂制药工段的硫铁矿渣、初步沉淀池排出的污泥等。

有机废物包括原料场的树皮、薪材、锯末，备料工段的草末、粉尘和蔗髓，蒸煮后筛除的木节、浆渣，以草为原料制浆所产生的草根梢、草屑以及二级水处理所形成的生物污泥等。这些物质如果不及时处理，到处堆积，不仅侵占大量土地，同时也会污染环境，影响人类的生活或生产的正常进行。

2. 固体废弃物的处理和综合利用

制浆造纸固体废物的产生量随着造纸行业的发展而不断增加，如不加以利用和处理，将会造成环境污染。为了保护环境，造纸行业对各种固体废物进行了一些处理和综合利用。

(1)无机固体废弃物的处理和综合利用。

①粉煤灰和炉渣。煤燃烧留下煤灰分含量占用煤量的 20％～35％，其中 80％～90％为粉煤灰，10％～20％为炉渣。目前，多数企业将粉煤灰和炉渣送厂外灰场堆放，这样不但占用大量土地，且对环境有一定影响。粉煤灰含碳量如能达到要求，就可以进行综合利用。一般可用作水泥、制砖、混凝土的原料。炉渣可用作水泥厂的生料，也是机砖厂的较好原料。

②白泥综合利用。白泥来源于碱回收苛化工段。2004 年我国已配备碱回收系统的非木材碱法化学浆回收碱产量约 71.9 万吨（对应于已配备碱回收的非木材化学浆产量约 255 万吨），绝干白泥年产量约 120 多万吨。非木浆白泥不能通过煅烧回收，但用草浆白泥精制碳酸钙用作造纸填料及用它掺烧水泥的综合利用措施，早在 1985 年就已列入国家科技攻关项目进行研究，并取得了一定成效。

(2)有机固体废弃物的处理和综合利用。

①非木材备料固体废物的处理。目前，我国麦草备料固体废弃物每年产生量为 70 万～100 万吨，企业一般采用人力运送和定点燃烧来处理这些固体废物，既消耗人力、物力，又严重污染环境，浪费资源。近年国内开发了 ALG 麦草备料固体废物(俗称麦糠)锅炉焚烧新技术，将备料废物作为能源使用，既消除了污染，又有一定的经济效益，已在山东、河南多个纸厂投入运行。蔗髓则可喷入煤粉炉与煤共燃，达到消除废物、利用热能的目的。

②污泥处理。造纸厂废水厂外处理产生污泥量随企业的生产规模、制浆方法、生产品种及废水处理方法的不同而不同。化学浆厂中段废水处理产生的绝干污泥量约 34 万吨(折合 20％干度，生物污泥量为 170 万吨)。污泥处理主要有填坑和焚烧两种方法。目前我国现代化大型木浆厂将树皮与废水处理场脱水污泥混合后用专用锅炉焚烧，既回收了能源又消除了污染。非木材造纸企业产生的大量污泥大部分未经焚烧处理，而采取堆肥、填埋处理，造成一定的二次污染。

第四节 制浆造纸清洁生产技术

清洁生产是实现工业污染防治由末端控制模式向源头控制模式的转变。我国造纸工业对环境的污染主要是所排放的有害废液,2011年废水总排放量为38多亿吨,废水中COD为74万吨,这两项分别占全国工业废水总排放量的18%和23%,此外,还有废气和固体废弃物的污染。可见,清洁生产是解决我国造纸工业环境污染问题的根本出路,是实施造纸业可持续发展战略的必然选择。

国外清洁生产技术较多地集中在纸浆漂白方面,其次是废纸脱墨制浆和高得率制浆,化学制浆的重点是节能和深度脱木素。我国木材资源缺乏,造纸原料长期以来主要是草类纤维,非木材原料的纤维形态和结构与木材完全不同,但现在非木材纤维原料的化学法制浆工艺,却大多数采用木材碱法制浆的工艺路线,因而草浆制造的严重环境污染制约了草类纤维的利用,为适应现代化造纸发展的需要,我国逐步提高了木浆和废纸的比例。我国是一个农业大国,具有丰富的草类再生资源,而且以非木材纤维原料制浆造纸的历史悠久,我国造纸工业原料短缺,故充分利用国产资源优势,合理利用好非木材纤维原料,研究开发非木材制浆漂白清洁生产技术、工艺和装备是我国自主创新的重点研究领域。

从1992年清洁生产的理念和方法引入我国起,从业人员就逐步开始造纸工业清洁生产的理论和实践研究。与造纸技术不同,我国造纸行业的清洁生产在发展中国家始终保持在前列,和发达国家基本同步,而且正在走向规范化,目前已取得了比较显著的成效。

一、清洁化制浆技术

(一)有机溶剂制浆

有机溶剂制浆是"纤维原料精炼"的典型代表,用植物纤维原料"精炼"出纸浆、木素和半纤维素等产品,并尽量减少环境污染。其突出的优点是浆的得率高、强度大,木素含量低、白度高、易漂白、污染少,药品易回收等。可用于制浆的有机溶剂很多,其中主要是有机醇类和有机酸类溶剂。醇类制浆包括低沸点自催化醇类制浆、低沸点醇类催化制浆和高沸醇类制浆等,其中低沸点醇类催化制浆,根据催化剂的种类不同又可分为酸催化醇类法、碱催化醇类法以及盐催化醇类法。醇类中研究较多的是甲醇和乙醇,甲醇制浆纸浆黏度高、细浆得率高;乙醇制浆细浆得率高、纸浆黏度低,乙醇毒性、挥发性和易燃性较低。所以,以乙醇为代表的低沸醇溶剂法制浆,显示出良好的发展前景。

用乙醇水溶液从木材中提取木素的试验始于1893年,比较成熟的工艺是加拿大Repap公司的Alcell工艺,属自催化乙醇法中的一种,工艺流程见图5-17。

该法用乙醇和水溶解和分离纤维素中的非纤维素物质,大部分木素、抽出物和半纤维素溶解于乙醇和水的混合液,纸浆被输送到洗浆机,洗浆后送漂白和除渣工序进行处理,良浆泵送去抄纸。制浆过程在一个高压(3.0×10^6 Pa)、高温(一般190℃以上)的抽提器中进行,木片经"抽

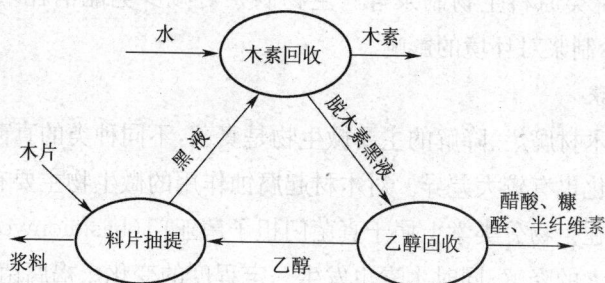

图 5-17　Alcell 工艺流程示意图

提"成浆后,处理所得黑液,回收木素、糠醛、醋酸和乙醇。回收的乙醇再循环用于蒸煮,经过处理,高纯度不含硫的木素从黑液中分离出来。我国以乙醇(酒精)作为蒸煮剂,用中温、中压将麦秆、稻草、蔗渣及灌木等分解成浆。其副产物分解成木酚、糠醛、木醛糖、醋酸、甲酸等有商品价值的产品,剩余的残留物含有较高的糖分,加入酵母经发酵,可生成乙醇(酒精),循环再用;其他剩余物则成为酒糟和肥料,用于饲养和土地施肥。用水量不足传统方法的 1/10,而且可循环使用。

　　有机酸类主要包括甲酸和乙酸法,在脱木素过程中,甲酸和乙酸与木化纤维素反应生成相应的酯类物质,同时也会生成甲酸和乙酸,这是甲酸和乙酸法制浆的优点。甲酸是一种较强的有机酸,pH=3.77,化学反应活性较强,能提供较多 H^+ 而对木素具有催化降解作用,对木素分子及低分子糖类具有较好的溶解性能,较易实现常压制浆,易回收,且回收率高;甲酸对碳水化合物的选择性高,所得纸浆具有较高的强度和聚合度。此外,甲酸制浆纤维的损伤小于烧碱制浆,纸浆具有较好的滤水性能,且蒸煮液溶出的木素回收率高,可大大降低麦草制浆对环境的影响。同时,麦草中的金属离子如铁、铜、锰等很容易溶解在酸中,经过提取洗涤,纸浆中的重金属离子含量很少,可减少 H_2O_2 漂白前的预处理工序,其污染物排放总量比传统制浆方法减少95%以上,由于硅在甲酸中的溶解性较小,故废液回收过程中不存在硅干扰。用甲酸作为蒸煮化学药品,我国目前已建有一条年产能力为 1 万吨的中试生产线。

　　另外,还有乙酸法(ACETOSOLV 法),碱性亚钠蒽醌甲醇法(ASAM 法)和 MD 有机溶剂法(MD organocell 法)等也接近工业化生产。

(二)生物法制浆

　　生物技术用于制浆具有诱人的发展潜力,自然界有些真菌或细菌能分泌出某种对于分解木素、半纤维素或纤维素具有选择性作用的酶质。由于微生物能有效地将植物纤维原料中的三大成分转化为 CO_2、H_2O 和腐殖质,所以该过程具有环境友好性,而且能降低能耗和化学品用量,因此将生物技术作用于制浆造纸过程,有利于克服化学法所存在的消耗高、污染大的缺点,从而降低纤维原料用量及废水污染负荷,这将带来制浆技术清洁生产的革命性进展。

　　生物制浆(biopulping)是利用微生物具有的分解木素的能力,来除去制浆原料或纸浆中的木素,使植物组织与纤维彼此分离制成纸浆的过程。主要有生物机械制浆(BMP)、生物化学机械制浆(BCMP)以及麻类原料生物制浆等。生物制浆可减少电能消耗(是机械制浆的主要成本),提高纸质量,减少制浆对环境的影响。

1. 生物机械法制浆

在自然界中致使木材腐烂、降解的主要微生物是真菌,不同种类的真菌产生的酶不同,它们所引起的木材结构变化也有较大差异。对木材起腐蚀作用的微生物主要有褐腐菌、软腐菌和白腐菌三大类。褐腐菌在生物分类学上属于真菌门担子菌亚门(basidiomycotina),这类真菌在木材腐烂早期引起纤维素的降解,同时木素也发生一定程度的变化。褐腐菌降解后的木材呈褐色海绵状,其主要组分是木素。软腐菌在分类学上属于真菌门子囊菌亚门(ascomycotina)和半知菌亚门(deuteromycotina),这类真菌在潮湿的环境下生长于木材的表面,其菌丝体浸入纤维细胞壁,导致整个次生壁降解,破坏胞间层。白腐菌在分类学上与褐腐菌属同一科,但它能降解细胞壁的所有成分。不同科类的白腐菌对木素、半纤维、纤维素的降解能力和程度不同,即使同一类型的白腐菌,其不同菌株对纤维细胞壁主要组分的降解能力也有较大差异。在生物制浆领域,目前国内外研究最多的是利用白腐菌降解植物中的木质素制浆技术。

生物机械制浆的研究从 1987 年开始,美国 Wisconsin 大学生物中心和美国林产实验室采用不同的白腐菌处理木片,可节省电能 20%～50%,浆的强度也有较大提高,但处理后浆的质量损失较大。

白腐菌及其分泌的木素降解酶的预处理,使木片中的木素部分溶出,木聚糖分解,促进了木片的软化和润胀,使纤维间结合力弱化,降低机械制浆能耗。对于生物机械浆来说,纤维的水合能力增强,纤维变得更加柔软,表现为纸浆的游离度增加,保水值增大,纤维间结合增强,从而使成纸的强度性能得到很大改善。

美国的 Beer Island 造纸公司从 1988～1990 年进行了室外木片堆(火炬松 lobldlypine)"天然生物制浆"的试验,发现腐生子囊菌(ophiostoma piliferum)具有较强的脱木素能力,在适宜条件下,微生物能降低二氯甲烷抽出物(树脂)20%,磨浆纤维的白度增加 19%,纸的伸长率增加 11%,纵向抗张强度增加 18%,耐破度增加 15%,但白度却降低了 8%。这种预处理过的木片被用来生产预热盘磨机械浆(TMP),用 96%的这种 TMP 和 4%的硫酸盐浆(KP)生产新闻纸已经获得成功。

2. 生物预处理化学浆

因白腐菌分泌的木素降解酶活力低,用它处理纤维原料时间长,而且在木素降解的同时,纤维素也降解,使纤维强度降低,因此不能满足制浆过程的生产要求。目前,生物化学制浆已经转向生物化学预处理制浆(biochemical pretreatment pulping)。

生物化学预处理制浆是利用生物预处理的手段,在达到相同纸浆硬度前提下可以减少化学药品和能源的消耗,或者是在化学药品不减少的情况下降低纸浆的硬度,以适应无氯漂白的需要。

(1)由白腐菌变异株 IZO—154 进行生物预处理化学制浆的研究。以桦木为原料,在 KP 法制浆过程中,利用碱法脱木素处理,使 kappa 值达到 30(木素含量为 4.5%),其未漂化学浆的得率为50%。由白腐菌(黄孢原毛平革菌)变异味IZO—154腐杇处理6~8个月,达到同样用KP法制浆过程脱木素程度,使kappa值达到30,其未漂化学浆的得率为60%。这可能是白腐菌预处理木片,使木片中木素部分分解或者被生物修饰,纤维间的结合力减弱,有利于纤维的溶出,而且有利于化学药品对纤维的渗透作用。

若减少脱木素的程度,制备半化学浆,其纸浆的得率达到70%~75%,脱木素率达到35%~45%。用白腐菌变异株IZO—154进行处理,采用半化学制浆方法,可得到未漂浆75%,脱木素程度达到60%左右,其化学药品的用量大大减少,而且蒸煮的热能降低。把该纸浆抄成纸后,其纸的机械性能得到很大改善(某些强度性能提高1倍左右)。

(2)白腐菌对稻草的生物降解及其在生物预处理化学浆中的应用。余惠生把白腐菌(panus conchatus)培养液接种于稻草进行处理,经发酵后的稻草磨浆后获得良好物理性能的纸浆。电镜研究发现,白腐菌是通过稻草表面的气孔或者草片的端部侵入稻草内部,并在薄壁细胞内部繁殖,使得薄壁细胞最先被菌所破坏,进一步使纤维之间胞间层物质逐渐分解,最后纤维保持完整地彼此分离。

3. 韧皮纤维原料的生物制浆

(1)分类。在韧皮纤维生物制浆的方法中,可分为直接法和间接法两大类。直接法通常称为浸渍法,是指将能产生使纤维彼此解离的酶的微生物直接接种于纤维原料中,在微生物生长繁殖的同时,分泌大量的酶,使得将纤维黏结在一起的物质分解、溶出,从而使纤维彼此分离成浆。间接法又称为酶法制浆(enzymatic pulping),它是指将微生物维持在一定环境条件下,使其产生大量的酶,然后经酶浓缩、提取,加入到纤维原料的处理过程中。纤维原料先经过预浸泡,再经超声波处理后,纤维间结合物(木素、果胶和半纤维素等)的结构变得松散,从而有利于酶在纤维间层的扩散,提高酶解效率。

(2)浸渍法对纸浆及纸张性质的影响。

①对纸浆性质的影响。用三桠韧皮纤维原料由醋酪酸厌氧芽孢杆菌(Cl. acetobutylicum)制浆。三桠韧皮纤维原料与生物和化学浆的成分比较见表5-10。与碱法制浆相比,浸渍法生物制浆的果胶质和Klason木素含量较低,而聚戊糖和苯醇抽提物的含量则较高。

表5-10　三桠韧皮纤维原料与生物和化学浆的成分比较

项　　目	原　料	浸渍法生物制浆	碱法制浆
灰分(%)	3.8	1.4	2.5
苯醇抽提物(%)	2.4	1.5	0.5
Klason木素(%)	3.5	1.8	9.0
聚戊糖(%)	18.6	18.2	16.7
果胶质(%)	11.1	0.6	1.0

②对纸张性能的影响。把上述经浸渍法生物制浆所得的浆样制成手抄纸片的物理性能见表5-11。

表 5 - 11 浸渍法生物制浆所得的浆样制成手抄片的物理性能

项　目	浸渍法	碱　法	项　目	浸渍法	碱　法
定量(g/cm²)	61.1	63.4	耐破因子	10.8	6.4
密度(g/cm³)	0.470	0.647	撕裂因子	374	347
断裂长(km)	11.3	7.24	白度(%ISO)	57	43

由表 5 - 11 可知,浸渍法生物制浆手抄片的物理性能较碱法好,纸白度高,柔软。

4. 生物制浆存在的问题

(1)木素生物降解困难。木素是植物组织进化的产物。它赋予植物自身保护能力,抵抗微生物对其产生的腐蚀作用。用木素腐朽菌来分解植物组织中的大部分木素和部分半纤维素,使植物组织中纤维彼此分离,形成纸浆。半纤维素等多糖类物质较容易被微生物分解,而木素是多种酚类单体的聚合体,由于其分子结构复杂,生物特性稳定。因而,在天然存在的有机体中,木素属于最难被生物分解的物质之一。

(2)木素降解酶产生菌扩大培养困难。

(3)生物制浆过程伴随有纤维素的降解。目前,该研究尚处于探索菌种选择、培育酶的活性测定与酶活力的提高等基础性工作中。大量活性酶的取得不易,酶的作用时间过长,都是其进行工业化应用的难点。

(三)速生杨制浆

制浆造纸工业是我国乃至世界经济的重要支柱产业之一,然而,我国造纸工业的发展面临着环境与资源问题的严峻挑战。众所周知,制浆造纸工业是环境污染和能源消耗大户,纸浆产生的废水对江河湖海的污染触目惊心。造纸废水已经对我国人民生活与生态环境造成了严重的影响,一度使淮河流域附近城市淡水供应中断,农田减产,居民疾患增加。造成这种局面的主要原因有以下几个方面。

(1)我国森林资源匮乏,非木浆原料丰富,造纸原料一直以非木材纤维为主,我国历年非木浆消耗情况见表 5 - 12。

表 5 - 12 我国历年非木浆消耗情况

年代	非木浆 产量(万吨)	占总浆耗(%)	占原生浆(%)	苇浆 产量(万吨)	占总浆耗(%)	占原生浆(%)	竹浆 产量(万吨)	占总浆耗(%)	占原生浆(%)	禾草浆 产量(万吨)	占总浆耗(%)	占原生浆(%)	蔗渣浆 产量(万吨)	占总浆耗(%)	占原生浆(%)
1990	797	57.2	84.2	86	6.1	9.1	15	1.1	1.5	602	43.2	63.6	26	1.9	2.7
1995	1136	50.3	80.1	87	3.9	6.1	32	1.4	2.3	870	38.5	61.3	29	1.3	2.0
2000	1116	40.0	84.9	100	3.6	7.6	30	1.1	2.3	862	30.9	65.6	30	1.1	2.3
2001	980	32.9	83.1	100	3.4	8.5	30	1.0	2.5	720	24.2	60.9	30	1.0	2.5
2002	1110	32.0	83.8	110	3.2	8.3	45	1.3	2.6	800	23.1	60.4	35	1.0	2.6
2003	1170	30.0	84.4	115	2.9	8.3	60	1.5	4.3	830	21.3	59.8	50	1.3	3.6
2004	1180	26	83.2	118	2.6	8.3	80	1.8	5.6	820	18	57.8	45	1.0	3.2

续表

年代	非木浆			苇浆			竹浆			禾草浆			蔗渣浆		
	产量(万吨)	占总浆耗(%)	占原生浆(%)	产量(万吨)	占总浆耗(%)	占原生浆(%)	产量(万吨)	占总浆耗(%)	占原生浆(%)	产量(万吨)	占总浆耗(%)	占原生浆(%)	产量(万吨)	占总浆耗(%)	占原生浆(%)
2005	1260	24	77.3	130	2.5	8.0	120	2.3	7.4	830	16	50.9	65	1.2	4.0
2006	1290	22.0	71.0	145	2.5	8.0	140	2.4	7.7	800	13.6	44.1	90	1.6	5.0
2007	1302	19.2	68.3	144	2.1	7.6	120	1.8	6.3	848	12.5	44.5	90	1.3	4.7
2008	1288	18.0	66.2	148	2.3	7.6	138	2.2	7.1	804	12.5	41.3	97	1.5	5.0
2009	1175	14.7	68.1	144	1.8	8.3	161	2.0	9.3	676	8.5	39.2	98	1.2	5.7
2010	1297	15.3	64.7	156	1.8	7.8	194	2.3	9.7	719	8.5	35.9	117	1.4	5.8

注 数据来源于中国造纸协会统计数据。

由表5-12可以看出,2010年国产非木材浆产量占国产浆总量的64.7%,我国历年非木材浆所占比例较高,为65%～85%,长期以非木材原料为主是导致我国制浆造纸工业诸多难题的重要原因之一,但可以看出我国的浆结构正在发生变化。

(2)绝大多数禾草浆造纸企业规模较小(小于75吨/天),工艺技术落后,生产设备陈旧,物耗高,排污量大,大大增加了其污染防治的难度。

(3)与木浆相比,非木浆尤其是禾草浆,存在许多不足。例如纤维短小、滤水性能差、含硅量高、灰分大等,导致黑液提取困难,提取率较低,浓度较低,黑液黏度大、固形物发热量低,使非木材制浆黑液碱回收及水污染防治比木浆困难得多。

从纤维资源来看,2004年我国造纸工业共消耗纸浆4 455万吨,其中进口木浆732万吨,进口废纸1 230万吨,进口纸浆原料的比例高达44%。然而国产木浆只有238万吨,仅占纸浆总量的5.3%,国产非木浆则高达1 180万吨。面对这一现实,早在2001年2月,国家有关部委发布了《关于加快造纸工业原料林基地建设的若干意见》,要将造纸林基地建设作为造纸工业发展规划的重要内容,在体制上要打破过去用材不造林、林纸分离的传统管理模式,建立林纸一体化发展的新机制。2003年6月,中共中央、国务院发布了《中共中央、国务院关于加快林业发展的决定》。2004年2月,国家发展与改革委员会发布了经国务院批准的《全国林纸一体化工程建设"十五"及2010年专项工作规划》报告。该报告中明确指出,我国将力争用10年左右的时间,建设速生丰产造纸林基地$1.55 \times 10^{12} \ m^2$,新增木浆产量550万吨,将国产木浆比例从约6%提高到15%,实现造纸工业与林业共同发展。

从当代造纸工业的发展来看,发展阔叶速生丰产林是解决木材原料短缺最有效的途径之一。由于长期的开发利用,世界上针叶木资源逐渐减少,已不能满足纸和纸板生产日益增长的需要。因此,随着造纸工业生产技术水平的提高,制浆原料中阔叶木的比例不断增大。目前,我国北方速生杨和光叶楮已被大量种植,具有较大的发展潜力。

造纸工业由于资源和环境等方面的压力,发展得率高、污染少、能耗低的制浆方法已成为迫切的需要。因此,超高得率碱性过氧化氢机械法制浆(alkaline peroxide mechanical pulping,APMP)应运而生。1989年,美国ASB公司在漂白化学热磨机械浆(BCTMP)的基础上推出了

APMP 制浆工艺。APMP 制浆,具有得率高、纸浆强度大、污染少、能耗低等突出优点,将蒸煮和漂白在单一的化学预处理过程中同时完成,大大简化了制浆工艺流程。速生杨和光叶楮结构疏松,原木白度较高,适合制备碱性过氧化氢化学机械浆。

1. 三倍体毛白杨 APMP 制浆

(1)挤压疏解对 APMP 制浆的影响。挤压在 APMP 制浆流程中起着关键作用,挤压效果的好坏在很大程度上影响着最终浆料的质量。在 APMP 制浆过程中,木片受到螺旋疏解机的强力挤压和撕裂作用,会产生许多龟裂,木片被撕开,结构变得疏松,形成立体网状结构的木丝团,这些木丝团能够像海绵一样易于吸收药液,从而使药液浸渍均匀、反应充分,而纤维并不会因挤压疏解而受到损伤。研究表明,适当且有效的挤压疏解,能够有效地提高浸渍处理的效果,挤压过程中以中度挤压疏解程度为最好。

(2)单段预处理 APMP 制浆。单段预处理 APMP 制浆工艺流程如下:

木片洗涤→预汽蒸→挤压疏解→化学预浸渍→化学反应→磨浆→消潜→筛选→抄片→检测

(3)两段预处理 APMP 制浆。两段预处理 APMP 制浆工艺流程如下:

木片洗涤→热水浸渍(代替预汽蒸)→第一段挤压疏解→第一段化学预浸渍→第一段化学反应→第二段挤压疏解→第二段化学预浸渍→第二段化学反应→磨浆→消潜→筛选→抄片→检测

(4)单段预处理和两段预处理 APMP 浆性能的比较。在碱性过氧化氢化学机械法制浆中,根据原料的性质和最终浆性能的要求,化学预处理可以采用不同的段数。研究表明,对于三倍体毛白杨而言,不同的预处理段数对最终浆的性能有着不同的影响。单段预处理和两段预处理APMP 浆的性能比较见表 5-13。

表 5-13　单段预处理和两段预处理 APMP 浆的性能比较

段　数	单段预处理[1]	两段预处理[2]
打浆度(°SR)	43.0	44.5
得率(%)	89.3	85.8
紧度(g/cm³)	0.425	0.435
白度(%ISO)	75.3	78.2
断裂长(km)	4.46	4.72
撕裂指数(mN·m²/g)	4.67	4.54
耐破指数(kPa·m²/g)	2.30	2.35
不透明度(%)	80.4	77.8
光散射系数(m²/kg)	36.30	34.90

[1]单段预处理条件:NaOH 6.3%,H_2O_2 6.0%,Na_2SiO_3 5.0%,EDTA 0.5%,$MgSO_4$ 0.5%,浴比 1:4,70℃,60min。

[2]两段预处理条件:NaOH 3.3%/3.0%(第一段用量/第二段用量,以下同),H_2O_2 3.0%/3.0%,Na_2SiO_3 2.0%/3.0%,EDTA 0.2%/0.3%,$MgSO_4$ 0.2%/0.3%,70℃/60℃,50min/60min;浴比 1:4。

表 5-13 表明，在相同化学药品用量、相近打浆度下，两段预处理 APMP 浆与单段预处理 APMP 浆相比，两段预处理 APMP 浆得率较低，浆的白度和断裂长较高，白度较单段 APMP 浆高出 2.9%ISO，断裂长高出 260m，而撕裂指数和耐破指数基本相当。对于光散射系数和不透明度而言，单段 APMP 浆高于两段 APMP 浆。两段预处理的白度和断裂长较高，是由于预处理的段数增加，原料挤压疏解的效果较好，在药液浸渍时浸渍完全，漂白反应能有效地作用于原料中的每根纤维，这从浆中的纤维性尘埃即能看出，在单段浆料所抄纸片中，能够看到较多的未被漂白的纤维尘埃，而两段浆料中则相对较少或几乎没有。同时浸渍完全也使纤维润胀程度增加，纤维变得更加柔软，最终手抄片紧度增大，强度提高，光散射系数和不透明度下降。

2. 光叶楮杆芯 APMP 制浆

对光叶楮杆芯采用两段预处理的 APMP 制浆，工艺流程如下。

木片洗涤→热水预浸渍（代替工厂中预汽蒸）→第一段挤压→第一段化学处理→第二段挤压→第二段化学处理→第三段磨浆（间隙分别为 0.5mm，0.3mm，0.15mm）→消潜→打浆→抄片→检测

对光叶楮杆芯与四种窄冠杨及三倍体毛白杨进行了 APMP 浆性能的比较。就断裂长和耐破度来说，光叶楮杆芯高于三倍体毛白杨 APMP 浆，更高于窄冠黑杨，但撕裂指数较差，这与光叶楮杆芯纤维较短有关。从白度来看，光叶楮浆的白度较低，且随过氧化氢用量的增加，白度的增长也很缓慢。这说明，光叶楮杆芯制 APMP 浆料，白度较难提高，而且白度缓慢上升的同时，得率却剧烈下降。另外，光叶楮杆芯 APMP 浆的结合强度较好，这与其细小组分含量高有一定关系。

3. 三倍体毛白杨 SCMP 制浆

SCMP 生产的关键是磺化的工艺条件。磺化处理的程度只使木素发生一定程度的磺化、润胀和软化，使木材纤维容易解离，但不能使木素变色、发黑，并且不使木素和碳水化合物降解和溶解。磺化的结果直接影响纤维的分离和细纤维化，进而决定纤维的柔软性和结合强度。磺化的结果对成纸的白度也有一定程度的影响，但与木材本身的白度关系较大。三倍体毛白杨用于生产 SCMP，制浆得率和成浆白度高，强度性能好。因不同树龄间三倍体毛白杨的化学成分、纤维形态等指标差别较小，所以其成浆得率和物理性能各项指标差别也较小。

(四)高得率制浆

高得率制浆的历史虽不长，但自 20 世纪 70 年代以来发展迅速。化学热磨机械浆（CTMP）或漂白化学热磨机械浆（BCTMP）技术自 20 世纪 70 年代首条生产线建成以来发展迅速，继而在 80 年代后期、90 年代又相继开发了碱性过氧化氢浆（APP）、碱性过氧化氢化学机械浆（APMP）及温和的化学预处理加盘磨化学处理、碱性过氧化氢漂白机械浆（P-RC APMP 或简称 PRC）。这三种制浆方法（CTMP/BCTMP、APP/APMP、PRC）常用于生产化学机械浆，由于浆得率高（80%～90%），被统称为高得率浆（HYP）。因它们都有温和的化学处理和机械磨浆，因此有许多共同点，但由于在木片浸渍化学品和漂白方面的差异，又使其在能量消耗、漂白化学药品成本及运行性方面有所不同。

1. 漂白化学热磨机械浆(BCTMP)

典型的商品 BCTMP 工艺流程：木片经筛选和洗涤后，用常压蒸汽预处理，然后温热的木片进入冷的碱性亚硫酸钠浸渍段，此后木片经蒸汽加热并在 80～90℃反应仓停留 30～60min 直至完全反应。随后在压力预热器中加热几分钟直至温度达到 120～130℃，接下来是两段压力磨。磨后浆料经过消潜、筛选、除渣，然后进入浓缩和漂白段。筛选出来的渣浆经过浓缩之后进入渣浆磨。漂白分两段进行，一段漂利用从第二段回收的过氧化氢进行中浓漂(12%)，二段漂为高浓漂(25%～35%)。

此工艺适用于针叶木和阔叶木，可生产 100～600mL 加拿大标准游离度(CSF)范围、60%～85%ISO 白度的浆料。根据浆料游离度，有多种不同 BCTMP 流程组合，高游离度浆料可以只采用一段磨浆，而极低游离度浆料可能采用三段磨浆。同样，对较低白度浆料，一段漂就已足够。

2. 碱性过氧化氢浆(APP)/碱性过氧化氢机械浆(APMP)

典型的 APP/APMP 工艺：木片经过筛选和洗涤之后，首先加入二乙烯三胺五乙酸(DTPA)或乙二胺四乙酸(EDTA)进入一段预浸，随后是一段或二段碱性过氧化氢预浸，接下来木片在反应仓内以 70～80℃的温度停留 60min 左右直至漂白完成。漂白在磨浆之前完成，主要漂白木片。从一段磨出来的浆料经过稀释之后在压榨机内脱水，再进入二段磨。在温度提高的情况下，过氧化氢有分解的趋势，因此磨浆通常在常压下进行。

碱性过氧化氢化学机械法制浆(APMP)的最大优点是将制浆和漂白合二为一，用碱性过氧化氢溶液在制浆的同时完成漂白过程。根据材种和浆料所要求的强度和白度来选择浸渍段数、NaOH 和 H_2O_2 用量。碱性过氧化氢浸渍在一定程度上与过氧化氢漂白相似，但是并不完全等同，在 APMP 制浆过程中，碱性过氧化氢浸渍实际上包括两个作用，一是用碱润胀纤维，提高成浆强度；二是用过氧化氢漂白木片，提高成浆白度。为了达到一定的成浆强度，浸渍时的氢氧化钠量一般比较高。单段碱性过氧化氢浸渍用碱量高达 5.5%，而在纸浆过氧化氢漂白时用碱量一般为 1%～2%。

APMP 通过调节 NaOH 和 H_2O_2 用量可制得物理强度和白度不同的浆料。抄纸白度、耐破度和撕裂度都较高，制浆过程中不使用亚硫酸盐，只用碱和过氧化氢等化学药品，废水中不含硫的化合物，治理相对容易。

APMP 制浆工艺采用先进的木片预处理技术，在磨浆前开始漂白作用，将制浆和漂白过程结合起来，采用常压磨浆，设备投资和运营成本低。同时，可最大限度地发挥化学预处理和机械法制浆的优点，并显著改善浆料的光学性能，是一种更理想的高得率制浆方法。

3. 碱性过氧化氢漂白机械(PRC)

安德里兹两段预浸和两段压力磨的 PRC 工艺：木片经过筛选和洗涤后，分两步进行预浸处理。第一步用 DTPA 除去金属杂质，第二步进行碱性过氧化氢处理。处理过的木片在 40～50℃的温度下在反应仓中停留 60min 左右。大部分碱性过氧化氢从一段磨的稀释孔和/或喷放管加入。一段磨出来的浆料被收集到高浓反应塔中储存 30～120min 进一步漂白，漂白后的浆料经过二段磨、消潜、筛选、洗涤、浓缩后可用于抄纸。其特点是木片在预浸时只经过温和的化学处理,温度较低(40～50℃),降低了前期木片漂白反应;主要的漂白反应在一段磨和反应塔中进行,浆漂白代替了木片漂白。因此,PRC 工艺可以克服 APP/APMP 漂白效率低的缺点。

高得率浆厂的污水可用与其他造纸污水相同的方法进行处理。最常用的方法是传统污水处理方法,由一沉池和二段活性好氧生物进行处理。世界上有三家零排放的高得率浆厂,在零排放浆厂,制浆废水通过蒸发使其浓缩,后用与硫酸盐浆黑液回收系统相同的方法进行燃烧处理。用磨浆和燃烧产生的热能蒸发制浆废水,无须或只需要补充极少的热能。蒸发器产生的蒸汽冷凝后再送回制浆车间再次使用。零排放浆厂的水耗约为 $2～3m^3/t$ 浆。然而,零排放浆厂必须有办法处理燃烧所产生的熔融物,主要为碱灰。碱灰的主要成分为 Na_2CO_3,经溶解形成绿液。在浸渍段可回用少量绿液。因其纯度不够和碱性较弱(与 NaOH 比)而不能用于漂白。零排放高得率浆厂最好建在硫酸盐浆厂旁边,以便污水和硫酸盐浆黑液一起燃烧,并回用于硫酸盐制浆,且一部分绿液回用于浸渍过程中。

二、清洁化漂白技术

(一)化学浆的无元素氯与全无氯漂白

采用氯化(C)和碱处理(E)相结合的方法是漂白硫酸盐浆最经济、最有效的方法。因此,几乎所有生产高白度硫酸盐浆的漂白方法均以氯化和碱抽提两段开始。20 世纪 70 年代和 80 年代最典型的漂白流程为 CEDED 或 (CD)EDED。1985 年美国环保局在一些纸厂下游的河中捕获的鱼体内检测出 2,3,7,8-四氯代二苯并对二噁英(TCDD)。1986 年在日本召开的二噁英国际会议上。Rappe 等报道了瑞典某纸厂外采集的蟹及排污沉积物中,2,3,7,8-四氯代二苯并对二噁英和 2,3,7,8-四氯代二苯并呋喃(TCDF)的含量超出背景值的 10 倍,引起许多国家造纸与环保部门的极大关注。TCDD 和 TCDF 是目前已知化合物中毒性最大且有致癌性和致变性的物质。因此,氯化和碱处理的废水对环境的冲击和危害极大。减少或不用氯进行漂白是减少漂白废水中的可吸附有机卤(AOX)含量的最有效的途径,因氯化有机化合物中很多是有毒的,已鉴别出的氯化有机化合物有氯酚类、伞花烃、氯仿、氯化二噁英、呋喃、氯丙酮、氯乙醛和氯醋酸等。减少浆厂废水中氯化有机化合物含量的策略有两种:一是减少生产过程元素氯用量;二是在通氯气之前就把能和氯反应的有机化合物除掉,尤其是木素,以减少氯化有机化合物的生成。因木素的一些分子结构和二噁英的基本结构相似,当纸浆用氯漂白时就必然会生成二噁英。因此,浆厂不产生二噁英的唯一办法是消除使用一切含氯化合物。所以,在 20 世纪 80 年代中后期以深度脱木素为目的的改良硫酸盐法蒸煮,无元素氯(ECF)漂白和全无氯(TCF)漂白的新方法应运而生。

1. ECF 和 TCF 工艺

(1)ECF 漂白技术。用 ClO_2 替代氯气,采用深度脱木素和氧脱木素,纸浆用不含氯化合物的漂剂,如臭氧和 H_2O_2 漂白后,只在最后一段采用 ClO_2 漂白。ClO_2 的主要作用是氧化降解木素,使苯环开裂并进一步降解成各类羧酸产物,因此,形成的氯化芳香化合物少。该技术的主要特点是可进行逆流洗涤,氧脱木素废水全部进入碱回收,可大幅度降低用水量和废水排放量,从而降低污染负荷;漂后浆质量好,由于二氧化氯脱木素针对性比较强,纸浆白度可漂至>85% ISO,漂白废水中仍存在有机卤化物(AXO)。现代化的 ECF 漂白浆厂排放的 AOX 含量已降至

0.1~0.5kg/t 浆。

ECF 工艺的发展大致经历了三个阶段,即所谓的 ECF1、ECF2 和 ECF3。

①ECF1。通过扩大 ClO_2 制备能力,提供更多的 ClO_2,在原来漂白系统的氯化或次氯酸盐漂白段采用 ClO_2 取代(或部分取代)元素氯,从而改进了废水质量。

②ECF2。通过技术改造,采用深度脱木素制浆技术,漂白前采用氧脱木素,再用 ClO_2 取代元素氯进行漂白。漂白前除去较多的木素,使漂白过程的能耗和药品消耗降低,与 ECF1 相比,可节能 30%,减少工厂废水 50%。

③ECF3。在更现代化的工厂,采用深度脱木素和氧脱木素,纸浆用不含氯化合物的漂白剂(如臭氧和 H_2O_2)漂白后,只在最后一段采用 ClO_2 漂白。这样可以进一步改进废水质量,与 ECF1 相比,工厂废水量可减少 70%~90%,大部分废水可以回用。ECF_3 工艺可保证在 ClO_2 漂白前全部制浆漂白废水都可以循环回用,只有少量残余木素被氯化产生污染。采用 ECF2 和 ECF3 的工厂无须更多投资便可转变为全无氯漂白工艺,即所谓 TCF。

由于 ECF 漂白的纸浆白度高,强度好,对环境的影响小,成本又相对较低,因此,ECF 漂白发展迅速。目前 ECF 纸浆在世界漂白化学浆市场占据主导地位,2001 年 ECF 浆总产量约 6 300 万吨,占漂白化学浆总量的 75% 以上。北美地区已基本完成从传统的含氯漂白转换成 ECF 漂白的过程,ECF 浆已占该地区漂白纸浆总产量的 96%。其他地区也正在从元素氯漂白转变成 ECF 漂白。

ClO_2 漂白时,最理想状态是 ClO_2 的全部氧化能力都用到漂白反应,但实际上在复杂的反应过程中因生成亚氯酸盐和氯酸盐而浪费不少 ClO_2。通过加速漂白反应或是避免副产品的生成可以改进 ClO_2 的漂白效率。添加乙醛可改进 ClO_2 脱木素速率和效率,此类物质能把反应中生成的亚氯酸盐转变成活性 ClO_2。H_2O_2 对提高 ECF 漂白效率尤其是对 ClO_2 生产能力不足的工厂十分重要。H_2O_2 除了通常用在第一、第二碱抽提段及 H_2O_2 段外,还可以在最后高浓储浆塔中应用,以提高浆的白度,降低返黄但不影响纸浆强度。适当的添加剂(如钼硅酸盐)可加速 H_2O_2 的漂白反应。残余的少量氧化木素会影响 ECF 纸浆的白度稳定性,ClO_2 漂白过程中产生的醌类化合物是引起白度损失的发色物质的重要来源。在 ClO_2 漂白的任何段,采用高温(90℃)可以提高 ClO_2 漂白白度的稳定性,降低 AOX 负荷。

(2)TCF 漂白技术。不用任何含氯漂白剂,用 H_2O_2、臭氧及过醋酸等含氧化学药品进行漂白,该工艺在漂白过程中不添加氯,不会产生可吸附有机卤化物 AOX,漂白废水可回用,用水量和废水排放量大幅度减少。

TCF 漂白浆的白度可以达到 ECF 浆的白度,但成本高、得率低、浆的撕裂度要比 ECF 浆低 10%,且纤维强度较低。

TCF 漂白是实现无废水排放(totally effluent free)的一个重要步骤。具体措施是:最大限度地降低纸浆厂用水量;洗涤和漂白废水循环使用;生产低卡伯值纸浆;采用氧脱木素和其他含氧漂剂的无污染漂白技术,将排放的少量废水($<10m^3/t$ 浆)经过蒸发、焚烧、分离浓缩物和回用,不断降低用水量,逐步提高生产系统封闭程度,就有可能从 TCF 漂白实现无废水排放。

2. 氧脱木素

1956年，苏联学者 Niktin 和 Akim 用分子氧在碱性条件下对溶解浆进行漂白与精制，但因为碳水化合物降解过多，氧用于纸浆漂白没有成功。现在，氧碱漂白（目前更普遍的说法——氧脱木素）已经成为一种工业化的成熟漂白技术，未漂浆残余木素的 $1/3\sim1/2$ 可以用氧在碱性条件下除去，达到一定漂白效果而不会引起纤维强度的严重损失，并且废液中不会产生氯化有机物。氧脱木素是 TCF 漂白不可缺少的重要组成部分，也是大多数 ECF 漂白的重要组成部分。

氧脱木素可以减少后续漂白的药品用量和生成的污染物。氧脱木素后洗浆废液送去碱回收炉，可以明显降低漂白车间废水量。但是建造氧脱木素塔需要较大的投资，如果现有回收炉能力不足还需要对回收炉进行改造或更新。一般针叶木浆氧脱木素后卡伯值为 $18\sim20$，阔叶木浆为 $10\sim12$，卡伯值再低会引起纸浆得率和强度的降低。现在氧脱木素常用氧化白液代替 $NaOH$，用 MgO 代替 $MgSO_4$，所用的氧多为现场制备。

（1）氧脱木素的化学反应。分子氧作为脱木素剂，主要是利用其具有两个未成对的电子对有机物具有强烈的反应性。氧是一种相对弱的氧化剂要保证木素与氧的反应有适当的速率，必须加碱活化木素，即将酚羟基和烯醇基转变成更有活性的酚盐和烯酮盐。

分子氧在氧化木素时，通过一系列电子转移，本身被逐步还原。在氧被还原过程中根据 pH 的不同可生成过氧离子游离基（$O_2^-\cdot$）、氢过氧化阴离子（HOO^-）、氢氧游离基（$HO\cdot$）和过氧离子（O_2^{2-}）。这些氧衍生的基团，在木素降解中起着重要作用。

（2）碳水化合物的溶解化学反应。氧脱木素时碳水化合物的降解化学反应，主要是碱性氧化降解反应，其次是剥皮反应。

①碱性氧化降解反应。在碱性介质中，纤维素和半纤维素会受到分子氧的氧化作用，在 C_2 位置（或 C_3、C_6 位置）上形成羰基。C_2 位置上具有羰基，会进行羰基与烯醇互换，从而发生碱诱导 β-烷氧基消除反应，导致糖苷键断裂，纸浆的黏度和强度下降。在 C_3、C_6 位置上引入的羰基能活化配糖键，通过 β-烷氧基消除反应产生碱性断裂。乙酮醇的氧化，在 C_2、C_3 位置上同时引入酮基，此二酮结构能被亲核剂进一步氧化成二元羧酸，也可通过碱的作用重排成为含羧基的呋喃糖结构。

②剥皮反应。由于氧脱木素是在碱性介质并在 100℃左右或 100℃以上进行的，因此，碳水化合物或多或少会发生一些剥皮反应。氧化降解产生新的还原性末端基，也能开始剥皮反应，剥皮反应的结果是降低了纸浆的得率和聚合度。

（3）氧脱木素工艺。氧脱木素是高效清洁的漂白技术，其缺点之一是脱木素的选择性不够好，一般单段的氧脱木素不超过 50%，否则会引起碳水化合物的严重降解。为了提高氧脱木素率并改善脱木素选择性，目前的发展趋势是采用两段氧脱木素。段间进行洗涤，也可不洗；化学品可以在第一段加入，也可以在两段分别加入；一般第一段采用高的碱浓度和氧浓度（用量和压力），以达到较高的脱木素率，但温度较低，反应时间较短，以防纸浆黏度下降；第二阶段的主要作用是抽提，化学品的浓度较低，温度较高，时间也较长。瑞典 Sunds Defibrator 公司提出的 Oxy Trac™ 两段氧脱木素工艺如下。

第一段：加入全部的氧化漂白液和氧气，浆浓度 12%，温度 $80\sim85℃$，氧压 $0.8\sim1.0$MPa，停留时间 20～30min。

第二段：不加化学药品，浆浓 12%，温度 95～100℃，反应塔顶部压力 0.3MPa，停留时间 60min。

两段氧脱木素的脱木素率可达 67%～70%，且脱木素选择性好，漂白浆的强度高，化学品的耗用量减少，漂白废水的 COD 负荷降低。

3. 臭氧(O_3)漂白

臭氧是一种很强的氧化剂，其氧化电势为 2.07V，在水中易分解，其分解速率随 OH^- 浓度的增加而增加。臭氧漂白用量较少，成本低，如果臭氧漂白之后继续进行 H_2O_2 漂白，纸浆白度可达到用氯漂白的水平。臭氧需要现场制备，臭氧发生器的设备投资大。臭氧能与木素、苯酚等芳香化合物作用，与烯烃的双键结合，也能与杂环化合物、蛋白质等反应，并具有脱色、除臭等作用。

臭氧漂白的主要机理是臭氧与木素反应，将木素芳香环结构破坏变成粘康酸型结构。臭氧并非选择性氧化剂，它既能氧化木素，也能氧化碳水化合物，严重时能使纸浆黏度、强度和得率下降。

臭氧是三原子、非线性的氧的同素异形体，有 4 种共振杂化体：

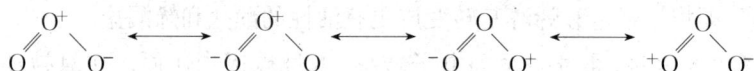

$$\begin{array}{ccc} O^+ \\ O^{\diagdown}O^- \end{array} \longleftrightarrow \begin{array}{ccc} O^+ \\ {}^-O^{\diagup}O \end{array} \longleftrightarrow \begin{array}{ccc} O \\ {}^-O^{\diagdown}O^+ \end{array} \longleftrightarrow \begin{array}{ccc} O \\ {}^+O^{\diagup}O^- \end{array}$$

这些中介体的双极特性意味着臭氧既可作亲电剂，又可作亲核剂，但在漂白中起亲电剂的作用。漂白中出现的含氧活性基团中，除 $HO\cdot$ 之外，臭氧是最强的氧化剂。

(1)臭氧与木素、碳水化合物的化学反应。臭氧与木素反应，引起苯环开裂，侧链烯键和醚键的断裂。臭氧氧化碳水化合物，使还原性末端基氧化成羧基，醇羟基氧化成为羧基，配糖键发生臭氧解而断裂。

臭氧与典型木素结构的反应动力比与碳水化合物反应高出近 1000 倍，只要操作得当，臭氧漂白对纤维素的损害不会比其他的漂白大。随环保要求越来越高，采用臭氧轻 ECF 漂白可能将会成为纸浆漂白的首选方案。

(2)中浓臭氧漂白流程。臭氧漂白有高浓、中浓和低浓三种流程。低浓(浆浓度≤3%)臭氧漂白，O_3 必须先溶解在水中，才能与纸浆的纤维反应。因 O_3 在水中的溶解度低，用水量多。因此，限制了其在工业上的应用。中浓漂白一般要求臭氧的浓度高，而高浓漂白对臭氧的浓度要求比较灵活。

与高浓臭氧漂白相比，中浓臭氧漂白的投资较少，实施容易，因此，成为臭氧漂白的主要生产流程。

如图 5-18 所示为中浓臭氧漂白的生产流程，纸浆经酸化后用泵压入高强度混合器，与用压缩机压入的压力为 0.7～1.2MPa 的臭氧/氧气混合，在升流式反应塔与 O_3 反应，漂后纸浆与气体分离，残余的 O_3 被分解，纸浆送洗浆机洗涤。

4. 过氧化氢漂白

H_2O_2 可用于纸和纸浆的漂白、脱除纸浆中的木质素以及废纸的脱墨再生，其中纸浆的漂白是其最主要的应用。作为保留木素的漂白剂，一般用于高得率浆或半化学浆的漂白；也可在化学纸浆的二氧化氯漂白(D)后采用过氧化氢和氧气强化的碱抽提 E_{OP} 或者过氧化氢强化的碱

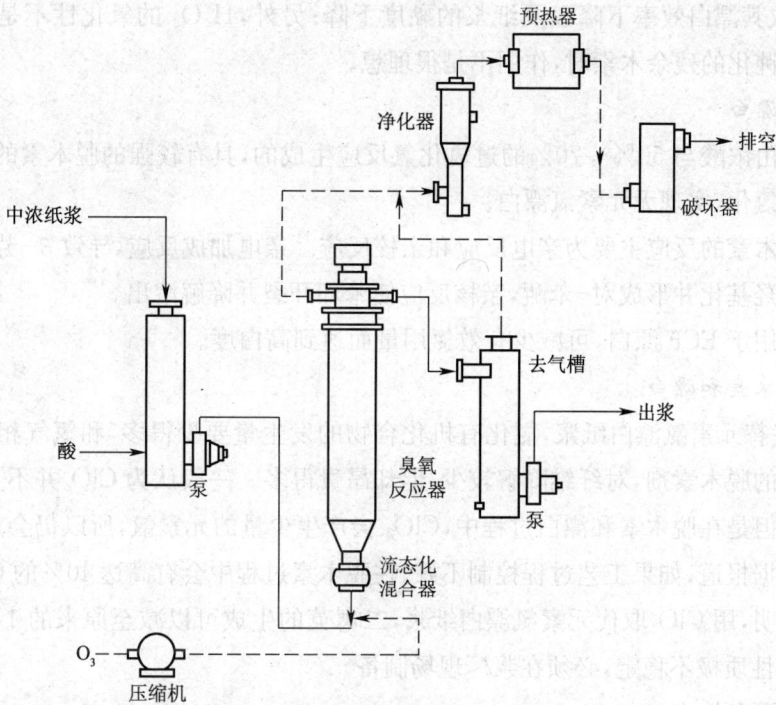

图 5-18 中浓臭氧漂白的生产流程

抽提 E_P 进行处理。过氧化氢还可用于 ECF 漂白、TCF 漂白和 TEF 漂白，也可用于硫酸盐浆或者亚硫酸盐浆漂白的终漂段和 ECF 转化为 TCF 的漂白。

(1)过氧化氢与木素的化学反应。过氧化氢是一种弱氧化剂，它主要是与木素侧链上的羰基和双键发生反应，使其氧化改变结构或将侧链碎解。虽然木素结构单元苯环都是无色的，但在蒸煮过程中形成有色的各种醌式结构，过氧化氢能破坏有色的醌式结构，使苯环氧化开裂生成一系列的芳香酸和二元羧酸。另外，过氧化氢漂白过程中形成的各种游离基也能与木素反应。可见，过氧化氢在漂白时，既能减少或消除木素的有色基团，也能碎解木素使其溶出。

(2)过氧化氢与碳水化合物的反应。在温和的条件下进行过氧化氢漂白，过氧化氢与碳水化合物的反应是不重要的。但在过氧化氢漂白过程中，过氧化氢分解生成的氢氧游离基(HO·)和氢过氧游离基(HOO·)都能与碳水化合物反应。HOO·能将碳水化合物的还原性末端基氧化成羧基，HO·既能氧化还原性末端基，也能将醇羟基氧化成羰基，形成乙酮醇结构，然后在热碱溶液中发生糖苷键的断裂。过氧化氢分解生成的氧在高温碱性条件下，也能与碳水化合物作用，因此，化学浆经过氧化氢漂白后，纸浆黏度和强度均有所降低。如果漂白条件强烈(例如高温过氧化氢漂白)，又没有有效除去浆中的过渡金属离子，漂白过程中形成的氢氧游离基过多，碳水化合物会发生严重降解。

H_2O_2 能破坏纸浆中的发色基团，是一种有效的无氯漂剂。如果纸浆预先进行深度脱木素或氧脱木素，用 H_2O_2 漂白就更为有效。经 H_2O_2 漂白后浆料白度稳定、不易返黄，漂白废水污染负荷小。但 H_2O_2 不稳定，容易分解，在有金属离子尤其是过渡金属离子存在的条件下会加速其分解,导致其漂白效率下降以及纸浆的黏度下降;另外,H_2O_2 的氧化性不是很强,当处理蒸煮过后已经钝化的残余木素时,作用不是很理想。

5.过氧酸漂白

过氧酸是由浓酸与 $50\%\sim70\%$ 的过氧化氢反应生成的,具有较强的脱木素的作用,因此可以取代或强化氯化,实现无元素氯漂白。

过氧酸与木素的反应主要为亲电反应和亲核反应。亲电加成反应,导致 β-芳基醚键断裂,发生亲电取代羟基化并形成对-苯醌,亲核反应使苯环开裂并降解溶出。

过氧醋酸用于 ECF 漂白,可减少有效氯用量而达到高白度。

6.ClO_2 脱木素和漂白

用 ClO_2 代替元素氯漂白纸浆,氯化有机化合物的发生量要少得多,和氯气相比,ClO_2 是一种选择性更高的脱木素剂,对纤维降解较少,但却昂贵得多。一般认为 ClO_2 并不直接氯化有机化合物分子。但是在脱木素和漂白过程中,ClO_2 会产生少量的元素氯,所以仍会产生一些氯化有机化合物。据报道,如果工艺过程控制不好,在脱木素过程中会有高达 40% 的 ClO_2 转变成元素氯。研究表明,用 ClO_2 取代元素氯漂白纸浆,二噁英的生成可以减至原来的 $1/10$,但不能完全消除。ClO_2 性质极不稳定,必须在浆厂现场制备。

(二)生物漂白技术

生物漂白是利用白腐菌分泌的木素降解酶系,在木聚糖酶的协同作用下,分解纸浆中的残余木素,并使之降解溶出的过程。生物漂白的主要作用是提高纸浆的可漂性,降低漂白过程的用氯量,从而减轻漂白过程的污染程度。

1.木聚糖酶的辅助漂白作用

植物纤维细胞壁中的木素与碳水化合物之间存在着化学链,形成木素与碳水化合物的复合体,称为 LCC(lignin-carbohydrate complex)。

半纤维素酶(hemicellucase)是对半纤维素进行选择性分解酶的总称。它主要催化切断半纤维素主链结构,并在生物漂白中是最常用的一类酶,其主要的酶为木聚糖酶(xylanase),此酶脱去 LCC 中的木素的作用机制可能如下。

(1)木聚糖酶分解、溶解、回吸或沉积在纤维表面的木聚糖。研究表明,木聚糖酶处理不能直接起到大量去除残余木素的作用,主要是改善纸浆的可漂性,但不能完全取代纸浆的化学漂白处理。

(2)半纤维素酶分解 LCC。LCC 是木素和碳水化合物的复合体。在纸浆中一部分是原料天然存在的 LCC,另一部分是在制浆过程中木素与碳水化合物结合而形成的 LCC。半纤维素酶在生物漂白过程中可以分解 LCC 分子中的半纤维素部分,使得木素与半纤维素形成的复合物(LCC)被降解,其分子聚合度降低,体积减小,有助于残余木素的溶出。

(3)木聚糖酶与聚半乳糖葡萄糖甘露糖酶以及木素降解酶的协同作用。KP 浆纤维表面回吸和沉积的半纤维素主要为木聚糖,而聚半乳糖葡萄糖甘露糖较少。因而先用木聚糖酶处理,可以把回吸在纤维表面的木聚糖溶出,增加纤维表面的通透性,减少对酶分子扩散的限制和屏蔽作用。再用聚半乳糖葡萄糖甘露糖酶(或木素降解酶)处理,促进了木素以及 LCC 的分解,有利于 LCC 中的聚半乳糖葡萄糖甘露糖和 KP 浆纤维中原有的聚半乳糖葡萄糖甘露糖的溶出和残余木素的溶出。

2. 木素降解酶的生物漂白作用

木素降解酶含木素过氧化物酶、锰过氧化物酶和漆酶，其中漆酶用于纸浆漂白是最具潜在应用前景的木素降解酶之一。

漆酶是一种含铜的酚氧化酶，它的氧化还原电势较低（0.5～0.6V），只能氧化降解酚型的木素结构单元，而不能氧化降解在植物纤维木素结构中占大多数的、氧化还原电位较高的非酚型结构单元。它需要一些低氧化还原势的化合物作为中介体，这些化合物容易得失电子，起电子传递体的作用。在酶的作用下，中介体形成活性高而且具有一定稳定性的中间体，这些活性中间体能从分子氧中获得电子，并传递给木素分子从而使木素氧化降解。

3. 生物辅助漂白过程

(1)生物漂白过程。生物漂白过程可分为纸浆洗涤、酶辅助漂白过程和化学漂白过程。

①纸浆洗涤。蒸煮后的纸浆经洗涤后，除去蒸煮过程中溶出的木素、半纤维素和降解的纤维素，提高了纸浆洁净程度，同时也为酶的使用提供了有利的环境条件。

②酶辅助漂白过程。经洗涤后，使 pH 接近中性或偏酸性，温度在 40～60℃内，经酶与纸浆混合器加入酶液，并在酶反应器中作用于回吸的木聚糖，并使部分 LCC 分解、溶出。使酶起到辅助漂白作用。再经纸浆洗涤，以提高纸浆洁净程度和纤维表面的通透性，为后面的化学漂白过程中木素溶出提供有利条件，同时也减少漂白废液中 AOX 的含量。

③化学漂白过程。由于酶预处理只能提高纸浆的可漂性，而不能达到较高的纸浆白度，所以酶处理后的纸浆经化学漂白过程，使浆中的残余木素脱去，使纸浆达到白度要求。

(2)生物辅助漂白流程。木聚糖酶处理的漂白流程主要有以下两种方式。

①酶处理作为生物漂白的第一段，即作为预处理，可节约化学漂白剂的用量。

②酶处理在氧脱木素工序之后，以充分发挥木聚糖酶的效用。

(3)生物辅助漂白工艺。木聚糖酶参与的生物漂白过程的工艺参数为：温度为 30～60℃、浆浓度为 5%～10%、酶用量为 1～10IU/g、反应时间为 1～3h。通常由细菌产生的木聚糖酶 pH 较高，为 6～9，由真菌产生的木聚糖酶最佳作用 pH 较低，一般为 3.5～6.0。

木聚糖应用于纸浆漂白，可降低漂白药品用量和废液中 AOX 的含量，减少环境污染，并为漂白废液的生物处理创造条件。另外，木聚糖酶预处理可大大提高纸浆的可漂性，促进 LCC 的分解和溶出，有利于纸浆的深度脱木素。

三、原浆纤维的酶改性

利用纤维素酶和半纤维素酶等组分组成的酶系对纸浆纤维进行改性处理，以提高纸浆的滤水性能和抄造性能，使纸浆和成纸的质量得到显著改善，这种酶作用称为纤维酶改性。

按酶改性的纤维类型分为原浆(初次)纤维酶改性和废纸浆(二次)纤维酶改性；按酶改性的浆种类，又可分为机械浆纤维酶改性和化学浆纤维酶改性；按纤维酶改性作用类别，又可分为纸浆纤维酶改性、酶促打浆、机械浆返黄的生物抑制法以及废纸的生物脱墨等；按对纤维改性所用的酶系,又可分为以纤维素酶为主的酶系(针对纸浆的滤水性能和抄造性能的改善)、以木聚糖酶为主的酶系(针对酶促打浆)、以木素降解酶为主的酶系(针对机械浆返黄现象的改良)。

1. 机械浆纤维酶改性

杨木磨石磨木浆(SGW)的酶改性是一种非常有前途的机械浆改性方法。尤其是浆的滤水性能得到明显改善。处理过程简单,对现有的制浆造纸过程不必增加大型处理设备。与其他过程相比,纸浆酶改性对环境污染程度最低。

2. 化学浆纤维酶改性

未漂硫酸盐法草浆的酶改性处理,可以除去部分细小组分,使手抄片的透气度上升、紧度增加,但抗张强度略有降低。

3. 酶促打浆

酶促打浆是利用高活性的半纤维素酶和较低活性的纤维素酶对打浆前的纸浆进行预处理,导致纤维表面某种程度的活化和松弛,促进纤维的吸水润胀和细纤维化程度,使打浆性能得到改善,起到降低打浆能耗的作用。

4. 机械浆返黄的生物抑制法

机械浆返黄现象是机械浆中的木素活性基团在氧的存在下,易受热和光照而被激发,通过一系列氧化反应生成各种发色团,从而引起机械浆成纸的白度下降的现象。生物抑制法是基于微生物可产生一系列对木素活性基团有屏蔽作用的酶系(主要是羟基烷基化酶和醌还原酶等)改变木素活性基团的结构,降低其对热的敏感性,达到抑制机械浆返黄的目的。生物法抑制机械浆返黄比化学法更加有效,它所催化的反应专一性强,催化效率高,是一种无污染的处理方法。

机械浆返黄的生物抑制法主要有白腐菌直接在机械浆上进行培养和用粗制的酶液来处理机械浆两种方法。利用白腐菌直接在机械浆上进行培养的方法容易引起被处理浆白度的降低;利用粗制的酶液来处理机械浆可防止在生物处理过程中纸浆白度降低的现象,并可缩短处理时间,有时还可提高纸浆部分强度指标。

四、高浓成形技术

一般纸页成形过程的纸浆上网浓度在 $0.1\%\sim1.0\%$ 范围内,高浓成形纸浆上网浓度大于 1.5%。目前世界上可维持稳定操作的高浓成形的试验浓度在 3.0% 左右。

高浓成形可节省大量的造纸用稀释水和浆料的输送能量,另外高浓成形的特殊的成形方式可赋予纸页特殊结构与强度,同时还可增加纸页中填料和微细组分的留着率。

五、造纸系统白水封闭与循环利用

根据造纸工业的实际情况,最有可能实现用水系统封闭回用的应该是造纸机的白水系统,即在造纸过程中首先实行清洁生产。从造纸工业的制浆和造纸过程来分析,造纸系统用水的封闭循环回用,是最有可能取得突破的节水环节,因此它也成为造纸工业清洁生产的关键技术问题。

造纸工艺主要是湿法成形,在湿纸页成形过程中,纸机网部和压榨部从浆料中脱出的富含细小纤维、填料、溶解性物质与胶体物质的水称为白水。

为减少污染,降低清水用量,节约劳动力消耗,在造纸车间通常采用内部用水系统部分或全部封闭,提高白水回用率,减少多余白水的排放。当纸机进行封闭时,把脱出的水按固形物含量不同,分别用于系统中的不同部位,如把网部脱出的浓白水直接循环至流浆箱,用在混合浆泵之前稀释纸浆;把真空箱脱出的水,分成稀的和浓的两部分,稀白水可用作喷水管水。也可以把洗网部水收集起来再用。多余的浓白水经过白水缓冲槽,可作为水力碎浆机和储浆池的稀释用。把剩余的白水经过过滤、气浮、沉淀或筛分等方法,回收纤维原料后再用。这些都是降低污水排放、节约用水的有效措施。

六、生物技术改良废纸性能

纸张在制造过程中经过打浆、压榨、干燥和压光等过程,这些过程对纤维造成许多不良影响,如纤维表面角质化、纤维的机械损伤、纸浆中存在许多细小组分等,这些因素导致二次纤维强度和滤水性能恶化,给废纸的回用带来困难。废纸的反复回用,更造成纤维角质化程度的增加、废纸浆滤水性能差和成纸强度进一步恶化,给纸浆和产品带来了很多不利影响。

利用酶制剂处理可以改善二次纤维性能。由里氏木霉分泌的纤维素酶和半纤维素酶的复合酶系对以废瓦楞纸板为主的二次纤维进行处理,使浆的滤水性能得到改善,而对浆的强度性能影响不大。利用纤维素酶和半纤维素酶的复合酶系以及木聚糖酶分别处理废纸浆,研究表明纤维素酶可以改善纸浆的滤水性能,但对纸的强度略有不利影响;而木聚糖酶不具有改善纸浆滤水性能的能力,但可提高成纸的某些强度指标。

七、酶促脱墨

废纸的生物脱墨是将纤维素酶和半纤维素酶组成复合酶系或脂肪酶、α-淀粉酶与机械作用相结合,使油墨从纤维上游离出来除去的过程。其中纤维素内切酶是酶法脱墨的主要有效成分,而内切酶和外切酶的协同作用会进一步促进脱墨浆白度提高,改善纸浆的滤水性能,降低二次纤维的角质化程度,减少化学品用量和污染负荷。在旧新闻纸和办公废纸脱墨研究中,随着办公自动化程度的提高,非接触印刷废纸如激光打印纸和静电复印纸在废纸中所占的比例越来越大,传统的脱墨技术不能有效地处理这类废纸。非接触印刷废纸的酶法脱墨可提高脱墨效果,并能改善其浆的滤水性能和成纸的性能。

与纤维素酶法脱墨的工艺研究相比,脱墨机理的研究比较少,酶脱墨的机理尚未完全清楚,归纳起来有三大类:纤维素酶水解理论、机械摩擦和纤维素酶水解作用结合理论以及 LCC 破坏说。酶脱墨的机理主要表现在以下几个方面。

(1)纤维素酶作用于纤维表面,有助于油墨和纤维分离。

(2)机械作用促进油墨自纤维表面分离,并使分离的油墨粒子逐渐变小,以便浮选除去。

(3)纤维素酶使纤维润胀,有利于油墨自纤维表面分离,并增加纸页的结合强度。

(4)纤维素酶增加了油墨粒子的可浮选性,减小了油墨被再吸附到纤维上的机会。

八、树脂沉淀的生物控制

木材纤维原料或纸浆中(尤其是高得率浆)的树脂不溶于水而溶于中性有机溶剂。在制浆过程中,纸浆中的树脂会以多种方式沉积在设备的表面,影响正常生产,导致产品质量下降。其危害主要体现在以下几个方面。

(1)在纸浆的洗选漂工段,纸浆中的树脂沉积大大降低筛选和净化效率。脱落下来的树脂沉积物,在成纸中形成斑点和尘埃,从而降低纸的质量。

(2)在造纸工段,树脂沉积可降低脱水效率,影响纸页的匀度和强度,还可能形成树脂斑点和孔洞,从而形成疵病。此外,树脂的沉积可引起纸幅的断头,增加设备的清洗和维修时间,导致产量下降。

(3)废水中的树脂,尤其是树脂酸是除漂白废水外,造纸废水毒性有机物的主要来源。

(4)纸浆中树脂的存在能够降低纤维间的结合力,从而降低纸浆的强度,影响纸浆的吸水性能。

树脂中的化学成分主要有:萜烯及其相关化合物、脂肪酸(包括游离的脂肪酸与甘油三酸酯)、不皂化物、碳水化合物、多元醇、含氮化合物、芳香族化合物、无机组分等。一般来讲,针叶木的树脂可分为四类:游离的脂肪酸、游离的树脂酸、甘油三酸酯及非皂化物。阔叶树脂含有较多的不皂化物,而不含有或几乎不含有树脂酸。

树脂的化学组成,例如脂肪酸和树脂酸、甘油三酸酯等酯类物质和不皂化物等对纸浆造纸过程中产生树脂障碍的影响是不同的,每种物质在树脂沉积过程中所引起的作用各不相同。树脂中的甘油三酸酯(triglycerides,简称 TG)是使树脂发生沉积的关键物质,TG 是由脂肪酸和甘油形成的酯。

树脂中的 TG 是一系列甘油酯的混合物,甘油的三个羟基,都无选择性地与脂肪酸成酯。目前对树脂障碍的控制方法主要有化学控制法、机械控制法、非化学控制法及生物控制法等。其中生物控制法是利用菌种或酶分别处理木片或纸浆,使其与系统中的树脂发生作用,从而防止树脂沉积。该方法主要包括两种:一是利用脂肪酶处理纸浆,分解树脂中的甘油三酯,从而达到减少树脂沉积的目的;二是利用某种真菌处理木片,它可以显著地降低木片表面、树脂道中和薄壁细胞中的树脂,而又不降低木片的白度。

第五节 制浆造纸清洁生产技术的最新研究进展

清洁生产技术的研究和开发是当前全球造纸业的热点。木素是生产纸浆和纸张的主要障碍,木素与半纤维素、纤维素之间都具有碱稳定的化学键连接,木素与纤维素之间的化学键连接是进一步脱木素的主要障碍。

草类原料制浆一直是全社会乃至全世界关注的问题,因为巨大的可再生资源不能够合理利用是人类的一大遗憾。但由于碱法制浆所产生的严重污染问题使其应用受到了很大限制,我国造纸工业离不开非木纤维,这是由我国原料结构的供应现状和国情决定的,在非木纤维原料研究方面,我国造纸工作者为全球造纸业做出了重大贡献,尤其近几年在草类纤维清洁制浆技术方面有了重大突破。采用草类原料清洁制浆技术,通过构建"农、浆、纸、肥产业链"的新模式,解决草类原料制浆企业的污染和生存问题,从源头上防治污染,实现清洁生产。

目前,国内已研究开发出许多种不同类型的"草类原料清洁制浆新技术",并已分别在山东、河北、四川、陕西、河南、北京和辽宁丹东等地许多示范厂生产线和一些经过适当改造的原有草浆厂中连续生产运行,不再对环境造成污染,已取得很好的成果并有了实质性的突破。

一、草类纤维清洁制浆新技术

1. 甲酸制浆

采用草类原料清洁制浆技术,通过构建"农、浆、纸、肥产业链"的新模式,解决草类原料制浆企业的污染和生存问题,从源头上防治污染,实现清洁生产。

麦草甲酸法制浆的研究表明,在最佳工艺条件下(甲酸浓度 85%,蒸煮温度 100℃,蒸煮时间 180min,液比 15:1),细浆得率 46.16%,卡伯值 42.25,黏度 723.88mL/g,白度 27.3%ISO;甲酸法制浆过程中木素易于脱出,麦草在甲酸常压蒸煮过程中,大量的愈疮木基木素、紫丁香型木素和对羟苯基结构的木素被脱除。同时,由于 α-醚键或 β-醚键断裂产生了较多的共轭和非共轭 C=O 基团,使蒸煮后纸浆颜色变深。

甲酸对竹材中非纤维素成分有较强的选择性脱除作用,而对纤维素的降解作用很小,杭机院已经成功研制了甲酸法连蒸中试系统,在此基础上研制大型工业化的甲酸连续蒸煮系统。这将能彻底改变我国非木原料制浆严重污染环境、能耗高、水耗大、产品质量低下的状况。

2. 乙酸制浆

乙酸法制浆是一种比较有效的有机溶剂制浆方法,已经应用于木材及非木材原料。在常压下,用 95% 的乙酸蒸煮麦草 3h,催化剂硫酸用量 3.0%,可以得到性能较好的纸张,但催化剂的用量对浆的抄纸性能影响大,过多会使纸浆的乙酰化增加,从而影响纸张的性能。

3. 有机醇类制浆

粉碎的水稻秸秆经水煮和抽提预处理后,用乙二醇(EG)和水的混合溶剂(体积比为 9:1),在酸或碱的催化作用下,分离得到纤维素、回收木质素和半纤维素,同时混合溶剂可高效回收并循环使用。

以乙醇(酒精)作为蒸煮剂,用中温及中压技术将麦秆、稻草、蔗渣及灌木等分解成浆。其副产物则有层次地分解成为有商业价值的产品:木酚、糠醛、木醛糖、醋酸及甲酸等。该技术制浆和提取副产品后的残余物含有较高的糖分,加入酵母经过发酵,可制造乙醇(酒精)循环再用;其他剩余物则成为酒糟和肥料,用于饲养和土地施肥。用水量不足传统方法的 1/10,且可循环使用。

二、采用生物技术培植植物纤维原料

通过遗传基因工程发展速生材原料,可以提高植物纤维原料的产量和质量。作为速生材的佼佼者,三倍体毛白杨,不但具有繁育周期短、生长速度快的优点,而且与其他速生杨相比,它的纤维含量高、木素和聚戊糖含量低、纤维长度分布均一、长宽比大、壁腔比小,是一种优良的纸浆造纸原料。

三倍体毛白杨既可以用来制备普通化学浆,也可以用来制备高得率的化学机械浆。而且三倍体毛白杨碱性亚钠法制浆和硫酸盐法制浆都表现出较强的适应性。

由于木素含量小,材质结构疏松,磨浆时纤维束含量低,成浆容易,热磨机械磨木浆(CTMP)用过氧化氢漂白剂进行二度漂白,白度达到 80%(ISO)以上。三倍体毛白杨碱性过氧化氢热磨机械浆(APMP),过氧化氢用量 3.0%～5.0%(对木片),氢氧化钠用量在 3.0%～6.0%(对木片),因三倍体毛白杨木素含量较小,木材密度低,氢氧化钠用量较阔叶木材低,在应用中取低值较好。

三、清洁制浆

1. 生物法制浆

生物机械浆可以提高浆的性能,减少污染,降低能耗。一般的硫酸盐法制浆过程中,蒸煮药液中相当量的碱并没有用在木素的溶解脱除上,而是被纤维原料中大量存在的半纤维素、寡聚木糖和树脂等以及蒸煮过程中转化生成的酸性物质所消耗,因此,利用半纤维素酶、木素降解酶及某些纤维素酶组分对制浆原料进行预处理,可以减少碱法制浆蒸煮过程中非木素溶解因素造成的蒸煮药液消耗,进而减少蒸煮药液用碱量,达到节碱目的,减少污染负荷。目前,我国麦草生物机械浆生产瓦楞原纸已成功产业化,非木浆的生物漂白正在推广应用。

2. 甲酸制浆

麦草甲酸法制浆木素结构及相对分子质量变化的研究表明,25℃下废液黏度 1.25mPa·s,有机物含量 19.30g/L,占总固形物的 82.8%,无机物含量 4.18g/L;蒸煮过程中醚键断裂产生了较多的共轭和非共轭 $C=O$ 基团,溶出木素含有较多的伯醇—OH 和仲醇—OH,有利于木素的进一步加工利用;溶出木素的平均分子量大于残余木素的平均分子量。

四、深度脱木素

在化学浆的连续蒸煮技术方面,目前已应用的有扩大逆流蒸煮区的范围,延长蒸煮时间,降低蒸煮温度 10℃,实现全程等温蒸煮的等温连续蒸煮技术。在间歇蒸煮方面,快速置换加热蒸煮及超级间歇式蒸煮工艺及装备,两种方法均能在保持纸浆强度下,大幅度降低纸浆硬度,而且得率高、蒸煮的均匀度好。

DDS 是目前世界上最先进的间歇式置换蒸煮技术。该技术是把原料(木片或竹片)放在蒸煮锅中,并在不同蒸煮阶段从槽区抽进各种温度与化学特性不同的液体经过蒸煮锅中的料层进行反应,最后得到浆料。置换后进行冷喷放,同时置换出来的黑液可用于下一个间歇反应或"蒸煮"。通过多个蒸煮阶段和置换过程,DDS 置换蒸煮创造了一个更加灵活的间歇蒸煮系统,大大提高了所得浆料的质量,并且系统的热量得到了充分利用,节能效果明显。

五、高得率浆

高得率浆可以提高资源利用率,减少纤维和化学药品的消耗,采用不产生有毒有机氯化物的新漂剂,漂白废水的 BOD、COD 和 AOX 等比化学浆小得多,以至于生产过程排放的废液污染负荷轻,废液的回收处理比较简单。同时,高得率浆具有再制浆的优良性能,有利于废纸的回收利用。

六、漂白废水的多相光催化氧化技术

漂白废水中 300 多种的氯化物中有机氯化物占 2/3,许多毒性很强,对人体及动物有致癌、致突变和致畸效应。虽然废水中二噁英类物质含量微小,但它是所有低分子量毒物中毒性最高者,其影响不可忽视。

随着环保技术的发展和对水体质量要求的提高,通过化学或生化的作用改变污染物的化学本性,使其转化为无害的或可分离物质的废水处理技术日益受到重视,其中多相光催化氧化技术是近 30 年来研究得较为广泛的水处理方法之一。

二噁英结构稳定,难以生物降解,利用光催化纳米级 TiO_2 产生氧化能力很强的 $OH \cdot$ 自由基可引发链反应,可直接将二噁英降解为 CO_2、H_2O 和 Cl^-,以达到一次销毁这一有害物的目的。氯化二苯并对二噁英(CDDS,包括 DCCD,PcDD 和 OCDD)的光解反应表明,二氧化钛能有效地催化 CDDS,在室温下,4h 内 DCCD、PcDD 和 OCDD 分别降解了 87.2%、84.6% 和 91.2%。

用常规生物氧化处理工艺,可在很大程度上去除 COD、BOD 及低分子的 AOX,但高分子的 AOX 难去除,这是此类废水色度和 AOX 的主要来源。用一般的方法如生物滤池、活性炭吸附、气脱等虽然能消除部分污染,但是不能全部去除。将 TiO_2 和 ZnO 固定在玻璃上,对漂白废水进行光催化氯化处理 120min,废水色度可完全去除,总酚含量减少了 85%,TOC 减少了 50%,处理后残留有机物的急性毒性和 AOX 比处理前大为减少,高分子化合物几乎全部降解。

七、酶促脱墨

近几年来,酶法脱墨研究的热点不再集中于废旧新闻纸(ONP),而是逐渐转向含有较多静电复印纸和激光打印纸的混合办公废纸(MOW)和大量废旧书刊纸的脱墨上。静电复印纸、激光打印纸和紫外线固化的油墨由于其色料载体和固化干燥方式的特殊性,采用传统的化学脱墨方法已不能取得满意效果,而酶法则比较适合这类废纸的脱墨。因为酶具有高效、专一、作用温和等特点,因而在脱墨的同时,利用生物酶的温和反应性能,在不影响纸张匀度的情况下,可以对纤维表面性能进行改善,而且纤维性能改善的技术也逐渐推广到棉浆、草浆、化学机械浆等各类纸浆纤维的改性上。

用于脱墨的酶制剂,除了广泛应用的纤维素酶(cellulase)、半纤维素酶(hemicellulase)主要使用木聚糖酶(xylanase)外,近年来也使用淀粉酶(amylase)、脂肪酶(lipase)、果胶酶(pectinase)、漆酶(laccase)或几种混合酶的协同脱墨。为了满足酶对复杂的废纸环境的适应性以及提高酶的纯度和活性方面的要求,研究人员正在开发新型的酶制剂种类。

酶的使用方法已由单一种类的酶脱墨发展为多种类的酶或混合酶的共同脱墨,由酸性酶脱墨向中性酶乃至碱性酶脱墨发展,由纤维素酶对各种废纸进行脱墨转向不同酶对不同废纸的脱墨研究。

生物酶脱墨是一种具有良好前景的脱墨方法。与常规脱墨方法相比,酶法脱墨不仅具有脱

墨浆游离度高、物理性能及滤水性能良好、高白度以及低残余油墨量等优点,而且还可以通过改变酶的组成、用量、处理时间、pH 和添加一些助剂来控制油墨粒子的大小分布和形状,从而有效地除去形状各异的油墨。更重要的是酶法脱墨可以大大降低脱墨废水的 COD 值,有效地降低废纸制浆过程中对环境的污染。

八、酶改性纤维

在资源和能源日渐紧张的今天,利用酶改性纸浆纤维,将原来用于生产低档纸制品的纤维原料用来生产高档纸制品以节约资源。酶对纤维改性已应用到制浆造纸工业的各个环节,纤维素酶和半纤维素酶对二次纤维的脱墨研究取得一定成果,并在工厂中进行了试验;纤维素酶和半纤维素酶对改善纸浆滤水性能,降低磨浆能耗,促进打浆以及半纤维素的预漂、助漂等都取得了令人满意的试验结果。漆酶被认为是最具潜力的漂白用酶之一,在脱墨、制浆方面的研究也初见成效。

九、黑液处理

1. 黑液的生物处理

生物技术处理工业废水运行费用低、不产生二次污染,但仍存在环境适应性差、培养周期长的缺点,不适于在污染体系复杂的造纸黑液中应用。将生物技术与其他成熟的物理化学法,如酸沉析法、絮凝沉淀法等相结合处理效果良好。采取生物酸析法提取黑液中的木素,不仅可以削减黑液的污染问题,还可以变废物为有用资源。

木素的生物酸析法,主要是利用产酸微生物,如白腐真菌在处理黑液时能代谢产酸,将环境酸碱度从初始 pH8~9 下降到 1,即通过产酸及木素吸附效应去除体系中木素,使木素沉淀析出,COD_{Cr} 去除率达 73%,类似于酸沉析。由于微生物所产生的酸是有机酸,可被自然界其他微生物转化利用,并且可使黑液 pH 降为 5,因此,造成二次污染的程度很小。用生物法分离碱法制浆黑液木素,在技术上是完全可行的,操作简便,无须增加复杂的设备,在工业上具有一定的应用潜力。但该方法的不足是有些白腐真菌在处理黑液时能代谢产酸,在碱性黑液中可以发挥产酸与降解的双重功能,降低了木素的提取率。

2. 草浆黑液的膜分离技术

针对我国造纸麦草纸浆黑液废水量大、污染严重的现状,结合无机膜具有耐高温、耐酸碱和有机溶剂、耐微生物侵蚀、机械强度高、孔径分布窄等特点,用无机陶瓷膜对草浆造纸黑液进行了膜滤研究。结果表明,$0.2\mu m$ 膜对 COD_{Cr} 截留率是 49.4%,$0.5\mu m$ 膜是 41.5%,$0.8\mu m$ 膜是 37.2%。$0.2\mu m$ 膜对木素截留率是 80%,$0.5\mu m$ 膜是 60.2%。$0.2\mu m$、$0.5\mu m$ 膜对 SS、固形物、SiO_2 有很好的截留效果。综合考虑 $0.2\mu m$ 的无机微滤膜有利于今后的工业化。膜分离技术应用于草浆黑液工艺回用,浓黑液可以考虑去碱回收,也可提取木素等综合利用。中段水经生化处理、膜处理后回用于洗涤、筛选工艺。为草浆黑液资源化、清洁生产新工艺提供了技术支持。

麦草废液由于存在硅含量高等特点,使碱回收技术受到限制。超滤技术处理麦草蒽醌—亚硫酸铵(麦草亚铵)法黑液的研究表明:截留分子质量为 10Ku(Ku 为克氏单位)的聚醚砜(PES)超滤膜较适合于分离此黑液,并具有较好的抗污染性;在操作压力 0.20MPa、温度 25℃下进行超滤,随着体积减少量的增加,灰分的透过率增加,截留液被浓缩。对超滤处理前后的黑液进行物化性能的对比研究表明:超滤后截留液中的木素高相对分子质量(Mr)部分比例增加;截留液中的磺酸基、羧基和酚羟基的含量均比黑液中的高;组成与结构上的变化对物化性能的影响表现在:净浆流动度提高了 45.7%,即通过超滤能增强黑液的应用性能。

麦草亚铵法制浆黑液中含有大量的木素磺酸,它是很好的络合剂,常被用来作为提高微量营养元素肥效的一种有效措施,一般可比无机盐肥料提高 2~3 倍的肥效。木素磺酸盐同时也是一种新型、天然、高效广谱的植物生长调节剂,经对多种农作物的应用试验和大面积应用示范表明:它对多种作物增进光合作用,提高分蘖能力,增进植物创伤部位的愈合能力,增强抗逆性,调节活性氧的代谢,稳定植物细胞膜系统,有保绿和延缓衰老的功能,可广泛应用于各种农作物、蔬菜、瓜果及苗木的扦插、嫁接等;另外麦草亚铵法制浆黑液还含有植物生长所必需的丰富的氮等其他元素。将麦草等非木材纤维原料的亚铵法制浆黑液,经过卧式喷淋蒸发器等装置的蒸发干燥,生产出木素磺酸盐干粉和生物活性有机肥,使黑液变废为宝。

用"秸秆废液精制有机肥技术",将铵法制浆黑液全部转化为富含黄腐酸、氮磷钾及多种中微量元素的腐植酸有机肥产品返回到农田,提高了土壤有机质、土壤肥力和化肥利用率,实现了制浆造纸—农业的巧妙链接,构建了农业和造纸业的良性循环。

十、膜分离技术深度处理造纸废水

用絮凝沉淀预处理和膜分离技术,深度处理二级生化处理后的造纸废水的研究表明,在阳离子聚丙烯酰胺添加量 1.5mg/L、聚合氯化铝铁添加量 150mg/L 的条件下进行絮凝预处理,絮凝效果能达到超滤膜进水要求。

十一、废纸脱墨浆过氧化物漂白

各种类型的废纸都可用于造纸。混合办公废纸(包括喷墨和激光打印纸、复印纸)已经成为造纸主要原料,经脱墨和漂白后,可以用于生产高档文化用纸和生活用纸。脱墨浆漂白必须去除纸浆中的残余木素、去除造纸过程中引入的各种染料。由于生态和健康的原因,在 ECF 漂白过程中禁止使用元素氯,而且,在卫生纸生产中禁止使用任何含氯化合物。因此,用活性较低的含氧物质(如 O_2、O_3、H_2O_2)取代传统的高效含氯漂剂,将是原生纸浆和各种废纸浆生产高白度纸时面临的共同难题。

用螯合剂 EDTA 和 $MgSO_4$ 去除浆料中的过渡金属离子,可减少金属离子对 H_2O_2 的分解,提高漂白效果。过氧酸对于去除办公废纸中的杂质和促进低木素含量废纸浆的漂白具有特殊的效果,混合过氧酸和单独使用过氧乙酸都能提高废纸浆过氧化物漂白和脱木素作用。

十二、生物技术制浆

采用生物技术秸秆制浆造纸,实现蒸煮黑液和中段水全部资源化生态循环利用。该技术核心是建造特定的适应于某菌群生存繁殖的生物菌池,加入专用生物培养基,经生物代谢作用,使池内生物培养基改性成为有机溶剂和酶的生物液,用于秸秆蒸煮制浆。蒸煮后的黑液重新输送回生物菌池,如此反复。秸秆造纸黑液完全形成资源化生态循环,从源头上治理秸秆类原料蒸煮黑液的污染。

复习指导

1. 结合不同原料的特点,了解木材和非木材的备料工艺流程的不同。
2. 了解制浆过程、造纸生产过程以及制浆造纸废水、固体废弃物和废气的主要污染源。
3. 掌握有机溶剂制浆、速生杨制浆和生物制浆的特点与不足。
4. 了解制浆造纸清洁化生产技术的最新研究进展。

复习思考题

1. 简述不同蒸煮液的组成和性质。
2. 简述纸浆的发色基团。
3. 试述影响次氯酸盐漂白的主要因素有哪些?
4. 纸浆洗涤的目的是什么?
5. 简述打浆的方式。
6. 影响纤维结合力的因素有哪些?
7. 何谓生物制浆? 有何优点?
8. 制浆造纸清洁生产技术主要包括哪些?

第六章 纺织染整工业清洁生产技术

第一节 概述

纺织印染是资源和能源消耗较大，对环境影响较大的行业之一，其生产过程排放的废水污染尤为严重。在我国，印染废水排放量约占整个工业废水排放量的 80%，是一种较难处理的工业废水之一，每排放 1 吨印染废水，就能污染 20 吨清洁水体。过去末端治理一直是减少印染废水危害的途径之一，但是随着环保要求的提高，单纯末端治理已经很难满足要求。

清洁生产的实质是预防污染，这就要求印染企业提高能源利用效率，节能、节水，尽量少用、不用有毒有害的原料；开展资源综合利用，采用低废、无废工艺，高效的设备和完善的管理；开发绿色纺织品，使它在生产、使用过程中，甚至在使用之后都对环境无害。印染行业的清洁生产就是要把污染防治从末端治理向源头预防转变，走一条资源消耗低、环境污染少、产品附加值高、经济发展和环境协调统一的工业化道路。

染整生产中的清洁工艺技术，已有若干可行的技术方案被广泛地探讨过，可归纳为工艺优化、替代、回收重复使用以及新工艺或新技术的应用四个方面。国家经贸委 2000 年发布的 [2000]137 号文，公布了"国家重点行业清洁生产技术导向目录"，其中 11 项涉及纺织印染行业，在随后公布的第三批目录中又增加了后两项。

(1)转移印花新工艺。

(2)超滤法回收染料。

(3)涂料染色新工艺。

(4)涂料印花新工艺。

(5)棉布前处理冷轧堆一步法工艺。

(6)酶法水洗牛仔织物。

(7)丝光淡碱回收技术。

(8)酶法退浆。

(9)高效活性染料代替普通活性染料，减少染料使用量。

(10)从洗毛废水中提取羊毛脂。

(11)涤纶仿真丝绸印染工艺碱减量工段废碱液回用技术。

(12)气流染色技术。

(13)印染业自动调浆技术和系统。

第二节　纺织染整中的主要污染源及其对环境的影响

染整加工是纺织品生产的重要工序,借助于各种机械设备,通过各种化学或物理的方法,对纺织品进行加工。主要过程有前处理、染色、印花和整理。印染废水及其污染物来自于染整加工过程的各个工序,其中前处理和印染过程产生的废水及其污染物占印染废水和污染物总量的绝大部分,后整理过程产生的废水和污染物量相对较少。

一、染整加工中的主要污染物

1. 染料

染料既是染色印花生产的主要物料,又是排入废水中影响最大的物料。估计全世界纺织用染料生产量为40多万吨,印染加工过程中损失10%～20%,这样每年至少就有4万吨染料溶解或分散于水体中,排入江湖、大海和地面水中,对环境造成污染。染料的污染和危害主要体现在以下方面。

各种禁用偶氮染料、致癌、致敏及急毒性等染料的使用和排放,危害人类健康并对环境造成损害,目前大部分国家已立法禁止制造和应用。

染料本身含有可萃取重金属,它们具有高蓄积性、高毒性等特点。如酞菁铜盐含铜2%～6%,酞菁镍盐含镍2%～5%,金属络合染料含有铬,其他商品染料中也含有不同量的重金属。此外,染色过程中常需加入含有重金属的物质,如重铬酸钾常在染色工艺中作硫化和还原染料的氧化剂,媒介染料的媒染剂,使得排放废水中金属含量较高。这些重金属可以通过环境和纺织品在人体中累积,对人的健康造成巨大伤害,尤其是对儿童的伤害更为严重。此外,染料几乎全是大分子量的多环芳香族结构的化合物,许多染料很难被氧化或还原,因此具有一定的耐破坏性,这给印染废水的处理带来了一定的麻烦。

染料加工过程中未反应的原料,引入的各种添加剂和助剂所含有的环境激素、挥发性污染物、农药等都有可能对环境造成不可逆转的危害。

由于染料的存在,印染废水的色度一般较深,有时经脱色处理后还存在一定色度。某些上染率低的染料的使用,是造成印染废水中染料含量高和色度深的重要原因。

2. 染整加工中的各种助剂

染整加工所用的助剂一般情况下不与纤维作用保留在纤维上,加工终了后助剂残留在被排放的废水中,是产生高浓度污染物的主体。而且其中常含有一定量难以生物降解的物质,增加了废水处理难度,造成水体严重污染。这些污染物排入废水后,将形成很高的BOD和COD值。

染整生产中用量较多的助剂是表面活性剂,其中尤以阴离子表面活性剂的使用较多。表面活性剂对环境的影响首先是安全性,其次是生物降解性。一般来说,阳离子表面活性剂的毒性和对皮肤的刺激性比阴离子表面活性剂的要强得多,非离子表面活性剂最小。但非离子表面活性剂中的聚乙烯类表面活性剂有致变异性。阴离子表面活性剂的生物降解性与其疏水链的结构和亲水基的类型有关。分解速度次序为:线型脂肪皂类＞高级脂肪醇硫酸酯＞线型醚类硫酸酯＞线型烷基及烯基磺酸盐＞线型烷基苯磺酸盐＞支链高级醇硫酸酯及皂类＞支链醚类硫酸酯＞支链烷基苯磺酸盐。亲水基为羧基的最易分解。由于支链烷基苯磺酸盐难以被生物降解,对鱼类毒性较高,国外从 20 世纪 60 年代就开始用直链烷基磺酸钠(LAS)或烷基酚聚氧乙烯醚(APEO)来代替它。90 年代德国、瑞士、丹麦等国家发现 APEO 类产品的分解代谢中间体酚类对人类仍有很高毒性。因此,1988 年起部分国家对该类产品的使用已实行限制,并要求加以改进,使之达到生物降解标准,并已在研究和开发它的替代品。2012 年颁布的 Oeko–Tex® Standard 100 已将其中的 OP、NP、OP(EO)$_{1\sim2}$ 和 NP(EO)$_{1\sim9}$ 列入限制范围,并要求从 2013 年 4 月 1 日开始强制执行。2014 年又将 APEO 上聚合的环氧数从 1～2 扩到了 1～20,限量值进一步下降。目前 2015 年颁布的最新限量值为 OP 和 NP 的总量 10.0mg/kg,OP、NP、OP(EO) 和 NP(EO)总量小于 100.0mg/kg。十二烷基苯磺酸钠(LAS)是阴离子表面活性剂中最重要的一种,产量占世界表面活性剂的 1/3。但也有报道,LAS 经皮肤吸收后,对肝脏有损害,会引起脾脏缩小,具有致畸性和致癌性;应用中泡沫多、不耐碱,功能性差,难以生物降解,也已逐步被其他助剂所替代。非离子表面活性剂主要为聚氧乙烯加成物,其聚氧乙烯链越长,分解越慢。阳离子表面活性剂由于其生物毒性而使生物降解受阻。

棉漂白工艺中次氯酸钠价格低廉,工艺、设备简单,亚氯酸钠去杂能力很高,对前处理要求低,白度好,但含氯漂白剂会使废水中存在可吸收性的有机卤,有时还可能产生少量二噁烷等有害物质。而且亚氯酸钠在酸性条件下,腐蚀性极大,在漂白过程中,释放的二氧化氯在大气中毒性非常大,会对工人的健康造成严重影响。

羊毛加工中的氯化防缩整理工艺,由于操作简单,成本低而应用较多,但在排放的废水中,存在较多的有机氯化物,主要由羊毛上的蛋白质和氯作用产生。这种有机污染物很难降解,废水中可吸附有机卤(AOX)严重超标,AOX 的毒性潜力很高,已被许多发达国家的法规严格限制,我国对此也有要求。

近年来,很多含磷氮的化合物常用作净洗剂和氧漂稳定剂的添加剂如尿素、六偏磷酸钠等,使废水中磷氮含量增高,排放后流入江河、湖泊,造成水域的富营养化,使藻类过度繁殖,水中含氧量下降,造成鱼类等水生动物窒息死亡,水生物生态失衡。

当前应用最多的织物漂白剂是过氧化氢,其本身对环境影响较小,但是漂白时添加的稳定剂,如氮基三乙酸(NTA)、乙二胺四乙酸(EDTA)和二乙烯三胺五乙酸(DTPA)等有机螯合剂,无机磷酸盐类、聚羧酸盐化合物等,虽然效果很好,但是 EDTA 和 DTPA 的生物降解性能很差,它们与重金属螯合后生物降解性更差。而 NTA 投放市场不久就发现它是一种致癌物质,各国相继制定法律,禁止使用。聚羧酸盐存在难于生物降解的问题。

印花色浆传统采用的防霉防腐剂五氯苯酚(PCP)是一种强毒性物质,对人有致畸和致癌性,化学稳定性很高,自然降解过程漫长,不仅对人体有害,而且会对环境造成持久的损害。

甲醛在纺织纤维的生产和纺织助剂的合成中得到广泛应用。但是,甲醛对生物细胞的原生质是一种毒性物质,它可与生物体内的蛋白质结合,改变蛋白质的结构并将其凝固。甲醛对人的呼吸道和皮肤有强烈的刺激作用,纺织品在穿着或使用过程中若释放出游离甲醛会对人体健康造成极大的损害。甲醛排入废水中,也会对环境生态造成影响。

含溴和含氯阻燃剂是纺织材料的常用阻燃剂,如 3 -(2,3 -二溴丙基)磷酸酯(TRIS)、三-(氮杂环丙基)氧化膦(TEPA)、多溴联苯(PBB)。自从证明有致癌性后早已停止生产和使用。2002 年版 Oeko - Tex® Standard 100 已将 TEPA、TRIS、PBB 列入禁用名单。并且 2015 年颁布的新标准在 2014 年的基础上又新增了 39 种禁用阻燃产品,其中增加了含硼类物质,如:硼酸、三氧化二硼。其他应用较多的是溴—锑系和磷—氮系阻燃剂,但它们也都存在不同程度的毒害性;过去应用过的锑、锡、铬等金属氧化物阻燃剂排放到废水中,对人类和环境均有影响。

纺织品抗菌防臭、防虫整理用的整理剂,通常为有机化合物或季铵盐,它们中大部分都有一定的毒性。常用于棉织物抗微生物整理的三丁基锡(TBT)和二丁基锡(DBT)和三苯基锡(TPhT)能透过皮肤被人体吸收,对神经系统造成危害,可杀死野生动物,尤其是对水生物的毒性相当大,在废水中排放对环境影响较大。部分阳离子型柔软剂对废水也有污染。

据统计,印染生产中常用药剂有 200 多种,某些酸、碱和盐相对无毒;一些易生物降解的动植物油脂、淀粉和肥皂等毒性也不高;但这些物质的大量排放对环保仍有一定影响,会给废水治理带来一定困难。

3. 纤维或织物上可去除的杂质

纤维或织物上所含杂质主要是纤维自身所含有的杂质和纺织加工过程需加入的助剂或沾污的杂质。纤维材料中,天然纤维所含的杂质最多。原棉所含杂质占纤维总质量的 10% 左右,主要是蜡质、果胶物质、棉籽壳等;原毛含杂质在 50% 以上,主要是沙土、草屑、羊毛脂等;蚕丝含杂质约 20% 以上,主要是丝胶;原麻含杂质平均也在 20% 以上。化学纤维本身虽含杂质较少,但在生产过程中要加入纺丝油剂等助剂,同样存在一定数量的杂质。纤维上所含的这些杂质在染整加工过程中通过前处理去除,被排入废水。这部分废水量占染整废水总量的 50% ~ 60%,污染物含量高,而色度相对较低。

纺织加工中加入的助剂,主要为油剂和浆料等。油剂包括矿物油、乳化剂、润滑剂和抗静电剂等;浆料包括淀粉浆、改性淀粉浆以及聚乙烯醇、聚丙烯酸酯、聚丙烯酰胺等高分子合成浆料等。由于化学纤维的增加,经纱上浆较多采用变性淀粉浆和聚乙烯醇(PVA)混合浆,PVA 是一种较难生物降解的物质,据测定 PVA 的 COD 值为 10 000mg/L,而 BOD 值仅为 20~30mg/L,使废水的可生物降解性降低。

另外,涤纶碱减量工艺废水中含有较高浓度的涤纶的水解产物——对苯二甲酸等有机物,这些水解物较难生物降解,废水的 COD 值高达 10 000mg/L 左右,且碱度也较高,是较难处理的印染废水。

4. 大气污染

印染加工过程的大气污染主要是由于生产过程中使用了大量会释放异味的物质,生产车间中蒸汽和热空气的泄漏和释放等。目前最严重的是涂层加工对环境和大气的污染,此外涂料印花中使用的煤油等有机溶剂在烘干过程中产生的大气污染也不容忽视。空气污染物主要是一些碳氢化合物如油、蜡和有机溶剂等。这些挥发性有机物进入空气中变成看得见的烟尘以及看不见但很难闻的气味。烟尘由挥发性有机物的微小固体和微小颗粒组成,以气体形式悬浮于空气中;气味通常是平均分子量小于200的碳氢化合物,这些气味分子吸附在烟尘颗粒上,造成大气污染。

二、染整废水的特征

染整加工的每一道工序几乎都离不开水,水参与了整个印染加工过程,加工结束后含有染料、助剂和其他化学成分的废水最终被排放到环境中,造成自然界水源的污染。通常每印染加工1吨纺织品耗水100~200吨,其中60%~80%以废水排出。纺织印染废水一般具有以下特点。

1. 污水排放量大

由于印染加工用水量大,尤其是棉织物的前处理工序,因而排放的污水量大。据测算,印染织物与排放废水的质量比高达(1∶150)~(1∶200)。同时水的低效利用,造成资源浪费。此外,精练染色工艺均在高温下进行,产生较多的高温废水,通常为30~40℃,有时高达40℃以上,造成水体的热污染。退浆、精练和染色需耗用大量的碱,导致废水pH可高达9~12,甚至13,使得水质碱化。染色印花过程未上染的染料和水解了的染料使得废水色度变深,颜色多变,对环境影响直观,造成人们视觉和心理上的厌恶,从而形成颜色污染。

2. 成分复杂

印染废水成分复杂。有机物含量高,难生物降解物质多,有的还处在物质转化的过渡阶段,性质极不稳定,易形成二次毒害物质。如氯离子与污水中的有机物易形成毒性更大的有机氯化合物。由于加工品种、产量不同,所用的染料、助剂不同,其废水水质有较大差异,水温水量也有较大变化,使印染废水的末端处理不仅难度大,而且成本高。表6-1为不同纺织品印染废水的特征。

表6-1　不同纺织品印染废水的特征

工艺	纺织品	BOD(mg/L)	COD(mg/L)	pH
染色	棉	60~10 000	10~80	1~12
	羊毛	400~3 000	2 000~1 000	5~8
	再生纤维	2 800	3 500	8~9
	聚酯纤维	500~27 000	300~3 000	6~9
漂白	棉	90~1700		8~10
	毛	390		6
退浆	棉	1 700~5 200		6~8
整理	棉	20~500		6~8

第三节　环保型染料和印染助剂

一、环保型染料

环保型染料就是在生产和使用过程中对环境友好、对人体安全、符合生态纺织标准100

(Oeko—Tex® Standard 100)的环保要求,不含致癌的芳香胺,无过敏性或其他急性毒性,可萃取重金属含量在限制值以下,不含可吸附有机卤化物,不易产生"三废",即使产生少量的"三废",用常规方法处理即可达到环保和生态要求,生物降解性好的染料。同时,染料的染色性能(如色泽、上染率、匀染性、重现性等),各项染色牢度必须满足要求。

1. 环保型活性染料

当前市售商品活性染料不涉及 Oeko—Tex® Standard 100 禁用的染料和苯胺,本身都是安全的。但是活性染料仍然存在不能忽视的环保问题,这些问题受到诸多因素影响。如易水解,固色率低,一般在 50%～65%染料损失较大;染色时要加入大量的无机盐,使染色残液中含有大量无机阴离子(Cl^-,SO_4^{2-}),COD 和 BOD 值较高;含有重金属、环境激素及可吸附有机卤化物;汗渍牢度、耐氯漂牢度等不能满足使用要求等。近年来活性染料的开发重点是改变活性染料的分子结构,以提高其应用性能并达到更高牢度要求。此外,降低用盐量、使用方便、缩短染色时间、重现性好,追求一次成功率也是开发目标。

(1)高固着率活性染料。这类活性染料分子中含有两个以上不同或相同的反应性强的活性基团。活性基团的增加使染料相对分子质量提高,改变了染料的溶解性,增加了染料与纤维的反应概率,染料的提升力和固着率明显提高,同时各项牢度性能也得到提高,但发色强度没有增加。一般说来,由一个活性基团变为两个活性基团,染料的固色率增加 6%～8%。

日本 Sumitomo(住友)公司的 Sumifix Supra 染料,母体单侧用芳环连结乙烯砜和一氯均三嗪两个不同的活性基,改进了活性染料的溶解度和提升力,固着率和各项牢度都有提高。其后开发的 Sumifix Supra NF 和 Sumifix Supra HF 两套活性染料,固色率高达 85%～90%,具有较好的耐日晒、耐汗渍、耐光、耐氯牢度。

Huntsman(亨斯曼)公司的 Novacron C 和 Novacron FN,采用了乙烯砜和一氟均三嗪双活性基。由于一氟均三嗪的反应速率比一氯均三嗪快 4.6 倍,与乙烯砜基的反应性有更好的匹配性,从而提高染料的固色率,一般均在 80%以上,最高可达 96%。具有高匀染性,高重复洗涤性,优异的易洗涤性能和各项牢度。开发的又一新型染料 Novacron S 由 2～3 个发色体和 2～3 个互补的活性基组成(其中 1～2 个活性基是乙烯砜基或 β-羟乙基砜基硫酸酯基),与传统的活性基为线型排列的活性染料不同,它的 3 个活性基呈平面排列,分子紧密而有弹性,具有中等亲和力、良好的分散性、移染性,优异的水洗性,使得该类新染料具有超过 90%的固着率和极高的提升力。

此外,高固色率的活性染料还有克莱恩(Clariant)公司的 Drimarene CL,德斯达(DyStar)公司的 Remazol 和 Levaflx,巴斯夫(BASF)公司的 Basilen FM,韩国泰兴公司的 Apollofix SF 以及上海染料有限公司开发的 ME 型、EF 型、KE 型染料。

(2)低盐、无盐染色用新型活性染料。活性染料染色过程中必须加入大量无机盐作促染剂,一般竭染时无机盐浓度为 50～80g/L,连续轧染时高达 200～250g/L。排放如此多无机盐的废水将直接改变江湖水质,破坏水的生态环境,盐分的高渗透性将导致江湖周边土质的盐碱化,降低农作物产量。印染厂对染色过程中加入的大量无机盐无法通过简单的物理化学和生化方法进行处理。

　　既要少用无机盐又要保持或提高活性染料的上染率和固色率,必须提高染料与纤维的亲和力,但是因此会降低匀染性和易洗涤性。在深入研究了活性染料结构和亲和力的关系后发现,增加染料分子结构的空间位阻,使染料分子的共平面性和共轭效应减弱,加强染料亲水基团的亲水能力,从而适当减少染料分子上离子性亲水基团的数量,增加非离子性亲水基团(在连接基上)的数量,将显著减少染色用盐量。这里的空间位阻效应是在染料母体上的不同位置以及桥基上引入烷基取代基。因此,这类染料的直接性远大于以往的活性染料,只需使用较少的无机盐即可保持或提高染料对纤维的亲和力,保证高固色率,又具有优良的匀染性和易洗涤性,使废水 COD 值显著下降。

　　Huntsman 公司的 Novacron LS 型活性染料。LS,即 Low Salt 表示适于低盐染色。分子结构中的双一氟均三嗪活性基通过特殊的桥基结构连接起来,与单侧型双活性基染料不同。此染料的特点是溶解性好,反应性中等,成键牢度高,上染率可达 90% 以上,固色率高达 80%,用盐量低[为一般活性染料的(1/3)~(1/2)],可用于纤维素及其混纺织物的高温浸染工艺,对盐、浴比变化不敏感,即使在批量、浴比变化相当大的情况下,也能保证染色的一次准确性,具有优良的匀染性和重现性。

　　日本住友化学公司 1996 年推出的 Sumiflx Supra E—XF 系列,通过减少分子中磺酸基的数量,达到低盐染色的目的。染色时只需加硫酸钠 30g/L,就能与 Sumiflx Supra 普通型染料添加 50g/L 时的效果相同。1998 年开发的 Sumiflx Supra NF 和 Sumiflx HF,具有 85% 以上的高固色率、无机盐用量为一般染料的 60%,适用于 70~80℃ 竭染染色,具有良好的洗净性和提升力,特别适用于中深浓色染色,因其固色率高,其染色废水中残留染料量仅为一般活性染料染色的 25%~30%。

　　日本化药公司 1996 年开发的 Kayacion E—LE conc 为一套中深色环保染料,其 E—LE 即竭染时使用低电解质,具有高亲和性和反应性,可获得高上染率与固色率。另外,该公司还开发了 Kayacion E—CM Clean 染料、Kayacion E—Ms 染料、Kayacion E—S133 染料,它们都具有低盐染色的功能。

　　Dystar 公司的 Remazol EF 系列染料,分子结构中含有两个 β-硫酸酯乙基砜,商品化时使其一定比例转换为乙烯砜基。由于 β-硫酸酯乙基砜是一个暂溶性基团,脱去硫酸酯生成乙烯砜基,水溶性降低,染料对纤维的亲和力提高,容易被纤维吸附。故其染色工艺中无机盐的用量为常规工艺的 1/3,且染色工艺流程也缩短。

　　DyStar 公司对含二氟一氯嘧啶型的 Levaflx E－A 型活性染料进行了筛选。由于二氟一氯嘧啶活性基的反应活性比一氯均三嗪约大 128 倍,固色率高达 80%~90%。而且染料本身相对分子质量较小,分子上的磺酸基数量可相应减少,因而染色时所需无机盐用量较少,也可作为低盐型活性染料。同时,采用公司推出的 Levafix OS 系列染色新工艺——低芒硝染色法。可减少 2/3 的芒硝用量,缩短工艺流程,浴比为 1：10,减轻排水负荷,染料溶解度高,匀染性优异。

　　(3)不含金属和不含可吸附有机卤化物(AOX)的活性染料。不含金属的新型活性染料开发的目的是取代金属络合酸性染料和后铬化毛用染料。Huntsman 公司的毛用活性染料

Lanasol CE 系列,为含 α-溴代丙烯酰胺活性基团的染料,不含金属。染羊毛时,在羊毛等电点(pH 为 4~4.5)染色,不仅减少了羊毛的损伤,而且不会产生酸性或碱性水解,与羊毛形成共价键结合,有极好的固色率和湿处理牢度,可以取代媒介染料,而无铬害。其中最突出的是 Lanasol 黑 CE,可以代替媒介黑,有良好的经济性。此外,Huntsman 公司的 Novacron C、Novacron FN、Novacron LS 活性染料中绝大部分品种,DyStar 公司的 Realan 染料、威特科(C&K)公司的 Intrafast 染料也是不含金属和不含可吸附有机卤化物的环保型毛用活性染料。

对于纤维素纤维染色也开发了不含金属和不含 AOX 的新型活性染料。如 DyStar 公司的 ReaNova CA,具有两个不同的活性基团,固色率约 90%,适于浅到深色的低盐中温染色,有好的各项色牢度、洗净性和重现性。

日本化药公司的 Kayacelon React CN 染料,结构中含有 3-羧基吡啶季铵盐均三嗪活性基,使用时脱落的 3-羧基吡啶对环境和人体无害。而且这类染料可与分散染料一起用于涤棉混纺织物的一浴一步法染色,其匀染性和色牢度优良。

(4)新型深黑色活性染料。棉纤维染色中黑色占 40%~50%,过去用得较多的黑色染料是硫化黑和直接黑,特别是联苯胺结构黑色直接染料。新型深黑色活性染料有 Huntsman 公司的 Novacron 黑 C—NN 和 Novacron 黑 W—NN,可用于浸轧和低温浸染,是两只优良的黑色染料,可获得极深的如硫化染料似的红光黑色,乌黑度好,提升性好,具有优异的水洗牢度、良好的可拔染性和重现性,可以取代非环保型的硫化黑。Novacron 黑 C—2R 具有与 Novacron 黑 C—NN 相似的性能,可用于染带蓝光的黑色。Novacron 黑 LS—N 是低盐染色中目前最好的黑色活性染料,它不仅可染深黑色,而且适用于热竭染工艺,盐用量只有传统活性染料的(1/3)~(1/2),对浴比也不敏感,具有优异的染色重现性。

2. 环保型分散染料

分散染料是一类用途广泛的染料。近年由于超细涤纶、装饰用涤纶的开发以及涤纶、锦纶与棉等混纺织物新产品的增加,推动了新的分散染料的开发,主要集中在符合 Oeko—Tex® Standard 100 要求的,取代过敏性分散染料,不含可吸附有机卤化物,可生化降解分散剂组成的新型分散染料;具有优异洗涤牢度和耐热迁移牢度的高性能分散染料以及汽车装饰材料专用和涤纶超细纤维专用的分散染料。

Huntsman 公司的分散染料 Terasil W 为高温防热迁移型分散染料,具有高的湿牢度和升华牢度,低的棉沾污性,易洗除性,适用于涤纶和涤纶混纺织物染色;也适于涤氨纶混纺织物的染色,其在氨纶上的沾色容易清除。Terasil SD 为低至中温型快速分散染料,有好的匀染性、分散稳定性和优良的重现性。SD 表示安全染色,此染料适用于涤纶及其混纺织物的快速染色。

约克夏(Yorkshire)公司的 Serllene VX 系列,是特别配制的快速染色型分散染料,扩散速率高,匀染性、重现性好,染色一次成功率高。其 Serllene ADS 系列,适于碱性条件染色,可节省一般的前处理工艺过程,织物手感及低聚物积聚问题得到很大改善。

Clariant 公司的分散染料新品种 Foron S—WF,由于分子结构中偶合部分的相对分子质量特别大,含有酯基和邻苯二甲酰亚胺,与聚酯纤维的酯基结构相似,与纤维有很好的亲和力,染料不易迁移到纤维表面。因此该系列染料具有极高的升华牢度、湿处理牢度和日晒牢度,特别适用于涤纶超细纤维的染色。此外 Huntsman 公司的 Auto top 系列和 Clariant 公司的 Foron AS 系列为专用于汽车装饰布染色的超级耐晒分散染料。

另外,传统的分散染料制造和染色过程中需使用大量分散剂,以增加分散染料的分散稳定性、溶解性、匀染性和坚牢度。但是大量分散剂的加入会降低沾色牢度、降低上色率、增加染色废液的 BOD 和 COD 值。因此,近年来人们正着力开发不需要分散剂的分散染料。

分散染料水溶性很差,染色后部分染料黏附在纤维表面,影响着色的鲜艳度、耐洗牢度和耐摩擦牢度,一般需用保险粉还原清洗,使染料的偶氮基破坏,但分解出的芳胺有致癌性。同时由于保险粉的使用,废水的 BOD 值很高。因此有人研究了碱可清洗分散染料。有三种类型基团可以作碱清洗分散染料三种基团分别是磺酰氟基团、酯键基团和环亚胺基团。所有含有这三种基团的染料都可在温和碱存在下水解,并被碱水洗掉。

3. 环保型直接染料

直接染料由于其价格便宜,色谱较齐全,应用方便,是使用量较大的一类染料。但是 1994 年德国政府颁布的 22 个致癌芳胺所涉及的禁用染料中直接染料占了绝大多数,因此,环保型直接染料的开发是近年的研究重点。

(1)新型二氨基类环保型直接染料。由于 118 种禁用染料中以联苯胺、联甲苯胺和联大茴香胺为中间体的染料有 83 种,其中直接染料 72 种,因此采用二氨基类化合物替代这些致癌中间体意义重大。

$4,4'$-二氨基二苯乙烯-$2,2'$-二磺酸(简称 DSD 酸)最早作为联苯胺的代用品,由它制造的直接染料色泽鲜艳,牢度适中,代表性的品种有直接耐晒橙 GGL(C. I. 直接橙 39)、直接耐晒黄 3RLL(C. I. 直接黄 106),耐晒牢度达 6～7 级;Sirius Green BTL 为结构中含有三氮唑的铜络合物,具有优异的染色牢度,耐晒牢度 6～7 级,耐水洗牢度 3～4 级,这类染料是耐晒牢度最高的直接染料。

$4,4'$-二氨基二苯脲(简称 DABA)为中间体制造的直接染料,色光与相应的联苯胺类直接染料相近,具有较高的日晒牢度,因此冠以直接耐晒染料。主要品种有直接耐晒黄 RS(C. I. 直接黄 50)、直接耐晒桃红 BK(C. I. 直接红 75)、直接耐晒红 F3B(C. I. 直接黄 80)以及 C. I. 直接棕 112、C. I. 直接棕 126、C. I. 直接棕 146、C. I. 直接棕 148、C. I. 直接棕 152 等。

用 $4,4'$-二氨基苯甲酰苯胺制造的直接染料,牢度优良冠以 N 型(New)直接染料。如直接绿 N—B(C. I. 直接绿 89)、直接黄棕 N—D3G(C. I. 直接棕 223)、直接深棕 N—M(C. I. 直接棕 227)、直接黑 N—BN(C. I. 直接黑 166)。

$4,4'$-二氨基二苯胺-2-磺酸和 $4,4'$-二氨基-N-苯磺酰替苯胺(简称 DASA)都是用来合成黑色直接染料的中间体,所生产的黑色直接染料染色性能和牢度都很好,可作为 C. I. 直接黑 38 的替代染料。

二氨基杂环化合物合成的直接染料中最有应用价值的是三苯并二噁嗪类染料,其色泽鲜艳,有很高的着色强度和染色牢度,耐晒牢度达 7 级。如直接耐晒艳蓝 FF2GL(C. I. 直接蓝 106),直接耐晒蓝 FFRL(C. I. 直接蓝 108)等。

(2)涤/棉(涤/黏)织物用环保型直接染料。为了适宜涤/棉(涤/黏)织物分散/直接一浴一步法染色工艺的要求,提高染色效率,减少废水排放,要求染料具有优良的高温稳定性、提升力、重现性以及较好的牢度性能。

上海染料有限公司开发的直接混纺 D 型染料即是一类新型的能满足上述要求的环保型直接染料。它色泽鲜艳、牢度优良、溶解性好、pH 适用范围广、上染率和提升力高、对涤纶沾污少,但是由于其直接性大,故不能用于轧染染色,适用于竭染染色,特别是高温高压染色。

日本化药公司开发的 Kayacelon C 型染料也属此类染料,现有 13 个品种。后又开发了适用于涤/棉织物一浴一步法酸性染色的 Kayacelon TR 系列和碱性染色的 Kayacelon TRA 系列染料。

适用于涤/棉织物一浴一步法染色的还有 DyStar 公司的 Sirius Plus 系列、Huntsman 公司的 Solopheny 系列、BASF 公司的 Diazol 系列和 Yorkshire 公司的 Benganil 系列直接染料,它们都具有优异的高温稳定性。

4. 环保型酸性染料

近年新开发的酸性染料除采用新型二氨基化合物制成的环保型酸性染料外,还研究开发了其他不含致癌芳香胺,不含重金属,并有好的各项色牢度,色泽鲜艳的环保型酸性染料。

Clariant 公司的 Sandolan MF 型弱酸性染料,不含金属,对羊毛损伤小,染色吸尽率高,色谱齐全,拼色性好,匀染性优异,湿处理牢度较高。Sandolan 黑 N—BRp 不含金属,力份特强,特别是有优良的耐蒸呢、耐热水洗牢度。

DyStar 公司的 Supranol 红玉 S—WP 系列是一类不含金属的双磺酸基及缩绒型混合的酸性染料。与一般耐缩绒的酸性染料比,该系列有更佳的迁移性、匀染性。其红玉色谱补充了丝绸、羊毛、锦纶染深红色的需要。Supranol 红 GWM 是 DyStar 公司的一只高级酸性红色染料,有特别鲜艳的色泽,用于染羊毛和锦纶。

Huntsman 公司的 Neolan A 和 Erionyl A 是不含金属的弱酸性染料,有良好的匀染性、高吸尽率、好的重现性、优良的日晒牢度和湿牢度,前者用于羊毛以及羊毛/锦纶产品的染色,后者用于锦纶、丝绸的染色和印花,有良好的覆盖性和相容性。

二、环保型印染助剂

环保型印染助剂是指符合 Oeko—Tex® Standard 100 的技术要求,对人和环境安全、可生物降解,并且能满足染整工艺的应用性能和功能性要求。

1. 环保型前处理助剂

(1)精练剂。精练助剂主要以渗透剂、润湿剂和乳化剂为主,大多为阴离子和非离子表面活性剂或它们的复配物。过去使用较多的品种含有 OP10、壬基酚聚氧乙烯醚(TX‑10),NP9,和十二烷基苯磺酸钠(LAS)等不良成分,已被国际市场列为被限制使用的化学物质,欧洲部分国家已通过法律禁止使用。

当前 APEO(烷基酚聚氧乙烯醚)主要采用脂肪醇聚氧乙烯醚(AEO)或失水山梨醇酯和失水山梨醇乙氧基化合物等表面活性剂替代。BASF 公司开发了一系列的可生物降解的表面活性剂来取代 APEO。如 Laventin CW 用于高温精练;Laventin LNB 的浊点较低,适于低温非连续精练工艺；Laventin TX 1537 是含少量酯基的表面活性剂，浊点较高，适于原毛煮练。

LAS 已逐步用十二烷基聚氧乙烯醚硫酸盐、仲烷基磺酸钠、α-烯基磺酸盐（AOS）、脂肪酸甲酯α-磺酸钠（MES）、脂肪醇醚羧酸盐（AEC）、脂肪醇醚琥珀酸单酯磺酸钠（AESS）和烷基二苯醚二磺酸盐（ADPEDS）等取代。它们的共同特点是对皮肤刺激性小、生物降解性好、水生物毒性低。AOS 可在硬水中去污、起泡性好，与非离子和阴离子表面活性剂有良好的配伍性，与酶有良好的协同效应，可用于棉的丝光、羊毛洗涤等。MES 是利用天然油脂制得的表面活性剂，它具有良好的去污力和钙皂分散力。AEC 是在脂肪酸皂结构中嵌入聚氧乙烯基，它的亲水基为羧基，具有优良的乳化、分散、润湿、增溶等性能，去污力强，配伍性好，可用于棉布煮练、漂白、丝光，羊毛，羊绒洗涤。当它以酸式存在时呈非离子性，以盐式存在时呈阴离子性，有着难以比拟的水溶性和耐硬水的性能，且无脂肪醇聚氧乙烯醚浊点的限制。

（2）漂白助剂。织物漂白时除了使用漂白剂外，还需添加一些漂白助剂，以抑制漂白剂的分解或活化漂白剂以提高其漂白效果和效率。为了避免水质中的重金属铁、铜、锰等或灰尘、污垢、菌类等对双氧水分解的加速作用，传统的工艺中往往加入硅酸钠作稳定剂。但是由于硅酸钠在溶液中水解产生硅酸吸附到织物上，影响织物的手感，后又采用有机螯合剂作为双氧水漂白的稳定剂，如 EDTA、DTPA 等，由于这些有机螯合剂被列入欧盟的禁用物质清单而被新型环保的有机螯合剂替代。有机磷酸酯类、聚丙烯酸钠与马来酸酐的共聚物是用得较多的新型环保有机螯合剂，目前已形成产品的有 Prestogen PL、Sandopur PC、PSK、Securon 540 和 Mirokai 54 H 等。双氧水稳定剂 GJ-201 和德国 Breitlich Gmbh 公司开发的漂白助剂 Beiquest AB 是丙烯酸与糖类化合物的共聚物。它们有较强的金属离子络合能力和优良的除垢作用，良好的生物降解性。它的生物降解性与 APG 相似，比聚丙烯酸盐好，可取代常规聚丙烯酸螯合剂。

Huntsma 公司的 Tinoclarite CBB 和 Yorkshire 公司的 Seriquest CA 是耐强碱的双氧水漂白稳定剂，能耐 120g/L 的浓烧碱，对钙、镁、铁离子有良好的螯合作用，特别适合棉及其混纺织物的双氧水连续高温蒸煮漂白，具有白度好、去杂效果显著和防止纤维损伤的优点。

拜耳公司利用黏土技术开发了天然矿物质系列氧漂助剂 Tannex GEO、连续式漂白助剂 Tanncx RENA。与常规有机氧漂稳定剂比较，这两种矿物质产品使漂白的织物具有更高的白度和聚合度，同时具有相当低的 COD 和 BOD 值，属于环境友好的绿色产品。由于黏土本身的润滑特性，Tannex GEO 具有优良的织物润湿性，漂白浴中不需另外加入润滑剂，也不需要加入消泡剂。Tannex RENA 是利用新的生产技术，将水玻璃的物理和化学行为改性后获得的连续式氧漂稳定剂。它保留和提升了水玻璃作为氧漂稳定剂的优点，例如稳定性好、白度高等，同时又避免了水玻璃易结硅垢、手感差等诸多缺点。

双氧水漂白过程中，为了提高双氧水的有效分解和利用率，常加入稳定剂，控制双氧水的无效分解和重金属离子对其的催化作用，同时，为了提高双氧水的漂白效果，并使漂白温度降低，减少双氧水对纤维的过度损伤，添加氧漂活化剂也是有实际意义的。

研究发现过氧乙酸的活化能比双氧水低，而氧化电位比双氧水高，可以在较低温度下活化，可以实现低温漂白。受此启发，通过酰氯或酸酐将酰基接枝在含氮、含氧或含硫的化合物上，其生成物在双氧水存在下生成过酰基化合物,即过氧羧酸的化合物,同时分离出游离基。因过羧酸的漂白活化能低,分解物中含有发生漂白作用的成分多,使其利用率大大高于双氧水,而起到漂白活化的作用,并使漂白温度降低,减少纤维在高温和高碱条件下的损伤。

用于氧漂的活化剂主要有以下一些品种:四乙酰基乙二胺(TAED),壬酰氧基苯磺酸钠(NOBS),N-[4-(三乙基铵亚甲基)苯酰基]己内酰胺氯化物(TBCC),6-(N,N,N-三甲基铵)亚甲基己酰基己内酰胺对甲苯磺酸(THCTS)和甜菜碱氨基腈氯化物(BAN)等。

2. 环保型染色印花助剂

(1)低甲醛和无甲醛分散染料分散剂。分散染料制造和染色中大量使用萘磺酸甲醛缩合物类(如扩散剂 N、扩散剂 CNF、扩散剂 MF 等),酚醛缩合物磺酸盐类(如扩散剂 SS 等)以及多元醇聚氧乙烯氧丙烯醚非离子类分散剂,合成它们时有些使用了甲醛,使产品中有甲醛残留,有些则生物降解性很差仅有 25%～30%可生物降解,其生态性能不能满足印染清洁生产的要求。

BASF 公司新开发的分散剂 Setamol E 为芳香族磺酸和羧酸钠的混合物,既有优良的分散性,又有良好的生物降解性。已大量用于 BASF 公司的 Palanil 分散染料和 Indanthren 还原染料中。另外,木质素磺酸类分散剂如分散剂 WA、分散剂 W 等因无环保问题使其应用面正在扩大;丙烯酸类合成环保分散剂也在不断研制和投入使用中。

(2)染色匀染剂。匀染剂是染色时使用最多的助剂,常用的染料匀染剂含有 APEO 表面活性剂和 AOX。新开发的环保型匀染剂如 BASF 公司的 Palegel SFD,它在低温时起缓染作用,进入高温阶段(125～130℃)具有促染作用,对各种拼色的染料有同步效应,故有良好的匀染作用。另外,BASF 公司的 Palegel SF、Palegel HF;Dystar 公司的 Ievegal PK、Ievegal HTC 和Eastern 公司的 Polyol H2V—5 等都是环保型匀染剂,不含 AOX,且能生物降解。

酸性染料和金属络合染料匀染剂有日本北弘化学公司开发的两性离子型脂肪酰胺衍生物(ソロポ—IV EPN),阴离子型高度硫酸化脂肪酸(ソロポ—IV VNB),用于羊毛及锦纶的酸性染料及金属络合染料染色,安全性高,生物降解性优异。

Eulysin WP 是一种用于羊毛和锦纶染色的助剂。它的一个突出特点是能自动控制 pH。当染浴的 pH 连续从 8 下降到 5 时,用户不必去调节它。它使染料稳定、均匀地上染到纤维上,从而缩短染色时间并减少染疵。另外,它还避免了由于偶然添加助剂过多而需要的中和工艺。

(3)无甲醛固色剂。环保型固色剂主要以无甲醛固色剂开发为主,用于提高活性、直接和酸性染料染色物的色牢度。这类固色剂品种繁多,有阳离子树脂型、反应型和季铵盐类等。

阳离子树脂型固色剂一般由多乙烯多胺与双氰胺缩聚而成,不含甲醛。瑞士 Sandoy 公司Indosol CR、Indosol E—50。日本染化公司的 Suprafzx DFC,日本日华公司的 Neofix RP—70、Neofix SS,三洋化成的 Sunfix 555—FT,Sunfix PRD—100,明成的 Fixoil R—810 等即为此类产品。分子呈直线状结构,阳电荷在直线上,可与棉纤维通过范德华力结合并与染料分子的阴离子基团形成离子键,结合比较牢固,从而改善湿处理牢度。

反应性固色剂以环氧氯丙烷为反应性基团,与各种胺类(脂肪胺类、多乙烯多胺等)反应制得,这类固色剂利用反应性基团使未固着的活性染料重新固着在纤维上以提高固色率,尤其是提高活性染料的湿烫牢度。例如固色剂 NFC、固色剂 DR—100、固色剂 C、固色剂 NC、固色剂 WFF—1、固色剂 WFF—2 等。

季铵盐固色剂用 $C_8 \sim C_{12}$ 的脂肪胺与醚化剂 3 - 氯 - 2 - 羟丙基氯化铵进行醚化，引入季铵盐，增加其阳离子性，也可用乙二胺、二乙烯三胺醚化，皂洗牢度可达 4~5 级，湿烫牢度达 4 级。这类固色剂有爱博尔公司的 Eceotix FD - 3 和 Eceotix NF - 50，用于酸性染料染羊毛织物的固色；德美公司的固色剂 TCD - R。

(4)染色后净洗剂。染色后的还原清洗对染色纺织品的质量至关重要。BASF 公司新推出的 Cyclanon EC0 环保型还原剂，适用于涤纶、涤纶混纺、醋酯纤维织物染色的还原清洗过程。它用化学方法分解和清洗织物上残留的染色成分，具有更快、更有效、更彻底和更环保的特点。经有关生态效益的最新分析，证明使用 Cyclanon EC0 的清洗工艺比用传统还原剂的耗水量可降低 40%，时间节约 30%；在不增加设备的前提下，水洗浴从 4 个减少到 1 个。Cyclanon EC0 以液体形式使用，计量简便，可以实现完全自动化加料。另外，由于为液态，在接触大气中的氧时，仍能保持稳定，不会像传统还原剂那样易与大气中的氧发生反应，因此处理更简便、使用效率更高。

Tannaterge REX 为拜耳公司的矿物质开发产品，在电子显微镜下可观察到呈海绵球状。与传统的皂洗剂比较，在溢流、喷射等有湍流的设备中，它对未键合的水解染料可同时起到分散、吸附和机械摩擦的作用，而不只是净洗、分散作用，因此经 REX 处理的织物具有更加优异的干、湿摩擦牢度。此外其 COD_{Cr} 和 BOD_5 均为零。

3. 环保型后整理助剂

(1)低甲醛和无甲醛免烫整理剂。免烫整理是棉织物加工的重要工序，按照 Oeko—Tex® Standard 100 的规定，游离甲醛的释放量应为 20~300mg/kg。低甲醛树脂整理剂主要是二羟甲基- 4,5 -二羟基乙烯脲(DMDHEU)的甲醚化、乙醚化或多元醇醚化改性。产品有 BASF 公司的 Fixpret ECD、Fixpret CM、Fixpret CNF、Fixpret CNR 等，Huntsman 公司的 Knittex FRM、Knittex FRCT conc，Hoechst 公司的 Arbofix NDS、Arbofix NGF、Arbofix NFC 等。

无甲醛树脂整理剂是开发应用的重点，但价格较高。主要为双甲基二羟基乙烯脲，多元羧酸、聚氨酯和聚阳离子化合物等。双甲基二羟基乙烯脲与纤维素羟基反应的活化能为 9284kJ/mol，高于 DMDHEH，反应速率较慢，必须使用催化能力强的 $Zn(NO_3)_2$ 或 $Zn(BF_4)_2$ 作为催化剂，以降低成膜焙烘温度。这类树脂整理剂的国外产品有 BASF 公司的 Fixpret NF，Huntsman 公司的 Knittex FF，Sun Chemical 公司的 Permafrerh ZF，住友公司的 Sumitex Resin NF—500K，大日本油墨公司的 Beck - amine NFS 等。饱和多元酸中丁烷四羧酸(BTCA)研究最多。经 BTCA 整理的棉织物可达到 DMDHEU 相同的 PP 级，织物经 100 次洗涤，PP 级仍在 3.5 以上，而且织物耐磨性良好。国内苏州诺瓦化学公司用多元酸合成生产了 NC—99。

(2)新型柔软剂。阳离子类柔软剂是使用较多的柔软剂，但是不少阳离子柔软剂特别是双长链烷基的阳离子柔软剂的毒性大，生物降解性差。德国 CHT R Breitlich Gmbh 开发的两种柔软剂都有较好的生物降解性，且对皮肤无刺激性。最具有特色的是日本明成公司开发的，称为"可食用"的柔软剂，ハイソフター—SS—15 安全性高，容易分解。主要原料是一种用于化妆品冷霜、乳液等中的蔗糖脂肪酸酯,对皮肤无刺激性。

(3)新型抗菌整理剂。抗菌防臭整理剂近年来发展较快,作为一种功能性整理,深受广大消费者欢迎。抗菌防臭整理剂有季铵盐类、有机硅季铵盐类、双胍类、二苯醚类、金属离子型、甲壳素类、天然萃取物等多种,但有些金属离子与二苯醚类因有毒性与致癌物而被摒弃。近年开发的产品以有机硅季铵盐(DC 5700)和双胍类为主,另外,还有以动植物为原料开发的抗菌剂,如甲壳素。

DC 5700 是美国的道康宁(Dow Corning)公司的产品。它的三个—OCH_3 可以与纤维上的羟基发生脱去 CH_3OH 的反应而进行交联,形成薄膜,使之具有耐久性。该产品经美国环境保护署(EPA)测定其急性毒性 LD_{50} 为 12 270mg/kg,对皮肤无刺激性。经试验无致畸性,无致变异性,可以认为是一种安全抗菌整理剂。

以天然动植物为原料,经加工纯化而制取的整理剂,用于织物整理使其获得优良自然的效果也是今后环保型整理剂发展的一个方向。例如,用蟹虾外壳制成的整理剂可用于织物的抗菌防臭和保湿整理;从鲨鱼肝脏中提取的角鲨烯可对织物进行天然功能整理;从蚕丝精练液中回收提取的丝胶可对织物进行柔软舒适整理等。

(4)新型阻燃剂。阻燃剂被禁用的多为溴系阻燃剂,也是目前最大类的阻燃剂品种。由于其含有卤素元素,还受到有关 AOX 法律法规的限制。因此无卤、低毒、抑烟、高效、多功能化阻燃剂的开发将是环保阻燃剂的主要方向。

膨胀型阻燃剂是近年来受国际高度关注的新型阻燃剂,具有无卤、低烟、低毒的特性,主要为磷系和磷-氮系列,用于合成纤维和塑料等高聚物阻燃。已经商品化的膨胀型阻燃剂有美国 GreatLake 公司开发的 CN-329,Borg-Warner 公司开发的 Melabis。CN-329 适用于聚丙烯(PP),在 PP 的加工温度下比较稳定,且具有良好的电性能。在添加量为 30% 时,材料氧指数可达 34%。Melabis 改善了酸源、碳源、气源的比例,使得 Melabis 的吸潮性比 CN-329 低得多,是一种优秀的阻燃剂。此外 PEPA(1-氧基磷杂-4-羟甲基-2,6,7-三氧杂双环[2,2,2]辛烷),是一种新型的双环笼状磷酸酯结构化合物,正受到阻燃剂研究者的高度关注。

有机硅系阻燃剂既是一种新型的无卤阻燃剂又是一种成碳型抑烟剂。由于本身为高分子材料,对材料的性能影响很小。其阻燃机理是:当材料燃烧时有机硅分子中的 Si—O 键形成 Si—C 键,生成的白色燃烧残渣与碳化物构成复合无机层,可以阻止燃烧生成的挥发物外逸,阻隔氧气与树脂接触,防止熔滴滴落,从而达到阻燃的目的。目前市场上有机硅系阻燃剂主要有美国 GE 公司的 SFR—100,它是一种透明、黏稠的硅酮聚合物,可与多种协同剂(硬脂酸盐、多磷酸胺与季戊四醇混合物,氢氧化铝等)并用,已用于阻燃聚烯烃,低用量即可满足一般阻燃要求,高用量可赋予基材优异的阻燃性和抑烟性,使被阻燃材料可用于防火要求严格而以前的阻燃体系不能适用的场所。

高分子量溴聚合物也是一种前景广阔的阻燃剂。如美国 Ferro 公司的 PB—68,主要成分为溴化聚苯乙烯,相对分子质量为 15000,含溴量达 68%;溴化学法斯特公司和 Ameribrom 公司分别开发的聚五溴苯酚基丙烯酸酯,含溴量达到 70.5%,相对分子质量 30 000～80 000。这些阻燃剂特别适合于各类工程塑料,在迁移性、相容性、热稳定性、阻燃性等方面,均大大优于许多小分子阻燃剂,有可能成为今后更新换代产品。

4. 新型环保表面活性剂

(1)烷基多糖苷。烷基多糖苷(APG)是由天然原料淀粉中的葡萄糖和脂肪醇或脂肪酸反应制得,其水生物毒性很小 $LD_{50}=1\,000\sim15\,000mg/kg$,对皮肤和眼睛的刺激比非离子表面活性剂还低,对人体无害,生物降解快,可达 $93\%\sim94\%$。APG 兼有非离子和阴离子两类表面活性剂的特性,其 HLB 值和表面张力与非离子和阴离子表面活性剂接近。APG 的亲水性来自糖环上的多个羟基,它们在水中能相互形成比较牢固的氢键,因此,APG 没有浊点。APG 与其他表面活性剂有较好的协同效应,可用作洗涤剂、乳化剂、润湿剂、分散剂、精练剂、消泡剂等,应用领域广泛。但 APG 与一般缩醛一样,在碱性条件下稳定,在酸性条件下易水解,给其应用带来局限性。

(2)Gemini 表面活性剂。Gemini 表面活性剂是新一代的表面活性剂,它将两个单链的普通型表面活性剂在离子基处通过化学键连接在一起,从而极大地提高了表面活性。从分子结构看,它们相似于两个表面活性剂的聚合,有时又称为二聚表面活性剂,Gemini 表面活性剂的结构如下所示。

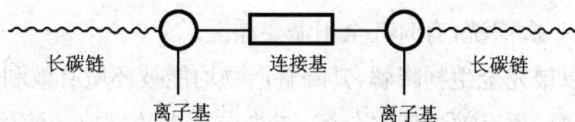

由于 Gemini 表面活性剂分子中两个离子基通过连接基以某种化学键连接在一起,使得两个表面活性剂单体的离子基相互紧密连接,离子基之间的排斥倾向被大大削弱,并且致使其疏水基碳链更容易产生强烈的相互作用,加强了长碳链间的结合力。这就是 Gemini 表面活性剂与普通单疏水链和单离子基表面活性剂最大的不同,也是它们具有高度表面活性的根本原因。与普通型表面活性剂相比,两个离子基的化学键连接并不破坏其亲水性。使其更易吸附在气/液界面上,从而更有效地降低水溶液的表面张力;更易聚集形成胶束,使胶束量增大,临界胶束浓度降低;具有很低的克拉夫特(Krafft)点,容易溶解于水;良好的钙皂分散力,润湿和乳化特性;与普通型表面活性剂间能产生更大的协同增效作用,尤其是和非离子型表面活性剂的复配。

Gemini 作为新一代表面活性剂,具有良好的表面活性和生物降解性。开发最早的是阳离子 Gemini 表面活性剂,其应用研究也最广,可用于石油开采、生物学上抗菌、制备新材料等,而且阳离子 Gemini 表面活性剂具有显著的缓染作用,可作为一种新型缓染剂应用于纤维染色。阴离子 Gemini 表面活性剂中磺酸盐和硫酸酯类水溶性好,具有良好的的润湿、乳化、分散性,其表面活性优于普通的阴离子表面活性剂;其磷酸酯盐类主要用于生命科学和药物载体的研究。非离子 Gemini 表面活性剂可作为乳化剂生产 O/W 乳液,在低浓度下即产生很好的洗涤效果。两性 Gemini 表面活性剂是温和的多功能表面活性剂,在特定的应用中仅需添加少量就可显著改善配方性能。由于 Gemini 表面活性剂的售价较高,因此尚难大规模用于洗涤剂工业,一般将 Gemini 表面活性剂与传统表面活性剂复配使用。

第四节　纺织染整清洁生产技术

一、生物技术的应用

1. 酶的生态特性

生物酶是生物细胞产生的一种生物催化剂,为多肽链组成的具有复杂三维结构的大分子,其独特的结构决定了它具有独特的性质。在工业应用中,一般酶的催化作用均可在常温(40～60℃)、常压、近乎中性的条件下进行,降低了织物受损的风险,节约能源,易操作。生物酶的催化效率一般比无机催化剂高 $10^5 \sim 10^8$ 倍,如染整前处理用碱进行淀粉退浆,一般需 10～12h,而用酶退浆只需 20～30min,使反应时间大大缩短。利用酶的专一性可以对所需要的最终处理效果加以控制。如果用化学制剂作催化剂,就有可能发生一系列的副反应。

目前,工业生产中的化学制剂是对自然和人类最严重的危害源之一,用酶取代有害化学制剂的使用,可控制和消除这一污染源。最明显的益处是减少了水的消耗。使用化学制剂加工的纺织品往往需经过多次漂洗,以确保无化学物质残留,这需要消耗大量的水;而绝大多数使用酶制剂的加工过程只需要一次漂洗,有时甚至不需要漂洗。

酶是自然产物,可以被完全生物降解,其降解产物均能被环境有效利用。在印染加工中,可利用各个环节中的有机物,更有效地使之分解,减少向环境的排放。酶生产中的副产物及废料主要含水和生物物质,对环境没有任何危害。

近年来,采用生物酶技术代替或部分代替传统的染整加工技术的应用发展较快,酶制剂的应用是绿色染整加工中最成熟也是最普及的技术。如前处理时用酶退浆更快、更彻底,不损伤纤维本身;纤维素酶已成功地用于对牛仔布的整理代替传统的石磨洗,减少了对衣物的伤害和环境的污染;蛋白酶用于丝绸的精练;过氧化氢酶用于织物的漂白。这些技术在国内外均已得到了推广使用。

2. 生物酶前处理技术

(1)生物酶退浆。自 1850 年以来,淀粉酶退浆一直是去除织物上淀粉浆料的重要方法。退浆用淀粉酶主要是 α-淀粉酶和 β-淀粉酶。利用淀粉酶对淀粉分子链上的 α-苷键的水解催化作用,使淀粉降解为水溶性较大的糊精、麦芽糖,最终得到水溶性的低分子葡萄糖。淀粉酶退浆既能把淀粉浆料退尽,又不损伤纤维。早先的淀粉酶是从霉菌、动物胰腺或麦芽糖中提取制得的,多为粉状。现在,大多淀粉酶为液状高活力细菌淀粉酶,它们又可分为高温细菌淀粉酶和低温细菌淀粉酶。

低温细菌淀粉酶应用十分广泛,最适于不连续堆置工艺,一般温度为 50～70℃,pH 在 6～7。高温细菌淀粉酶由于可在较高的温度下使用,利于浆料的溶胀与糊化,织物润湿充分,加工时间短;酶的活力高,退浆效率高,且不易钝化,易控制,重现性好,特别适于难退浆的织物,并且适用于多种加工方法和工艺,如卷染机加工,轧—卷、轧—蒸等。诺维信公司的高温型退浆酶 Aquazym Ultra,应用温度为 60～110℃。超高温型退浆酶 Termanyl 120L Type Tech,应用温度为 85～115℃。诺维信公司还开发了宽温幅退浆酶 Suhong Desizyme 2 000L,具有非常宽的温度应用范围,室温～95℃。

淀粉酶的一般工艺流程:预处理(高温水洗＞80℃)→施加淀粉酶(添加非离子型润湿剂、渗透剂等)→保温堆置 2～4h,或堆置 20min,汽蒸 90～100℃,1～5min→水洗。

由于纺织品加工的复杂性,根据纤维上浆料的组成,还可选用其他的酶制剂退浆。如用蛋白酶对蛋白浆料退浆,用纤维素酶对 CMC 浆料退浆,用 PVA 分解酶对 PVA 浆料退浆,复合混合浆料用复合酶进行退浆。

(2)生物酶精练。棉、麻织物传统的碱精练,需消耗大量清水漂洗,产生大量废水,对环境影响极大。用生物酶代替烧碱对棉、麻织物进行精练,练液的 COD 和 BOD 值大大低于碱精练法,可缩短精练时间,节约能源。另外,织物的手感和柔软性大有改善,染色的均匀性明显提高,比用传统碱精练的织物有更高的得色量,从而可节省染料成本,减少废水中的色含量。但是用酶精练,棉织物上残留的棉籽壳较多,对白度的提高较少。当处理的织物是用来生产白色或浅色织物时,酶精练后需增加一道漂白工序。通常漂白所需的碱性都很高,但是经生物酶前处理的织物,漂白时碱性可以大幅降低,有利于减小对棉的损伤并减少必要的水洗。

棉、麻织物精练用生物酶主要为果胶酶,果胶酶选择性地分解存在于棉初生细胞壁中的果胶质,利于蜡质萃取,获得极佳的纤维润湿性。但单独采用果胶酶进行精练加工,效果并不理想,如果把果胶酶和纤维素酶、半纤维素酶、脂肪酶、蛋白酶等多种相容性和协同效应好的酶配成复合物可提高酶精练的综合效果。

迄今为止,许多研究是用真菌酶在较低的 pH 下进行,用酶量大,处理时间长,使得成本增加,而且有使织物强力受损的风险。1999 年诺维信公司推出的碱性果胶酶 BioPrep 系列,通过降解棉蜡与棉纤之间的果胶质,使蜡质释放出来,用表面活性剂把蜡质乳化,处理条件温和:pH＝8～9.5,温度 50～60℃,时间 10min 左右,处理完毕后进行一道乳化萃取工序,其润湿性就可达到满意的程度,不需能量消耗较大的热水洗工序,其用量低到 0.1～0.3g/kg 棉。如用可结合钙离子的磷酸盐、硅酸盐、碳酸盐作缓冲剂,可增加 BioPrep 对果胶的去除能力。BioPrep 与非离子表面活性剂一起使用,可以确保充分的润湿性和乳化能力,加入少量阴离子表面活性剂更能促进棉蜡的去除。

(3)生物酶在漂白加工中的应用。传统的漂白方法中使用最多的漂白剂是氯的含氧酸盐,需在 pH 为 10.5～11 并接近沸点的苛刻条件下操作,才能达到预期的要求,漂白后还需进行大量的水洗,避免其残留,因此环境保护存在许多问题。目前,生物酶用于织物漂白已进入研究开发阶段。

①过氧化氢酶。过氧化氢酶是一种氧化还原酶,可催化分解过氧化氢为水和氧气。纺织加工中主要用于去除织物漂白后废液中残余的过氧化氢,避免残留过氧化氢在染色印花时破坏染料的发色,造成色浅、色花、上染率低等问题。织物漂白后,用过氧化氢酶处理,不需传统的还原净洗,或大量的冷热水洗,不仅减少了水的消耗,而且提高了染色质量。

诺维信公司的 Terminox Ultra 即是一种全新的过氧化氢酶,只需 0.3～0.5g/L 酶剂 10L 或 0.05～0.1g/L 酶剂 50L 处理 10～20min 就可以将残余的过氧化氢完全分解。工艺执行过程中无须加热,随后不需要水洗,不需失活,由于它只对过氧化氢有活力,对织物和染料无任何影响,可在同浴中进行染色,从而缩短了工时,节省用水并降低能耗。

②葡萄糖淀粉酶及氧化酶。淀粉在葡萄糖淀粉酶的作用下转化为 β-D-葡萄糖,葡萄糖氧化酶能专一催化水解 β-D-葡萄糖,产生 H_2O_2 和葡萄糖酸,在这一过程中 H_2O_2 对织物进行漂白处理,葡萄糖酸与金属离子螯合,使漂白浴稳定,防止纤维脆化。用此方法漂白织物(95℃,120min),白度可达88.9,比常规相同浓度 H_2O_2 碱性漂白(白度值92.1)稍差,但织物手感柔软且丰满。

基于葡萄糖淀粉酶及氧化酶的协同作用,可利用生物复合酶进行退浆、精练和漂白的一浴一步法生产工艺。退浆采用葡萄糖淀粉酶,再在漂白中采用葡萄糖氧化酶将退浆和精练中产生的葡萄糖转化为过氧化氢,对织物进行漂白,使前两步产生的废水得以有效利用,从而极大地降低废水、废物的排放。

3. 生物酶整理

纺织品的生物酶整理与化学品整理相比,其最突出的特点是整理效果的持久性和对环境的低污染性。应用工艺有:牛仔服的返旧整理;棉和再生纤维织物的减量和起毛加工的风格整理;防止起球,改善光泽等外观表面性能的生物抛光整理;去除羊毛鳞片的防毡缩整理;消除麻、毛织物的刺痒感,改善手感,提高舒适性的超级柔软整理等。

(1)纤维素纤维的生物酶抛光整理。纤维素织物的生物酶抛光工艺是利用纤维素酶改善织物表面特征的整理工艺,以达到持久的抗起毛起球,增加织物的光洁度和柔软度。经生物酶抛光的织物,多次洗涤后看起来仍然光洁如新。

生物酶抛光的原理是利用纤维素酶对纤维素纤维的水解和机械冲击的协同作用去除织物表面的毛茸和纤维的末梢,使织物表面茸毛减少,组织变得更清晰,色泽显得更明亮。在这一过程中,纤维的末梢被除掉,而不是在原处被覆盖,其降低织物起毛起球趋势的效果持久,不像用柔软剂或其他整理剂涂饰的方法,虽然可以降低织物初始的起毛趋向,但洗两三次以后,处理效果大部分就被洗掉。

纤维素酶的成分是工艺成功的重要因素。用于生物加工的纤维素酶是一个包含多种酶的复杂体系,由内切葡聚糖酶(EG)、外切葡聚糖酶(CBH)和葡萄糖苷酶(BG)混合组成,协同作用于纤维素。EG 酶随机地作用于纤维的无定形区,将分子链内部 1,4-苷键切断,使结晶纤维素出现更多的纤维素分子端基,对 CBH 酶水解纤维素起到活化作用;CBH 酶作用于纤维素分子链的非还原性末端将纤维素二糖切下;BG 酶将纤维素二糖分解成葡萄糖。

研究发现,由 EG 酶和 CBH 酶混合的全纤维素酶除去织物表面绒毛的效果比单独用 EG 酶好,但易造成织物的强力损伤,适用于结实的棉和 Lyocell 织物的生物整理。EG 酶的攻击性比全纤维素酶差,对织物强力损伤小,适合于麻、黏胶和柔软的针织物。要达到良好的生物酶抛光效果,根据纤维和织物类别必须正确选择酶制剂、生产设备,确定合理的工艺条件。

酶制剂均有最适 pH 和温度活性域。在酶的最佳温度下,酶的活力最大。温度过高,酶的活力迅速下降直至永久失活。温度过低,酶的催化水解速度降低,可延长反应时间获得所需效果。pH 的控制最好用缓冲溶液,纤维素酶按最佳 pH 的不同又分为酸性、中性和碱性纤维素酶，它们具有不同的应用特性，应根据试验结果确定酶的最佳 pH。在此基础上确定恰当的处理时间，通常控制在 30～60min。酶的用量通常在 1.0%～3.0%（owf），对厚重织物，酶的用量可适当增加。

此外，机械作用对于提高纤维素酶的处理效率也是一个关键的因素，它可增加酶反应速度。一般机械冲击力越大，酶用量越少，处理时间越短。选用设备时要求既能有效地去除织物的表面茸毛和纤维绒球，又不至于过分地降低织物的强力。低机械冲击力的设备有卷染机、溢流染色机等；中等冲击力的设备有溢流喷射染色机等；高机械冲击力设备有高速绳状染色机、气流染色机、水洗机等。浴比对冲击力也有一定影响，浴比既要满足使加工织物自由流动的需要，又要能够提供织物足够的冲击力。一般织物加工的浴比要求在（5～25）∶1 的水平，服装为（6～12）∶1。

诺维信公司的 Cellusoft Ultra 即是单一组分的 EG 酶，对纤维的损伤小，需机械冲击力强的设备才能发挥最佳功效。而对高微纤化的 Lyocell 制品，可选用诺维信公司的 Cellusoft Plus。为保证生物酶抛光的效果一般失重为 1%～5%，强力损失控制在 5%～15%。

生物酶抛光工艺均放在退浆之后、染色之前进行。因为织物上的浆料会阻碍纤维素酶直接攻击纤维素纤维，使酶的作用效率大大降低；同时退浆不净还会造成处理不匀，染料的存在对纤维素酶的活力会产生抑制作用；另外须注意，染色后进行生物抛光还会引起织物色泽的变化，有的还会引起色牢度的下降。

（2）牛仔服的酶洗。在牛仔服后整理加工中，用生物酶洗替代石磨水洗是纤维素酶应用最为成功，也是使用量最大的领域。它是利用纤维素酶对用靛蓝、硫化、还原染料染色后的牛仔布表面上产生可控制的刻蚀，并借助水洗机的揉搓和摩擦作用的协同效果，使染料脱落，茸毛去除，从而得到与石磨相同的脱色、洗白等褪色仿旧风格。酶洗工艺减少了石磨时浮石的用量，省掉了很多漂洗除去浮石的步骤，节约了大量工业用水，保护机器不受损伤，避免浮石尘屑，减少环境污染。此外，酶洗工艺对织物（尤其是缝线、切角和标记）损伤小，赋予织物独特艳丽的表观和柔软的手感，而且酶洗工艺可加工较轻薄的织物。若将不同的纤维素酶加以多种组合，并采用不同的工艺，则可产生上百种外观效果。

酶洗工艺流程：

退浆→水洗→酶洗→洗涤剂复洗→柔软→烘干→整烫→成品

退浆是关系到酶洗质量关键的一步。当纱线被浆料覆盖时，靛蓝很难去除。若退浆不净或不匀，不仅染料不易剥离，而且还会产生斑条，严重影响牛仔布的整理质量。

酶洗工艺用纤维素酶有酸性、中性和弱碱性三类。酸性纤维素酶价格较低，对棉的剥蚀作用强，在较短的时间内就能产生有效的化学磨损效果，可用于快速处理，失重率为 4%～10%，但返沾色严重，应用时需加防沾污剂。中性纤维素酶活性较小，需较剧烈的处理条件，较长的时间，失重率为 2%～4%，手感较丰满。此外，酶剂用量和酶洗时间决定于最终的褪色程度。常用的酶剂有杰能科（Genencor）公司的 IndiAge 系列产品，其中 IndiAge Supre 和 IndiAge Neutra 具有较高的对比度和较低的返沾色性能。IndiAge Supre 的最佳工艺条件为：温度 40～45℃，pH5.5～6.5；IndiAge Neutra 的最佳工艺条件为：温度 45～55℃，pH6.0～8.0。酶洗结束后，用洗涤剂复洗，可以去除悬浮的染料（消除部分返沾色），并使纤维素酶失活，避免织物强力损伤。

此外,漆酶也可用于牛仔服的仿旧整理加工。漆酶是一种氧化还原酶,其作用底物有不同结构类型。牛仔服的酶洗是利用漆酶对靛蓝染料的褪色作用。由于靛蓝染料在漆酶作用下发生了降解,与纤维素酶洗相比,废液中靛蓝染料残留量减少,也有效地解决了靛蓝返染造成的质量问题,且不会对织物强力造成影响。诺维信公司的 Denilit II S 就是通过基因改性的黑曲霉漆酶。经它整理后的织物手感厚实,表面光洁,色泽明快。其推荐工艺:Denilit II S 0.5%~2%(owf),浴比(5∶1)~(10∶1),时间 10~30min,pH 4.0~5.5,温度 60~70℃,处理后进行热水皂洗。

(3)羊毛的防毡缩整理。羊毛纤维鳞片层的定向摩擦效应是羊毛纤维毡缩的重要原因。传统的防毡缩整理是用氧化剂或还原剂使纤维表面改性,或采用树脂整理,或两种方法相结合。但是这些方法都存在不足,含氯氧化剂处理液中产生的 AOX 浓度在 40mg/L 左右,会造成严重的环境污染。而树脂整理的缺点是防缩或柔软效果不够理想、不稳定,耐久性较差。

生物酶对羊毛防毡缩整理是利用蛋白酶的高催化效率和专一性,将鳞片层消化水解,减小鳞片层的定向摩擦效应。但用蛋白酶直接处理,羊毛的防毡缩性能非常有限,一般均需经过一定的预处理后再进行酶处理。氧化预处理可去除羊毛表面的长碳链类脂,使蛋白酶可以直接攻击鳞片表层蛋白,使羊毛蛋白中的交联(二硫交联)被打开,形成羊毛硫氨酸,从而使蛋白分子更易变形并向有利于酶催化的位置取向,促进酶减量的增加。经过氧化预处理,各种蛋白酶对羊毛均有较大的减量作用,但不同的蛋白酶减量作用不同。而在蛋白酶处理羊毛的过程中,蛋白酶是否对鳞片层具有减量能力,是羊毛能否获得良好防毡缩性能的关键。

从目前的研究看,动物蛋白酶和微生物蛋白酶对羊毛的减量作用主要是通过对羊毛的细胞膜复合物(CMC)球状蛋白的水解,使羊毛表层的鳞片细胞和皮质细胞剥离纤维主体。在这一过程中,蛋白酶可以沿着羊毛的 CMC 结构对羊毛内部进行水解,但是一旦羊毛的鳞片细胞被剥离,则羊毛内部也已经受到蛋白酶的较大损伤,并使羊毛结构快速瓦解,有"烂芯"现象。而羊毛的 CMC 对羊毛的机械性能至关重要,因而此减量方式对羊毛的机械性能损伤很大。所以在羊毛的防毡缩性能的研究中,动物蛋白酶和微生物蛋白酶的应用一直未取得较理想的成果。

丹麦诺维信公司发明了一种用蛋白酶处理羊毛的工艺方法,并已于 2001 年 7 月申请了美国专利。据介绍,该工艺方法可使羊毛具有防缩、防毡缩性能,并能提高白度,改善染色性能,减少起球性,赋予羊毛更为柔软的手感。经国际羊毛局制定的测试羊毛缩水率的方法(IWS 31 方法)测试,羊毛收缩率低于 2%。

植物蛋白酶对羊毛的鳞片细胞和皮质细胞的水解,能够以较快的速度或与水解 CMC 球状蛋白基本相近的速度水解。如德国产的植物蛋白酶 SZ 对羊毛的减量处理。蛋白酶 SZ 对羊毛的减量主要作用是催化水解羊毛的鳞片细胞。经它处理的织物烘干后,织物有类似上浆的感觉,手感发硬,但通过一定次数的洗涤,发硬感觉即消失。这主要是因为植物蛋白酶水解的产物主要是多肽(类蛋白),多肽的附着使织物发硬,它们可以通过水洗予以去除。

另外,蛋白酶 SZ 还可以明显改善羊毛表面的亲水性,而其他蛋白酶对羊毛的减量并没有明显改善羊毛的表面亲水性。这是因为过氧化氢相对于含氯氧化剂是较缓和的氧化剂,预处理后亲水性的改善不如含氯氧化剂,类脂的去除是不彻底的。用蛋白酶 SZ 对羊毛鳞片表层进行水解减量时,羊毛表面的疏水类脂同时也被去除。研究证明蛋白酶 SZ 对羊毛具有良好的防毡缩性能。但植物蛋白酶和微生物蛋白酶相比成本较高、生产的影响因素多、性能的稳定性相对较差,限制了它的生产与应用。

二、高效短流程前处理工艺的清洁化

常规棉织物前处理需经退浆、煮练和漂白等工序,加工工序长,耗水、耗能,而且污水量大,难处理。近年来,由于高效助剂的研究开发、设备的革新改进和工艺参数自控技术的发展,促使短流程前处理工艺获得广泛应用。

短流程前处理工艺即将传统的退、煮、漂三步结合成为二步或一步的工艺方法。尤其是冷轧堆一浴工艺与传统的退煮漂工艺相比,在节水、节电、节省蒸汽方面效果明显,而且冷轧堆的残液补充后可重复使用,既节约了能源又减少了污水处理。下面是适用于 PVA 化学浆料上浆的坯布的冷轧堆一浴工艺过程。

烧毛湿落布(带液量 30%～40%,打卷)→堆置(2～4h)→平幅退卷进布→高给液装置(带液量 100%～150%,可调)→A 字架中心收卷→堆置(<24h)→退卷→洁面装置→(无底波形狭缝冲洗)→振荡蒸洗→MH571 小轧车→振荡水洗、MH571 小轧车(四套,最后一台小轧车由贝伦辊轧车替代)→落布

短流程工艺将前处理所要除去的浆料、棉蜡、果胶等杂质,集中在一步或二步中去除,这必然增加加工的难度。要获得同样的效果,在工艺条件及处方上,则必须采用强化方法,增加烧碱、过氧化氢用量并添加各种高效助剂。如棉织物的常规汽蒸煮练时,其碱浓度在 20g/L 左右,而短流程工艺则在 25～55g/L(冷轧堆工艺一般在 30～55g/L);常规氧漂碱液 4～6g/L(pH＝10.5～11),而短流程工艺则在 10～18g/L,甚至更高;采用冷轧堆工艺还需添加高效渗透剂、乳化剂,并选用耐强碱浴的高效稳定剂。由于化学药剂用量的增加,使得废水中化学药品含量增大,尤其是助练剂、过氧化氢、磷酸盐等的用量较大,将加重污水处理的难度。

另一方面,短流程工艺中参与反应的物质较多,反应类型复杂,质量难以控制。而且由于烧碱、过氧化氢用量的增加,各类反应的速率都随之增加。虽然强碱浴有利于对棉蜡乳化,油脂皂化,半纤维素和含氮物质的水解,矿物质的溶解及木质素浆料的溶胀,但在强碱浴中过氧化氢的分解大大加快,使纤维素氧化速度提高,增加了棉纤维损伤的危险性,使短流程工艺的安全系数较低,工艺控制更为严格。因此,环保节能的短流程工艺及其清洁化技术应是今后染整技术清洁化发展的方向之一。

1. 无碱(少碱)短流程前处理工艺

陕西华昌印染厂开发的短流程前处理清洁生产工艺,流程短、消耗低、效率高、排污少,采用的环保型助剂无毒、易生物降解。其两个工艺流程如下:

(1)冷轧堆工艺。浸轧工作液(烧碱 2g/L,100% 双氧水 20g/L,精练剂 10g/L,稳定剂 3～4g/L,酰胺类活化剂 4～5g/L,室温,二浸二轧,轧余率 85%～90%)→打卷堆置(室温 16～20h,6～8r/min)→95℃热水洗一格→热碱洗一格(95℃,烧碱 10g/L,净洗剂 5g/L)→95℃热水洗三

格→80℃以上热水洗一格→烘干

处理效果:毛效 10cm,白度 76%,强力下降 4%,布面洁白均匀,无卷边皱条,无籽壳杂质。

(2)汽蒸工艺。浸轧工作液(烧碱 2g/L,100%双氧水 8~10g/L,精练剂 10g/L,稳定剂 4g/L,酰胺类活化剂 5g/L,室温,二浸二轧,轧余率 95%~100%)→履带箱汽蒸(100℃,60min)→95℃热水洗三格→50%浓度工作液汽蒸(100℃,40min)→95℃热水洗三格→80℃以上热水洗一格→烘干

处理效果:毛效 12~15cm,白度 85%,排出洗液几乎无色,布面洁白匀净,无卷边皱条,无折痕压皱,无籽壳杂质。

上海纺织科学研究院纺织化学工程中心研制的一种新型复合多功能高效绿色前处理剂 Scolase100T 不含烧碱,含有多种复合酶及有关组分。前处理时,原则上只需用 Scolase 100T 和双氧水。

Scolase 100T 的作用机理是在 90~100℃,使果胶、棉籽壳、蛋白质迅速降解,并在双氧水的协同作用下溶解于热水。为了迅速去除油蜡质,可另外加入乳化能力较强的精练剂,使油蜡质及其他杂质乳化而除去,色素被双氧水破坏。工艺流程如下:

化料(50~60℃)→浸轧(Scolase 100T 25~35g/L,100%双氧水 14g/L,精练剂 2g/L,轧余率 100%~110%)→汽蒸(90~100℃,60min)→热水洗(95℃以上)→热水洗(90℃)→热水洗(85℃)→热水洗(80℃)→冷水洗→烘干

Scolase 100T 退煮漂一浴法比传统工艺缩短 60~90min,节约能源;整个生产过程中,配料和机台操作简单;煮漂 pH 很低,对于一些对碱敏感的纤维如再生纤维无损害作用;色度、COD 值比常规烧碱工艺低,但 BOD 值有所上升,易于污水处理。其退煮漂半制品手感柔软,退浆干净,达 5~6 级;白度比原工艺好;强力基本没有变化,消除了传统工艺中由于烧碱带来的副作用;卷边、皱条少,布面平整。经丝光的半制品采用二浴汽固法、一浴焙固染色,布面丰满,色泽鲜艳,深度比原工艺深 5%~8%。

无碱(少碱)工艺对漂白织物效果略差,必要时需添加复漂工艺,无碱工艺成本略高,但考虑环保因素,综合成本相对较低。

2. 高匀渗透给液技术

前处理工艺流程的缩短,导致化学品助剂浓度的增加,易引起沉淀和无效分解,不利于织物上工作液的渗透扩散。因此,提高织物的带液量是短流程工艺的关键。高匀渗透给液技术采用特殊装置,将工作液强行施加到织物上,使之在织物上快速、均匀地渗透,增加带液量,使半制品质量明显提高。根据高给液装置的作用原理又分为表面给液和透芯给液。

(1)表面给液。表面给液是指依赖于液体的动态黏滞性使织物表面具有超饱和的液量。这种动态黏滞性使工作液在不吸水的固体表面上能动态地瞬时停留,形成层流,靠近固体一层与固体的表面相对静止,称为液膜。这层液膜静止不动,使工作液渗透阻力较大。当织物以较快的速度通过浸渍槽,由于时间较短,湿进布织物上的水和工作液之间来不及进行液体交换,织物表面只是均匀地带上一层工作液膜,不会改变浸渍槽中工作液的浓度,有利于工艺和质量的控制。不足的是工作液没有进入织物内部,这就要求织物进入汽蒸箱后,有充足的时间,使工作液

向织物内部扩散。

但是,液体的这种动态黏滞性在重力的作用下部分液体会加速下降,其结果是在高处的织物的表面液量减少,在低处的织物的表面液量增多。为使高处织物能维持一定的高给液量,织物离开液面后的上升高度及上升时间应尽量限制。织物进入汽蒸阶段,必要时应给予织物少量中间补给或在工作液中添加能增加液体黏滞性的助剂,它可以增加浸渍后织物带出的液量,保持表面给液的时间可长一些,但是这类助剂往往对洗涤效果有不利影响,应尽量选用量小、效果好的高效物质作为高给液助剂。

Kuster 公司的 Flexnip 装置(图 6-1)是表面给液的典型装置。给液过程是织物向下通过一只注满工作液的 V 形槽与该槽出口处的一对卧式轧辊。进入的织物含水 70%,出口时增加 80% 工作液,总带液率达 150%。织物经过浸液的时间极短,湿织物上的水分和工作液之间来不及发生传质过程,所增加的 80% 工作液就如"涂层"似的施加到织物的外表面,V 形槽中的工作液浓度恒定。而且这种给液装置的容量均极小,更新快,有利于克服前后差异等质量问题。

(2)透芯给液。由于织物的经纬纱之间,纱线的纤维之间存有空隙,这些空隙存在着空气,不容易驱赶出来,会阻碍工作液的进入,影响工作液和纤维的接触。透芯就是透入织物的内部,在纱线和纤维周围给液,加快工作液与纤维的化学反应。为达到透芯首先要驱除织物内部的空气,最理想的是用水或蒸汽或工作液直接进入织物内部的空隙,把空气赶出来,以工作液取代原来空气所占的空间。一般有轧点加压法、真空减压法及高温加热法。透芯给液的效果以真空减压法为最好。

英国 Farmer Norton 公司开发的 VAS200 施液装置(图 6-2)就是利用真空技术,快速、完全、均匀地对绝大多数织物进行饱和浸渍处理,无论织物的厚度和拒水性如何。该装置先对织物真空抽吸,随后将织物浸入工作液中。由于在织物和液体的接触点造成真空,大大降低了织物和溶液的界面张力,因而可使织物完全浸透,织物的带液量可以在 35%~200% 内调控。真空施液系统,可减少润湿剂的用量,大大提高织物带液量,废液量极小。

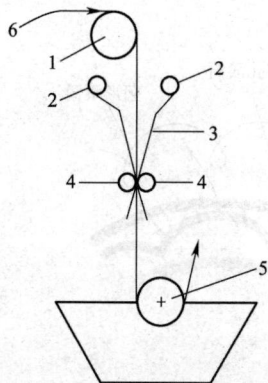

图 6-1 Kuster 公司的 Flexnip 装置

1—导布辊 2—输液管 3—V 形浸渍槽
4—气压轧点 5—牵伸辊 6—织物

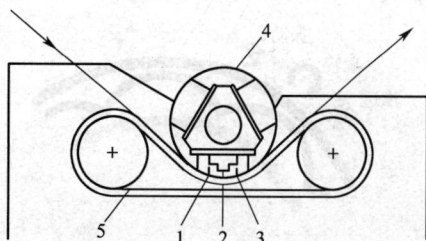

图 6-2 Farmer Norton 公司的 VAS200 施液装置

1—真空吸口 2—给液口 3—真空吸口
4—圆网 5—环形带

3. 强化水洗工艺

织物经短流程前处理工艺后,大量的杂质和化学药剂需通过充分水洗去除,因而要求水洗设备具有强化的洗涤能力,高效、节水、节能,缩短流程,织物能平稳无皱运行。

织物的水洗过程是一个传质过程。根据费克第一定律,要达到理想的水洗效果,水洗过程需要较高的扩散系数和浓度梯度,尽量缩短扩散路程。为此,高温、强力冲洗、逆流振荡等方法常用于水洗工艺,以加强水洗过程的物质交换,缩短工艺流程,节水节能。

通过提高洗涤温度,可以减弱沾污物与纤维的氢键结合力和静电库仑力,降低纤维表面溶液的黏度,增加分子动能,以克服分子扩散能阻,从而提高扩散系数。因此,提高水洗温度可使水洗效果急剧提高,工艺上要求水洗温度尽量提高到90℃以上。但是仅仅依靠提高温度,不采用高效水洗设备,仍难满足水洗要求,因为洗涤速度与洗涤物在纤维/水复合体系中的扩散系数成正比,必须借助非化学的机械物理作用强化水洗。目前高效水洗单元种类繁多,以洗涤原理分类有,逆流、振荡、蒸洗、刷洗、冲洗等。

贝宁格公司的 Injecta 平幅水洗机,在进出布槽中可加入化学助剂,洗涤水为排列在后的平洗槽中的逆流水。织物通过一个分为两室的狭缝,水和蒸汽由上端两边直接喷射到织物上,织物由下逆流而上,始终保持高浓度梯度,织物快速加温达到100℃时,由水和蒸汽混合流体所产生的湍流,对织物进行机械搓揉,这一综合效果,促使需洗去的物质从织物上解脱。该水洗机可去除各种浆料,退浆率高,与常规平洗机相比,能节省50%以上的水和能源,减少了污水的排放量,降低了污水处理成本。

日本悬浮式振动水洗机,由水洗槽、菊形滚筒、多孔滚筒构成。通过菊形滚筒旋转使清洗水在凹凸表面进行排水、吸水,产生波动,波动频率为30~60Hz,使在多孔滚筒表面运行的织物受到激烈的振动及水的渗透作用,所含污垢成分由内向外慢慢地排出。而且,由于水槽内的水不在一处滞留,呈搅拌状态,所以不会造成有用清洗水的多余排放,其作用原理如图6-3所示。与传统水洗机相比,悬浮式振动水洗机机组台数可减少1/2或1/3,清洗效果超群,不多余排水,是节水型水洗机,且小巧省地。

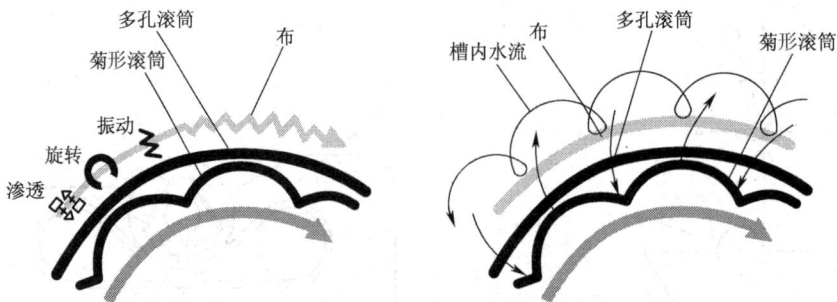

图6-3 悬浮式振动水洗机的作用原理图

三、染色过程的清洁生产技术

近年来围绕生态问题,出现了不少染色新技术。无水或节水染色,短流程或一浴法染色,高上染率或高固色率染色,高坚牢度染色,无盐或低盐染色,小浴比或低给液染色,低温染色,纤维改性染色,助剂增溶或增强染色,涂料着色,天然色素的应用和有色纤维的开发,一种染料染多种纤维或超多功能作用的染色,仿生染色以及受控或智能染色等。有的已应用于实际生产中,有的仍在不断研究开发中。

1. 一浴法染色技术

一浴法染色技术,采用特殊的助剂或控制工艺条件,使得一种染料能够同时染含有两种或两种以上纤维的多组分纺织品,或是多种染料一浴法染多组分纺织品。一浴法染色可极大地缩短染色流程、降低染色成本,达到节水、节能和提高生产效率的目的,减少污水排放并减轻废水处理量。

(1)活性染料一浴法染多组分纺织品。对于纤维素纤维和锦纶,它们都可用活性染料染色,但染色性能却各不相同,传统的棉/锦织物的染色采用分散/活性、酸性/活性等二浴法染色工艺,流程长、能耗大,而且染后色光存在差异。因此,研究活性染料一浴法染棉/锦织物,具有实用价值。

活性染料既可与棉纤维的羟基形成共价键,又能与锦纶中的氨基形成共价键。锦纶在等电点以下,表面带正电荷,在库仑力的作用下,活性染料阴离子可以大量上染锦纶,染液初始 pH 越小,锦纶得色越深,棉纤维得色就会越浅。因此,染色 pH 的控制是获得高上染率和同色性的关键。

东华大学用自行开发的 pH 调整剂 CN,对棉/锦织物进行一浴染色。染色初期保持染浴近中性,使活性染料同时上染两种纤维(此时主要上染棉纤维);一定时间后,加入助剂 CN,染浴逐步变成弱碱性,使活性染料充分固着在棉纤维上;然后,在较高温度保温一定时间,助剂 CN 通过自身的化学反应,逐步释放出 H^+,使染浴 pH 逐步降到中性或弱酸性,活性染料此时较多地上染锦纶并固着。最后在两种纤维上均有较高的固色率。

染色工艺为:活性染料 2%(owf),元明粉 60g/L,CN 10g/L,浴比 30∶1,40℃入染,10min后加入 1/2 元明粉,保温 10min,再加入 1/2 元明粉,续染 10min 后,升温到 80℃,染 10min,加入 pH 调整剂 CN,续染 80min。

但是对不同类型的活性染料,助剂 CN 染色效果差异很大,选用部分 KE、M、KN 型活性染料可实现锦棉交织物的活性染料一浴法染色。

此外,电解质的作用也不可忽视。在等电点以下电解质对锦纶起缓染作用,在等电点以上对棉和锦纶均起促染作用,而且对棉的促染作用远大于对锦纶的作用。因此,控制电解质加入染浴的时间和先后次序,可部分调节活性染料在锦纶和棉上的上染率。另外,也可通过控制染色温度和固色温度,平衡棉锦的上染率,一般染色温度高对锦纶上色有利。

对于锦纶/天丝(Tencel)、羊毛/黏胶、羊毛/蚕丝/锦纶以及蚕蛹蛋白和纤维素纤维双组分纱线等纺织品也可采用活性染料一浴法染色工艺。

(2)分散染料一浴法染多组分纺织品。涤纶和羊毛/蚕丝在物理化学性能上存在很大差异,因此它们的混纺和交织物往往采用不同类型的染料分步染色。分散染料主要染涤纶,但它对锦纶、氨纶等也有一定的亲和力,发生沾色,影响成品的湿牢度。某些分散染料中含有酸性基团,可与羊毛/蚕丝中的碱性基团反应而沾色,影响织物的染色牢度。此外,高温染色还会造成羊毛/蚕丝等纤维的损伤。

分散染料一浴法染涤纶/羊毛、涤纶/蚕丝和锦纶/蚕丝/羊毛等多组分纺织品,已在两方面展开了工作。一是开发适于多组分纺织品染色的新型分散染料,如 Tarek 等合成了对羊毛和涤纶都具有亲和力的偶氮类分散染料应用于涤/毛织物的染色,染色织物同色性较好。另外一些研究者设计在分散染料分子中引入反应性基团,用这种分散染料染混纺织物可获得足够的湿牢度。二是在研究了染料结构与同色性关系的基础上,利用助剂对羊毛和蚕丝的作用,使分散染料也可以上染这些蛋白质纤维。如 Lewis 采用烷基化助剂预处理羊毛提高纤维对分散染料的亲和力,Marti 的研究表明两性表面活性剂磷脂作为分散染料染羊毛的染色载体,能显著提高染料的上染率。

东华大学研制的助剂 LAB,在染液中与染料发生作用,增加了分散染料在水中的溶解度,使之既能与羊毛纤维发生作用并上染,同时也对涤纶起促染作用。不仅避免了涤纶/羊毛织物二浴法工艺的繁琐,还可解决分散/酸性(中性)染料一浴法染色时由于分散染料对羊毛的沾色造成湿处理牢度差的问题。

(3)复合染料一浴法染多组分纺织品。复合染料一浴法染多组分纺织品是开发应用较多的一类染色工艺,根据纤维组成的不同有:分散/中性、分散/酸性、分散/活性以及活性/酸性(直接染料)等染色。这里介绍分散/活性染料一浴法染多组分纺织品。这种工艺很早就用于涤/毛、涤/丝、涤/棉等纺织品的生产,但由于存在分散染料对天然纤维的沾色,不同纤维组分染色温度差异大,同色性难控制等不足,使其应用受到一定的限制。

分散染料与活性染料染色条件存在较大差异,分散染料染涤纶是在高温高压(120~130℃)的条件下,而活性染料的染色温度(即使是热固型的)在沸点或沸点以下;分散染料染色 pH 以弱酸浴 5~6 为宜,而活性染料则需在中性浴吸附,在碱性浴中固着;并且活性染料的染色需要加入大量的电解质促染,分散染料却不宜使用电解质。因此要实现分散/活性染料一浴法染色,必须对染料品种和助剂等进行有针对性地选择,改进工艺过程。

分散与活性染料一浴染色的研究中发现,活性染料宜选用含有双活性基的,如 KE 型、KP 型、M 型、B 型。这些类型的染料分子中带有两个活性基,具有相对较好的耐酸碱性和高温稳定性。分散染料选择对 pH 不十分敏感的品种,一般要求分散染料在 pH 为 6~7 时,上染率不应发生较大幅度的下降,染色过程能在近中性的条件下进行,以适应活性染料的染色特点与要求。另外,为了保证染色牢度,所选分散染料应对棉、毛、丝沾色少或碱可洗性好。

染色工艺的控制中,温度是影响分散染料上染率的重要因素,所以控制温度,应以分散染料的要求为主,染浴温度不应低于 125℃。活性染料染色是在中性浴中吸着,在碱性浴中固着,在与分散染料同浴染色时,应避免用酸来直接调节 pH,应选用逐步释酸或用较温和的缓冲剂来调节 pH,如硫酸铵、磷酸二氢铵、磷酸二氢钠等盐类。为了使活性染料既有较高的固着率,又避免染浴 pH 过高而不利于分散染料的上染,碱剂的加入应在保温染色完成后,即待染浴降温到 85~90℃时再加入。此时分散染料的上染已经完成,碱剂的加入已不会影响分散染料的染色结果,而对于分散染料的浮色清洗反倒有利,在操作上也方便易行。活性染料染色需电解质促染，为防止电解质对分散染料产生凝聚和沉淀现象，除了采用分散和匀染效果较好的阳离子与非离子表面活性剂复配的高温匀染剂外，促染用电解质的用量，以最低要求量为宜。

中性固色活性染料 Argazol NF 含有新型活性基团——季铵型吡啶甲酸，提高了染料的反应性。与常规活性染料最大的不同是在染色过程中不用加碱，在中性（pH6～8）高温（130℃）条件下，其活性基团能与棉纤维发生反应而固着，具有良好的染色重现性和匀染性。用它与分散染料 Argazol AQE 可在中性高温条件下一浴法染涤棉混纺织物，配伍性极佳。如图 6-4 所示为 Argazol NF 和 Argazol AQE 一浴法染色工艺图。整个染色过程只需 2～3h，比常规二浴法染色缩短约 2h，生产效率大大提高，染色用水及能耗明显减少，染色成本降低，操作简单。

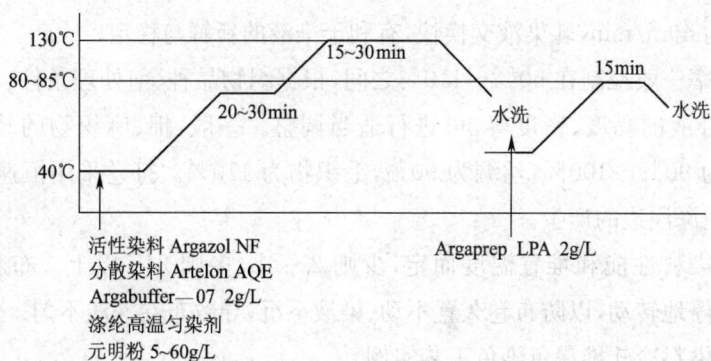

图 6-4　Argazol NF 和 Argazol AQE 一浴法染色工艺

2. 冷轧堆染色技术

冷轧堆染色工艺介于浸染工艺与连续轧染工艺之间，是一种半连续化的轧染工艺，具有高效、优质、节能、降耗和少污染等优点。由于冷轧堆工艺没有中间烘燥及汽蒸工艺，所以不仅节省了大量电能和蒸汽，而且不会出现连续轧染工艺中由于中间烘燥染料泳移引起的色差。

冷轧堆染色机理与连续轧染机理基本相同，也分吸附、扩散、固着三个阶段。只是冷轧堆染色是在不加热的情况下，通过浸轧染液使纤维膨胀，从而使染料粒子转移到纤维内部，故要求染料的扩散性能良好，对纤维的亲和力和直接性要低，以保证织物的匀染。由于是在低温下染色，该工艺需使用大量碱剂，为了兼顾染液的稳定性和反应速度，一般选用反应性适中的染料。如乙烯砜型活性染料，它是硫酸乙烯砜化合物，在水中不显示任何活性，只有加入碱剂后形成具有反应性的乙烯砜才具有活性。活化了的染料与纤维素纤维上的羟基反应，形成醚键。醚键除具有较高的耐酸水解性能外，还对提高固色率起着主要作用。在染色过程中，控制乙烯砜的形成，使染料有充分的时间扩散到纤维内部，以获得较好的匀染、透染效果。适用于冷轧堆染色的此类染料有 DyStar 公司的 Remazol、国产 KN 型、日本住友的 Sumifix、日本三菱的 Diamira、日本三井的 Celmazol。其他如汽巴精化的一氟均三嗪型 Novacron F，科莱恩的二氟一氯嘧啶型 DrimareneR/K，卜内门的二氯均三嗪型 Procion MX、国产 X 型、K 型和 ME 型染料。

碱的强度和染液与碱液混合的时间是控制染料稳定性、提高固着率的重要因素。对于不同种类的染料所用碱剂不同。Procion MX 染料和国产 X 型染料用纯碱加小苏打固色，若用烧碱固色,染料水解严重;Remazol、Novacron F、Drimarene R/K 和国产 K 型、KN 型、ME 型染料宜选用烧碱与硅酸钠混碱固色。这里硅酸钠具有调节碱液 pH 的缓冲作用,可提高染液的稳定性和固着率;同时,硅酸钠具有乳化性和胶体保护性,能保护织物不被空气中的酸气和二氧化碳侵蚀;水洗中水解为胶状硅酸或细粒子的碱土硅酸盐能较好地吸附水解活性染料、防止沾污织物。

染液与碱液混合需采用配液混合装置,染液与碱液按工艺处方要求先在各自的储液筒里配制;搅拌均匀后,由比例计量泵将染液按 4:1 的比例混合后输入轧液槽;槽中液位传感器监视染液,缺液信号经控制器转换变送后,指示计量泵工作。染液与碱液不能过早混合注入轧槽,织物也必须冷却后进入轧槽,以减少染料的水解。从轧染液稳定性出发,轧液温度越低越好,但过低不利于染料对纤维的渗透和固着,所以轧液温度一般控制在 20~30℃。工艺车速根据织物品种而定,一般为 40m/min,轧染液交换快,有利于染液的新鲜与稳定。

轧车的轧余率一般控制在 60%~110% 之间,根据织物品种、前处理条件、车速和轧辊性能及染料/碱剂混合液的黏度、密度等,可进行适当调整。一般,棉、麻织物的轧余率为 60%~80%,黏胶纤维为 90%~100%,丝绸为 90%,毛织物为 110%。打卷采用恒速恒张力收卷,要求边道整齐,防止深浅边的产生。

堆置时间视染料性能和堆置温度而定,少则 2~4h,多则 24h 以上。布卷堆置保持 4~6r/min 的速度不停地转动,以防布卷久置不动、染液下沉,导致布卷深浅不匀。

下面是活性染料冷轧堆深色染色工艺实例。

织物规格:30tex×30tex 纯棉半漂丝光布。

工艺处方:染料深黑 Remazol N 150 80g/L,渗透剂 LCS 3mL/L,34%(39°Bé)硅酸钠 100mL/L,16%(22°Bé)烧碱 84mL/L。

工艺条件:车速 60m/min,堆置 16h,冷水洗→温水洗→沸水洗→冷水洗→烘干

3. 活性染料短流程湿蒸染色工艺

活性染料连续轧蒸染色工艺由于工艺简单、生产速度快、成本低,因而应用较为广泛。但是,不足的是染色过程中染料除了与纤维的相互作用外,同时会发生水解反应,因水解而造成的染料损失达 25%~30%,固色率很低。为此织物浸轧染液后,都需要进行中间烘干,以利于后续汽蒸,或焙烘固色和减少染料水解。但是中间烘干过程湿织物蒸发水分需消耗大量热能,其次在烘干时染料易发生泳移,产生色差,降低色牢度,影响产品质量的稳定性。所以湿蒸是人们长期追求的目标。

20 世纪 80 年代德国 Hoechst 与 Bruckner 机械公司共同研究设计了名为 Eco-Steam 系统短流程湿蒸染色设备(图 6-5)。

Eco-Steam 系统的工艺流程如下:

浸轧染液(染料与碱的混合液,轧液率 60%~70%)→高温汽蒸固色→水洗→皂洗→水洗→烘干

轧液率的控制是重要因素。织物浸轧染液后,轧液率一般为 60%~70%,在反应蒸箱内受热而水分蒸发,使其含水率下降。实验发现棉织物含水率为 30% 时,纤维的膨化程度最大,染色上染率最高。此时的纤维结构单元都浸透了水分,纤维的结构尺寸达最大值,可及性最大,便

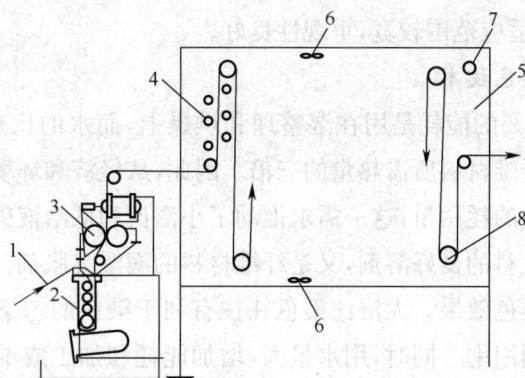

图 6－5　Eco-Steam 流程示意图

1—织物　2—染液槽　3—轧车　4—红外辐射器　5—反应箱
6—热风、蒸汽入口　7—排风口　8—导布辊

于染料最大限度地浸入纤维内部。

　　反应蒸箱内的载热体是不饱和的过热蒸汽，是在大量干热空气中混合了一定量的饱和蒸汽。一方面提供热量有利于织物进入蒸箱后水分的蒸发，另一方面气相蒸汽在织物上冷凝，与织物上水分的蒸发形成动态平衡，确保织物的含水率保持在临界含水率 30％左右，延缓织物上水分蒸发的速度，从而提高染料上染率和固色率。设备利用干湿球温度计监控热风中循环空气的蒸汽含量，调节反应温度及相对湿度。如果相对湿度太低，织物上的水分蒸发太快，不利于纤维的溶胀和染料的渗透，上染率将降低。但相对湿度太高，则相应的湿球温度容易低于干湿球温度的露点温度，在反应蒸箱内将出现结露而有水滴。对于固色反应速率较低的活性染料，需适当提高干球温度，这势必加快湿织物在蒸箱内水分的蒸发速率，因此需相应提高蒸箱内的相对湿度，即提高湿球温度。借助 100℃以上的湿热空气状态函数关系图，可找到干球温度、湿球温度、相对湿度及露点的关系，表 6－2 为湿短蒸工艺中几类活性染料的温湿度控制。

表 6－2　湿短蒸工艺中几类活性染料的温湿度控制

染料类型	干球温度(℃)	湿球温度(℃)	相对湿度(％)
KN 型	120	70	28
K 型	160	80	44±5
MF 型	140	75	35
B 型	120～160	—	40

　　采用湿短蒸染色工艺，由于固色率的提高，KN 型、M 型和 K 型活性染料的固色率比传统的轧蒸工艺可提高 10％以上，布面得色浓艳，没有染料在织物表面堆积现象，不但节约染料，而且大大减少淋洗浮色所耗用的水，废水色度也得到了降低。

　　B 型活性染料在轧染染色工艺中需耗用大量食盐，用量高达 200g/L。采用湿短蒸工艺不需用食盐,得色量高于二相法轧染工艺。干球温度 120～160℃ 之间 K/S 值相对比较接近,色光变化范围小,工艺条件适应范围较宽,重现性良好。

4. 小浴比和低给液染色技术

在印染加工中,约 50% 的能耗是用在湿整理和烘燥上,而水的比热较纤维的大,加热水分所需的热量几乎是加热纤维材料所需热量的三倍。因此,从经济和环境保护两方面考虑都希望尽可能多地降低水和能量的耗用量,这一需求推动了小浴比和低给液染色技术的发展。

染浴中的水既是染化料的良好溶剂,又是纤维材料的润湿溶胀剂。水的用量(即浴比)直接关系到染料在纤维上的染色效果。大浴比染色往往有利于染料的匀染和移染,但是,它会降低染料的上染率和染料的利用率。同时,用水量大,增加能耗和加工成本,使排放的废水量增加。小浴比染色加工液耗用量小,残液的排放量也大为减少,可提高染料的上染速率和平衡上染量,节水、节能,但是,浴比小,不利于染料的匀染和移染,纺织品易擦伤,水洗不充分,影响成品的色牢度。因此,如何合理减少浴比是从事染整行业工作者共同关心的问题。

德斯达和梯斯(Thies)公司采用新概念联合设计了超小浴比染色工艺和相关的染色设备 Luft-Roto-Plus,并成功用于纤维素纤维织物的染色。该设备的缓流喷射口位于设备的提升端,轴架前的刮沫器可使织物达到最优的带液率,浴比只有 2:1,在染槽容布器中几乎没有溶液,从而可进行非常迅速的溶液交换,并且只需很短的加热时间。

水溶性染料染色过程的特点是染料直接从水中竭染到织物上,加入电解质等对此有促进作用。而更小的浴比有利于染色平衡向上染纤维的方向移动,同时能更快地达到平衡,使溶液交换非常迅速,对于活性染料染色所需的盐和固色所需的碱剂,设备可分批或计量加入。设备配置了模拟计量加料、100% 副缸、自动盐溶液准备装置。

染色工艺过程为染料在清水或者设备循环溶液中预先溶解,加入所需盐的一半,然后在一段较短的时间内线性计量加入设备中。在计量加入步骤后有一段短时间的停留,其间可在副缸准备碱溶液和余下的盐(根据工艺可以采用清水或者用设备循环溶液中的水)。这些溶液随后在短时间内线性计量加入染浴中,然后再继续 45～60min 的染色。最后洗去未固色染料。适用于此工艺的染料为中高活性的 Levafix 或筛选的 Remazol 染料。整个染色过程时间短,升温快,约为常规(6:1 浴比)染色工艺时间的 2/3。

另一种小浴比染色方法是新型的气流染色,应用空气动力学原理,借高压风机产生气流,经特殊喷嘴后形成高速气流,带动织物运行,同时染液以雾状喷向织物,使得染液与织物在很短的时间内充分接触,以达到匀染的目的。与液流染色不同的是,水仅仅是染化料的载体,带动织物运行的是高速气流,因此,它的浴比可以非常小。其次,染液吸尽条件也不一样,织物不是从周围的染液中吸液,而是从分散于织物表面上的染液吸液。这种新型染色方法,染色周期短(仅为液流染色的一半),效率高,染色质量可靠,重现性好,浴比小,能耗低,排污小。

5. 新型涂料染色

涂料染色作为节能短流程工艺是近年来国际国内比较流行的一种染色技术。具有色谱齐全,色泽鲜艳,色光稳定,拼色方便,操作简便,适应性广,节能节水,减少环境污染等诸多优点。但是,涂料染色存在摩擦牢度和刷洗牢度以及手感较差等不足。涂料染色工艺有连续轧染染色、浸染和成衣染色,此外,还有涂料染色印花一步固色法和涂料染色整理一步法工艺。

传统涂料染色过程中,涂料的微粒借助于扩散剂、润湿剂均匀地分散在染液中,织物浸轧后,被织物吸附的染液的一部分进入纤维的毛细管空隙中,一部分留在织物交织点空隙内。烘燥时,染液中水分被蒸发,涂料微粒被黏合剂均匀地黏着于织物表面及掺杂在黏合剂的皮膜中。高温焙烘时,黏合剂中的交联基团,一方面与纤维上的活泼基团如羟基、羧基等发生交联,另一方面与交联剂或自身交联在纤维表面形成三维网状结构,使染色达到良好的坚牢度。但是常规的黏合剂用于涂料染色工艺只能染浅中色,很难得到深浓色染色产品。由于涂料微小颗粒和黏合剂形成的色膜与纤维间仅靠分子间的范德瓦耳斯力等作用附着于织物表面,与染料相比,其渗透性差,色牢度差,易褪色。此外,由于黏合剂在织物表面形成的色膜并非完全、连续、均匀地覆盖于纤维表面,其手感粗糙,影响织物弹性,虽添加柔软剂后有一定改善,但是往往牢度也随之下降。

新型涂料染色采用变性接枝技术,利用织物增深剂对纤维素进行预处理,使原在水溶液中带负电荷的纤维素纤维表面变为阳电荷状态,这种增深剂实为纤维变性剂,它的活性基团可与纤维形成共价键结合,同时一定聚合度的变性剂与纤维之间存在较强的范德瓦耳斯力作用。涂料分散液则含有一定量的阴离子助剂。当两者相遇时,带有阴电荷的涂料就能在带有阳电荷的纤维表面发生定向吸附,从而较牢固地固着于纤维表面。通过控制纤维变性的条件,就可控制涂料染色的深度和均匀性,解决了传统涂料染色只能染浅中色的弊端。

这里纤维素变性接枝技术是新型涂料染色的创新点。国内相关单位在对国内外阳离子变性剂进行筛选的基础上,先后开发出变性剂 T、PT、PNT 等。PNT 作为第三代环保型涂料增深剂完全达到了无醛、无 APEO、无禁用染料的清洁生产要求。在使用过程中不用调整 pH,变性后不会产生色变,且增深幅度更大,色泽更艳丽,它既能用于轧染,又能用于浸染;既能作为涂料、染料(如活性、硫化、直接等)的增深剂,又能作为染料的固色剂。新型涂料染色无须使用黏合剂,为使涂料染色有较好的牢度,开发了涂料染色湿摩擦牢度提高剂 PG(浸染用)或 PW(轧染用),可与涂料同浴或分浴染色,后者牢度更为优良,并有优良的柔软效果,减少柔软工序,实现染色、固着、柔软一步完成,彻底改变了涂料染色手感硬糙的疵病,可与活性染料染色产品相媲美。

常州市东高染整有限公司承担的"十一五"国家科技支撑计划"环保型纺织印染新技术"重点项目"无水化涂料染色新工艺新技术"对新型涂料染色的基础理论进行了系统的研究,集成创新,除研发了新型变性剂 PNT 外,还开发了具有自主知识产权的关键生产设备"连续涂料轧染机",实现了织物变性、染色、固色一步法连续式生产(工艺流程如图 6-6 所示),解决了传统涂料染色工艺存在的提升性差、色牢度低、手感硬、易粘辊筒等缺点,极大地提高了生产效率与涂料染色的重现性和产品质量。在清洁生产、节能减排方面取得突破性进展,与传统染色工艺相比大大缩短了工艺流程,可节约用水 50%左右,节约能耗 40%以上。

新型涂料染色技术基本能满足各种面料的染色要求,对不同性能要求的面料,根据需求可选择涂料连续轧染、涂料浸染、涂料卷染、涂料扎染、涂料成衣染色、涂料的刮染、涂料和浆纱一浴染色等,对于色织布还可采用涂料套染工艺。

6. 微胶囊染色

微胶囊技术在纺织工业中的应用从 20 世纪 90 年代开始,主要是应用在纺织品各种功能整理中,如留香整理、抗菌整理等,以提高产品的附加值。近年来,微胶囊技术在纺织染整加工中的应用不断拓宽,在染色、印花和功能化后整理均有应用。如静电染色、转移印花、立体发泡印花、热敏变色印花、多色点印花、织物的自动调温功能、阻燃整理等。

微胶囊技术是一种特殊的包装技术,采用物理机械或化学方法用成膜材料包覆固体或液体,制成颗粒直径为 $0.1 \sim 500 \mu m$,常态下稳定的固体微粒,即微胶囊,而被包覆的物质原有的性质不受损失,在适当条件下它又可以释放出来。微胶囊由壁材(包覆材料)和芯材(被包覆的材料)构成,壁材厚度一般为 $0.1 \sim 10 \mu m$,芯材占微胶囊总质量的 $20\% \sim 95\%$。

图 6-6 涂料变性连续轧染流程

微胶囊壁材主要为具有成膜性的天然的或合成的高分子化合物,如明胶、果胶、淀粉、聚氨基酸、聚乳酸、聚乙烯等。壁材的选择对于微胶囊的性质至关重要,也是制备微胶囊成功与否的关键因素。首先,壁材不能与芯材发生反应;其次,壁材的成膜性和稳定性要好;再次,壁材要无毒且价格适中。一般来说,对于亲水性的芯材,应选用疏水性的壁材;而对于疏水性的芯材,应选用亲水性的壁材。

微胶囊芯材是固体小颗粒、液体微滴或气体。纺织染整中应用的芯材包括染料(如分散染料、光致变色染料、热致变色染料、有机颜料),各种功能整理剂和加工助剂(包括阻燃剂、抗菌剂、驱蚊剂、化学消毒剂、漂白剂、黏合剂等)。

把分散染料制成直径为 $10 \sim 60mm$ 的小颗粒,并被囊壁严密包裹形成微胶囊,胶囊壁材对染料亲和性很弱,具有半透膜特性;同时耐热、坚固,在染色条件下不破裂、不软化。微胶囊化使分散染料在染色介质水中孤立存在。当其与织物接触时,由于微胶囊的隔离作用不会污染织物或形成斑点。

在高温染色条件下,水的表面张力很低,易于渗透进入微胶囊内,使其中的分散染料溶解形成饱和溶液,胶囊壁内外染料形成浓度梯度,使得溶解的染料分子在扩散推动力的作用下,穿过胶囊壁向外扩散进入染浴,同时水进一步渗透进胶囊,直至平衡。当染浴中存在涤纶时,扩散进入染浴的单分子染料会吸附在涤纶表面,并向纤维内部扩散上染。由于微胶囊的优良缓释性能,染浴中分散染料的溶解度很小,染浴中染料浓度极低,从而保证了良好的匀染性。染色过程中升温速度可不加控制,在升至预设温度后保温 $30 \sim 40min$ 即可。这使得工艺控制的风险大大降低。

依据分散染料在水中的标准化学位远高于其在纤维中的标准化学位。染色结束后断绝染料来源,再在染浴中进行"饥饿染色"$10 \sim 20min$,促使纤维表面的吸附染料完全进入纤维,可以

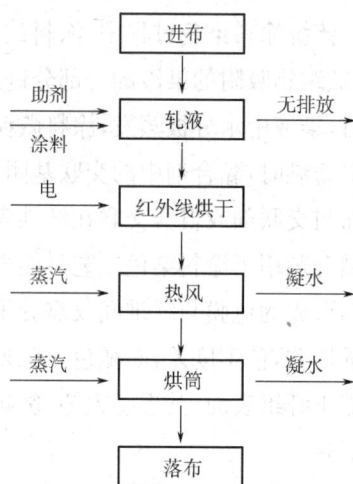

达到提高色牢度的目的。因而,微胶囊化分散染料染色的涤纶表面沾色很少,具有良好的水洗性能。

由于染浴中无任何助剂(特别是表面活性剂)及胶束存在,染色完成之后,染浴中除了完整的空胶囊和浓度极低的溶解染料(每千克几毫克)外,再没有其他物质。染色残液经分离过滤出微胶囊壳后,几乎无色,废水中的 COD 和 BOD 负荷也大大降低。如果将此染浴回收用于织物前处理,即可实现染色废水的"零排放",实现真正的无污染清洁染色。表 6-3 是微胶囊染色与传统染色方法废水的比较。

表 6-3　PET 染色废水指标

染色工艺	COD(mg/L)	BOD(mg/L)	外观
传统分散染料	1.45×10^3	971	蓝黑色
微胶囊化分散染料	50	14.7	无色

四、印花清洁生产技术

1. 转移印花技术

20 世纪 60 年代以来,转移印花已成为织物印花的一个分支。到 1974 年前后,随着聚酯纤维织物的畅销,转移印花的生产量迅速增长。目前转移印花方法有热升华转移印花、非升华热转移印花、湿法转移印花、熔融转移印花、脱膜转移印花等。

(1)热升华转移印花。热升华转移印花是利用分散染料的升华特性,使用相对分子质量为 250~400、颗粒直径为 0.2~2μm 的分散染料与水溶性载体(如海藻酸钠)或醇溶性载体(如乙基纤维素)、油溶性树脂制成油墨,先印在转印纸上,再在 200~230℃ 的转移印花机上处理 20~30s,使分散染料转移到涤纶等合成纤维织物上并固着。

热升华转移印花的优点是工艺流程短,印花后不需要蒸化、水洗等后处理,整个生产过程可做到无水或少水印花;可以一次印制多套色而无须对花,灵活性强,花纹精细,色彩鲜艳,立体感强,能印制摄影和绘画风格的图案,并可在成品服装上局部印花。如图 6-7 所示为一种热升华转移印花机的示意图。但是这种热升华转移印花需要耗费大量的转移纸,这些转移纸印后很难再利用,不妥善处理也会对环境造成污染。

(2)非升华热转移印花。近年来,分散染料也开始用于天然纤维织物的转移印花。天然纤维为亲水性纤维,分散染料为非水溶性染料,两者之间无亲和力或亲和力很弱,因此不能在天然纤维上直接应用分散染料进行转移印花,必须对天然纤维预处理改性后再用分散染料进行转移印花。改性方法有两种:一种是用适当的化学试剂封闭天然纤维的极性基团,降低纤维的极性和亲水性;另一种是用对天然纤维有较强溶胀能力的试剂,使纤维溶胀,间歇增大,染料分子更容易扩散进入纤维内部,同时,由于这些试剂对分散染料有增溶作用,所以可提高纤维对分散染料的吸附能力。

天然纤维以棉为代表的已实现工业化的转移印花技术,首推法国的 Sublistatic 非升华转移印花技术。Sublistatic 转移印花工艺分织物预处理、热转移印花和水洗三个步骤。

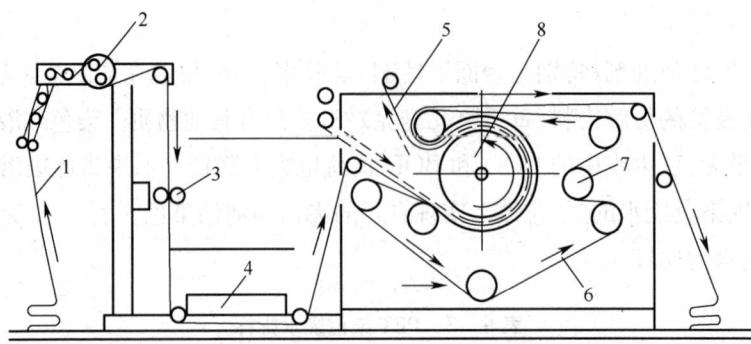

图 6-7 热转移印花机

1—织物 2—紧布架 3—吸边器 4—操作踏板 5—印花纸 6—毯带 7—毯带纠偏辊 8—热辊

①织物预处理。棉织物在传统的浸轧设备上浸轧聚丙二醇和 Fadex F(Sandon 公司生产)的混合液。聚丙二醇的作用是使纤维溶胀,用量一般为 6%～8%(owf),其用量越大,颜色越鲜艳,对暗色调用量可少些。Fadex F 的主要作用是提高印花的鲜艳度,用量(固含量为 25%)一般为 2%(owf)。浸轧后,以 30～40m/min 速度进行烘干,烘燥温度不宜超过 100℃,落布含水率保持在 15%左右。

②热转移印花。热转移印花在专用的设备上进行(图 6-8),其工作条件为:加热辊温度 210～215℃,加压辊压力为 490.5kPa(5kgf/cm²),转印速度 5m/min。织物经加压点的时间约为 1s,从加压点到离开热辊的时间约 15s。

③水洗。热转移印花后,储存时间不要超过 24h(防止染料与聚丙二醇等反应),为了清除没有吸收的染料、聚丙二醇、Fadex F 等残留物,必须水洗。

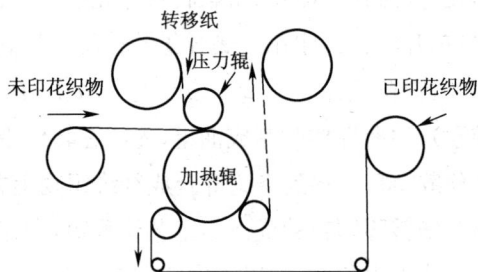

图 6-8 Sublistatic 工艺热转移印花机

(3)湿法转移印花。丹麦 Dansk、德国 Hoechst、Kuster 和荷兰 Stork 公司联合开发的 Cotton Art—2000 活性染料棉转移印花技术,使非分散染料的湿法转移印花成为可能。它包括印花色浆、转移印花纸、转移印花设备以及转移印花工艺等多方面的技术。用于此工艺的活性染料原则上与直接印花用的活性染料相同。"Cotton Art"转移印花纸由 Dansk Trsns—fertryk 公司专门制造,转移纸仅起载体作用,它不吸收染料,大约 95%的印花浆可从纸上被传送到织物上,固色程度达 90%～98%,可在纸上印出极精致的细节以及图案的轮廓。Cotton Art—2000 活性染料棉转移印花工艺过程如下。

织物预处理(浸轧碱液)→轧压转移专用转移印花纸→打卷堆放固色(室温 12～20h)→水洗→烘干

①织物预处理。要求棉纤维经过丝光或至少是用 16%（22°Bé）烧碱溶液处理；黏胶纤维用 4%～5%（6～8°Bé）的烧碱溶液无张力处理，使织物具有高度均匀的吸水性，无污染物，以利于提高染料在纤维上的给色量、鲜艳度和均匀度，减少搭色，固色后较容易洗净。

②湿转移印花。采用丹麦 Cotton Art—2000 专用转移印花机（图 6－9）。该设备包括 3 台均匀轧车，转印后染料按冷轧堆法固着。

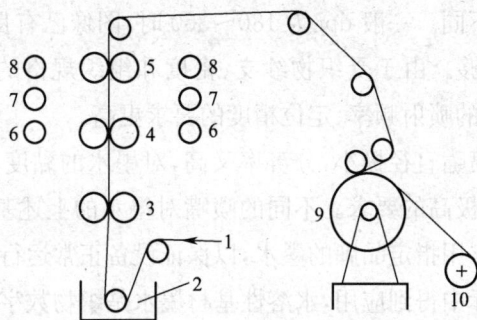

图 6－9　丹麦 Cotton Art—2000 专用转移印花机

1—前处理后的半制品　2—浸液槽　3—第 1 道均匀轧车　4—第 2 道均匀轧车

5—第 3 道均匀轧车　6—转移印花纸供给辊　7—转移印花送纸备用辊

8—剥离纸卷取辊　9—卷布装置　10—塑料衬膜

③后处理。由于织物上仅施加了少量印花色浆，固着程度高（96%～100%），只需 60～70℃轻微皂洗，而不必高温洗涤。由于冷轧堆固着，增稠剂已经膨润，较易洗净。

湿法转移印花所选用的活性染料以乙烯砜型较为理想，因为乙烯砜型的商品染料以其硫酸酯形式存在，它只有在碱的作用下才转化为与纤维共价键结合的乙烯砜基团而上染纤维；它印在纸上没有亲和力，只有与织物上碱剂接触才可达到理想的转移。这里转印纸的制备是关键。纸要进行预处理，如涂层处理等。印制时用的印花糊选用海藻酸钠糊或改性淀粉糊加乳化糊，以保证纸上较高的表面得色率和印花精细度以及较高的转移率。由于该法使活性染料有较好的固色（冷轧堆法时间长，染料水解少），不必汽蒸，水洗较简单，因而较常规活性染料印花工艺具有节能、节水的优点。

2. 数码喷墨印花技术

织物数码喷墨印花技术是纸张数码喷墨打印技术的移植，它包括数字化设计和数字化印花两部分，通过数码相机或扫描仪等数字化技术，把所需的图案输入计算机，经过计算机印花辅助设计（CAD）系统编辑处理后，再经过计算机控制喷墨机构直接将专用染液喷射到织物上，形成原设计要求的印花织物。其生产流程如下所示。

图案的数字化设计或输入 → 图像编辑处理 → 喷墨印花 → 织物后整理

织物前处理 →（喷墨印花）

与传统印花工艺流程相比,喷墨印花工艺流程短,节省了描稿、制片、制网、雕刻等工艺和设备,省去了胶片、丝网、圆网、辊筒等材料。专用盒内的染液按需喷射在织物上几乎没有浪费,染液只需四种基本色,就可印制千万种颜色。印花过程无废水,不必设置调浆间,印花机清洗由计算机自动控制,真空清洗擦拭,排出的废液量小,污染少。

数码喷墨印花的整个图像由喷嘴在数字技术的控制下喷出的细小色点组成,因此要求有较高的喷射墨点密度,也就是分辨率,即指每 2.54cm(英寸)内的点数(简称 dpi)。喷墨印花时,不同的基布对分辨率的要求不同。一般 dpi 为 180~360 时,图像已有良好的清晰度;对精细的图像 dpi 为 360~720 也已足够。由于受织物纱支、密度和组织规格的影响,分辨率不是越高越好。分辨率提高后,对喷嘴的喷射频率、定位精度的要求更高。

数码喷墨印花机由于喷嘴直径极小,分辨率又高,对墨水的黏度、表面张力、染料的纯度和浓度,以及含杂(盐)量都有极高的要求。不同的喷嘴对墨水的上述基本要求也有所区别,以致一些数码喷墨印花机都要求用指定品牌的墨水,以保证设备正常运行。数码喷墨印花已经研制出许多类型的墨水并在实际中得到应用,水溶性基材墨水是织物数字喷墨印花的首选墨水。已开发的喷墨印花墨水系统有,用于纤维素纤维及丝绸的活性染料喷墨墨水,用于涤纶织物的分散染料喷墨墨水,用于丝绸、锦纶及羊毛织物的酸性染料喷墨墨水,用于所有纤维的颜料喷墨墨水,用于纸张再转移到涤纶上的分散染料喷墨墨水。主要开发商有汽巴精化、日本佳能(Canon)和美国杜邦(DuPont)等公司。

织物用数码喷墨印花机上一般都使用染料型墨水,因此,对改善环境保护是不彻底的。如活性和酸性染料的墨水,喷墨印花后仍需进行固色和清洗,且有少量污水排放。同时,染料型墨水也不适用于多元纤维混纺或交织织物的喷墨印花。而颜料型墨水不仅可以开拓数码喷墨印花的织物生产,更可实现在服装行业的"灵活生产",即从服装的设计到成品的全过程,可在各个不同的地方,按照客户的要求,在短时间内完成;并可实现"销售点印花",即在接受计算机设计和生产信息的销售点,直接进行印花织物的生产,这样可降低印花织物整个生产供应链的运行成本和设计失败的风险。

但是,颜料型墨水的开发技术难度更大。喷墨印花时,由于颜料颗粒大小,对喷嘴、墨水的流变性和稳定性特别敏感。颜料型墨水还因黏度的限制,很难获得较深色泽的颜色效果,从而制约了它的开发和研究。现有汽巴精化、美国杜邦和德国巴斯夫等公司开发了颜料型墨水。

目前开发喷墨印花系统的公司企业很多,如荷兰的 Stork 公司,美国的 Millitron 公司、Encad 公司,日本的 Canon 公司、Seiren 公司、Mimaka 公司,比利时的 Sophis 公司和瑞士的 Perfacta 公司等。国内有杭州宏华电脑有限公司。

3.涂料印花

由于不溶性的涂料分子中不含有水溶性基团和活性官能团,对任何纤维都没有亲和力,依靠可形成薄膜的黏合剂的黏合力以精细分散的形式黏附在织物上。尽管所印材质的表面性质很不相同,但是这一原理几乎适合于所有的印花材料。随着时装面料采用各种新的混纺材料的增多,这一优势将更为突出。

涂料印花工艺流程短,印花和烘干以后,只需要在高温下进行固着,不需汽蒸、洗涤等后处理。所需颜料和化学品成本比较低,避免了织物的收缩,减少了用水量和能耗,不排放含尿素的废水,减轻了对环境的影响。但是,涂料印花也有其自身的缺点,如具有比较硬的手感,亮度较低,比较差的耐水洗性、耐摩擦性和耐磨损性;由于黏合剂的使用,在织物上会存在甲醛;印花色浆中的非挥发性产物,如增稠剂、乳化剂等,会残留在织物上,对整理后的织物将产生某些影响。这些是目前涂料印花清洁生产中必须立即解决的问题。

(1)环保型涂料色浆。涂料作为涂料印花色浆中的着色剂,它与乳化(分散)剂、润湿剂、稳定剂和水按一定比例配置,经研磨制得涂料色浆。用于纺织品印染的涂料有无机颜料和合成有机颜料。无机颜料作涂料的主要有黑白两种色泽。白色为钛白粉(TiO_2),化学稳定性好,无毒,具有良好的遮盖力和着色力。黑色为炭黑,具有良好的耐晒和耐干洗性能。合成有机颜料为不溶性偶氮染料、还原染料、酞菁染料、硫靛类染料、双噁嗪类染料以及荧光染料。一般来说,有机颜料由于不溶水,其对生态的影响主要来自制造厂和加工厂,在使用过程中,除 C. I. 颜料红 8、C. I. 颜料黄 17、C. I. 颜料红 22 存在问题,其他有机颜料制成的涂料色浆在标准检测条件下均不会因裂解产生致癌芳胺,对人体是安全的。德国和瑞士一些大染料公司在开发新的环保型涂料时已采取措施,用致癌芳胺的代用芳胺制成相应的颜料,减少涂料中有害重金属的含量并寻找含有机氯颜料的替代品,减少和消除颜料制造和加工过程中产生的环境污染。

过去在制备涂料时,为了获得稳定性、分散性和润湿性良好的涂料浆,常以乙二醇和甲醛的化合物作为分散剂,以聚乙二醇作保护添加剂,这些有机溶剂有影响环境的问题,现在已不再能被接受,需用对环境安全的分散助剂来替代之。

Huntsman 公司的 Unisperse 涂料印花色浆,Dystar 公司的 Imperon HF 涂料印花色浆,都是环保型有机颜料制成的涂料印花色浆。产品的平均粒径小,分布窄,具有极佳的牢度和重现性,不含有聚乙二醇和甲醛制成的添加剂,对环境安全。但是 Imperon HF 个别产品中游离金属含量偏高。

(2)环保型涂料印染黏合剂和增稠剂。过去涂料印花和涂料染色常用的黏合剂和交联剂大多存在游离甲醛,例如丙烯酸类自交联黏合剂会产生 100~200mg/kg 的游离甲醛。采用丙烯酸酯和丁二烯为单体的黏合剂,可使分散液中有较低的甲醛含量。但要完全消除甲醛,需要完全不同化学结构的交联剂,如用含有环氧基团的丙烯酸酯单体,其环氧基具有活性,可自身交联,也可与纤维素的羟基交联,甚至可与颜料结构中含有活性氢的功能性基团交联。目前已开发的环保型低甲醛黏合剂有 Helizarie Binder ET,它的游离甲醛含量在 75mg/kg 以下。用环氧基作为自交联基的超低甲醛黏合剂,游离甲醛仅 8mg/kg。黏合剂 CS 的游离甲醛含量在 20mg/kg 左右,它是丁二烯与丙烯酸类高分子共聚物的乳液。Alcoprint PB 55 也是以丁二烯为基础的无甲醛黏合剂,游离甲醛为零。上海印染技术研究所开发的无甲醛黏合剂 DPC,织物印花后无游离甲醛,各项牢度指标达到国内领先水平,手感良好。Alcoprint PFL 为新型低甲醛交联剂,游离甲醛含量为 20~50mg/kg,Alcoprint LEF 和国产低温型交联剂 LE—780 是无甲醛的交联剂。

涂料印花浆中的碳氢化合物的挥发是废气的来源,受到 Oeko-Tex 标准 100 的严格限制。它们主要来自增稠剂中的烃类,特别是使用乳化糊时油相中产生的挥发性气体,不仅污染环境,而且不安全。目前已采用以丙烯酸聚合的合成增稠剂 Alcoprint PTF,Carbopol 846,Carbopol 876,国产的 KG201,KG401。另外以丙烯酸和丙烯酰胺的共聚物合成的增稠剂 CTF,增稠能力强,不分层、不结块、不沉降,印花流变性和触变性好,应用效果如渗化、色泽鲜艳度、手感和牢度可与 Alcoprint PTF 相媲美。BASF 公司开发的增稠剂 Lutescal P,该产品遵循"不含多余成分"的原则,是纯净高效的增稠剂。解决了油对废水、废气及织物的污染问题,其废气排放可控制在 36mg/m³ 的较低水平内,是一种较好的环保型增稠剂。

(3)环保型涂料印花工艺。BASF 公司开发的 Helizarin 涂料印花系统,印浆为全水相印浆,不含白火油,由增稠剂 Lutexal HEF,添加剂 Luprintol MCL,低甲醛黏合剂 Helizarie Binder ET 或 Helizarie Binder TW 组成。

Lutexal HEF 是多羧酸类增稠剂,具有优良的印制性能,使用 Lutexal HEF 不必再加入其他的催化剂,因为在高温焙烘时它会释放出固色所需的酸。

Luprintol MCL 是一种多功能的乳化剂,具有乳化和再乳化功效,可保证织物在印花机上的顺利印制,印制的均匀性好,并可节约增稠剂的用量,改善织物手感。另外,使用 Luprintol MCL 后织物的干、湿摩擦牢度可得到提高。

Helizarie Binder ET 是热交联丙烯酸共聚物,属低甲醛黏合剂,其摩擦和水洗牢度均十分优异。用 Helizarie Binder ET 印制的织物具有很高的耐干洗牢度,可用于所有纤维和织物类型,牢度良好。Helizarie Binder TW 也是 BASF 公司开发的一种热交联丙烯酸共聚物,在牢度优异的同时其手感特别柔软,是目前世界上品质优异的黏合剂之一,一般用于手感要求较高的织物,如毛巾织物和针织物。

Helizarin 全水相涂料印花原浆的制备过程简单,首先将水注入打浆桶中,搅拌下加入 Luprintol MCL,数分钟后待乳化剂分布均匀,继续搅拌加入黏合剂 Helizarie Binder ET,最后加入 Lutexal HEF,再搅拌 10~20min,待增稠剂完全膨化,根据印制要求,在原浆中加入适量的涂料色浆,打成印花浆。其工艺流程与常规印花工艺相同,只是由于流变性能与半乳化(含火油)印浆的不一样,有时需调节一下印花压力。工艺流程如下:

印制→烘干(110~150℃)→焙烘(高温汽蒸 160℃,5~7min)

(4)纳米生态染料印染工艺。纳米生态染料是指染料利用纳米技术制造,其产品粒子的三维尺寸均小于 100nm,而普通染料粒径小于 175μm。生态指染料本身、印染过程及印染产品均符合生态要求。由于染料的特殊纳米结构,因而带来一系列优良性能:色牢度高,对纤维无选择性;染色与其他整理可一浴进行,无污水排放,生态性能、工艺性能良好,是利用纳米技术改造传统的印染工业,实现清洁生产的途径之一。

纳米生态染料的结构不同于一般的染料和涂料(颜料)粒子。染料存在于纳米级(粒径小于 100nm)的黏合剂粒子中,因而它具有优良的黏合性能。它的黏合强度为色牢度测定时仪器摩擦强度的 20 倍以上,其干摩擦牢度 4 级,耐水沾色牢度 3 级,耐酸性汗渍牢度 3~4 级,耐碱性汗渍牢度 3~4 级,没有浮色,不用水洗,不产生废水。纳米生态染料制造工艺——纳米乳液聚合技术已申请中国专利 001230336。

纳米生态染料的染色机理不同于涂料染色。在涂料染色过程中,传统的黏合机理是黏合剂在纤维表面成膜,涂料在膜中,黏合剂膜粘在纤维表面上,因而涂料也被固定在织物上。这样的机理解释不了涂料染色色牢度低的事实,由于黏合剂成膜数量不足,很多涂料没有在膜中,因而色牢度差。纳米生态染料染色中,每个染料粒子均带有黏合剂,无须依靠成膜提升色牢度,每个粒子按"点黏合机理"自行黏合在纤维上,而非成膜黏合机理,牢度非常高,也适用于线、纱的染色。

由于为点黏合染色,纳米生态染料对纤维染色无选择性,特别适宜于高附加值混纺交织物的染色。若用染料染混纺交织织物,由于不同染料有其选择性,一种染料只能染一种纤维,往往需要两次以上的染色,工艺时间长,工艺复杂,难控制。一般涂料染色虽然也对纤维无选择性,但色牢度低。

为了使染色产品手感柔软,常加入柔软剂。然而在一般涂料染色时不能与柔软整理同浴进行,如果同浴进行,染色牢度更低。纳米生态染料染色时可加入 2%的有机硅柔软剂,使产品手感柔软而色牢度并未下降。纳米生态染料染色工艺流程如下:

二浸二轧(轧余率 70%)→烘干→焙烘(170℃,3min)

工作液配制:将聚合得到的纳米生态染料乳液,用蒸馏水稀释,稀释倍数为 3～10 倍,稀释倍数主要取决于染色深度,边拉杆边稀释,然后用 508 网孔数/cm(200 目)网过滤即可。如果是两种颜色复配,则按复配比例称取各种纳米生态染料乳液,然后稀释,过滤。

五、回收回用工艺

纺织工业中有许多可回收利用的资源。如纺纱用的各种浆料、丝光碱液、印花色浆、溶剂等,水和热能的有效利用,废旧纺织品的回用,包装材料的再利用等。通过采取一定的措施,回收可利用资源,有助于减缓全球共同面临的资源匮乏问题。

1. 超滤膜回收染料

印染加工中使用了大量的染料,染料进入废水不仅使废水的色度、COD 值等大大提高,而且生化性差,难以降解。有些染料如还原染料其价格高,有回收和利用价值。染料回收国内已有十余年的历史,回收方法有化学沉淀法和超滤法。有的厂每年回收的染料价值可达 30～40 万元之多。超滤法回收染料是采用中空聚砜超滤膜组装的超滤器,在 0.2MPa 压力下,对氧化后的还原染料残液进行过滤、回收,其工艺流程如下所示。

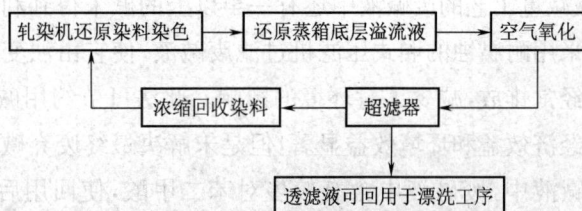

轧染机还原染料染色 → 还原蒸箱底层溢流液 → 空气氧化

浓缩回收染料 ← 超滤器 ←

透滤液可回用于漂洗工序

染料回收率有 78%～80%,其余 20%～22%的成品随废水流失,废水色度低,减少了废水的 COD。超滤法适用于还原性染料等疏水性染料的回收,回收的染料性能与新的染料基本一样,回收染料以 5%～7%加入到新染料中,不影响产品质量。此法设备简单,操作方便。

2. 丝光淡碱循环利用

纯棉、涤棉混纺织物生产过程中退浆、煮练、丝光工序产生大量的废碱液,对水质破坏严重,直接排放不仅浪费,而且使处理费用增加,故应对碱液进行回收。如将丝光工序产生的废碱液收集后直接回用于退浆煮练工序,也可将其蒸发浓缩后再次回用于丝光工序。退浆煮练产生的淡碱回用于烧毛工序,还可用于降温、设备洗涤,不易回收的经集水井汇集后用于锅炉烟尘的脱硫除尘,可提高脱硫效率,减少工厂 SO_2 的总排放量,并且可中和部分碱液,减少酸的用量。如下所示为碱液回收循环使用系统。回收装置将丝光过程产生的大量淡碱(含碱量 $40\sim60g/L$)经过滤、蒸发,使残液浓缩至 $260g/L$ 以上,再重新利用。

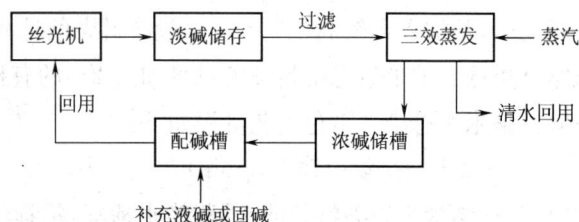

淡碱蒸发装置,大型厂采用三效蒸发器,小型厂采用扩容蒸发器。淡碱回收具有明显的经济效益和环境效益,对节约生产成本和保护环境都有重要意义。经测算蒸发回收 1t 烧碱,成本只占市场烧碱出售价的 48%。开展淡碱回收,使百米碱耗明显下降,减少了烧碱的外排,可使废水的 COD 排放量减少 40%,改善废水的 pH。尽管棉丝光能在各种前处理阶段进行,甚至坯布借助合适的表面活性剂也能进行丝光,但是考虑到碱液回收,织物最好先进行退浆和煮练。

3. 涤纶碱减量废液中碱和对苯二甲酸的回收

涤纶碱减量是在高温下用浓烧碱溶液作用于聚酯纤维表面的加工工艺,它使纤维表层涤纶(聚对苯二甲酸乙二醇酯)降解、剥落离开组织,纤维被细化,消除纤维表面的硬挺感,织物组织变得松弛,悬垂性提高,从而改善涤纶织物的舒适性和柔软性。

碱减量废水的主要污染物是碱和涤纶水解物对苯二甲酸、乙二醇单体和部分低聚物,其废水的碱性强(pH>14),化学需氧量浓度高,难以生化和物化处理,因而严重影响了废水的达标排放,对水环境造成极大危害。

碱减量加工又分为间歇式和连续式。连续式碱减量工艺,生产效率高、碱液利用完全、无废碱液排放。而间歇式碱减量工艺的废碱液中还有一半以上的碱未得到利用。绍兴华港印染厂等吸取国外先进经验,采用耐腐蚀的厢式压滤机过滤废碱液,使它由浊变清,继续使用,使用期可在 1 个月以上,不再经常排放,减少了对环境的影响。此法可节约用碱量 19% 左右,减少加热碱液所需的热消耗,经济效益和环境效益显著,但是未解决最终废弃碱液的处置。由于涤纶降解物不断地积累于碱液中,废碱液中含有较多对苯二甲酸,使回用后废碱液的 COD 浓度增加。

从涤纶织物中降解、剥落下来的对苯二甲酸和乙二醇单体存在并溶解于水中,形成碱减量废液。但在酸性条件下,对苯二甲酸会析出,在 pH=3 以下时几乎不溶于水。

$$NaOOC-\!\!\!\!\!\bigcirc\!\!\!\!\!-COONa + H_2SO_4 \longrightarrow HOOC-\!\!\!\!\!\bigcirc\!\!\!\!\!-COOH + Na_2SO_4$$

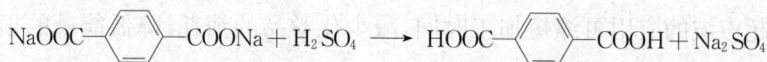

根据此原理,当处理含较高浓度对苯二甲酸的废水时,可用酸析法将其沉淀、过滤。将一般废水的 pH 调节至 2～4,对苯二甲酸便可从废水中析出,去除率可达到 70%～99%,COD 的去除率达到 50%～90%。

吴江市环保局根据对碱减量废水成分和特性的分析,变消极的治理为积极的利用,从碱减量废液中提取化工原料——对苯二甲酸,实现了废水的资源化利用。其主要工艺技术是:生产车间将碱减量废水单独汇集至集水池;由提升泵将废水送到回收装置,进行过滤、净化;接着加入硫酸酸析(将 pH 调至 3);然后用固液分离获取对苯二甲酸(粗品);剩余的废水排入废水调节池与印染废水一起处理,其工艺流程如下所示。

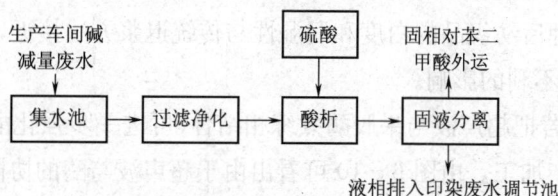

碱减量废液回收对苯二甲酸后,减轻了后续处理的负荷,使印染企业的废水能够稳定达标排放,有效地改善水环境质量。回收设备投资少,一套设备只需 10 多万元,运行 3～5 个月就能回收投资;回收的对苯二甲酸扣除回收成本后,还有 25% 左右的利润,实现了既治理污染、改善环境,又节约资源、降低成本,具有良好的社会效益和经济效益。

第五节　新技术在染整清洁生产中的应用

一、超声波的应用

超声波是指频率在 2×10^4～2×10^9 Hz 范围内的声波,超出人类听觉范围 17×10^3 Hz 的频率振动。超声波在介质中传播产生机械效应、热效应和声空化作用。声空化作用是超声波机械效应的一种特殊现象,它直接导致了声化学的产生。

超声波在液体介质中以纵波的方式传播产生交变的压缩相和稀疏相。在压缩相内分子的平均距离减小,而在稀疏相内分子的平均距离增大。如果声波足够强,使液体受到的相应负压力也足够强,那么分子间的平均距离就会增大到超过极限距离,从而破坏液体结构的完整性,导致出现空穴(又称气穴)或气泡。在随后而来的正压相内,这些空穴或气泡将完全崩溃或破灭,同时产生激波,这一现象称为空穴效应,即声空化。在这一作用过程中,极短的时间内在空穴周围的极小空间内会产生极高的压力(约 50MPa)和温度(5 000K 以上),并引起局部极大的搅动,这是超声波产生作用的独特之处。

在纺织工业中存在利用超声波的许多可能性,例如退浆、煮练、漂白、染色、后整理、洗涤以及助剂加工。超声波的应用可缩短加工时间,减少化学品的消耗,降低能量的损耗,改进产品质量。

1. 超声波在纺织品前处理中的应用

(1)退浆、煮练。超声波在退浆、煮练工艺中的作用源于空穴效应引起的弥散、乳化、洗涤以及解聚等作用。超声波的空穴效应引起的弥散作用可以使大分子之间产生分离,促使黏着于纤维上的浆料剥离,这对于难于膨化的浆膜(如淀粉浆膜)特别有意义;同时可降低黏附在纤维上污物的表面张力,在各个表面上和低凹处起着清洁作用。超声波的乳化作用可以使去除的浆料、污物和油垢得以乳化,溶解性提高。此外,超声波的吸热效应可使反应保持在一定的温度,为反应提供能量,从而节省其他能量。

Val 等在织物超声波退浆的研究中发现,使用超声波退浆,可以减轻 NaOH 对纤维的降解,提高精练剂在退浆过程中的反应活性,从而降低退浆时的温度、时间和烧碱的使用浓度,节约能源,减少环境污染。处理后纺织品的白度和润湿性与传统退浆方法接近,甚至有所提高,而且对试样的机械强度无任何不利的影响。

Val 等的研究证明若把超声波与果胶酶煮练相结合,可进一步强化酶的作用,实现低温、短时间、高效率的清洁生产加工。由图 6 - 10 可看出由于超声波与酶的协同作用使煮练后织物的芯吸时间明显缩短,可及性提高。研究表明煮练后试样的润湿性、白度比无超声波作用的试样均有所提高,同时不降低棉织物的强度。因为超声波加快了果胶酶分子通过液体界面层向纤维表面的扩散速度,有利于果胶酶分子进入纤维内部,从而使酶处理更加均匀;加速除去反应区域内的果胶酶的水解产物,提高反应速率;排除纤维毛细管和纤维交叉处溶解和包在液体中的空气。超声波与生物酶煮练相结合克服了传统酶煮练时间长的缺点,减少了废水排放量,可降低能耗和综合成本。

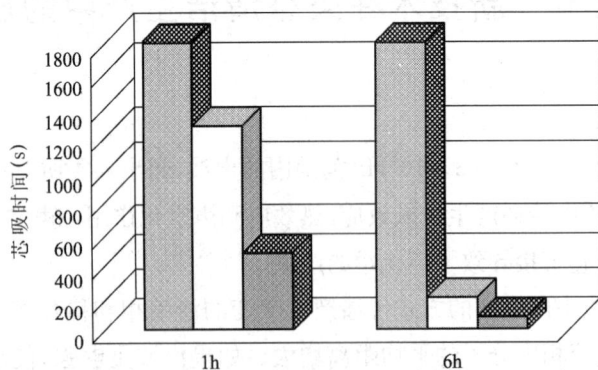

图 6 - 10　超声波用于酶煮练的效果比较

▨—原样　☐—酶处理样　▨—酶+超声波处理样

(2)漂白。Safonov 采用 20kHz 超声波对棉织物进行过氧化氢漂白,观察到漂白速度的加快和漂白时间的缩短、织物的白度优于传统的漂白方法。

超声波的空穴效应及机械运动增加了分子的动能,使药剂与纤维充分接触,一方面增加了单位时间内分子碰撞的个数及碰撞能量,降低了反应活化能,同时使纤维内部的比表面积加大,增大了纤维吸附化学药剂的比表面积,从而加速漂白的速度与程度,漂白温度降低,漂白时间缩短;另一方面超声波的声空化作用有助于破坏发色体系,从而起到消色的作用。

比较过氧化氢在冷法、煮沸法和超声波法处理棉的效果发现,织物对过氧化氢的消耗,在一定程度上随着过氧化物浓度的增加而增加。在超声波环境下,漂白棉制品 1h 所耗费的过氧化氢高于冷却条件下漂白 16h,接近在煮沸条件下漂白 2.5h。超声波处理的温度(45℃)与煮沸法(100℃)相比显著降低。处理后织物的强力介于冷法和煮沸法之间,处理后纱线的白度增加,柔软性显著提高。同时,超声波处理后的漂白棉织物对于直接染料、活性染料的上染率与煮沸法相当,活性染料染色形成的纤维—染料的共价键良好、稳定。

2. 染色

染色中应用超声波技术的研究很多,无论低频或高频超声波都可用于提高染料分散效果,改善水溶性染料的溶解度和纺织材料对染料的吸收。20 世纪 40～50 年代以来,人们几乎在所有纤维染色工艺中都进行了声化学的研究工作。

在天然纤维领域中,有棉纤维的直接、活性和还原染料等的超声染色;羊毛纤维的酸性、直接染料等的超声染色;在化学纤维领域中,有黏胶纤维的直接、活性染料,涤纶的分散染料,锦纶的酸性、分散染料,腈纶的阳离子染料以及醋酯纤维的分散染料等超声染色。超声波在染色体系中的作用有以下几方面。

(1)分散作用。在染色过程中,染料是以单分子的状态上染纤维的。但在常温染液中染料分子或离子会形成聚集体,以胶束的状态存在,对于分散染料则以染料晶体颗粒的状态存在,阻碍了纤维对染料的吸收。超声波不但能使染液中的染料聚集体解聚,而且还可以将分散染料的晶体颗粒击碎,获得粒度为 $1\mu m$ 以下高稳定性的分散液,同时提高水溶性和难溶性染料在染液中的溶解度。

(2)脱气作用。超声波的空穴效应可将纤维毛细管或织物经纬交织点中溶解或滞留的空气排除掉,改善染液对纤维表面的渗透和润湿性,有利于染料与纤维的接触,从而提高纤维对染料的吸收。因此,超声染色对提高厚密织物的染色效果显著。

(3)扩散作用。一方面,超声波的空穴效应可以穿透覆盖纤维的隔离层,促进染料向纤维内部的扩散。另一方面,超声波的作用可能使纤维内无定形区分子链段的活动性增强或纤维内孔道增大,高分子侧序降低,纤维的结晶度和定向度下降,染料分子运动速度加快,染料的上染速率加速,并显著改善透染和匀染效果。研究表明,超声染色与常规染色相比较,扩散系数可提高30%,染色活化能明显下降。

超声波染色的频率一般在 20～50kHz 之间,也是空穴效应发生最显著的波段。低于该频率的声波,不但不引起空穴效应,并且能量也较低,对染色作用效果不明显。频率过高,则声波膨胀时间相对短,空化核来不及增长至可产生空穴效应的空化泡,即使空化泡形成,声波的压缩相时间也短,空化泡可能来不及发生崩溃,因此频率变高将使空化效应变弱;另外,当频率超过100kHz 时,有可能引起纤维聚合度下降,原纤化以致熔融等物理化学过程。

超声波空穴效应的产生必须具有一定的真空度和时间,因此要有一定频率的最低的超声波强度。超声波强度为 $0.8\sim1.0W/cm^2$(频率 $20\sim50kHz$)时,染料对纤维的上染百分率可达到最大,同时还可使纱线或织物蓬松、纤维柔软,但不会引起纤维永久性的松弛和形态的变化。当声波的强度为 $0.2W/cm^2$ 时,超声波染色的上染百分率与常规染色接近。而当声强超过 $1.0W/cm^2$ 时没有空穴产生。确定声波强度时,除要考虑对空穴效应的影响外,还要考虑声波对纤维微观结构的影响,但至今这方面的研究未见详细报道。

与常规染色不同,超声波染色对于不同纤维和不同染料的染色作用不同。对于水不溶性染料染疏水性纤维,对于相对分子质量较高、结构较大的染料以及对于达到染色平衡时间长的染色过程等超声波染色的作用较为明显。例如分散染料超声染色醋酯纤维,与常规染色相比较,其上染速度的提高十分显著,而纤维给色量的增加却不明显。不同种类的染料即或是同类不同种的染料在超声波染色过程中染色性能的改变表现出不同的效果,需作进一步的详细研究。

由于超声波产生空穴效应的最佳温度为 $50℃$,超声染色的温度一般选为 $45\sim65℃$,因此超声染色属于低温染色,可以避免由于高温染色对蛋白质纤维和部分化学纤维造成的损伤,有利于工艺的改善和产品质量的提高。又由于在染色过程中部分声能转换为热能,因此采用超声波染色的染浴无须外加热能,成为目前节能染色的最佳工艺方法之一。

3. 水洗

超声波应用于纺织品水洗工艺的研究已获得成功,实验表明,对羊毛的洗涤时间可由 3h 缩短到 $15\sim30min$。Antonescu 等研究了超声技术对沾污了炭黑、矿物油、食油和咖啡的纯棉和纯涤纶织物的洗涤效果,聚酯织物的洗涤更加容易,棉织物洗涤后白度更高。

采用 $50\sim100Hz$ 超声波振动源与水洗振荡槽配套,具有突出的洗涤效果。以棉织物去污洗涤作对比:常规洗涤水温 $100℃$,$180min$;$50Hz$ 声波弹性振动洗涤水温 $100℃$,仅需 $25min$,$50℃$水温,需 $45min$,水洗后织物的毛细管作用相同。由此可见,在相同温度洗液中洗涤,采用超声波水洗时间缩短至常规洗涤的 $1/7$;即使洗液温度降低 $1/2$,时间亦能缩短至常规洗涤的 $1/4$。

超声波的洗涤效率取决于超声波强度,在 $129W/cm^2$ 时达到最大洗涤效率。这被认为是快速空穴作用产生强烈冲击波并作用于被洗织物,这样的作用减弱了杂质粒子和织物之间的分子黏附力。这种情况下,污染织物表面的外来杂质就被分离并分散于洗涤溶液中。

超声波在纺织品湿加工过程中的有效性,已被一致认可,但是实际上却很少有人试图将该技术应用于工业化生产。因为超声波的应用还存在许多障碍,如设备费用昂贵、超声波的方向性、噪声等。随着科技的发展和超声波设备在其他工业领域的推广应用,高性能超声波设备的价格有望降低,这也是近年来兴起"超声化学热"的真正推动力。

二、低温等离子体处理技术

1. 等离子体的定义

等离子体是等量的正电荷和负电荷载体的集合体,具有零总电荷。它是部分离子化的气体,由电子、任一极性的离子,以基态或任何激发态形式的任何高能状态的气态原子、分子以及光量子组成的气态复合体。等离子体处在一种被激发的高能量状态,具有许多特异的性质。异于常见物质的固、液、气三态,被认为是物质的第四种状态。

等离子体有多种分类方法,大多数将其分为高温等离子体和低温等离子体。高温等离子体又称平衡等离子体,它的电子和粒子都具有非常高的温度。低温等离子体又称非平衡等离子体,它的电子和粒子各具有不同的温度,电子温度很高,各类粒子的温度却很低。纺织染整加工主要应用低温等离子体,低温等离子体中的各种粒子具有较高的化学活性,能在纤维表面发生各种化学反应。而且由于温度低对纤维几乎没有损伤,因此在染整加工中的应用受到广泛关注。

2. 低温等离子体产生的方法

等离子体产生的方法多种多样,由于产生的方法不同,等离子体的性能也很不相同。产生低温等离子体最常用的方式是电晕放电和辉光放电。

电晕放电即低频放电,指在大气压条件下,以空气为介质,对两个电极施加高电压,由高电压产生的弱电流引起放电,产生一种高电场强度、高气压(一个大气压)和低粒子密度的低温等离子体。在处理过程中,电子在通往被处理材料的途中与空气分子猛烈撞击,形成臭氧和三氧化二氮,它们与纤维材料表面作用产生相关的自由基,并对纤维材料进行氧化,形成极性基团,使纤维改性。电晕放电电子能量高、作用渗透性强、游离基寿命较长。

辉光放电是指在低于大气压 1.33～66.7kPa 的条件下的高频放电,两个电极相互分开,同置于一个减压的容器中,当对这两个电极施加一定的电压时,就产生辉光放电。辉光放电中压力低于大气压,不会与空气分子发生猛烈碰撞,并减少了等离子体之间的相互碰撞,使得电子的能量较电晕放电的更高,其活性和渗透性更强,对织物表面的作用更强烈。由于可以输入不同的气体,被处理物的表面按特定的化学方式得到改性。

3. 低温等离子体技术在染整中的应用

等离子体技术在纺织中的应用始于 20 世纪 50 年代,在染整工业中的应用主要有:改善纺织品的机械性能,如提高毛织物的防缩性能,提高毛、棉、丝织物的抗皱性;改变织物的表面性能,赋予织物表面光滑或粗糙的手感和外观;提高合成纤维表面的吸湿性,或使本来表面吸湿性高的棉织物表面产生排水效果;对涤纶织物进行防污及抗静电整理;改进纺织品的印染加工性能,如通过提高棉、毛纤维的毛细管性能,提高它们的染色性;用氧或空气低温等离子体处理,对 PVA 进行退浆,产生的分解物为水和二氧化碳,较好地解决了 PVA 退浆困难和环境污染问题,可代替部分退浆、精练和漂白工艺。

(1)在棉退浆、煮练中的应用。通过氧化性气体(O_2、CO_2、H_2O 等)辉光放电对棉纤维进行表面改性,纤维表面亲水性的含氧基团 C—O、C=O 键含量增加,而疏水性的 C—H 键的含量减少,使纤维的吸水性得到很大改善。同时,纤维和纱线表面的浆料分子以及纤维表面的天然杂质的分子被氧化断裂,水溶性增大,而且部分被汽化除去。

实验证明,低温等离子体技术的应用,使棉织物的前处理(退浆—精练—漂白)变得容易进行,织物的吸水性和毛效比常规工艺好,白度相当,染色性能得到改善,而织物的强力几乎不受影响。用氧或空气低温等离子体处理棉织物,去杂效果有明显提高(表 6-4)。

表6-4　低温等离子体处理棉织物去杂效果

名　　称	坯　　布	传统煮练法	低温等离子体法
含蜡量(%)	0.73	0.23	0.15
含浆量(%)	13.30	0.66	0.47

采用氧低温等离子体处理,棉织物前处理用药剂,特别是碱剂可大大减少。对于不太耐碱的蚕丝或羊毛及其混纺织物的精练,这一点也是有利的,而不必担心蚕丝或羊毛受到损伤。对于合成纤维织物,用氧或空气低温等离子体处理后,就不再需要进行湿退浆,可节约药水、药剂、热能,减少废水排放。

(2)羊毛的等离子体处理。

①改善羊毛的防毡缩性能。羊毛表面存在鳞片结构,在加工和使用中会产生定向摩擦,发生严重的毡缩。低温等离子体处理羊毛时,其产生的高能粒子轰击纤维表面、使羊毛纤维表面的鳞片层受到破坏,定向摩擦效应降低,从而改善羊毛的毡缩性能。

电晕放电和辉光放电在羊毛处理上都有应用,但是由于羊毛吸湿性较强,织物内的含湿量会因织物的组织结构形式的不同,而有很大的差异,织物中纱线交叉点处的含湿量高,而纱线非交叉点处的含湿量相对较低。在干燥状态下羊毛是绝缘体,其导电性因其含湿量的增加而增加。在电晕放电期间,由于含湿量的差异势必会造成导电性的波动,影响等离子体处理的均匀性。因此对稠密和厚重羊毛织物整理时,要获得均匀处理,只有借助具有更强渗透能力的辉光放电。对于稀疏织物,织物结构中不会出现如此大的湿度差异,可选用电晕放电。因为电晕放电比辉光放电更为经济、有效,而辉光放电必须在真空装置中进行,设备较复杂,成本也较高。若先对处理室减压,使羊毛织物减压干燥,其含湿量的差异趋于均等。

在$4.0 \times 10^2 Pa(3mmHg)$气压下,经空气低温等离子体处理后,织成的针织物经75min标准洗涤试验,织物面积的收缩率变化情况见表6-5。随着功率的增加,洗涤后织物的平均面积收缩率逐渐变小,防缩效果显著。

表6-5　经空气等离子体处理后织物面积的收缩率变化情况

功率(W)	滞留时间(s)	平均面积收缩率(%)	功率(W)	滞留时间(s)	平均面积收缩率(%)
未处理	—	44.5	30	0.7	8.3
10	1.0	12.5	30①	1.2	4.1
20	1.0	9.2	30①	1.2	3.0

注　①用宽幅反应器。

如用氧、氮、氢、氯和二氧化碳气体辉光处理也可取得与空气等离子体处理相同的结果。羊毛织物经等离子体处理后,再用生物高聚物壳聚糖、树脂或柔软剂等处理,可促进这些整理剂在羊毛纤维上的吸附,进一步降低毡缩率,并改善手感。

②改善羊毛的染色性能。羊毛鳞片的最外层含有一层很薄的疏水层,使染液不易润湿,也阻碍染料的吸附和扩散,难以上染。经低温等离子体处理的毛织物不但防毡缩性能得到提高,

而且由于处理后羊毛表面物理化学性能发生变化,染料对纤维的吸附能力和渗透性提高,从而改善羊毛的染色性能。

表 6-6 低温等离子体处理对羊毛半染时间的影响是日本京都工艺纤维大学柳章美等的研究结果。羊毛经 O_2 和 CF_4 等离子体处理,与未处理羊毛比较,都使半染时间缩短,只有 CH_4 等离子体处理的羊毛,其半染时间不仅未缩短反而增加,这说明上染速率的增加,主要不是其表面润湿性改善的缘故。有研究指出,上染速率的增加是羊毛鳞片层中的胱氨酸二硫键受氧化而断裂,使染料易于向纤维内部扩散,从而使上染速率和吸附量都有所提高。从表 6-6 中也可看出,经等离子体处理后的羊毛的半染时间与去鳞片羊毛的半染时间接近,说明等离子体在提高和改善羊毛纤维染色性能方面,其主要作用是破坏羊毛的鳞片层结构。

表 6-6 低温等离子体处理对羊毛半染时间的影响

染 料	半染时间 $t_{1/2}$(min)				
	未处理	去鳞片	O_2 等离子体	CF_4 等离子体	CH_4 等离子体
C. I. 酸性橙 7	59	18	45	15	90
C. I. 酸性蓝 40	112	47	53	43	167
C. I. 酸性蓝 83	7 276	1 011	4 556	5 806	7 709
C. I. 酸性蓝 113	906	228	474	744	1 616

中国科学院化学研究所金鲜英等的研究指出经氮气等离子体处理的羊毛织物与氧气等离子体处理的羊毛织物相比,其染色后的明度更低,说明颜色更深,这可能是由于氮气低温等离子体处理使羊毛表面产生更多的—NH_2,从而增加了染座,使上染率提高。

(3)合成纤维的等离子体改性。近年来,低温等离子体在涤纶织物上的应用已取得较好的效果,主要有表面刻蚀,增加染色深度,提高处理后的反应性,改善黏着性、抗静电性和亲水性等。

涤纶用等离子体处理时,表面受到各种高能粒子作用,会发生分裂、刻蚀和失重。研究发现,CO_2、O_2、N_2 和空气等离子体处理,可使涤纶润湿性显著增加,未处理试样的水滴渗透时间为 600s,处理后仅为 8.2~12s;Ar、He 和 NH_3 等离子体处理,润湿性也有较大的改善。因为经等离子体处理后的纤维,表面产生的游离基能与空气中的氧发生作用,以致在纤维表层导入—OH、—CO、—COOH 和—O—O—等亲水性基团,这些基团的存在是涤纶润湿性和渗透性提高的主要原因。并且低温等离子对纤维表面的刻蚀作用会同时发生,使纤维表面增大,对提高纤维润湿性也有一定的贡献。但是,大部分试样的润湿性在几天内就有明显的退化,若用中性洗涤剂进行 20min 的家庭洗涤,经反复洗涤后,其润湿性进一步退化。因此,单独采用低温等离子体进行吸湿吸汗功能整理还不能达到满意的要求。

低温等离子体处理的涤纶织物,由于纤维表面形成一定的极性基团,润湿渗透性增加,对染料的吸附性和结合力也发生了较大的变化,染料在纤维上的上染率提高。同时由于等离子体的刻蚀作用,使纤维表面形成许多微细的凹凸,织物表面粗糙化,对光线的全反射减弱而漫反射加强,从而产生深色效应。因此,等离子体处理可以明显改善分散染料在涤纶上的染色效果,具有明显的深色效应。由于染料分子本身结构存在差异,在高、中、低温型分散染料中,高温型分散染料受低温等离子体影响最大,中、低温型分散染料所受影响相当。

不同气体对纤维的刻蚀速度不同,刻蚀的表面状态不同,因此不同气体的低温等离子体处理涤纶织物后,处理效果存在很大差异。氧气低温等离子体处理涤纶织物,表面形态发生显著变化,沟槽结构很明显,深色效果最好,这主要是由于氧等离子体不仅在织物表面发生蚀刻作用,还发生氧化作用,其作用有可能涉及织物的结晶区。氮气与氮气/氢气等离子体处理的织物具有相近深色效果。用 CF_4 气体等离子体处理,纤维表面反而比未处理的表面还要光滑,起到了抛光作用。用 H_2 等离子体处理,涤纶发生表面改性交联,疏水性增大。因此,涤纶等离子体处理的结果与许多因素有关,包括纤维和织物的结构、等离子体的气体种类、真空度、功率、处理时间等,尤其是气体种类,要根据处理后的要求来选择等离子处理的条件。

等离子体技术是非传统的干法物理加工技术。它属于气体与固体之间的直接反应,是一种不需水和化学品的干法加工,可以大幅度节水,减少环境污染。等离子体处理是在一个干燥的、封闭的系统内完成的,因此具有更高的可靠性和安全性。等离子体处理技术作为一种有效的表面处理技术,在染整生产中替代部分传统湿处理加工将是大有前途的,并可利用这一新技术开发出更多、更新、功能独特的纺织品。

三、超临界 CO_2 染色技术

超临界 CO_2 染色技术就是以超临界状态 CO_2 流体为介质代替以水为介质的染色技术。该技术可以避免大量废水对环境带来的严重污染问题。上染速率快(10min 内即可完成),匀染性和透染性好,无须还原清洗,无须烘干,二氧化碳可循环再利用。此技术已应用于涤纶等合成纤维染色,效果良好。对于天然纤维,由于染料系统问题,目前尚处于研究探索阶段。

1. 超临界 CO_2 的特性

超临界流体是物质高于临界温度(T_c)和临界压力(P_c)条件下的状态。当环境温度、压力到达物质的临界点时,气液两相的相界面消失,成为均相体系,温度、压力进一步升高时,物质就处于超临界状态。超临界流体具有类似气体的良好流动性和低的黏度,又有高如液体的密度。

CO_2 是最常用的超临界流体,超临界 CO_2 是指温度超过 31℃、压力超过 7.2MPa 时的 CO_2 流体。该流体是无臭、不燃、价廉的化学惰性流体,具有非常独特的理化性质。其黏度较低,可以均匀分布在整个容器中,扩散系数高,传质速率快,混合性能好。通过调整压力,又可以达到液体大小的密度,它对物质有很强的渗透作用,对物质的溶解能力远远高于气体,甚至高于液体。由于 CO_2 是非极性分子,在化学性质方面与非极性有机溶剂相似,对非极性和低极性的物质(如分散染料)有较高的溶解能力,而对极性物质(如离子型染料)溶解度很低。

由于 CO_2 的超临界条件相当温和,在超临界状态下依然保持很高的惰性,可以通过压力的改变来等温地调节和控制流体的密度、黏度、比热、介电常数、溶解能力等物理化学性质,以控制染料的溶解度、上染速率和染色质量。故超临界 CO_2 是非常理想的超临界染色媒质,而且染色完成后只需降压就可使 CO_2 汽化分离,残余的染料粉末可再利用,且染色时不需要分散剂、匀染剂、缓冲剂等化学品,可省去还原清洗和烘燥过程,对某些不易清除的未固着染料粉末可以用

CO_2 在较低温度（低于纤维玻璃化转化温度）下进行清洗。染色过程不但不需要用水，也无污水产生，完全是一种无废气、废水和废渣排放的清洁生产工艺。

2. 超临界 CO_2 流体分散染料染色工艺

分散染料分子中不含磺酸基、羧基等水溶性基团，在水中溶解度很低，依靠大量的分散剂在溶液中保持分散状态，通过少部分溶解于溶液中的染料分子上染到涤纶上。CO_2 是非极性分子，用超临界 CO_2 作介质染色与水中染色不同，分散染料在其中的溶解能力较水中高得多，几乎都是以单分子分散状态存在。在水中染色时，分散染料是通过胶束传送或染料从晶体表面层中溶解逐渐释放出分子的分散形式。由于分散染料在水中呈缔合状态，可能发生晶粒的增长和晶型的转变，严重时还会出现沉淀，造成染色不匀等严重的染色问题。超临界 CO_2 流体的黏度极低，使得染料较容易扩散传送到纤维或纤维束的细孔和毛细管中，有利于提高染料的上染速率，染色的均匀性以及移染性和透染性。

众所周知，分散染料对涤纶的染色是按自由体积扩散模型进行的，染料分子的扩散与纤维中自由体积的大小有关，凡是有利于高分子物无定形区的孔隙加大，有利于降低纤维玻璃化温度的因素，都有利于染色的进行。超临界 CO_2 流体分子小，黏度极低，扩散性好，分子间不会形成水中的"冰山结构"或簇状体，在疏水性纤维中的渗透要比水中容易得多，容易进入纤维结构致密的区域，有很强的增塑作用。纤维增塑后，无定形区的分子链段运动更加容易，使得纤维的玻璃化温度降低，分散染料可在比常规更低的温度下染色，更短的时间内上染。

超临界 CO_2 染色设备如图 6-11 所示。首先将卷绕了织物、中空、筒壁布满小孔的不锈钢轴，固定于高压染色槽，染料投入溶解槽中，关闭压力容器，储罐中的液体 CO_2 冷却后直接用升压泵压缩到设定压力，然后通过加热器把液流加热到预设的温度。随后超临界 CO_2 流体在溶解槽内溶解染料，并把染料送至高压染色槽的不锈钢轴内筒，流体在流经筒壁小孔向外扩散穿透织物层的过程中进行染色，并通过循环泵，增加流体在系统中的循环次数，确保染色的质量。染色结束后，流体通过分离器释放压力，这时由于 CO_2 变为气体，降低了染料的溶解度，可使染料沉淀回收。不含染料的 CO_2 通过冷却器冷却后回收储存于储罐中。

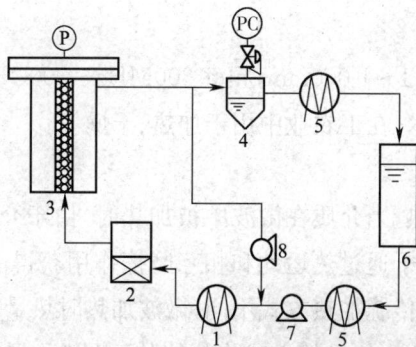

图 6-11　超临界 CO_2 染色设备

1—加热器　2—溶解槽　3—染色槽　4—分离器
5—冷却器　6—CO_2 储罐　7—升压泵　8—循环泵

在超临界 CO_2 染色中,分散染料的溶解度和扩散性能至关重要,因此染色的温度、压力和染料的结构是重要的工艺参数。

通常情况下,温度升高可提高染料的溶解度和扩散速度,而染料的溶解度又与溶剂密度有关,溶剂密度的升高有利于染料溶解度的增大。在低压时,溶剂密度随温度升高而下降,使得染料的溶解度随着温度的上升而下降,高压时溶剂的密度受温度的影响小,染料溶解度随着温度的升高而升高。同时还发现,染色温度越高,吸收的染料越多。130℃条件下染色,纤维吸收的染料量比 70℃下染色纤维吸收的染料量要多 40～50 倍。因为染色温度必须越过聚酯纤维玻璃化转变点,才能使染料成功地扩散进入纤维。较高的温度,对于具有较高分子量的染料作用会较大。

分散染料的结构和极性对其在超临界 CO_2 中的溶解度的影响与常规染色不同,极性小的染料溶解度大,这是由超临界 CO_2 的非极性所决定的。在苯环上添加卤素如 Cl、Br、I 等基团有助于提高分散染料的溶解度。而染料分子上的—OH、—NH$_2$、—NO$_2$、—OCH$_3$、—COOH 等基团不仅增加了染料的极性,而且使染料分子通过氢键形成大分子团,降低了染料在超临界 CO_2 中的溶解度和扩散能力。

染色过程中 CO_2 与纤维的最佳质量比为 5～10,质量比过大将引起染料分子扩散系数下降及操作费用提升。反之,则不能为染色过程提供充足的溶解染料。

常规用于水相染色的分散染料,由于含有大量的分散剂在临界 CO_2 中只能得到浅色。原因之一是染料中的助剂,如分散剂、稀释剂、油剂、抗尘剂、抗静电物质的存在,严重影响染色条件下染料从超临界 CO_2 中分离出来。有些研究者倾向在超临界 CO_2 中应用纯分散染料。但是使用纯染料时,会出现染料熔融。所以,汽巴精化公司开发了含有特殊添加剂的系列染料产品。

超临界 CO_2 染色技术是一个具有良好前景的新型染色技术,虽然在实际应用中还有一定的局限性,但是以 CO_2 为介质,染色过程不使用水,不产生污染物,染色时间短,残留染料可以回收利用,能显著降低能耗的特点,充分体现了清洁生产的理念,是从源头解决印染行业环境污染的技术之一。

四、微波技术的应用

微波是一种电磁波,波长 1～1 000mm,频率 300MHz～300GHz,被称为超高频电磁波。微波作为一种新的能源应用技术,在工农业中用于加热、干燥等。

1. 微波的作用机理

微波加热是一种介质加热,当介质在微波中被加热时,由于介质的偶极子在微波的交变电场作用下产生"变极"效应,分子通过热运动和相互摩擦作用获得能量,并以热量的形式表现出来,介质的温度随之升高。与传统加热方式不同,微波加热时热量是从物质内部产生,而不是因物质内外温度梯度差异以对流和传导的方式将热能传到材料的内部。微波能瞬间穿透被加热的物质,无须预热,也无余热,物质内外无温度差,加热均匀、速度快、没有热损失、热效率高。

微波对介质的作用或介质对微波的吸收是有选择性的,微波是介电损耗发热,在同样的微波频率和电场强度下,介质的相对介电常数或损耗角正切越大,它们的相互作用越大,则介质吸收微波的功率越大。水是纺织品染整加工中的重要介质,对纤维材料起溶胀、膨化和增塑的作用。水的相对介电常数约为80,介质损耗(tanδ)约为0.2,比一般材料(干燥纤维材料的介电常数一般为2~5,tanδ为0.001~0.054)的大,所以水分子能强烈地吸收微波辐射的能量。采用微波进行纺织品加工时,水或其他损耗类的物质一定要存在。在微波辐射下,存在于织物和溶液中的水分子首先被加热,再通过水加热纤维,从而使纤维膨化,进而促进染料和助剂分子在织物内部的扩散,加速染料分子与纤维分子的结合,增大染料及助剂的扩散系数,最终提高织物的加工质量。同时在微波的作用下,一些染料分子可发生诱导升温,从而提高上染和固色效率。

2. 微波在纺织品前处理中的应用

(1)麻类纤维脱胶。微波照射能使麻类纤维本身发热,加快胶质的溶解,从而有效提高脱胶效果。用微波处理技术对未沤大麻在碱性条件下进行脱胶的结果表明,微波处理对纤维细度和亮度有显著影响。增加微波处理时间,纤维细度提高,亮度增加。

(2)丝织物的精练。丝织品的精练是脱去丝素表面丝胶的过程,传统的脱胶工艺,碱脱胶或酶脱胶,丝胶溶解缓慢,加工周期长,且需高温作业,工作环境差。微波用于精练工艺,是利用微波与丝胶分子键能的共振作用。当蚕丝的内部能级和微波频率间满足玻尔条件时,因共振而达到发热量最大。其关系式为:

$$\Delta W = hf$$

式中:ΔW 为物质内部状态变化,f 为微波频率,h 为普朗克常数 6.624×10^{-34} J·s。对于频率为915MHz和2 450MHz的不同微波,分别算得:$\Delta W \approx 0.60 \times 10^{-24}$ J,$\Delta W \approx 1.62 \times 10^{-24}$ J。据测定,丝胶、丝素分子主键能大于 4×10^{-10} J,与微波能量相差很大,没有共振吸收作用,即微波对生丝强度、丝胶变性不会产生显著的影响。但丝胶大分子范德瓦耳斯键的能量为 1×10^{-24} J,能发生共振吸收作用。所以,微波辐射能加速丝胶溶解。相比于传统的精练脱胶,微波精练缩短了时间,节能降耗。

(3)漂白中的应用。当前研究微波用于制浆漂白的比较多,但还未见工业应用报道,而且实验室研究还处于初步阶段。在 H_2O_2 漂白中应用微波技术,能够改变纤维的漂白机理,加速一些影响织物白度的物质结构的改变,如木质素及有色物质,从而使整个漂白历程大大缩短,提高了漂白效果和效率,同时还能减少漂白剂用量、用水量,降低纤维的损伤及污染等,做到真正的节能降耗。

3. 微波在纺织品染色中的应用

在微波辐射下,由于染色织物受热均匀,热效高,微波染色较之常规染色有许多突出的优点,不仅极大地缩短了染色时间,染色均匀性得到改善,而且染色深度和上染率也得到了提高。

微波在纺织品染色中的适用范围很广,纤维可以包括棉、麻、蚕丝和羊毛等天然纤维,也可以包括涤纶、腈纶等化学纤维,染料可以包括活性、还原、直接等水溶性染料,也可以包括分散染料等非水溶性染料。当然,对于非极性或弱极性的纤维和非水溶性染料,直接采用微波染色效果并不十分理想,若将微波用于它们的染色后处理、固色和干燥加工,将有利于染料在纤维上的进一步扩散,提高染料的上染率和织物的色牢度,并保证染色的均匀性。当前对于微波的染色应用更多的集中在天然纤维和亲水性染料的染色。

4. 微波在纺织品后整理中的应用

微波在纤维后整理加工中的重要应用就是干燥纺织品,充分利用微波快速加热的特性,加工品升温均匀且迅速,同时省去了预烘工序,又可利用湿态材料的升温能力,显著缩短整理时间,整理效率较常规烘箱加热要高。

微波辐射对纺织染整加工中的化学反应有着较好的促进作用,可引起激发分子的转动,对化学键的断裂做出一定的贡献。从动力学上说,分子一旦获得能量而跃迁就达到一种亚稳态状态,此时分子状态极为活跃,分子间的碰撞频率和有效碰撞频率大大增加,从而促进反应的进行,可以认为微波对分子具有活化作用。因此用微波辐射含有整理剂的织物可赋予整理剂分子更强的活化能力,同时微波还可解散纤维大分子间的物理连接,提高整理剂对纤维的可及度,促进整理剂向纤维内部的渗透,从而改善整理剂与纤维的反应性。微波辐射已广泛应用在织物的免烫整理、阻燃整理、防水防油整理、羊毛防毡缩整理等加工中。

五、泡沫染整技术

泡沫加工技术是将染化助剂的承载介质由水改为泡沫。由于空气代替了部分水,致使纺织品加工过程中水的耗用量得到了降低,用水量可以减少 65%~75%。这里空气作为组成泡沫的重要成分,无毒,将染整助剂带到织物上后,即自行逸去,而无须特殊处理,不像水、有机溶剂等介质需要吸收大量热量,汽化除去。因此,泡沫技术不仅可节省大量的水,而且能更好地省烘燥过程所需能源,同时减少对环境的污染。

泡沫加工的一般过程是将含有一定发泡助剂的染整溶液,用机械方法打入空气,通过机械搅拌后使形成的泡沫达到一定的密度(发泡比)、黏度及大小,然后施加于织物上,泡沫即瞬时渗透到全部纤维表面,达到一定深度的范围,再通过挤轧或真空抽吸,使泡沫全部破裂,溶液即渗透入纤维;再加以烘干、固着和水洗。因此,泡沫加工属于低给液率加工技术。

1. 泡沫的形成

泡沫是由大量气体分散在少量液体之中形成的微气泡聚集体,具有一定的几何形状,是一种微小、多相、胶状、不稳定的体系。纯液体不能产生泡沫,当在溶液中加入表面活性剂后,溶液中的气泡被一层表面活性剂的单分子膜包围,当该气泡冲破了表面活性剂溶液与空气的界面时,第二层表面活性剂包围着第一层表面活性剂膜,而形成一种含有中间液层的泡沫薄膜层,在这种泡沫薄层中含有纺织品整理所需的化学品液体,当相邻的气泡聚集在一起时,就成为泡沫。

泡沫是不稳定的,由于空气和水具有相反的特性,因此它们最终是要分离的。一般根据加工的对象和工艺设备条件,通过发泡比、泡沫破灭半衰期、泡沫润湿性、泡沫流变性等指标判断泡沫体系的发泡性和稳定性。

2. 发泡剂的选择

发泡剂多为表面活性剂。主要有离子型和非离子型两类。阳离子型有烷基叔胺、季铵盐、甜菜碱及其衍生物;阴离子型有月桂醇硫酸酯钠盐、十二烷基磺酸钠和十二烷基硫酸钠;非离子型有 C_{11}~C_{15} 直链仲醇、C_{10}~C_{16} 直链伯醇和 C_8~C_{12} 烷基苯酚的聚氧乙烯醚。一般阳离子型表面活性剂发泡能力差,阴离子型和非离子型的发泡能力较好。阴离子型发泡剂形成泡沫速度慢,形成泡沫较为稳定,而非离子型发泡剂的发泡性好,润湿性也好,但泡沫稳定性差。为了改善泡沫的不稳定性,可通过添加泡沫稳定剂与增稠剂来延长泡沫的寿命,常用泡沫增稠剂有羟乙基纤维素、甲基纤维素、合成龙胶和甘油等。泡沫稳定剂有硬脂酸铵、十二醇、N-十八烷基琥珀酰胺磺酸盐等。对于不同的泡沫整理,应采用相应类型的发泡剂,而且需注意发泡剂与整理剂的相容性。

3.泡沫染整设备

泡沫染整设备由发泡装置和泡沫施加装置两大部分组成。发泡装置分为三大类:填料式静态发泡器,多级网式静态发泡器和动态泡沫发生器。泡沫施加装置大致可以归纳为 6 种:刮刀式、辊筒式、橡毯真空抽吸式、网带式、圆网式及狭缝式。

国外已有三十多家公司开发了泡沫染整设备,比较著名的有美国加斯顿染色机公司(Gaston county)的 FFT 体系、Datacolor 公司生产的 Autofoam 自动控制泡沫整理机,德国屈斯特尔斯(Kusters)的单面、双面泡沫染整机,德国蒙福茨(Monforts)的真空泡沫染整设备,荷兰斯托克·布拉班特(Stork Brabant)公司的圆网泡沫印花机,奥地利的齐默(Zimmer)磁棒泡沫印花系统等,以及国内研制的 SP、SP2 型双面施泡机,YJ-200-800 型发泡剂,上印机及誉辉公司等。

4.泡沫加工技术的应用

(1)泡沫上浆。泡沫上浆是以泡沫为介质对经纱进行上浆的一种新工艺。黏附于经纱的泡沫浆经压浆辊时,泡沫在轧点处破裂,浆料均匀地分布在经纱上。泡沫上浆与普通上浆比较,减少调浆用水和所需浆料,烘燥时所需能源相应减少;由于浆料较少地渗透到纱线内部,易于退浆,减轻了后加工工序的负担;纱线毛羽少,磨浆少,开口清晰,织造率较高。

(2)泡沫丝光。泡沫丝光是指使用泡沫的方法对织物进行丝光处理,与常规丝光相比可减少碱的用量,碱液可以更好地渗透到织物内部;对部分厚重织物可以进行单面丝光处理,降低碱用量;可以更好地控制织物尺寸;可以覆盖"死棉",达到均匀染色;对某些印花织物,可以对织物印花的一面进行丝光处理,这样不仅可以保证印花质量,同时碱的用量比常规方法低。

但是泡沫丝光也存在一定的问题需注意。采用泡沫丝光,由于泡沫丝光时织物上的碱量较少,要达到与常规丝光相同的效果,必须加大碱液的浓度,一般应大于 250g/L。在如此高浓度碱中,常规起泡剂和增稠剂大多会沉淀,很难形成泡沫。必须选择耐碱起泡剂和耐碱渗透剂。

(3)泡沫染色印花。泡沫印花借助于空气,使少量的液体形成泡沫携载着染料或涂料及各种助剂,并使施加的泡沫足以均匀达到覆盖全部织物的程度,从而以较低的给湿量完成整个印花过程,形成表面印花效果,进而达到节省能源、染化料,改善织物手感的目的。

泡沫染色,由于浴比小,可以大大节约用水量;显著降低各种助剂(如盐、碱和染料)的用量;缩短加工时间;减少染料泳移,提高织物的匀染性;降低染色废水量。常规染色织物的带液量一般为 60%~80%,泡沫染色织物的带液量一般为 10%~40%,可减少染色废水处理量,降低对环境的污染,提高织物表面得色量。泡沫染色的染液对织物的渗透性较小,当泡沫与纤维表面接触后,因泡沫内的染料浓度高而水分少,染料泡沫来不及渗透到纤维内部就均匀地破裂于纤维表面,因此泡沫染色不适用于渗透印花,染色产品可能存在白芯现象。但利用这一特性可进行双面染色和印花,获得异色效果。

泡沫悬浮体染色即利用泡沫染色法进行还原染料悬浮体染色,可使悬浮体均匀地分布,提高悬浮体染色的匀染性能。发泡剂一般为表面活性剂,不仅可以发泡,同时还具有分散作用。将泡沫染色与常规染色比较发现,前者赋予织物更好的匀染性,织物的耐摩擦牢度、耐汗渍牢度、耐水洗牢度及耐日晒牢度基本相同。

(4)泡沫整理。棉和涤/棉织物经过树脂整理获得满意的折皱回复角,但是这种满意的折皱回复角是以牺牲织物的强力和耐磨性为代价的。研究发现,树脂整理剂施加的不均匀性是造成织物强力损失的主要原因之一。而产生这种不均匀性的主要原因是烘干过程中整理剂发生泳移,对于浸轧→预烘→焙烘过程,纯棉织物上会有约 28% 的溶液发生泳移。泡沫整理带液量减小,织物烘干时水分蒸发减少,织物毛细管中的整理液就不会随着表面液体减少产生的液差泳移到织物表面上,从而可大大降低或消除泳移现象,改善织物上树脂分布的均匀性,从而提高织物的强力。同时,对于相同整理效果,泡沫整理较常规浸轧法可节省树脂及助剂约 10%,还可改善织物手感。

目前,对衬衫等薄型织物,采用常规浸轧法进行拒水整理,织物两面都有拒水性,其吸汗性下降,穿着时会感到不舒适。为了达到使织物正面拒水,反面吸湿的效果,应用泡沫整理技术,首先对织物施加拒水整理,把起泡后的拒水整理剂泡沫均匀地施加到织物的正面,使拒水整理剂仅浸透到织物的一半厚度,再在织物反面按同样的泡沫整理方法施加吸湿剂,也仅渗透到织物的一半厚度,这样织物就会同时具有拒水和透湿两种功能。

美国羊毛局、Union‐Carbide 公司和 Gaston‐County 印染机械制造公司曾共同协作,采用泡沫整理工艺(FFT)对纯毛和毛混纺织物进行了防缩、拒水/拒油整理的研究。在纤维的吸液率为 15 %~30 % 的条件下,用 Farbenfabriken Bayer 公司生产的津塔普雷特 BAP、Impranil DLH 防缩整理剂和泽泼尔 RN 拒水/油性整理剂,采用双面泡沫施加工艺处理试样,织物整理后拒水/拒油性能良好,缩水率有了很大的改善。

复习指导

1. 理解纺织染整生产的特点,学会分析判断纺织染整污染产生的原因和部位,认识印染废水的特征和对环境的危害。

2. 了解环保型染料和助剂的开发与发展趋势,熟悉国际上主要禁用染料和助剂的种类及替代品种。

3. 掌握印染行业的主要清洁生产技术的原理和工艺技术:生物酶退浆煮练、酶整理技术、高效短流程、冷轧堆染整技术、涂料染色印花、转移印花、喷墨印花、新型活性染料的染色等。认识现有技术的局限性。

4. 了解丝光淡碱、洗毛废水、涤纶仿真丝绸印染工艺碱减量工段废碱液和染料的回收回用工艺流程。

5. 了解染整清洁生产技术开发中新技术的应用如超声波、低温等离子体、超临界、电化学。

复习思考题

1. 除了书中介绍的环保型染料助剂,还有哪些最新开发的染料助剂? 通过资料检索列举10 种以上。

2. 指出染整生产过程产生的主要污染物以及它们对环境的影响。

3. 从哪些方面来判断我们所实施的生产工艺是否符合清洁生产的要求?

4. 如有可能调查国内染整企业清洁生产技术实施的状况。

5. 指出涂料染色、印花与常规染色、印花的不同点。

6. 生物酶有哪些特性,在染整生产中是如何加以利用的?

7. 缩短染色加工流程的方法有哪些?

8. 分析转移印花技术的优势和有待改进之处。

9. 哪些加工技术可减少前处理过程对水的大量消耗?

10. 短流程前处理工艺是否就是清洁生产工艺?

11. 哪些加工方法可提高染料的上染率?

12. 哪些染整工艺有利于节能、节水、减少废水排放?

参考文献

[1]美国国家环境保护局国际事务处. 污染预防与清洁生产原理[M]. 温东辉,陈吕军,译. 北京:中国环境科学出版社,2000.

[2]钱汉卿. 化工清洁生产及其技术实例[M]. 北京:化学工业出版社,2002.

[3]欧阳培. 推行清洁生产:从污染和末端控制转向生产全过程控制[J]. 长沙大学学报,2003,17(1):14-16.

[4]徐胜田,李好云,周丽娟. 清洁生产在可持续发展中的作用[J]. 中国资源综合利用,2001,1:8-11.

[5]冯尚友. 水资源持续利用与管理导论[M]. 北京:科学出版社,2002.

[6]刘白玲,张铭让. 实现我国制革工业生态化中的绿色化学研究[J]. 北京皮革,2001,22:50-52.

[7]万融. 商品学概论[M]. 北京:中国人民大学出版社,2005.

[8]叶永恒. 循环经济与清洁生产[J]. 辽宁城乡环境科技,2003,23(1):49-50.

[9]宋宗文. 我国"十五"重点科技攻关项目——工业节水及膜法海水淡化技术开发[J]. 化工技术经济,2003,21(11):20-21.

[10]黎姿. 清洁生产审计[J]. 沿海环境,2003,(8):31-32.

[11]朱慎林,赵毅红,周中平. 清洁生产导论[M]. 北京:化学工业出版社,2001.

[12]马宏瑞. 制革工业清洁生产和污染控制技术[M]. 北京:化学工业出版社,2004.

[13]张永吉,吕绪庸,赵震环,等. 制革辞典[M]. 北京:中国轻工业出版社,1999.

[14]高忠柏,苏超英. 制革工业废水处理[M]. 北京:化学工业出版社,2001.

[15]石碧,陆忠兵. 制革清洁生产技术[M]. 北京:化学工业出版社,2004.

[16]陈萍,陈敏,廖隆理,等. 碱性脂肪酶 Greasex 50L 在猪皮上的脱脂作用[J]. 中国皮革,2000,29(9):22-24.

[17]陈武勇,陈占光,陈敏,等. 脂肪酶 Greasex 50L 在猪皮制革中的应用研究(Ⅰ)[J]. 中国皮革,2000,29(13):23-25.

[18]陈武勇,陈占光,陈敏,等. 脂肪酶 Greasex 50L 在猪皮制革中的应用研究(Ⅱ)[J]. 中国皮革,2000,29(17):29-31.

[19]卢行芳. 过氧化氢脱毛方法及原理的研究[D]. 成都:四川大学博士论文,2001.

[20]卢行芳,石碧,常新华,等. 过氧化氢脱毛技术(Ⅰ)——影响脱毛效果的几种因素[J]. 中国皮革,2001,30(15):12-15.

[21]卢行芳,石碧,黄文,等. 过氧化氢脱毛技术(Ⅱ)——过氧化氢对生皮蛋白质的作用[J]. 中国皮革,2001,30(21):31-33.

[22]卢行芳,张晓镭,石碧,等. 过氧化氢脱毛技术(Ⅲ)——过氧化氢脱毛法与传统硫化钠脱毛的比较[J]. 西部皮革,2002,24(4):30-33.

[23]WILLIAM N,MARMIER,ROBERT L DUDLEY. The use of oxidative chemicals for the removal of hair from cattle hides in the beamhouse[J]. JALCA,2004,99:386-393.

[24]JOHN SUNDAR V,VEDARAMAN N. Sulphide free unhairing studies on ozone based depilation[J].

JALCA,2006,101:231-234.

[25]ANDREW G GEHRING,ROBERT L DUDLEY,CHAD E MAZENKO,et al. Rapid oxidative dehairing with magnesium peroxide and potassium peroxymonosulfate[J]. JALCA,2006,101(9):324-329.

[26]BARBARA FELIC JANIAK. Studies on Enzymatic Unhairing:Part Ⅰ. The Influence of Pigskin Alkalisation on Destruction of Skin Grain During Depilation With Pancreatic Enzymes[J]. JSLTC,1985,69:160-163.

[27]BARBARA FELIC JANIAK. Studies on Enzymatic Unhairing:Part Ⅱ. The Influence of Alkalisation on the Destruction of the Grain of Pigskins Depilation With a Bacterial Enzymes Preparation[J]. JSLTC,1985,69:164-165.

[28]BARBARA FELICJANIAK. Studies on Enzymatic Dehairing:Part Ⅲ. Enzymatic Depilation of Pigskins Modified by Alkalisation[J]. JSLTC,1986,70:14-17.

[29]BARBARA FELICJANIAK. Studies on Enzymatic Dehairing:Part Ⅳ. Methods of Preparing Calfskins for Enzymatic Depilation[J]. JSLTC,1986,70:17-19.

[30]JONCZK W,STUDINARSKI K. Enzyme Unhairing of Pigskins[J]. JSLTC,1988,72:83-88.

[31]汪建根,张中玉,陈超莹,等. 少硫化钠酶脱毛工艺的研究[J]. 中国皮革,2001,30(5):29-32.

[32]李志强. 酶法脱毛机理研究[D]. 四川大学博士学位论文,2000.

[33]潘君,张铭让. 清洁化制革工艺技术研究(Ⅱ)——制革工业现状[J]. 四川皮革,2000,22(1):38-40.

[34]潘君,张铭让. 清洁化制革工艺技术研究(续)[J]. 四川皮革,2000,22(2):34-39.

[35]陈定国. SIROLIME保毛浸灰工艺[J]. 中国皮革,1992,21(1):14-17.

[36]廖隆理,陈武勇. 制革化学与工艺学(上册)[M]. 北京:科学出版社,2005.

[37]陈占光,陈武勇. 不浸酸铬鞣剂的研制及其性能表征[J]. 中国皮革,2001,30(23):610.

[38]陈占光,陈武勇. 不浸酸铬鞣机理探讨[J]. 中国皮革,2002,31(11):1932.

[39]陈占光,陈武勇,张兆生. 不浸酸铬鞣剂在牛皮工艺中的应用[J]. 中国皮革,2001,30(5):13-15.

[40]陈武勇,叶述文,陈占光,等. 不浸酸铬鞣剂C-2000的应用研究[J]. 中国皮革,2000,29(6):5-10.

[41]段镇基. 助鞣剂的研究与应用[J]. 皮革科学与工程,1992,2(4):7-19.

[42]段镇基,陈永平,陈永方,等. 防铬污染助剂及其应用工艺研究[J]. 中国皮革,1993,22(4):23-30.

[43]李国英,罗怡,张铭让. 高吸收铬鞣机理及其工艺技术(Ⅲ)LLI醛酸助鞣剂的特性及应用[J]. 中国皮革,2000,29(23):23-26.

[44]强西怀,李闻欣,俞从正,等. 乙醛酸助铬鞣应用工艺的研究[J]. 中国皮革,2002,31(7):26-30.

[45]强西怀,沈一丁,苑静霞,等. 氨基树脂—醛—铬结合鞣特性的研究[J]. 中国皮革,2002,31(13):13.

[46]张廷有,陈华林,刘芳,等. 铝预鞣白湿皮技术研究[J]. 皮革化学与工程,1999,9(2):18-23.

[47]林海,但卫华,王坤余,等. 无铬多金属配合鞣剂的研究进展[J]. 皮革科学与工程,2003,13(6):68-70.

[48]丁克毅,张红霞等. 有机酸蒙囵硫酸铝配合物组成及结构的研究[J]. 西南民族学院学报(自然科学版),2001,27(2):189-193.

[49]丁克毅,刘军,等. 有机酸蒙囵铝(Ⅲ)配合物与皮胶原反应性的研究[J]. 中国皮革,2002,31(23):10-13.

[50]彭必雨,何先祺,单志华. 钛鞣剂、鞣法及鞣制机理研究Ⅱ. Ti(Ⅳ)在水溶液中的状态及其对鞣性的影响[J]. 皮革科学与工程,1999,9(2):10-14.

[51]范浩军,石碧. 纳米级TiO_2或SiO_2的鞣革机理及鞣性的研究[J]. 皮革科学与工程,2003,13(1):18-21.

[52]曾睿,但卫华,王兆伦,等. 无铬多金属配合鞣剂鞣革性能的研究[J]. 北京皮革,2006,12:75-80.

[53]但年华,但卫华,王兆伦,等. 锆—铝—钛多金属配合物溶液的制备[J]. 皮革科学与工程,2007,17(3):21-24.

[54]吕绪庸. 植物鞣剂简史及其取代铬鞣的技术建议[J]. 西部皮革,2006,10:20-22.

[55]张铭让,陈武勇. 鞣制化学[M]. 北京:中国轻工业出版社,1999.

[56]MANTYSALO E,MARJONIEMI M. Chrome tannage using high intensity ultrasonic field[J]. Ultrasonics Sonochemistry,1997,4(2):141-144.

[57]SIVAKUMAR VENKATASUBRAMANIAN. Studies on the use of power ultrasound in leather dyeing [J]. Ultrasonics Sonochemistry,2003,10(2):8594.

[58]SHI BI,LI GUOYING,HE YOUJIE. Ultrasonic removal of organic pollutants in tannery waste water[J]. Journal of the American Leather Chemists Association,2002,97(3):98-101.

[59]SUN DAN HONG,SHI BI,PENG BI YU. Oxidative dechroming of chrome containing leather shavings under the effect of ultrasound[J]. Sichuan Daxue Xuebao(Gongcheng Kexue Ban),2003,35(6):71-74.

[60]XIE JIAN PING,DING JI FENG,ATTENBURROW GEOFFREY E. Influence of power ultrasound on leather processing. Part I:Dyeing[J],Journal of the American Leather Chemists Association,1999,94(7):146-157.

[61]XIE JIANPING,DING JIFENG,ATTENBURROW GEOFFREY E. Influence of power ultrasound on leather processing. Part II:fatliquoring[J],Journal of the American Leather Chemists Association,2000,95(3):85-91.

[62]廖隆理,冯豫川,李志强. CO_2 超临界流体无污染制革技术研究(I),超临界流体的基本原理及应用[J]. 中国皮革,1998,27(4):35.

[63]廖隆理,冯豫川,陈敏,等. CO_2 超临界流体无污染制革技术研究(II),CO_2 超临界流体清洁化制革的可行性探索[J]. 中国皮革,1999,28(9):14-16.

[64]冯豫川,陈敏,赵焱,等. CO_2 超临界流体作反应物用于皮革脱灰的研究[J]. 四川联合大学学报(工程科学版),1999,3(3):37-42.

[65]廖隆理,李志强,但卫华,等. CO_2 超临界流体技术在制革铬鞣中的应用研究[J]. 四川大学学报(工程科学版),2002,34(5):97-101.

[66]DAN WEIHUA,ZENG RUI,LI ZHIQIANG,et al. The Technology of Wet Process of Pig-skin Based on Biologic Enzymes [C]. Korea:The 5th Asian International Conference of Leather Science and Technology,2002.

[67]陈新江,马建中,杨宗邃. 纳米材料在制革中的应用前景[J]. 中国皮革,2002,31(1):6-10.

[68]栾世方,范浩军,王利军. 鞣制化学前沿问题探讨[J]. 西部皮革. 2002,31(6):24-26.

[69]范浩军,石碧,栾世方,等. (蛋白质)有机/无机纳米杂化复合材料——制革新概念[J]. 中国皮革,2002,31(1):15.

[70]曲健健,但卫华,但年华,等. 微胶囊技术及其在制革工业中的应用[J]. 中国皮革,2006,35(9):41-42.

[71]曲健健,但卫华,但年华,等. 微胶囊技术及其在制革工业中的应用(续)[J]. 中国皮革,2006,35(11):41-44.

[72]高淑珍,赵欣. 生态染整技术[M]. 北京:化学工业出版社,2003.

[73]李立,薛敏钊,王伟,等. 原位聚合法制备分散染料微胶囊[J]. 精细化工,2004,21(1):76-80.

[74]刘永庆. 颜料粒子的微胶囊化[J]. 材料与设备,2003,4:27-29.

[75]荆春贵,孙大庆. 热膨胀性中空微球皮革消光补伤剂的研制[J]. 皮革化工,2002,19(6):20－22.

[76]DR MARTIN KLEBAN. 具有芳香气味的皮革[J]. 西部皮革,2002,12:55－56.

[77]孟宪民,孟庆涛,等. 微胶囊香整理剂在皮革中的应用[J]. 皮革化工,2003,20(4):36－41.

[78]韩清标. 毛皮化学及工艺学[M]. 北京:轻工业出版社,1992.

[79]骆鸣汉. 毛皮工艺学[M]. 北京:中国轻工业出版社,2000.

[80]程凤侠. 现代毛皮工艺学[M]. 中国轻工业出版社,2013.

[81]任永强,王学川,强涛涛. 表面活性剂的生物降解性研究进展[J]. 皮革与化工,2009,26(1):16－19.

[82]杨雨滋,金宝仲,王国璋. 关脂肪酶在制革毛皮上的应用[J]. 皮革科技,2987,2:11－13.

[83]郑晋升. 关于酶法软化毛皮[J]. 皮革科技,1981,12:10－14.

[84]花金岭. 毛皮浸酸、鞣制废液循环使用技术研究[D]. 陕西科技大学,2009.

[85]陈渭,强西怀,孙哲,等. 无盐浸酸助剂的发展动态[J]. 中国皮革,2015(14):33－35.

[86]刘浪浪,刘伦,郝建明,等. 皮革用甲醛捕捉剂[J]. 西部皮革,2009,31(11):13－15.

[87]石磊,单志华,朱谱新. 双醛纤维素的改性与鞣制[J]. 皮革科学与工程,2014,24(2):11－15.

[88]王瑞瑞,王鸿儒. 油鞣技术的研究现状与油鞣革的应用前景[J]. 中国皮革,2005,34(11):12－15.

[89]李瑶,张娜,刘公岩,等. 塔拉栲胶在獭兔皮复鞣中的应用研究[J]. 中国养兔,2013(8):12－13.

[90]李晓红. OME合成鞣剂在毛皮鞣制中的应用[J]. 中国皮革,1993(11):43－43.

[91]李瑶,周裕婷,刘强,等. 有机磷盐鞣制兔皮性能比较[J]. 皮革与化工,2011,28(6):5－7.

[92]Heath R J,Di Y,Clara ,et al. epoxide tange:a way forward[J]. JSLCA,2005,89:186－193.

[93]范浩军,何强,彭必雨,等. 纳米 SiO_2 鞣革方法和鞣性的研究[J]. 中国皮革,2004,33(21):37－38.

[94]程凤侠,杨宗邃,熊蔚. 毛皮同浴漂白工艺[J]. 中国皮革,1999,28(3):23－25.

[95]吕生华. 皮革染料的绿色化及发展趋势[J]. 化工中间体网刊,2003,19(22):13－15.

[96]马佳,周玲,何贵萍,等. 制革化学品的生物降解特性研究(Ⅰ)——加脂剂的可生物降解性[J]. 皮革科学与工程,2009,19(6):9－13.

[97]花金岭,程凤侠,董荣华,等. 毛皮生产废水特点及处理现状分析[J]. 中国皮革,2008(21).44－48,50.

[98]张宗才,戴红,殷强峰,等. 制革清洁生产技术与战略[J]. 中国皮革,2002,31(17):12－16.

[99]KUMARAGURU S,SASTRY T P,ROSE C. Hydrolysis of Tannery Fleshings Using Pancreatic Enzymes: A Biotechnological Tool for Solid Waste Management[J]. JALCA,1998,93(2):32－39.

[100]穆畅道,林炜,王坤余,等. 皮革副废物资源化(Ⅰ)[J]. 中国皮革,2001,30(9):37－40.

[101]徐润,梁庆华. 明胶的生产和应用技术[M]. 北京:中国轻工业出版社,1988.

[102]成都科学技术大学,西北轻工业学院. 制革化学及工艺学(下)[M]. 北京:中国轻工业出版社,1982.

[103]聂林杉,强西怀,章川波. 皮革厂副废物处理的进展[J]. 环境污染与防治,2001,23(5):268－270.

[104]林炜,穆畅道,张铭让. 皮革副废物资源化(Ⅲ)[J]. 中国皮革,2002,31(13):37－41.

[105]RAYMOND A H. Some notes on utilization of fleshing and blue shavings[J]. JALCA,1974,69: 195－202.

[106]李天铎. 制革下脚料的回收利用——蛋白加脂剂的研制[D]. 成都:四川大学博士学位论文,1999.

[107]Sedilazik,Milan,Pivoluska,Jan:Drevo,1990,45(7):204.

[108]HIROSHI OKAMURA. Recovery and Utilization of Collagen Fibers from Hide Waste[J]. Hikaku Kagaku,1978,24(1):36－39.

[109]王远亮. 铬鞣废皮屑的脱铬方法[J]. 中国皮革,1990,19(10):48.

[110]Баскова. Н. А. ,Михайлов. А. В. Изв. ,Внсщ. Учед:Технол. Дегк. Пром. ,1968,5:84 - 88.

[111]王远亮. 废铬鞣皮屑的脱铬[J]. 明胶科学与技术,1989,9(4):169 - 175.

[112]STOCKMAN G. Practical consideration of the production scale hydrolysis of blue shaving[J]. JALCA, 1996,91(7):190 - 192.

[113]HOLLOWAY D F. Recovery and separation of nutritious protein hydrolyzate and chromium from chrome leather scrap[P]. U. S. Patent 4100154,1978.

[114]GUARDINI G. Extraction of proteins and chromium sulfate from chromium tanned skin wastes[P]. U. S. Patent 4483829,1983.

[115]GALATIK A,DUDA J,MINARID L. Pressure hydrolysis of leather waste with sodium hydroxide[P]. Czech. Patent CS 252382,1988.

[116]谢克文. 废铬革块制取明胶[J]. 皮革科技,1981(2):40 - 41.

[117]杨楠,李爱婷. 废铬革屑(块)脱铬的研究[D]. 成都:四川大学学士学位论文,1999.

[118]MANZO G,FEDEL G,CUOIO PELLI MATER. Concianti,1980,56(6):743758.

[119]SMITH L R,DONOVAY R G. Preparation of high quality gelatin with low chromium content from chrome stock[J]. JALCA,1982,77(6):301 - 306.

[120]COT J,ARAMON C. Waste processing in the tannery[J]. JSLTC,1986,70(3):69 - 76.

[121]王鸿儒,卫向东. 从铬革屑中提取胶原产物的方法[J]. 皮革化工,2001,18(3):69.

[122]王远亮,黄兴春. 铬革削匀屑脱铬法的研究[J]. 中国皮革,1991,20(12):711.

[123]孙丹红,石碧. 含铬废革屑氧化脱铬方法的研究[J]. 皮革科学与工程,2002,12(3):31 - 36.

[124]孙丹红,石碧,彭必雨. 含铬废革屑在超声波作用下的氧化脱铬[J]. 四川大学学报(工程科学版),2003, 35(6):71 - 74.

[125]OHTSUKA K. Amino acid seasoning produced form scraps obtained from chrome tanned leather[P]. Japan Patent 7329145,1973.

[126]CANTERA C S, ANGELINETTI A R, ESCOBAR R, et al. Symposium of the IULTCS Centennial Congrees[C]. London,1997:335 - 366.

[127]LASEK WOJCIECH,GAJEWSKI MIECZYSLZW,MAJEWSKA URSZULA,et al. Leather Treatment to Remove Chromium. PCT Int. Appl. WO,9803685.

[128]杜美菊,高秋. 皮屑中氨基酸的分离提取[J]. 商丘师专学报,1999,15(4):72 - 73.

[129]路亮,张学俊,熊静. 酸法水解制革下脚料提取混合氨基酸[J]. 中国皮革,2001,30(19):6 - 11.

[130]陈武勇,黄赞,林亮. 废革屑提取胶原蛋白的研究[J]. 中国皮革,2002,31(23):13.

[131]SIVAPARVATHI M, SUSEELA K, NANDA S C. Hydrolytic action of pseudomonas aeruginosa on chrome shavings[J]. Leather Sci. ,1986,33(1):8 - 11.

[132]SIVAPARVATHI M,SUSEELA K,NANDA S C. Purification and properties of pseudomonas aeruginosa protease causing hydrolysis of chrome shavings[J]. Leather Sci. ,1986,33(11):303 - 307.

[133]CANTERA C S, DE GIUSTE M, SOFIA A. Hydrolysis of Chrome Shavings:Application of Collagen Hydrolyzate and "Acrylic Protein" in Post Tanning Operation[J]. JSLTC,1997,81(5): 183 - 191.

[134]CHAKRABORTY R, Sarkar S K. Enzyme hydrolysis of solid tannery wastes:solid state enzyme production[J]. JSLTC,1998,82(2):56 - 58.

[135]TAYLOR M M, DIEFENDORF E J, Na G C, et al. Enzymatic Processing of Materials Containing

Chromium and Protein[P]. U. S. Patent 5094946,1992.

[136]TAYLOR M M,DIEFENDORF E J,Na,G C. Enzymic treatment of chrome shavings[J]. JALCA,1990, 85(9):261 - 282.

[137]TAYLOR M M,DIEFENDORF E J,BROWN E M,et al. Enzymatic Processing of Materials Containing Chromium and Protein[P]. U. S. Patent 5271912,1993.

[138]CABEZA L F,TAYLOR M M,BROWN E M,et al. Chemical and physical properties of protein products isolated from chromium containing leather waste using two consecutive enzymes[J]. JSLTC,1998,82(5): 173 - 179.

[139] CABEZA L F, TAYLOR M M, BROWN E M, et al. Isolation of protein products from chromiumcontaining leather waste using two consecutive enzymes and purification of final chromium product:pilot plaut studies[J]. JSLTC,1999,83(1):14 - 19.

[140]TAYLOR M M,CABEZA L F,BROWN E M,et al. Influence of pepsin and trypsin on chemical and physical properties of isolated gelatin from chrome shavings[J]. JALCA,1997,92(8):200 - 207.

[141]陈武勇,秦涛,辜海兵. 氧化镁和碱性蛋白酶两步法处理废革屑[J]. 中国皮革,2001,30(15):58.

[142]陈武勇,辜海兵,秦涛. 中性蛋白酶水解铬革屑的研究[J]. 中国皮革,2001,30(21):25.

[143]陈静涛,徐政,顾其胜. 胶原蛋白研发的最新进展[J]. 上海生物医学工程,2004,25(2):47 - 55.

[144]WOLFGANG FRIESS. Collagen biomaterial for drug delivery[J]. European Journal of Pharmaceutics and Biopharmaceutics,1998(45):113 - 136.

[145]Pace J M,Corrado M,Missero C,et al. Identification,characterization and expression analysis of a new fibrillar collagen gene,COL27A1,Matrix Biology,2003,22(1):314.

[146]陶凯忠,陈尔瑜,姜关祥. 非原纤维原蛋白的结构分布和功能[J]. 解剖科学进展,1998,4(3).

[147]李闻欣,程凤侠,俞从正. 含铬革屑资源化利用的研究进展[J]. 皮革化工,2003,20(1):12 - 15.

[148]MANZOG,FEDELEG. Tanning action of condensates produced by chromed residues[J]. Das Leder, 1994,45(7):142 - 149.

[149]MANZOG,FEDELEG. Study on the reactivity of a collagen condensate towards the hide[J]. Das Leder, 1994,45(9):180 - 186.

[150]MANZOG,FEDELEG. Seperation by ultrafiltration of the different fractions of the collagenic condensate and study of their tanning properties[J]. Das Leder,1996,47(4):66 - 73.

[151]MANZOG. FEDELEG. Improvement of the Tanning Properties of a Prteinic Condensate by the Use of Vegetable Tannins or Resorcin[J]. Das Leder,1996,47(1):26.

[152]MANZOG. FEDELEG. Aluminium Tannage in presence of protein condensates from shavings[J]. Das Leder,1994,45(10):226 - 231.

[153]SAGALA J. Production and application of hydrolyzates from Chrome free Shaving[J]. Leder,1996,47 (5):102.

[154]陈武勇. 水解蛋白质化学改性[J]. 四川大学学报(工程科学版),2002,34(6):18.

[155]穆畅道. 利用铬革渣研制皮革复鞣剂和涂饰剂[D]. 成都:四川大学博士学位论文,2001.

[156]林亮. 废革屑水解蛋白质的改性研究[D]. 成都:四川大学硕士学位论文,2002.

[157]黄程雪,刘显奎. 用铬鞣废革屑生产制革用蛋白类复鞣填充剂[J]. 中国皮革,1991(9):27 - 29.

[158]李闻欣,程凤侠,俞从正,等. 一种改性胶原蛋白复鞣剂的研制及应用[J]. 皮革化工,2002,19(1):9 - 12.

[159]国锋,马兴元. 废铬革屑还原铬鞣液制备新方法的研究[J]. 皮革化工,2001,18(5):15.

[160]FRANCIS CHANDRASEKARAN,MURALIDHARA RAO V V,MANDAL ASIT B. Modification of protein by transamidification and some of its physico chemical properties[J]. Leather Sci. ,1985,32(7):155 - 164.

[161]MANDAL ASIT B,FRANCIS CHANDRASEKARAN. The modification of protein by transamidification and some of its physico chemical and mechanical properties[J]. JSLTC,1986,70(2):39 - 45.

[162]李天铎,张铭让,李彦春,等. 含铬废弃物在皮革化工材料中的应用[J]. 皮革化工,1999,16(2):37.

[163]穆畅道,林炜,潘志成,等. 利用从铬革废弃物中提取的明胶研制皮革涂饰剂[J]. 中国皮革,2002,31(5):16.

[164]范浩军,石碧,李玲,等. 工业明胶精细化作系列皮革化学品[J]. 皮革化工,1999,16(5):12 - 13.

[165]马春辉,舒子斌,林炜,等. 可食性胶原包装膜的研究进展[J]. 中国皮革,2001,30(5):8 - 10.

[166]穆畅道,林炜,王坤余. 皮革副废物的高值转化[J]. 化学通报,2002(1):29 - 35.

[167]SUZUKI TOSIHIRO. Reparation of edible films preparation and physical properties of gelatin based films [J]. Motosugi Masayosi Shizucka ken Shizuoka Fijutsu Senta Kenkju Hokoku,1992,37:65 - 68.

[168]邱开宏,汪海波. 德国那图林肠衣介绍[J]. 肉食加工,1995(1):20 - 21.

[169]寇柏权. 用制革厂下脚料胶原制造肠衣的研究[J]. 皮革科技,1989,18(10):38 - 39.

[170]李清桂. 胶原蛋白人造肠衣及其生产技术[J]. 农牧与食品机械,1989(2):56.

[171]詹东风. 胶原蛋白人工肠衣的制造方法[J]. 食品科学,1990(3):16 - 17.

[172]栾寿亭. 利用制革下脚料制人造肠衣的技术开发[J]. 化学工程师,1995,49(4):44 - 45.

[173]黄志. 利用猪胶皮制作可食性胶元人造肠衣的研究[J]. 食品与发酵工业. 1990(5):9 - 17.

[174]陈志强. 粘合胶原蛋白肠衣及其制作方法:中国,1139516,ZL 95107529[P]. 1997.

[175]陈志强. 酸性胶原制作蛋白肠衣方法:中国专利 1228922(1999).

[176]梧州市蛋白肠衣厂. 一种胶原蛋白肠衣的生产方法,中国专利 1127594,ZL 95118575. 6[P]. 1999.

[177]梧州市蛋白肠衣厂. 可食胶原蛋白肠衣的生产方法,中国专利 1154797,ZL 96122253. 0[P]. 1999.

[178]苗文忠. 可食性胶原蛋白纤维微孔人造肠衣及其生产方法,中国专利 1337179A[P]. 2002.

[179]叶勇. 人造胶原肠衣的研制及特性表征[D]. 成都:四川大学硕士学位论文,2004.

[180]FAROUK M M,PRICE J F,SALIB A M. Effect of edible collagen film overwrap on exudation and lipid oxidation in beef round steak[J]. Journal of food Science,1990,55(4):1510 - 1512.

[181]MEULLENET J F,CHANG H C,CARPENTER J A,et al. Textural properties of Chicken Fankfurters with added collagen fibers[J]. Journal of Food Science,1994,59(4):729 - 733.

[182]GRAVES L R,DELMORE R J,MANDIGO R W,et al. Presented at 54th Annual Meeting of IFT. 1993:10 - 14.

[183]VON DUSEN K C,EBRO L L,HENDRICKSON R L,et al. Waste Processing in the Tannery[J]. JALCA,1983,78(7):206 - 216.

[184]MILLER A T. Current and future uses of limed hide collagen in food industry[J]. JALCA,1996,91(7):183 - 189.

[185]关静,武继民. 胶原蛋白的医疗应用[J]. 军事医学院院刊,1997,21(4):305.

[186]胡葵葵,胡琼华. 组织工程皮肤的最新研究[J]. 中国临床康复,2004,8(8):1526 - 1527.

[187]王碧,王坤余,叶勇,等. 胶原材料在药物缓释和组织工程中的研究进展[J]. 中国修复重建外科杂志,

2004,18(2):112-114.

[188]叶勇,王碧,王坤余,等. 胶原基膜材料在牙组织引导中的应用[J]. 中国皮革,2003,32(17):15-28.

[189]潘志娟. 利用铬革屑提取胶原蛋白及其在创伤敷料中的应用[D]. 成都:四川大学硕士学位论文,2002.

[190]王碧. 利用废弃物提取的胶原特性及与多糖共混生物膜材料的研究[D]. 成都:四川大学博士学位论文,2003.

[191]王碧,张廷有,王坤余,等. 胶原蛋白—葡甘聚糖—软骨素共混膜的结构表征和物理性能研究[J]. 化学研究与应用,2003,15(6):768-770.

[192]王碧,王坤余,贾冬英,等. 胶原蛋白—葡甘聚糖—壳聚糖共混膜的表面性质[J]. 化学研究与应用,2004,16(3):381-385.

[193]陈嘉翔,李元禄,张志芬,等. 制浆原理与工程[M]. 北京:轻工业出版社,1990.

[194]谢来苏. 制浆造纸的生物技术[M]. 北京:化学工业出版社,2003.

[195]本刊采编部,优化原料结构,提升产业安全[J]. 中华纸业,2013,34(3):14-16.

[196]国家发展改革委,工业和信息部,国家林业局. 造纸工业发展"十二五"规划[J]. 中华纸业,2012,33(1):8-20.

[197]顾民达. 造纸工业清洁生产现状与展望[J],中华纸业,2013,34(10):19-25.

[198]钱桂敬. 节能减排成绩与绿色纸业展望[J]. 中华纸业,2012,33(1):24-28.

[199]戚永宜,宁飞. 全球纸业现状分析与趋势预测——纸与纸板、纸浆的生产与消费[J]. 中华纸业,2013,34(13):58-63.

[200]牟发章. 世界纸品市场形成三大洲鼎力格局分布[J]. 纸与造纸,2012,31(5):1-2.

[201]中国造纸协会. 中国造纸工业 2012 年度报告. 中国造纸协会网站 http://www.chinappi.org/report_annual.html:2013.8.6.

[202]国家发展改革委,工业和信息化部,国家林业局. 造纸工业发展"十二五"规划,中国林业 www.forestry.gov.cn,2011.12.30.

[203]谢来苏,詹怀宇. 制浆原理与工程[M]. 北京:轻工业出版社,2001.

[204]陈庆蔚. 当代废纸处理技术[M]. 北京:轻工业出版社,1990.

[205]隆言泉. 造纸原理与工程[M]. 北京:轻工业出版社,1994.

[206]卢谦和. 造纸原理与工程[M]. 北京:轻工业出版社,2004.

[207]林开荣,蒋其昌,刘秉钺,等. 造纸工业环境保护概论[M]. 北京:轻工业出版社,1992.

[208]林乔元. 中国造纸工业非木材制浆污染防治的评价与展望[J]. 中国造纸,2006,25(5):47-56.

[209]万金泉,马邕文. 造纸工业环境工程导论[M]. 北京:轻工业出版社,2005.

[210]陈壁波,李友明,李辉,等. 造纸工业中二噁英污染的形成和控制措施. 中国造纸学报,2004,19(2):157-160.

[211]何艳明,汪帆. 二噁英的来源、危害及污染控制[J]. 云南环境科学, 2002 , 21 (1) : 19-20.

[212]胡宗渊. 综论科学合理利用非木材纤维原料-兼谈草类纤维原料清洁制浆新技术[J]. 中华纸业,2010,31(19):22-27.

[213]冯旭东,汪平. 中国制浆造纸行业清洁生产推行 10 年回顾[J]. 纸和造纸,2004(5):76-80.

[214]本刊采编部. 中国清洁生产发展及其在制浆造纸行业实施回顾[J]. 中华纸业,2013,34(1):13-18.

[215]詹怀宇,付町雨,李海龙. 浅述我国制浆科学技术学科现状与发展[J]. 中国造纸,2011,30(2):49-57.

[216]卢文文. 非木材纤维原料醇类溶剂制浆技术研究进展[J]. 广东化工,2012,39(227):74-75.

[217]崔立.稻草用高沸点有机溶剂制浆的研究[J].国际造纸,2009(1):14－16.

[218]武书彬,何北海,平清伟,等.制浆造纸清洁生产新技术[M].北京:化学工业出版社,2003.

[219]韩志诚.纸业沙龙论坛——草类纤维清洁制浆新技术最新进展发布会将在上海举行[J].纸与造纸,
2010,29(8):81－82.

[220]李瑞瑞,李军,吴绘敏,等.草甲酸法制浆工艺的研究.中华纸业,2011,32(12):34－37.

[221]丁字娟,周景辉,编译.非木材纤维原料的各种制浆方法[J].国际造纸,2009,28(2):11－18.

[222]杨洁,平清伟,管函.芦苇乙醇浆漂白研究[J].华东纸业,2013,44(4):12－19.

[223]黄武,胡志军.造纸企业的清洁生产技术[J].湖北造纸,2005(2):37－39.

[224]武书彬,何北海,平清伟,等.制浆造纸清洁生产新技术.北京:化学工业出版社,2003.

[225]陈嘉川,杨桂花,刘玉.速生杨制浆造纸[M].北京:科学出版社,2006.

[226]廖俊,罗学刚.制浆新技术研究进展[J].四川化工,2004,7(2):21－24.

[227]周亚军,张栋基,李甘霖.漂白高得率化学机械浆综述[J].中国造纸,2005,24(5):51－60.

[228]陆燕华.高得率制浆技术的发展与应用[J].黑龙江造纸,2006(2):38－40.

[229]邝仕均.无元素氯漂白与全无氯漂白[J].中国造纸,2005,24(10):51－56.

[230]李建文,詹怀宇.纸浆无氯漂白技术的研究进展[J].湖北造纸,2006(4):5－7.

[231]杨斌,张美云,徐永建,等.ECF 和 TCF 漂白发展现状与研究进展[J].黑龙江造纸,2012(3):24－30.

[232]邝仕均.臭氧轻 ECF 漂白[J].中国造纸,2013,32(5):50－54.

[233]逄锦江,刘忠,惠岚峰,等.过氧化氢漂白技术的新进展[J].纸与造纸,2013,32(1):28－32.

[234]李立波.纸浆过氧化氢漂白技术原理及发展[J].华东纸业,2012,43(2):31－34.

[235]季爱坤,王永贵,周衙欣,等.过渡金属离子对过氧化氢漂白的危害及控制措施[J].造纸科学与技术,
2012,31(1):16－21.

[236]翼玲芳.废纸回用过程中的清洁生产[J].湖北造纸,2006(1):5－7.

[237]范建云,谢益民,杨海涛,等.¹³C 同位素示踪法研究木素与纤维素连接键的形成[J].中国造纸学报,
2006,21(1):1－4.

[238]胡宗渊.我国造纸工业草浆企业又一发展之路:利用草类原料清洁制浆新技术构建"农、浆、纸、肥产业
链"新模式——再论合理利用非木纤维原料资源[J].中华纸业,2009(6):7－9.

[239]张袁松,蔺俊强,胡福强,等.甲酸脱除竹材非纤维素物质[J].纺织学报,2012,33(12):40－43.

[240]黄德山,刘向红.非木原料甲酸法制浆及连蒸系统[J].中华纸业,2011,32(2):8－12.

[241]路庆辉,谢益民.麦草乙酸法制浆及乙酸浆抄纸性能的研究[J].纸与造纸,2010,29(5):26－28.

[242]王伟,姜曼,朱世步,等.可循环混合溶剂分离水稻秸秆纤维素[J].材料科学与工程学报,2011,29
(1):74－79.

[243]李瑞瑞,李军,张学兰.麦草甲酸法制浆木素结构及分子质量变化[J].纸与造纸,2011,30(9):57－60.

[244]夏银凤,王志杰,池东明.深度脱木素与低能耗 DDS 置换蒸煮[J].造纸科学与技术,2012,31(3):
10－13.

[245]李佩燚,张美云,夏新兴.慈竹模拟置换蒸煮工艺研究[J].中国造纸,2012,31(6):5－9.

[246]时圣涛,江庆生,姜艳丽.DDS 间歇置换蒸煮的特色[J].中国造纸,2011,30(9):44－46.

[247]黄俊梅,汤伟,许保华,等.置换蒸煮系统(DDS)的发展及应用[J].化工自动化及仪表,2010,37(8):
1－4.

[248]万金泉,张勇、马邕文.多相光催化氧化技术在造纸废水处理中的应用[J].中国造纸学报,2002,17(1):

119 – 121.

[249]张素风,张美云,赵锦良. 废纸酶法脱墨技术的新进展[J]. 中华纸业,2006,27(6):42 – 45.

[250]龚木荣,毕松林,孙建华,等. 复合纤维素酶提高 OCC 浆滤水性能. 中国造纸,2003,22(1):14 – 16.

[251]顾琪萍,勇强,尤纪雪,等. 脂肪酶用于废报纸脱墨的研究[J]. 中国造纸,2003,22(4):7 – 10.

[252]李宗全,于红,秦梦华,等. 纤维素酶、木聚糖酶和淀粉酶用于混合办公废纸脱墨的研究[J]. 纤维素科学
　　与技术,2002,(2):1 – 7.

[253]王伦,韩卿. 利用生物酶对几种典型废纸浆脱墨研究的进展[J]. 黑龙江造纸,2010(3):34 – 38.

[254]张爱萍,秦梦华,徐清华. 酶对纤维改性的研究进展[J]. 中国造纸,2005,24(9):57 – 60.

[255]彭园花,龙成梅,曾祥钦,等. 黑液生物处理研究进展[J]. 中国造纸学报,2006,21(3):99 – 101.

[256]黄江丽,徐农,施汉昌,等. 膜分离技术应用于草浆造纸清洁生产[J]. 化工学报,2006,57(2):336 – 339.

[257]王哲,李忠正. 麦草亚铵法黑液的超滤研究[J]. 林产化学与工业,2009(2992):49 – 53.

[258]王占军,张华兰,周浩,等. 非木材原料黑液的资源化利用[J]. 中华纸业,2012,33(13):60 – 63.

[259]曾宪成. 腐植酸本源性肥料可持续发展[J]. 腐植酸,2013(4):1 – 6.

[260]王森,李新平,张安龙,等. 膜分离技术深度处理造纸废水的研究[J]. 中国造纸学报,2013,28(2):15 –18.

[261]于海涛,石海强,编译. 废纸脱墨浆过氧化物漂白性能的研究[J]. 国际造纸,2011,30(1):13 – 16.

[262]俞亦政,悉旦立,朱嘉敬,等. 21 世纪中国纺织行业所面临的水环境问题和对策[J]. 中国科技论坛,2005
　　(5):12 – 15.

[263]中国印染行业协会. 结构调整产品创新清洁生产——2005 年印染行业发展趋势和对策[J]. 纺织信息周
　　刊 TI WEEKLY,2005,258(18):17.

[264]张济邦. 印染厂废水检测和污染源分析[J]. 印染,1999(2):37 – 42.

[265]宋肇棠,国晶. 环境保护与环保型纺织印染助剂[J]. 印染助剂,1998,15(3):19.

[266]杨书铭,黄长盾. 纺织印染工业废水治理技术[M]. 北京:化学工业出版社,2002.

[267]俞亦政. 纺织印染废水处理新技术:"BIO – UNIOUT"研究和应用[J]. 纺织导报,2001(6):56 – 58.

[268]陈荣圻,王建平. 生态纺织品与环保染化料[M]. 北京:中国纺织出版社,2002.

[269]章杰. 禁用染料和环保型染料[M]. 北京:化学工业出版社,2001.

[270]芩乐衍. 世界新染料、新助剂发展动向(上)[J]. 纺织导报,2003(2):90 – 92.

[271]章杰. 国内外染料工业发展新动向[J]. 印染,2005(4):47 – 50.

[272]芩乐衍. 世界新染料、新助剂发展动向(下)[J]. 纺织导报,2003(3):70 – 74.

[273]唐育民,陆宁宁. 绿色印染助剂的开发与原料选用[J]. 印染助剂,2000,17(5):6 – 10.

[274]陈荣圻. 开发新型表面活性剂与纺织印染助剂(Ⅰ)[J]. 印染助剂,2004,21(1):15.

[275]陈荣圻. 开发新型表面活性剂与纺织印染助剂(Ⅱ)[J]. 印染助剂,2004,21(2):16.

[276]吕家华. 拜耳的绿色纺织化学品概念及其产品[J]. 印染,2002(1):48 – 50.

[277]邓家兴,陶志强. 简化涤纶和醋酯纤维染色后清洗过程[J]. 印染,2003(5):19 – 20.

[278]崔小明. 环保型阻燃剂的研究开发进展[J]. 塑料制造,2007(12):100 – 104.

[279]周文龙. 酶在纺织中的应用[M]. 北京:中国纺织出版社,2002.

[280]宋心远,沈煜如. 新型染整技术[M]. 北京:中国纺织出版社,1999.

[281]周文叶. 酶在生态染整加工中的应用及发展前景[J]. 印染,2002(增刊):26 – 27.

[282]吕晶,陈水林. 酶及其在纺织加工中的应用[J]. 纺织学报,2002,23(2):75 – 77.

[283]周文龙,李茂松,袁骏,等. 蛋白酶处理后羊毛的表面特性研究[J]. 纺织学报,2002,23(5):367 – 368.

[284]陈立秋. 退煮漂短流程工艺设备(三)[J]. 印染,2004(3):33-35.

[285]徐谷仓. 染整织物短流程前处理[M]. 北京:中国纺织出版社,1999.

[286]欧阳恩科,张庆. 低碱退煮漂一浴法连续工艺[J]. 印染,2002(12):79.

[287]吴国钧. 高给液与透芯给液[J]. 染整技术,1995(1):14-16.

[288]陈立秋. 退煮漂短流程工艺设备(二)[J]. 印染,2004(2):34-36.

[289]日本染织经济新闻社纺织印染信息网. http://www.textileinfo.com/cn.

[290]高晓红;宋心远. 锦棉交织物活性染料一浴法染色工艺[J]. 印染,2001(2):57.

[291]蔡翔,宋心远. 助剂 LAB 在羊毛/涤纶混纺织物分散架料一浴法染色中的应用[J]. 印染助剂,2002,19
    (1):16-19.

[292]雷献玉,陶红. Argazol NF 活性染料涤棉一浴法染色[J]. 印染,2002(9):12-14.

[293]陈立秋. 冷轧堆染色清洁生产的工艺条件(一)[J]. 印染,2004(13):36-37.

[294]陈立秋. 冷轧堆染色清洁生产的工艺条件(二)[J]. 印染,2004(14):32-33.

[295]陈立秋. 冷轧堆染色清洁生产的工艺条件(三)[J]. 印染,2004(15):44-47.

[296]茹胜青,费浩鑫,李学荣. 活性染料短流程湿蒸染色工艺[J]. 印染,1995,21(12):17-22.

[297]陈立秋. 湿短蒸染色清洁生产的工艺条件(一)[J]. 印染,2004(16):41-43.

[298]L. Wilbers,G. Seiler. 超小浴比纤维素材料染色新概念[J]. 国际纺织导报,2001(1):66-67.

[299]刘江坚. 气流染色与气流染色机[J]. 印染,2001(9):13-14.

[300]陈立秋. 染整工业节能减排技术指南[M]. 北京:化学工业出版社,2009.

[301]关士林,王珏. 纳米生态染料的研究[J]. 印染助剂,2004,21(1):15-17.

[302]邓春雨,徐卫林. 微胶囊技术及其在纺织领域中的应用[J]. 针织工业,2005(6):40-43.

[303]全国印染科技信息中心. 法国 Sublistatic 公司棉热转移印花技术[J]. 印染,1996(3):39-42.

[304]王秀玲,译. 关于新的转移印花工艺 Cotton—Art 的基本资料[J]. 印染译丛,1995(4):37-41.

[305]杨栋梁. 织物数码喷墨印花技术的动向[J]. 印染,2003(增刊):25-30.

[306]G. Schulz. 数字印花的纺织化学[J]. 国际纺织导报,2002(2):77-81.

[307]余一鹗. 涂料印染技术[M]. 北京:中国纺织出版社,2003.

[308]梅高. Helizarin 涂料印花工艺[J]. 印染,1996(7):40-41.

[309]王清安. 节碱工程[J]. 印染,2002(6):36-39.

[310]寿越慧,王近近. 化纤织物碱减量碱液的回用技术[J]. 环境污染与防治,1996(4):32-33.

[311]蒋源隆. 从碱减量废水中回收对苯二甲酸的实践[J]. 污染防治技术,2003(6):63.

[312]阮慎孚,译. 超声波在纺织物湿加工中的应用[J]. 印染译丛,1991(6):93-99.

[313]VAL G YACHMENEV,EUGENE J BLANCHARD,ALLAN H LAMBER. Use of ultrasonic energy for
    intensification of the bio preparation of greige cotton[J]. Ultrasonics,2004(42):87-91.

[314]紫雅凌,译. 在超声波环境下用过氧化氢对棉制品进行漂白与染色[J]. 国外纺织技术,1998(2):21-23.

[315]姜岩,姜丽,陆丽欣. 纺织品超声波染色的研究和进展[J]. 吉林工学院学报,1998,19(4):69-72.

[315]孙丹梅. 等离子体技术与织物处理[J]. 国外纺织技术,2001(12):17.

[317]吕晶. 等离子体及其在纺织染整工业内的应用[J]. 丝绸,2001(12):19-21.

[318]朱若英,滑钧凯. 羊毛低温等离子体处理后的染色性能研究[J]. 天津工业大学学报,2002,21(4):22-27.

[319]金鲜英,刘必前. 低温等离子体处理对羊毛染色性能的影响[J]. 印染,2003(1):13.

[320]李敏,陈杰瑢,韦鹤平,等. 氧和氮等离子体改性细旦涤纶的清洁工艺比较[J]. 环境科学研究,2000,13

(2):9-11.

[321]张庆,王善元,杨国荣. 低温等离子体处理涤纶织物的染色性能[J]. 印染,2002,(11):12.

[322]韦朝海,吴锦华,李平,等. 超临界二氧化碳染色过程[J]. 化工进展,2003,22(4):341-344.

[323]李志义,胡大鹏,张晓冬,等. 关于超临界流体染色的工艺基础研究[J]. 现代化工,2003(5):58.

[324]展义臻,赵雪. 微波技术在纺织品染整加工中的应用[J]. 印染助剂,2009,26(7):6-10.

[325]赵雪,何瑾馨,展义臻. 微波技术在纺织品染整加工中的机理研究[J]. 现代纺织技术,2009(3):73-76.

[326]张建英,赵云国,王炳,等. 微波技术在纺织品染色中的应用(I)[J]. 纺织导报,2011(10):124-126.

[327]张建英,赵云国,王炳,等. 微波技术在纺织品染色中的应用(II)[J]. 纺织导报,2011(11):46-50.

[328]顾德中. 泡沫形成和特性的研究[J]. 纺织学报,1985(6):372-377.

[329]刘夺奎,董振礼,潘煜标. 纺织品泡沫染整加工[J]. 印染,2005(17):26-29.

[330]陈立秋. 泡沫染整技术的节能(一)[J]. 染整技术,2010,32(9):49-55.